Obst- und Gartenbauverlag München

Franz Mühl

Alte und neue Apfelsorten

Bayerischer Landesverband für Gartenbau und Landespflege e. V.

Bildnachweis:

Bayerischer Landesverband für Gartenbau und Landespflege e. V.
13, 14, 20, 197 (r)

LWL-Museum für Kunst und Kultur, Münster: 8

Franz Mühl: Titelseite, 28–30, 33, 35–52, 54, 56–67, 69–78, 80–83, 85–92, 94, 95, 97–101, 103–111, 114, 115, 119, 120, 122–134, 136–147, 149, 150, 151, 153–168, 170–180, 182–190, 192, 193, 195–198, 200, 201, 203–224, 226–230, 232–238, 240–256, 258, 259, 260, 262, 264–277, 280–286, 288–297, 299–305, 307, 308, 309, 311, 312, 314, 316, 317, 319–330 (l), 332, 333, 334, 336–354

Friedrich Renner: 84, 112, 117, 121, 135, 152, 194, 199, 202, 257, 263, 287, 306, 335, 355

Thomas Riehl: 34, 53, 55, 79, 116, 148, 181, 191, 313, 318, 331

Hubert Siegler: 18, 31, 32, 68, 93, 96, 102, 113, 118, 169, 225, 231, 239, 261, 278, 279, 298, 310, 315, 330 (r)

TUM.Archiv 197 (r)

Herausgeber:
Bayerischer Landesverband für Gartenbau und Landespflege e. V.
Herzog-Heinrich-Straße 21, 80336 München, Deutschland

E-Mail:
info@gartenbauvereine.org

Internet:
www.gartenratgeber.de

Bearbeitung:
Franz Mühl
Alle Rechte beim Obst- und Gartenbauverlag des Bayerischen Landesverbandes für Gartenbau und Landespflege e.V., München

Reproduktion:
Communicator Network, München
www.communicator-network.de

Druck:
Aumüller Druck, Regensburg | www.aumueller-druck.de

Auflage:
9. Auflage 2021, ISBN 978-3-87596-093-8

Zu diesem Buch

Die Auswahl der in diesem Buch vorgestellten Sorten beschränkt sich nicht nur auf solche, die allgemein oder unter bestimmten Bedingungen lohnend sein können. Vorgestellt werden auch solche Sorten, deren Anbau aus verschiedenen Gründen nicht oder nicht mehr empfehlenswert ist. Das gilt auch für regionale, alte und historische Sorten, die wir als unser pomologisches Kulturerbe betrachten und deshalb erhaltenswert sind.

Standort, Klima, Bodenverhältnisse und auch der Pflegezustand (Schnitt, Pflanzenschutz, Ernährung) haben einen entscheidenden Einfluss auf die äußere und innere Sortenausprägung. Außerdem können die Früchte, speziell beim Apfel, in der Höhenlage anders aussehen und schmecken, als im Weinbauklima. Und auch die langjährige, oft mehrere hundert Jahre andauernde Vermehrung spielt eine Rolle, einschließlich der unterschiedlichen Herkünfte des Vermehrungsmaterials bei den Abweichungen von einem bekannten Sortenbild. Die häufig spontan entstandenen, modernen Auslesen einer Stammsorte (weit mehr als 30 zum Beispiel bei den Sorten 'Jonagold' und 'Cox Orange') mögen ein Beispiel für solche Varianten sein.

Die weltumfassenden Handelsbeziehungen und massiven Marktstrategien des Erwerbsanbaues spülen uns in immer kürzerer Zeit viele Neuheiten in das obstbauliche Blickfeld, sodass eine kritische Bewertung für das eigene Umfeld recht nützlich sein kann. Deshalb soll dieses Buch eine praktische Entscheidungshilfe sein für den Anbau – oder für die Ablehnung – von Sorten für den Hausgarten oder die Streuobstwiese.

In der aktuell 9. Auflage wurde das komplette Sortiment geprüft und neu bewertet, v. a. hinsichtlich Anfälligkeit bei Krankheiten und Schädlingen sowie Eignung für den Anbau im Hausgarten oder auf der Streuobstwiese. Einige Sorten, die kaum noch Bedeutung haben und nur sehr schwierig zu bekommen sind, werden nicht mehr geführt. Dafür sind einige vielversprechende neue Sorten wie Natyra, Admiral oder Ahrista neu hinzugekommen und die in den letzten Jahren entstandenen rotfleischigen Sorten, die eine sehr interessante Bereicherung im Apfelsortiment darstellen. Aktualisiert und erweitert wurden auch die Empfehlungen bei den Säulenbäumen und geeigneten Unterlagen. Neu aufgenommen wurden auch einige der wertvollen alten Sorten, die teilweise erst wieder neu entdeckt und bestimmt werden konnten, wie zum Beispiel der Gestreifte Backapfel, der sich bis ins 16. Jh. zurückverfolgen lässt.

Großer Dank für die Mitwirkung an der neuen Auflage gilt Thomas Riehl, unser Fachmann für den Obstgarten und Hubert Siegler, von der Bayerischen Gartenakademie, die beide insbesondere die neuen Sorten geprüft haben, dazu das Sortiment der rotfleischigen Sorten, Säulenbäume und Unterlagen. Friedrich Renner, Vorsitzender der Gesellschaft für Pomologie und Obstsortenerhaltung in Bayern, hat sich der historischen Sorten angenommen und bei allen Sorten deren Entstehungsgeschichte geprüft und aktualisiert, zurück bis zu ihrer erstmaligen Erwähnung in der pomologischen Literatur.

Bayerischer Landesverband für Gartenbau und Landespflege e. V.

Inhalt

Zu diesem Buch — 3

Wissenswertes über Äpfel — 8

Geschichte des Obstanbaus — 10
Die asiatische Urheimat der Arten — 10
Die europäische Urheimat der Sorten — 10
Die Entstehung der Sorten — 10
Heutige Zuchtziele — 11
Die sortenechte Vermehrung als Grundlage für den Obstanbau — 11
Anzucht von Obstgewächsen — 11
Die Verbreitung von Kenntnissen und Fertigkeiten im Obstanbau — 12

Drei herausragende Pfarrer im Sinne des Obstanbaues — 13

Zur Sortenwahl der Obstarten — 14
Was erwarte ich von einer Sorte — 14
Alt oder neu? — 14
Auf den Standort kommt es an — 15
Apfelallergie — 15
Apfel-Unterlagen — 16
Besonderheit Säulenbäume — 17

Das Streuobst — 20

Sortenschutz — 21

Erläuterung zu den Beschreibungen im Text — 22
Die Enstehung der Sorte — 22
Frucht — 22
Reife, Blüte, Apfellager — 23
Baum, Standort — 24
Anfälligkeit, Ertrag — 24
Anbauwert — 25
Faustzahlen für die Baumpflanzung — 25

Begriffe im Obstanbau — 25

Beschreibung der Apfelsorten

Aargauer Jubiläumsapfel — 28
Adams Parmäne — 29
Adersleber Kalvill — 30
Admiral — 31
Ahra — 32
Ahrina — 33
Ahrista — 34
Akane — 35
Alantapfel — 36
Alkmene — 37
Allington Pepping — 38
Altländer Pfannkuchenapfel — 39
Ananasrenette — 40
Angold — 41
Antonowka — 42
Apfel von Croncels — 43
Apfel von Halder — 44
Apfel von Hawthornden — 45
Apfel von Lunow — 46
Ariwa — 47
Arlet — 48
Auralia — 49
Ausbacher Roter — 50

Batullenapfel — 51
Baumanns Renette — 52
Baya Marisa — 53
Beerbacher Taffetapfel — 54
Berleis — 55
Berkersheimer Roter — 56
Berner Rosenapfel — 57
Beutelspacher Renette — 58
Biesterfelder Renette — 59
Birnförmiger Apfel — 60
Bischofshut — 61
Bismarckapfel — 62
Bittenfelder Sämling — 63
Blauacher Wädenswill — 64
Blumberger Langstiel — 65
Börtlinger Weinapfel — 66
Bonza — 67
Braeburn — 68
Bramleys Sämling — 69

Brauner Matapfel — 70
Brettacher — 71

Čadel — 72
Carola — 73
Carpentin — 74
Cellini — 75
Champagner Renette — 76
Charlamowsky — 77
Clivia — 78
Collina — 79
Cortland — 80
Coulons Renette — 81
Cox Orange — 82
Cox Pomona — 83
Credes Wilhelmsapfel — 84

Danziger Kantapfel — 85
Deans Küchenapfel — 86
Delbard Jubilée — 87
Delbarestivale — 88
Der Leckerbissen — 89
Deutscher Goldpepping — 90
Discovery — 91
Ditzels Rosenapfel — 92
Diwa — 93
Dülmener Rosenapfel — 94

Ecolette — 95
Edelborsdorfer — 96
Edelrambur von Winnitza — 97
Elan — 98
Elise — 99
Elise Rathke — 100
Ellisons Orange — 101
Elstar — 102
Engelsberger — 103
Enterprise — 104
Erbachhofer Weinapfel — 105
Ernst Bosch — 106
Erwin Baur — 107

Falstaff	108	Graue Herbstrenette	152	Katja	193
Fameuse	109	Gravensteiner	153	Kesseltaler Streifling	194
Fießers Erstling	110	Greensleeves	154	Kleiner Herrenapfel	195
Finkenwerder Prinzenapfel	111	Großherzog Friedrich von Baden	155	Königlicher Kurzstiel	196
Florianer Rosenapfel	112	Grünapfel	156	Korbiniansapfel	197
Florina	113	Grüner Fürstenapfel	157	Kronprinz Rudolf	198
Freedom	114	Grüner Stettiner	158	Kugelapfel	199
Freiherr von Berlepsch	115				
Freiherr von Hallberg	116	**H**alberstädter Jungfernapfel	159	**L**andsberger Renette	200
Fromms Renette	117	Harberts Renette	160	Lanes Prinz Albert	201
Fuji	118	Hausmütterchen	161	Langer Grüner Gulderling	202
		Hauxapfel	162	Langtons Sondergleichen	203
Gacksapfel	119	Helios	163	Lausitzer Nelkenapfel	204
Gala	120	Herma	164	Leipferdinger Langstiel	205
Gaesdonker Renette	121	Hibernal	165	Liberty	206
Galloway Pepping	122	Hilde	166	Linsenhofener Sämling	207
Gartenmeister Simon	123	Himbacher Grüner	167	Litauer Pepping	208
Gascoynes Scharlachroter	124	Himbeerapfel von Holowaus	168	Lobo	209
Geflammter Kardinal	125	Honeycrunch	169	Lodi	210
Geheimrat Breuhan	126			Lohrer Rambur	211
Geheimrat Dr. Oldenburg	127	**I**dared	170	Lombarts Kalvill	212
Geheimrat Wesener	128	Ingol	171	Lord Lambourne	213
Gehrers Rambur	129	Ingrid Marie	172	Lotos	214
Gelber Bellefleur	130			Luna	215
Gelber Edelapfel	131	**J**akob Fischer	173		
Gelber Richard	132	Jakob Lebel	174	**M**acoun	216
George Cave	133	Jamba	175	Mairac	217
Gerlinde	134	James Grieve	176	Malus pumila	218
Gestreifter Backapfel	135	Jazz	177	Mars	219
Gestreifter Cousinot	136	Jonagold	178	Martini	220
Gewürzluiken	137	Jonathan	179	Maunzenapfel	221
Glockenapfel	138	Josef Musch	180	McIntosh Red	222
Gloria Mundi	139	Julia	181	Mecklenburger Königsapfel	223
Gloster	140	Juno	182	Melrose	224
Golden Delicious	141			Merkur	225
Goldparmäne	142	**K**aiser Alexander	183	Minister von Hammerstein	226
Goldrenette von Blenheim	143	Kaiser Wilhelm	184	Multhaupts Renette	227
Goldrenette von Peasgood	144	Kanada Renette	185	Muskatrenette	228
Goldstar	145	Kandil Sinap	186	Mutterapfel	229
Goldzeugapfel	146	Kanzi	187		
Goro	147	Kardinal Bea	188	**N**athusius Taubenapfel	230
Gräfin Goldach	148	Karmeliter Renette	189	Natyra	231
Grahams Jubiläumsapfel	149	Karmijn de Sonnaville	190	Newton Wonder	232
Granny Smith	150	Karneval	191		
Graue Französische Renette	151	Kasseler Renette	192		

Oberdiecks Renette	233	Rome Beauty	276	Spartan	321
Oberdiecks Taubenapfel	234	Rote Sternrenette	277	Stark Earliest	322
Öhringer Blutstreifling	235	Rotfleischige Sorten	278	Starking	323
Ontario	236	Roter Aloisius	279	Sternapfel	324
Opal	237	Roter Astrachan	280	Stina Lohmann	325
Orleans Renette	238	Roter Augustiner	281	Summerred	326
Otava	239	Roter Bellefleur	282	Suntan	327
		Roter Eiserapfel	283	Sweet Delicious	328
Pfirsichroter Sommerapfel	240	Roter Hauptmann	284		
Pia	241	Roter Herbstkalvill	285	**T**eser	329
Piflora	242	Roter Jungfernapfel	286	Topaz	330
Pilot	243	Roter Rosmarinapfel	287	Tramin	331
Pingo	244	Roter Stettiner	288	Triumph von Luxemburg	332
Pink Lady	245	Roter Trierer Weinapfel	289		
Pinova	246	Roter Winterkalvill	290	**U**lmer Polizeiapfel	333
Pirol	247	Rote Walze	291	Undine	334
Piros	248	Rubinella	292	Unseldapfel	335
Pohorka	249	Rubinette	293		
Pommerscher Krummstiel	250	Rubinola	294	**V**esna	336
Porzenapfel	251	Ruhm von Kirchwerder	295	Virginischer Rosenapfel	337
Primiera	252			Vista Bella	338
Prinz Albrecht von Preußen	253	**S**afran-Pepping	296		
Prinzessin Luise	254	Salemer Klosterapfel	297	**W**achsrenette von Benediktbeuren	339
Priscilla	255	Santana	298	Wagener Apfel	340
Purpurroter Herbst-Cousinot	256	Saturn	299	Wealthy	341
Purpurroter Winter-Cousinot	257	Schmalzprinz	300	Weißer Klarapfel	342
		Schöner von Bath	301	Weißer Matapfel	343
Reanda	258	Schöner von Boskoop	302	Weißer Rosmarinapfel	344
Rebella	259	Schöner von Herrnhut	304	Weißer Winterkalvill	345
Recolor	260	Schöner von Nordhausen	305	Weißer Wintertaffetapfel	346
Red Delicious	261	Schöner von Pontoise	306	Wellant	347
Reglindis	262	Schöner von Wiltshire	307	Welschisner	348
Reichtragender vom Zenngrund	263	Schwarzschillender Kohlapfel	308	Wettringer Taubenapfel	349
Rekarda	264	Schweizer Orangenapfel	309	Winesap	350
Remo	265	Seestermüher Zitronenapfel	310	Winter Banana	351
Resi	266	Shampion	311	Winter-Zitronenapfel	352
Resista	267	Signe Tillisch	312		
Rewena	268	Sirius	313	**Z**abergäurenette	353
Rheingold	269	Sir Prize	314	Zuccalmaglios Renette	354
Rheinischer Bohnapfel	270	Solaris	315	Zwiebelborsdorfer	355
Rheinischer Krummstiel	271	Sommer-Gewürzapfel	316		
Rheinischer Winterrambur	272	Sommer-Parmäne	317		
Rheinische Schafsnase	273	Sonnenglanz	318		
Ribston Pepping	274	Sonnenwirtsapfel	319		
Riesenboiken	275	Spätblühender Taffetapfel	320		

Übersicht der Krankheiten, Risikofaktoren und Standorteigenschaften   356

Eignung der Apfelsorten
für verschiedene Verwendungen   370

Vitamin-C-Gehalt von Apfelsorten   377

Adressen, Bezugsquellen   378

*Adam und Eva, 1525, Lucas Cranach d.Ä.
Münster, Westfäl. Landesmuseum*

Wissenswertes über Äpfel

Auf rund 30.000 schätzt man die Zahl der Apfelsorten weltweit. Äpfel spielen nicht nur als kalorienarmes, vitaminreiches, schmackhaftes Nahrungsmittel für den Frischverzehr bzw. auch als Genussmittel (Apfelwein, Saft, Schnaps, Cider usw.) eine bedeutende Rolle. Ihre Symbolkraft ist seit Urzeiten überliefert. Am sechsten Tag der Schöpfungsgeschichte beginnt denn auch die Geschichte des Apfels, schon bei Urmutter Eva, wenn auch auf sehr frühen Darstellungen eher ein Granatapfel als eine unserer heutigen Früchte der Gattung Malus zu erkennen ist. Und hätte nicht Eris, die Göttin der Zwietracht und Schwester des Kriegsgottes Ares, den großen Apfel mit der Aufschrift „Der Schönsten" in die Hochzeitsgesellschaft der Götter gerollt, so wäre es auch nicht zum Trojanischen Krieg gekommen. Paris hatte die Wahl zwischen Juna, Minerva und Venus. Diese erhielt denn auch den Apfel wodurch die nachfolgenden Probleme ausgelöst wurden. Daher sagte man später auch: *„Malum ex malo"* (Unheil kommt vom Apfel).

Im Paradiesgarten der Griechen spielten die Töchter des Atlas und wollten so gerne von den goldenen Äpfeln naschen, doch der böse, hundertköpfige Drache bewachte sie streng. Später stahl Herkules, vom Göttervater Zeus beauftragt, drei dieser goldenen Früchte, die hier am Wunderbaum der Hera hingen.

In den norddeutschen Mythen und Sagen war die Göttin Iduna die Hüterin der goldenen Äpfel, die den Göttern ewige Jugend verliehen.

In jeder Kultur war der Apfel ein Symbol der Erde und des Weiblichen, er galt als Attribut jener Göttin, die mit ihrem Apfel den Weg zur Vollkommenheit wies. Ischtar, Hathor, Demeter, Aphrodite, Venus, Iduna – die Namen wechselten, doch das Symbol der Göttin, ihr Apfel des Lebens, aber blieb.

Auch bei den Kelten wird von einem wunderschönen Apfelbaum berichtet, der die goldenen Lebensäpfel trägt. Bei ihnen galt der Apfel auch als Symbol der Fruchtbarkeit und – besonders der rote – als Liebesfrucht. Er war nach keltischer Ansicht mit magischen Kräften ausgestattet. „Avalon" hieß ihr Wunderland der Äpfel, in dem es sich herrlich und in Freuden leben ließ.

Gemeinsamer Stammvater aller Apfelsorten ist der wilde Holzapfelbaum, der die lichten Waldrandzonen Südosteuropas besiedelte. Allerdings ähnelte er mehr einem zerzausten, dornigen Strauch. Funde aus den Pfahlbauten Unteruhldingen am Bodensee belegen, dass man schon zur Jungsteinzeit bei uns die Äpfel (Frühformen) kannte, wohl aber von der Art, wie sie später der Römer Cato beschrieb: *„Sie sind so sauer, dass scharfe Schwerter davon stumpf werden."*

Die Syrer sollen den Apfelbaum vor 5000 Jahren nach Ägypten gebracht haben. In großen Plantagen kultivierten die Pharaonen süße und wohlschmeckende Früchte. Edelreiser und die Kunst des Veredelns brachten die römischen Legionäre um die Zeitenwende nach Germanien. 29 verschiedene Sorten waren damals schon bekannt. Tacitus berichtet vom ländlichen Apfel der Germanen (*agrestia poma*) im Gegensatz zum feinen Tafelapfel der Römer.

Im neunten Jahrhundert sorgte vor allem Karl der Große in seiner Verfügung „*Capitulare de Villis*" (die erste Rechtsordnung) dafür, dass schmackhafte Äpfel auch bei uns heimisch wurden. Im übersetzten Text heißt es: „*An Fruchtbäumen soll man nach Unserem Willen verschiedene Sorten Apfel- Birn- und Pflaumenbäume halten*", danach wurden folgende Apfelsorten genannt, '*Gosmaringer*', '*Geroldinger*', '*Krevedellen*', *Speieräpfel süße und saure. Ferner Frühäpfel, drei bis vier Arten*".

Im Mittelalter wurde der Apfel auch „*Affalter*" genannt. Diese alte Bezeichnung hat sich in heutigen Ortsnamen erhalten, etwa in Affalter (Erzgebirge), Affhalterbach (Unterfranken), Affolderbach (Odenwald), Affaltrach (Baden-Württemberg).

Vor allem waren es Mönche, die sich mit der Züchtung und der Veredelung weiterer Sorten beschäftigten, sodass um 1600 bereits etwa 50 Sorten in Deutschland bekannt waren. Von da an breitete sich der Anbau sehr schnell aus und zur Zeit, als Wilhelm Tell auf den Apfel zielte, kannte man europaweit schon an die 1.000 Sorten. Eine unter diesen Sorten könnte im Sommer 1666 dem Physiker Isaak Newton auf den Kopf gefallen sein, was ihn zur Entdeckung des nach ihm benannten Gravitationsgesetzes gebracht haben soll. Ein Symbol als Sinnbild der gottgewollten Macht ist der Reichsapfel, den Kaiser Karl der Große vor dem Historischen Museum in Frankfurt viel sagend in der Hand hält. Manch auswärtigem Betrachter wird von einem Spaßvogel erklärt, der Kaiser sei der Erfinder des Apfelweins. Das kann aber schon zeitlich nicht sein, denn die erste Apfelweinkelterei in Frankfurt am Main wurde ziemlich genau 1.000 Jahre nach des Kaisers Geburt gegründet.

Geschichte des Obstanbaus

Die asiatische Urheimat der Arten

Zu Beginn der Tertiärzeit (vor ca. 60 Millionen Jahren) entwickelten sich in den tropischen Bergregionen Südostasiens primitive Vorformen von Apfel und Birne. In der darauf folgenden Zeit, bis vor einigen Millionen Jahren, breiteten sie sich fast über die gesamte Nordhalbkugel aus. Dabei entwickelten sich regionale Kolonien, die sich den jeweiligen Lebensumständen anpassten. Aus diesen Vorläufern gingen dann die verschiedenen Wildarten der Kern- und Steinobstgewächse hervor.

Bei uns sind versteinerte Funde von Ehringsdorf bei Weimar bekannt. Das Alter des dortigen Süßwasserkalkes (Travertin) wird auf 100.000 Jahre geschätzt. Zusammen mit den eingeschlossenen Wildäpfeln versteinerten auch die Reste verschiedener Tiere des Eiszeitalters. Es gilt als sicher, dass diese Früchte gesammelt wurden. Meistens sind nur Abdrücke vorhanden. Einige sind jedoch körperlich erhalten und man kann sogar das Kernhaus erkennen. Gemessen am Alter dieser Versteinerungen ist der versteinerte „Urapfel von Heilbronn" mit etwa 6000 Jahren noch recht jung. Man fand ihn in einer Behausung der Bandkeramiker in Böckingen. Weitere Funde belegen auch das Vorkommen von Wildkirschen.

Heute wachsen in einigen Regionen Mittelasiens, vor allem im Kaukasus und Altaigebirge, immer noch bestimmte Wildarten, in denen alle wichtigen Merkmale für unsere Kultursorten enthalten sind. In diesen natürlichen Verbreitungsgebieten, den so genannten Genzentren, liegen die genetischen Quellen und somit auch die Wurzeln unserer heutigen Kultursorten. Die Verbreitung erfolgte wohl entlang der alten Handelsstraßen. Ein gesonderter Wanderweg der Wildarten führte von Transkaukasien ins südliche Russland und bildete dort ein eigenes Zentrum.

In neuerer Zeit nutzte der russische Züchter Mitschurin (1855 bis 1935) wohl als erster diese genetischen Quellen. Er brachte durch Einkreuzungen mit diesen Wildarten Obstsorten und Unterlagen hervor, die auch die harten sibirischen Winter überstehen konnten.

Die europäische Urheimat der Sorten

Ab etwa 3000 v. Chr. wurden, zusammen mit der indogermanischen Völkerwanderung, besonders wertvoll erscheinende Obst-Wildarten aus den mittelasiatischen Genzentren in den Orient eingeführt. In Persien entwickelte sich wohl zuerst die Obstkultur zur hohen Blüte, zunächst durch laufende Auslesen. Es ist bekannt, dass der Apfel ein Machtsymbol der dortigen Herrscher war und Nachbildungen als Auszeichnung für besondere Verdienste verliehen wurden.

Der römische Schriftsteller Plinius d. Ä. (24–79 n.Chr.) soll bereits 30 Kultursorten Äpfel mit exakter Kulturbeschreibung und Vermehrungsmethoden beschrieben haben. Möglicherweise stammte aber dieses Wissen aus früheren persischen Quellen.

Um etwa 1000 v. Chr. erreichte der Obstanbau Griechenland. Hier kam es dann durch die Wiederentdeckung der Veredelung und anderer Vermehrungen zu einer ersten europäischen Blütezeit der Obstkultur. Später übernahmen die Römer diese Kulturmethoden und verfeinerten die Vermehrungstechniken.

Um die Zeit nach Christi Geburt gelangte der Obstanbau von den Griechen über den Balkan und von den Römern über Frankreich nach Mittel- und Westeuropa. Man nimmt an, dass schon bald nach dieser Zeit die älteste, noch heute bekannte Kultursorte 'Brauner Matapfel' entstanden sein könnte. Auch die Sorte 'Goldparmäne' könnte mit den Römern nach England und von dort wieder nach Frankreich gelangt sein, bevor sie erst um 1800 zu uns kam.

Die Entstehung der Sorten

Über die Jahrtausende hinweg entstanden neue Sorten fast ausschließlich durch Auslesen, zunächst in Klöstern und Herrschaftsgärten, später auch durch Pfarrer, Lehrer und Bauern oder Gärtner. Nach der Aussaat dauerte es lange (oft 10–15 Jahre) bis zum ersten Ertrag. Erst dann konnte eine neue Sorte – unter Tausenden von Sämlingen mit unbefriedigenden Eigenschaften – nach inneren und äußeren Merkmalen beurteilt werden.

Richard Cox, ein Bierbrauer aus Colnbrook-Lawn bei London, säte im Jahr 1830 Kerne von 'Ribston Pippin' und erhielt außer 'Cox Pomona' auch eine der heutigen Hauptsorten 'Cox Orange Pippin' (kurz: 'Cox').

Neue Sorten entstanden aber auch ohne züchterische Einwirkung auf natürliche Weise, etwa durch Mutationen. Eine Mutation (lat. *mutatio* = Änderung) ist eine sprunghafte, erbliche Abweichung einzelner Eigenschaften von denen der Vorfahren. Neben den zufälligen Mutationen wird sie auch (seltener) in der Züchtung durch verschiedene Verfahren ausgelöst. Das Institut für Obstforschung in Pillnitz brachte die schwach wachsende Sorte 'Piglos' durch eine künstlich herbeigeführte Mutation (Kobaltbestrahlung) der Apfelsorte 'Gloster' hervor. In der Natur kommen auch natürliche Knospenmutationen vor, wie sie bei der Sorte 'Boskoop' (aus 'Renette de Montfort') vermutet wird oder der säulenartige Wuchs, gefunden als natürliche Mutation eines Triebes an 'Mc Intosh'.

Gezielte Züchtungen wurden aber erst möglich durch die Kenntnis der „Mendelschen Gesetze". Gregor Johann Mendel (1822–1884) stammte aus kleinbäuerlichen Verhältnissen in Mähren. Er war Abt und Lehrer der Naturkunde im Augustinerkloster zu Brünn. Auf das Ergebnis seiner Forschungen gründet sich die Vererbungslehre bei Mensch, Tier und Pflanze. Danach vererben beide Elternteile ihre Eigenschaften, jedoch nicht zu gleichen Teilen, auf ihre Nachkommen.

Ein stark vereinfachtes Beispiel: Die erste gezielte Kreuzung beim Obst auf deutschem Boden gelang 1838 Amtsrat Meyer im Klostergut Adersleben bei Halberstadt mit den Sorten 'Weißer Winterkalvill' (Muttersorte) x 'Gravensteiner' (Bestäubersorte). Das Ergebnis war 'Aderleber Kalvill', mit dem Erstnamen 'Amtsrat Meyer'.

1880 kreuzte D. Uhlhorn jun. die 'Ananasrenette' x 'Ribston Pepping' und erhielt dadurch 'Goldrenette Freiherr von Berlepsch', noch heute eine der Spitzensorten. Aus Kreuzungen der „Königlichen Lehranstalt für Obst- und Weinbau" in Geisenheim gingen ab 1880 Sorten hervor, wie 'Minister von Hammerstein', 'Geheimrat Breuhahn', 'Geheimrat Dr. Oldenburg'. 1951 entstand in der Obstbauversuchsanstalt Jork an der Niederelbe die Sorte 'Gloster'.

Heutige Zuchtziele

Moderne Zuchtziele sind heute nicht nur die Verbesserung der Fruchtqualität, sondern insbesondere auch die Einkreuzung von Resistenzträgern. Neben den erfolgreichen tschechischen Züchtungen (u. a. 'Topaz', 'Rubinola', 'Admiral', 'Opal' ...) oder aus den Niederlanden ('Santana', 'Natyra®') ist es beispielsweise dem Institut für Obstzüchtung in Dresden-Pillnitz zu verdanken, dass zum Teil mehrfachresistente Sorten im Anbau sind. Sie tragen alle die Vorsilbe „Re" (z.B. 'Rewena'). Wichtige Ziele der Obstzüchtung sind Resistenz gegen Schorf und Mehltau, seit einigen jahren auch das Thema rotfleischige Sorten. Mehrere Sorten aus Deutschland ('Baya® Marisa') und anderen Ländern sind bereits auf dem Markt.

Der Züchtungsvorgang selbst ist außerordentlich kompliziert und setzt nicht nur umfassende wissenschaftliche Kenntnisse, sondern auch langjährige Praxis mit Versuchsanbau an verschiedenen Stellen, sowie einer entsprechenden Laborausstattung voraus.

Heute zielen die weltweiten Züchtungsanstrengungen von staatlichen wie auch privaten Einrichtungen primär auf den (konventionellen) Erwerbsanbau ab. Zuchtziele wie Verbesserung von Produkteigenschaften (u. a. Optik, Geschmack, Lagerung, Shelf-life, Ertragsverhalten) stehen dabei ebenso im Vordergrund wie Resistenzeigenschaften, z. B. gegen Schorf, Feuerbrand, Mehltau.

Diese Aspekte kommen nicht nur, v. a. aber für den biologischen Anbau in Frage und sind zudem wichtig für den Anbau im Garten und auf der Obstwiese. Wichtig werden auch Sorten, die sich dem Klimawandel anpassen.

Aus der Züchtung gehen zum Glück auch Varietäten hervor, welche den harten Kriterien des Erwerbsanbaus nicht entsprechen, sich jedoch für den Freizeitgartenbau eignen und Verbesserungen (z. B. bezüglich Krankheitsanfälligkeit, Geschmack, Probleme im Anbau und der Pflege) bringen.

Außerdem wurden in den letzten Jahren auch die Columnarformen (Säulenäpfel) positiv weiterentwickelt.

Die sortenechte Vermehrung als Grundlage für den Obstanbau

Die Geschichte des Obstanbaues hängt eng mit der Kunst des Veredelns zusammen. Schon im 6. Jahrhundert liefert der Bischof von Tours einen Beleg für das Pfropfen. Bei den Franken und in den Klöstern blühte im 9. Jahrhundert eine hoch entwickelte Obstkultur, einschließlich verschiedener Veredelungstechniken.

Aus dem „Pelzbuch" (Anweisungen für das Veredeln) des Gottfried von Franken wissen wir, dass sich bereits im 4. Jahrhundert außer Bischöfen und Mönchen auch Ritter und Bürger mit den Gartenkünsten beschäftigten. Für die folgende Zeit beweisen die erhaltenen Handschriften, dass das Pelzbuch auch Bürgern und Bauern zugänglich wurde.

Spätestens im 17. Jahrhundert entwickelte sich der Beruf des umherziehenden Baumpelzers, von denen man schrieb: *„Die gemeinen Baumpeltzer, so von einem Ort zu dem anderen ziehen, und um Lohn Peltzreiser aufsetzen."* Dieses Zeugnis für die gewerbsmäßige Ausübung des Pfropfens durch Männer aus dem Volke lehrt, dass das Pfropfen volkstümlich geworden war. Diese „Peltzer" genossen ein so hohes Ansehen, dass es ihnen, als einzigem bürgerlichen Stand, erlaubt war, einen Degen zu tragen.

Als „Pelzen" (lat. *impellitare*) bezeichnete man in früheren Jahrhunderten alle Arten des Veredelns. Heute versteht man unter Pfropfen (lat. *propagare*) nur das Aufsetzen eines Reises auf eine stärkere Unterlage. Gegendweise spricht man aber auch heute noch vom „Pelzen", gemeint ist damit aber eher das Rindenpfropfen. In *„Gottfrieds Pelzbuch"*, das aus zahlreichen Handschriften des weit gereisten Gottfried von Franken besteht und wahrscheinlich um die Mitte des 14. Jh. entstand, werden erstmals genaue, schriftliche Anweisungen zu erfolgreichen Veredelungen gegeben. Er kannte auch die Technik des Okulierens und das Ablaktierens.

Anzucht von Obstgewächsen in Baumschulen

Die Anzucht wurde vor 1700 zumeist in Klostergärten, bei Bauern oder als Nebenkultur in Gärtnereien durchgeführt. Fehler, die hier schon zu Kulturbeginn gemacht wurden, waren sehr häufig verhängnisvoll für die spätere Baumentwicklung. Gute Gehölzqualitäten waren selten zu erwarten. Erst die planmäßige Einrichtung von Baumschulen mit Fachpersonal konnte Pflanzen erzeugen, die auch für einen Erwerbsanbau tauglich waren. Erst jetzt begann der wirtschaftliche Aufschwung des systematischen Obstbaues.

Als eines der ersten Unternehmen dieser Art galt die Baumschule L. Späth in Berlin. Seit ihrer Gründung im Jahr 1720 entwickelte sie sich bis zum 2. Weltkrieg zu einem der führenden Betriebe in Europa und der Welt. Der Hauptkatalog von 1938/39 (kurz vor Kriegsbeginn) listete noch über 350 Obstarten und Sorten auf, dazu 245 Rosensorten und zahlreiche andere Ziergehölze, Stauden, Knollen- und Zwiebelpflanzen. Apfelsorten wurden entweder auf der Unterlage 'Paradiesapfel' (schwachwachsend) mit zahlreichen Baumformen oder 'Doucin' (starkwachsend) angeboten.

Etwa von 1780 an begann eine neue Baumschulentwicklung, an der Pfarrer Christ einen erheblichen Anteil hatte. Grundlage waren zahlreiche Schriften des In- und Auslandes, die sich mit der zweckmäßigen Ausstattung von Baumschulen und Obstgärten beschäftigten.

Johann Caspar Schiller, der Vater des Dichters Friedrich von Schiller, war Offizier und Feldarzt, später über 20 Jahre lang Leiter der Hofgärten von Schloss Solitude, in Diensten des Herzogs Carl Eugen. Sein wichtigstes Werk war *„Die Baumzucht im Großen aus zwanzigjähriger Erfahrung im Kleinen beurtheilt"*. Er war darin der Meinung *„… es habe noch Niemand den offenbaren großen Nutzen von Anlegung großer Baumschulen vornehmlich zur Besetzung der Haupt- und Landstraßen, überzeugend genug auseinandergesetzt"*. Er erkennt auch den Wert der luftreinigenden Funktion von Straßen- und Landschaftsbäumen und gibt präzise Anweisungen, wie große Baumschulen einzurichten seien, um Obstbäume für öffentliche Anlagen, Straßen und Landschaft zu erziehen. Außerdem verfügte er über große pomologische Kenntnisse, denn im o.g. Buch werden 111 Apfel- und 86 Birnensorten mit ihren heute noch wichtigen Merkmalen beschrieben.

Die Verbreitung von Kenntnissen und Fertigkeiten im Obstanbau

„Die Gärtnerey verdient die Aufmerksamkeit jeder wohleingerichteten Staatsverwaltung. Durch ihre Verbreitung werden alle nährenden Pflanzen und Früchte in größerer Menge erzeuget, der Handel damit fängt an zu blühen, der Zusammenfluß wird stärker und die Waare wird zum Genuß für den Bedürftigen wohlfeiler", so ein Zitat von Franz Freyherr von Heinke, k.k. Hofrath und Ritter des königlichen St. Stephanordens, 1792.

Es ist deshalb bemerkenswert, weil die Kunst des Obstanbaues bis zur damaligen Zeit im Wesentlichen auf die Herrschaftsgärten beschränkt war. Man hielt sich „Kunstgärtner", die die Technik des Veredelns, das Formen von Spalieren und die Topfkultur zur Erziehung von edlem Obst beherrschten, was dem „gemeinen Volk" nur selten zugänglich war. Von Heinke zielte mit seinem Ausspruch auf die volkswirtschaftlich wichtige, größere Verbreitung des Anbaues von Obst und Gemüse, für die Baumschulen und Gärtnereien die Grundlage schaffen sollten.

Die Obstgärten der Klöster waren in diesem Sinne schon seit langem bewirtschaftet, wie es noch heute, u. a. im Kloster Schäftlarn/Oberbayern, zu sehen ist. Nach ihrem Beispiel wurden vielfach auch die Pfarrgärten und die Gärten der Schulmeister bepflanzt, einmal zum persönlichen Nutzen, oft aber auch als Lehr- und Versuchsobjekt.

Pfarrer und Lehrer waren es denn auch, die aufgrund ihrer gesellschaftlichen Stellung die erworbenen Kenntnisse und Fertigkeiten im Obstanbau am besten in Wort und Schrift verbreiten konnten.

Seit nunmehr über 100 Jahre sorgen sich Kreisfachberater für Gartenkultur und Landespflege an den jeweiligen Landratsämtern u. a. um den Anbau von Obst für den Garten und der Obstwiese. In Kursen und Seminaren, z. T. in kreiseigenen Beständen und Lehrgärten, verbreiten sie Fachkenntnisse in Theorie und Praxis. Auch ausgebildete Obstbaumwarte sind auf diesem Gebiet tätig.

Drei herausragende Pfarrer im Sinne des Obstanbaues

• **Der „Obstpfarrer" Johann Ludwig Christ** wurde am 18.10.1739 in Öhringen (Württemberg) geboren und wirkte – nach Zwischenstationen – bis 1813 als Oberpfarrer in Kronberg, nahe Frankfurt am Main. Dort entwickelte er sich zu einem bedeutenden Pomologen (Obstkundler) seiner Zeit. Er schrieb über 30 Bücher für Praktiker und zahlreiche Aufsätze für angesehene Zeitschriften, in denen er sich unter anderen mit den Themen Obst- und Weinbau, Apfelweinherstellung und Bienenzucht befasste. Außerdem richtete er zwei Baumschulen ein, für die er allgemein gültige Qualitätsnormen aufstellte, wie sie in ergänzter Form auch heute noch in den Baumschulen für die Obstgewächse bindend sind. Für seine Sortenprüfungen beschaffte er sich Edelreiser aus ganz Europa. Durch praktische Arbeit und in zahlreichen Unterweisungen machte der Pfarrer den allgemeinen Obstanbau so populär, dass die gesamte Region bis zum Main (bis heute) ein bedeutendes Anbaugebiet wurde. Allerdings hatte die Kirchenbehörde oft genug Anlass, den streitbaren Pfarrer auch auf seine Aufgaben als Seelsorger hinzuweisen.

• **Der Pfarrer Johann Volkmar Sickler** aus Klein–Fahrnern in Thüringen war ein Zeitgenosse Christs. Sein bedeutendstes Werk erschien 1794–1804 als Magazin in Weimar unter dem Titel „Der Teutsche Obstgärtner". Es enthält naturgetreue Obstabbildungen und Sortenbeschreibungen von außerordentlich hoher Qualität und ist heute noch eines der bedeutendsten Nachschlagewerke der Obstliteratur. Nach diesen Vorlagen wurden im Bertuch-Verlag ursprünglich über 300 naturgetreue Wachsmodelle von allen Obstarten hergestellt. 193 dieser Modelle kamen 1803 als „Pomologisches Kabinett" nach Bamberg. Sie sind heute von großem kulturhistorischen Wert und – zusammen mit dem „Teutschen Obstgärtner" – ein wichtiges Archiv zur Bestimmung alter, in Vergessenheit geratener Sorten.

• **Pfarrer Korbinian Aigner**
„Der Obstanbau ist die Poesie der Landwirtschaft". Mit diesem Zitat hat der „Apfelpfarrer" nicht nur sein persönliches Verhältnis zum Obstanbau auf die kürzest mögliche Form gebracht, sondern es gilt wohl auch für alle, die sich dem Obstanbau in irgendeiner Weise verbunden fühlen.

Aigner lebte von 1885–1966, zuletzt als Seelsorger im oberbayrischen Hohenbercha. Seine besondere Aufgabe sah er in der Verwirklichung des heimatlichen Obstanbaues und vor allem der

Johann Ludwig Christ

Johann Volkmar Sickler

Korbinian Aigner

Verbreitung bodenständiger Sorten. Er wirkte zunächst in seiner engeren Heimat und später in verschiedenen Funktionen auch landesweit. Dafür erhielt er mehrere hohe Auszeichnungen.

Als persönliche Gebrauchskartei zur Sortenbestimmung malte Pfarrer Aigner rund 1000 Sorten von Äpfeln und Birnen, meist auf einfachen Karton. Obwohl der künstlerische Wert dieser Bilder für ihn zweitrangig war, gelangen ihm im Laufe seines Lebens immer naturgetreuere Darstellungen. Dieses umfangreiche Lebenswerk vermachte Pfarrer Aigner testamentarisch dem Lehrstuhl für Obstbau der Technischen Universität München-Weihenstephan. Sie werden gelegentlich als Leihgabe anlässlich von Obstausstellungen gezeigt.

Schlimme fünfeinhalb Jahre musste er wegen eines Denunzianten zuerst im KZ Sachsenhausen, dann im KZ Dachau zubringen. Und selbst dort verlor er nicht sein Gottvertrauen. Er durfte eine winzige Baumschule anlegen, aus der eine Sämlingsauslese hervorging – der bekannte 'Korbiniansapfel'. Diese Sorte wird noch immer im Institut für Obstbau in Weihenstephan vermehrt und ist in süddeutschen Baumschulen erhältlich.

Pfarrer Aigner gründete den Bayerischen Landesverband für Gartenbau und Landespflege nach dem II. Weltkrieg neu und war von 1945 bis 1950 Präsident.

Dem hohen Eifer und Einsatz dieser und vieler anderer, ungenannter und unbekannter Lehrer ist es zu danken, dass der Obstbau heute einen so hohen Stellenwert, auch als Wirtschaftsfaktor in der Öffentlichkeit hat.

Goldparmäne, gemalt von Pfarrer Aigner

Zur Sortenwahl der Obstarten

Was erwarte ich von einer Sorte

Jede Sorte hat ganz bestimmte innere und äußere Merkmale. Eine Entscheidung für die Anpflanzung sollte keinesfalls nach äußeren Eindrücken – etwa nach Katalogbildern – getroffen werden, sondern stets als Ergebnis einer sorgfältigen Planung. Der Weg zur Entscheidungsfindung wird im Erwerbsbereich natürlich anders sein müssen als im Freizeitgarten, bei dem der Geschmack, Ertrag und die Robustheit im Vordergrund stehen.

Die zentrale Frage lautet: „*Was erwarte ich?*". In der Regel wird man wohl nicht alle Eigenschaften der gewünschten Sorten im Einzelnen genau kennen. Für die Entscheidungsfindung kann man sich neben Büchern auch den Rat in speziellen Beratungsstellen, der Kreisfachberatung oder beim Gartenbauverein holen, die auch regionale Aspekte berücksichtigen können. Allerdings kann es v. a. bei den neuen Sorten häufig erst nach einigen Jahren zu Problemen kommen, die anfänglich noch nicht in Erscheinung getreten sind.

Wenn auch die Fruchterzeugung der eigentliche Anlass für die Anpflanzung eines Obstbaumes ist, so müssen doch die sortentypischen Eigenschaften im Vordergrund stehen. Dabei nimmt man für eine robuste, nahezu krankheitsfreie Sorte auch gerne geringe Geschmackseinbußen in Kauf. Die meisten der „hochedlen" Sorten, oft aus fernen, wärmeren Herkunftsländern, bedürfen eines hohen Pflegeaufwandes, einschließlich umfangreicher Pflanzenschutzmaßnahmen, was im Freizeitgarten heute nicht mehr vertretbar ist. In der heutigen Zeit kommen Obstbäumen neben dem Fruchtertrag besondere Funktionen zu:

- Pollen und Nektarlieferant der Blüten für viele Insekten, v. a. Honig- und Wildbienen
- CO_2-Speicherung und Sauerstofflieferant
- Kühlung der Umgebungstemperatur und Schattenspender
- Rückzugsorte für Vögel, Streuobstwiesen als wichtige Biotope

Alt oder neu?

Viele der so genannten „alten Sorten" bieten keineswegs eine Garantie für Robustheit. Es ist unsinnig zu glauben, dass alle alten Sorten robust sind und gut schmecken, die neuen (am falschen Beispiel 'Golden Delicious') dagegen fade und anfällig sein sollen. Bei manchen alten Sorten ging nämlich nicht nur die Widerstandskraft im Laufe der vielen Jahre unter den oft erheblich veränderten Witterungsbedingungen oder anderen Einflüssen verloren, sie erliegen auch eher den modernen, meist eingeschleppten Krankheiten. Die

Edelborsdorfer

moderne Pflanzenzüchtung hat heute andere Ziele, als es früher der Fall war, wo die meisten Sorten weniger zielgerichtet sondern durch Auslesen nach den örtlichen Verhältnissen entstanden sind.

Unsere Obstsorten sind keine Wildpflanzen, sondern mitunter recht sensible Kulturgewächse. Auf jeden Fall bedürfen sie unserer Unterstützung durch geeignete Maßnahmen, um sich zahlreicher Krankheiten und Schädlinge erwehren zu können. Die wichtigste Pflanzenschutzmaßnahme ist stets erstklassige Pflege, gesundes Pflanzenmaterial und eine an die örtlichen Verhältnisse angepasste Sorte. Durch die große ökologische Anbaubreite lassen sich für alle obstbaufähigen Standorte geeignete Sorten finden.

Auf den Standort kommt es an

Es ist keinesfalls zu erwarten, dass eine noch so geschmackvolle Apfelzüchtung aus Australien ('Cripps Pink' [= 'Pink Lady'®], 'Granny Smith'), Japan ('Akane', 'Fuji', 'Mutsu') oder Neuseeland ('Braeburn', 'Gala'), wie wir sie aus dem Supermarkt kennen, unter unseren, völlig verschiedenen Klimabedingungen, problemlos wachsen kann. Selbst norddeutsche ('Cox Orange') oder englische Züchtungen ('Ribston Pepping') zeigen in Süddeutschland unter trocken-heißer Witterung eine höhere Anfälligkeit für Schaderreger bzw. auch andere Fruchtqualitäten als in ihrem Stammland.

Außer in Extremlagen gibt es bei sorgfältiger Planung immer eine Möglichkeit, standortgerechtes Obst anzupflanzen. Abstriche in den Baum- und Fruchteigenschaften der Sorten sind hinzunehmen.

Apfelallergie

Für Deutschland schätzt man, dass es ca. 4 Millionen Betroffene gibt. Hierbei handelt es sich meist um eine Kreuzallergie, die zu einem ernsten Problem beim Rohverzehr bestimmter Sorten werden kann. Der „Deutsche Allergie- und Asthmabund" empfiehlt als weniger bedenklich die (extrem seltene) Sorte 'Hammerstein'. Fachleute zählen auch gut gereifte 'Boskoop', 'Berlepsch', 'Goldparmäne', 'Gravensteiner', 'Jamba', 'Topaz' zu den niedrig allergenen Sorten.

Nicht nur einige alte Sorten, sondern auch neuere wie 'Santana', 'Gräfin Goldach' und die rotfleischige 'Baya Marisa' (beide Bayerisches Obstzentrum) gelten als „Allergiker-freundlich". Sie werden von vielen Personen mit Apfelallergie auch roh gut vertragen.

Als stark allergen gelten 'Braeburn', 'Cox', 'Jonagold', 'Granny Smith', sofern sie roh verzehrt werden. Geschälte und verarbeitete Äpfel, u. a. zu Mus, Kuchen, Kompott, Saft werden als verträglich beschrieben, ebenso kurz in der Mikrowelle behandelte rohe Äpfel, da die Allergene (Proteine) dadurch denaturiert werden.

Auch wenn „allergikerfreundliche" Äpfel einen großen Hoffnungsschimmer für die Betroffenen darstellen, muss darauf hingewiesen werden, dass es sich bei Allergien, um komplexe Zusammenhänge handelt und es nicht einfach behauptet werden kann, dass eine bestimmte Apfelsorte mit Sicherheit keine allergische Reaktion hervorrufen kann. Apfelallergikern, die gerne Äpfel essen würden, kann daher nur geraten werden, sich vorsichtig an das Thema heranzutasten und Tests, insbesondere bei möglicherweise zu erwartenden stärkeren Reaktionen, nur unter ärztlicher Aufsicht durchzuführen.

Apfel-Unterlagen

Die Kulturformen der Obstbäume bestehen alle mindestens aus zwei, in der Regel verwandten, pflanzlichen Bestandteilen: dem Wurzelteil (fachlich Unterlage, umgangssprachlich auch Wildling genannt) und der (meist durch Okulation) aufveredelten Edelsorte, z.B. 'Cox Orange'. Bei Hochstämmen ist eine *Zwischenveredelung* als Stammbildner noch üblich. Darauf erfolgt dann die Veredelung in Kronenhöhe.

Die Unterlage beeinflusst die Edelsorte hinsichtlich Wuchskraft, Ertragsbeginn, Ertragshöhe, Fruchtausfärbung, Aroma, Standfestigkeit, Lebensdauer, Widerstand gegenüber Witterungseinflüssen, Krankheiten und Schädlingen. Das Zusammenspiel Sorte/Unterlage kann unterschiedlich ausfallen. Standort und Wuchsstärke der Edelsorte haben dabei den größten Einfluss auf die Wahl der optimalen Kombination.

Ein virusfreies Pflanzmaterial ist den ungeprüften Unterlagen im Ertrag eindeutig überlegen.

Unterlage, Typ	Wuchsstärke	Eigenschaft	Zusätzl. Bemerkung
M 27 (M 13 x M 9) East Malling 1929	Geringstes Wachstum aller Unterlagen	Gute Fruchtausfärbung, bildet keine Wurzelschosse. Nicht standfest. Keine Alternanz. Tendenz zu Kleinfrüchtigkeit.	Nur für sehr stark wachsende Sorten (u.a. 'Boskoop') und sehr gute Böden. Für Topfbäume.
Supporter 1 (M 9 x *baccata* 'Himalaica'), Pillnitz	Etwa 20 % geringer als M 9	Ausreichend frosthart. Keine Alternanz. Kurztriebbildung.	Nur für gute Böden. Laub ist schorffrei. Wenig Mehltau.
P 22 (Last Minute®). M 9 x 'Antonowka' Neuheit aus Polen	Etwa 20 % geringer als M 9	Frosthart, ohne Kragenfäule, wenig Krebs. Keine Alternanz. Tendenz zu Kleinfrüchtigkeit.	Ertrag liegt leicht unter M 9. Neigung zu Kleinfrüchtigkeit.
B 9 (Züchter Budagovski)	Etwa 10 % geringer als M 9	Tolerant gegenüber Winterfrost und Kragenfäule.	Keine Wurzelausläufer und Luftwurzeln.
M 9 Auslese aus 'Gelber Metzer Paradiesapfel' in East Malling. Bekannte Typen sind u. a. 'Fleuren 56' oder 'T337'.	Schwach, Lebensdauer bis 25 Jahre je nach Pflege und Sorte; im Erwerbsanbau um 15 Jahre	Nicht standfest. Die Auslesen unterscheiden sich neben einer leicht, oft um 5% abweichenden Wuchsstärke, auch in Fruchtform und -größe.	Gefährdet durch Wühlmäuse u. Wildverbiss. Nur für beste Böden. Am ertragreichsten sind virusfreie Unterlagen.
Geneva G11 Herkunft: Cornell University, Geneva, New York	Etwas stärker als M 9	Blutlaus- und feuerbrandtolerant. Keine Probleme im Nachbau.	Interessante Alternative zu M 9. Etwas schwieriger zu vermehren. Noch wenig Erfahrung in Deutschland.
M 26 (M 16 x M 9) East Malling 1929	Etwa 20 % stärker als M 9	Nicht standfest. Frosthart, keine Kragenfäule, wenig Wildverbiss. Anfällig für Trockenheit.	Auch für etwas geringere Böden. Die Deckfarbe wird gut ausgeprägt. Geringere Erträge als M 9. Sinnvoll für wuchsschwächere Sorten.
Pi 80 (M 9 x M 11) Ältere Auslese aus Pillnitz	Etwas stärker als M 26	Nicht standfest. Frühe Erträge, begünstigt aber Alternanz.	Für mittlere und schwere Böden.
MM 111 East Malling	Mittelstark	Gute Erträge, aber Alternanz. Erträgt Trockenheit.	Widerstand gegen Blutläuse und Kragenfäule.
M 25 East Malling	Mittelstark	Trotz mittelstarkem Wuchs früh einsetzende Erträge	Widestandsfähig gegen Kragenfäule. Gut für Mostobst-Intensivanlagen.
A 2 Schwedische Auslese	Stark, für Hochstämme auch in rauen Lagen	Standfest. Gute Erträge mit wenig Alternanzneigung.	Widerstand gegen Trockenheit, Holzfrost, Kragenfäule.
Bittenfelder Sämling Zufallssämling	Sehr stark. Für Halb- und Hochstämme.	Standfest. Ertrag spät einsetzend und schwankend	Anspruchslos. Bäume können ein sehr hohes Alter erreichen.

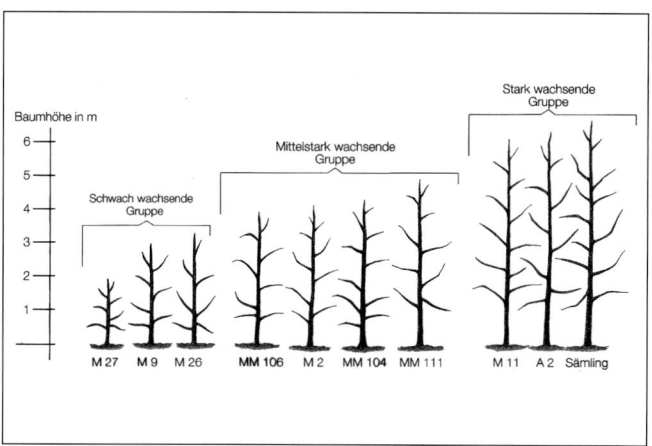

Besonderheit Säulenbäume

Der Vorteil gegenüber herkömmlichen Baumformen mit ihren mehr oder weniger ausgedehnten Kronen liegt im geringen Platzanspruch der säulenartigen Wuchsformen, verbunden mit großem Zierwert und hoher Fruchtbarkeit. Ein Schnitt ist wegen der kurzen Seitentriebe nicht erforderlich. Er könnte sonst einen Reiz auslösen, der das typische Wuchsbild verändern kann. Solche Bäume sind auch ohne Blüte und Frucht durch ihre kompakte Form und das Laubwerk recht attraktiv. Sie eignen sich als Raumteiler in Gartenflächen, wegebegleitende Fruchthecken, für Gruppen in Vorgärten und in schönen Pflanzgefäßen (mind. 25 l) auf Balkon oder Terrasse. Bisher kannte man nur die Serie der „Ballerina-trees".

Wahrscheinlich ist der erste „Ballerina-Baum" 1960 aus einem Zufallssämling der Sorte 'McIntosh' in Kanada entstanden. 1970 holten die Züchter Dr. Ray Watkins und Kenn Tobutt einige Nachkommen dieses ursprünglichen Baumes zur weiteren Zuchtarbeit in die Versuchsstation East Malling. Daraus entstanden die Ballerina-Sorten, zunächst in der englischen Sprache nach Tänzen benannt. Sie wurden 1989 erstmals anlässlich der Chelsea Flower-Show vorgestellt. Aufgrund vieler Nachteile, darunter die Krankheitsanfälligkeit und Geschmacksdefizite, haben diese Sorten (wie 'Polka', 'Waltz', 'Flamenco') kaum noch eine Zukunft, da inzwischen robuste und gleichzeitig geschmackvollere alternative Säulenapfel-Sorten vorliegen.

Vor allem wegen der kleineren Gartengrundstücke sind Säulenbäume derzeit ein Verkaufsschlager, vor allem im Versandhandel. Soweit es sich um die bereits eingeführten Säulenformen bei Äpfeln handelt, ist damit kein Risiko verbunden. Bei den Säulenäpfeln tragen nur die Nachkommen des Ursprungsbaumes das Säulen-Gen *Columnar* in sich. Andere Obstarten (Birnen, Steinobst) sind durch spezielle Erziehung oder Hormonbehandlung in die schmale Wuchsform gezwungen. Diese künstlichen Säulen können früher oder später die normale Ausdehnung ihrer Stammeltern annehmen, wenn sie nicht entsprechend kultiviert werden. Viele verwechseln Säulenbäume mit der durch konsequenten Schnitt und Erziehung entstandenen Spindelerziehung auf schwachen Unterlagen!

Der Schnittaufwand bei echten Säulen ist minimal. Er beschränkt sich auf Einkürzen zu hoher Spitzen und zu langer Seitentriebe. Steil stehende Langtriebe sollen im Sommer durch Riss entfernt werden.

„Säulenkirschen" (u. a. 'Sylvia') haben zwar einen schlanken Wuchs, wachsen aber steil und stark mit Seitenzweigen nach oben. Es sind also keine echten Säulen, so wie auch die „Säulenpflaume" mit der Sorte 'Imperial'. Ein Kauf will also gut überlegt sein.

Die ursprüngliche Obstunterlage ist der Sämling. Das Saatgut wird von ausgewählten Mutterbäumen u. a. der Sorten 'Antonowka', 'Bittenfelder', 'Graham' oder 'Hibernal' hauptsächlich für Streuobstbäume gewonnen. Solche Bäume sind oft sehr starkwüchsig, standfest und frosthart. Sie können ein hohes Alter erreichen. Allerdings setzt der Ertrag meist spät, frühestens nach 8 Jahren ein und wechselt jährlich zwischen hoch und sehr gering (Alternanz). Sämlinge werden heute meist durch die robustere Unterlage A 2 aus schwedischer Auslese oder der ebenfalls vegetativ vermehrten Unterlage M25 ersetzt.

Heute vermehren Spezialbaumschulen in unterschiedlichen Kulturweisen (Abrisse, Grünstecklinge oder labormäßig *In Vitro*) so genannte Malus-Typen (*Malus* = lat. Apfel). Dadurch ist es möglich, eine Edelsorte verschiedenen Unterlagen mit ganz unterschiedlicher Wuchskraft aufzuveredeln. Nur so sind einheitliche Bestände für den Erwerbsanbau und im Garten möglich. Die in vielen Ländern gewonnenen Typenunterlagen wurden um 1925 in der englischen Forschungsanstalt East Malling auf ihre Eigenschaften geprüft und – in der Reihenfolge ihrer Prüfung mit römischen Zahlen versehen. Heute heißt es z.B. nicht mehr EM IX, sondern M 9. Vorangesetzt „MM" bedeutet Malling Merton und weist auf Blutlausresistenz hin.

Die Unterlagen M 4 (früher 'Gelber Doucin') und M 11 (früher 'Doucin' oder 'Grüner Doucin') werden heute praktisch nicht mehr vermehrt. Je nach Standort und Anforderung bevorzugen die Baumschulen unterschiedliche Unterlagen.

Für Apfelbäume sind heute, die oben in der Tabelle aufgeführten Unterlagen, in der Reihenfolge ihrer Wuchskraft, gebräuchlich.

Sorten

Mittlerweile gibt es eine umfangreiche Sortenpalette, die sich größtenteils in Serien verschiedener Züchter untergliedern lassen, darunter auch aus der Züchtung von **Prof. Dr. Jacob** in der Forschungsanstalt Geisenheim.

Pomfital	'Maypole' x 'Roter Elstar'. Reife Mitte September. Säurebetonte, intensiv rotfleischige Verwertungssorte. Ertrag früh einsetzend, sehr hoch aber nicht regelmäßig. Resistent gegen Schorf und Mehltau, gering anfällig für Krebs, Fruchtfäule, Blattläuse. Klimatisch sehr robust. Hoher Zierwert.
Pomforyou (Syn. 'Lancelot')	'Maypole' x 'Roter Elstar'. Reife Mitte-Ende September, bis Februar lagerfähig. Leuchtend rote Deckfarbe, sehr festes Fruchtfleisch. Säurebetonter Tafel-, Verwertungs- und Mostapfel mit ca. 53 mg/l Vitamin C und 53° Oechsle. Sehr gering anfällig für Schorf, Krebs, Fruchtfäulen und Blattläuse. Klimatisch sehr robust.

Pompink (Syn. 'Ginover')	'Flamenco' x 'Topaz'. Baumreife Ende September, bis Februar lagerfähig. Fruchtfleisch sehr fest, säurebetont. Für Verwertung und Most, Frucht ca. 240 g schwer, mit 58° Oechsle. Ertrag früh einsetzend, sehr hoch aber nicht regelmäßig. Geringer Lagerverlust. Gering anfällig für Schorf, Mehltau, Krebs, Blattläuse. Klimatisch robust.
Pomredrobust (Syn. 'Galahad')	'Telamon-Waltz' x 'Topaz'. Mittelgroß bis groß. Sehr guter milder Tafelapfel. Baumreife Ende August, bis Dezember lagerfähig. Fruchtfleisch fest, saftig, feinsäuerlich-aromatisch. Schorf- und Mehltauresistenz, gering anfällig für Krebs, Fruchtfäulen und Blattläuse. Klimatisch robust.

Die **CATS-Serie** (CAT = Columnar Apple Tree) stammt ebenfalls aus Geisenheimer Züchtung. Alle sind nicht besonders anfällig für Schorf, Mehltau, Krebs, Blattläuse und daher für den Anbau im Garten oder auch in mobilen Gefäßen gut geeignet.

Goldcats	'Waltz' x 'Calagolden'. Reife Ende September, fest hängend, lange lagerfähig. Tafelsorte ähnlich 'Golden Delicious'. Frucht ca. 205 g schwer, ca. 64° Oechsle.
Greencats	'Bolero' x 'Golden Delicious'. Reife Ende September, fest hängend, lange lagerfähig. Tafelsorte ähnlich 'Granny Smith'. Frucht ca. 190 g schwer und ca. 68° Oechsle.
Redcats	'Waltz' x Nummernsorte. Reife Mitte September, fest hängend, lange lagerfähig. Tafelsorte ähnlich 'Gala'. Frucht ca. 170 g schwer und ca. 60° Oechsle.
Starcats	'Bolero' x 'Elstar'. Reife Anfang September, fest hängend, lange lagerfähig. Tafelsorte, in Form und Farbe ähnlich 'Elstar'. Frucht ca. 150 g schwer und ca. 64° Oechsle. Geschmacklich beste Sorte der CATS-Serie.
Suncats	'Waltz' x Nummernsorte. Reife Ende August, begrenzt lagerfähig. Triploide Frühherbstsorte. In Form und Farbe ähnlich 'Pinova'. Frucht ca. 200 g, ca. 60° Oechsle. Flächig rot, guter Geschmack mit milder Säure.

Säulenäpfel 'Suncats'

Die **Campanilo-Serie** ist unter maßgeblicher Beteiligung der Professoren Christa und Manfred Fischer in Pillnitz entstanden.

Campanilo Primo	'Piros'-Säule. Reife Mitte August. Mittelgroß, Deckfarbe gelbrötlich, aromatisch-würzig. Eher schwacher Wuchs. Nicht blattlausfrei, gering anfällig für Schorf, Mehltau.
Campanilo Secundo	'Reglindis'-Säule. Reife Anfang September. Mittelgroß, rot marmoriert, fein-säuerlicher Geschmack. Anfällig für Mehltau. Nahezu ohne Seitenverzweigung. Widerstand gegen Schorf und Triebsucht.
Campanilo Tertio	'Remo'-Säule. Reife Mitte September. Mittelgroß, rot mit kleinem Gelbanteil, knackiges Fruchtfleisch mit feinem Geschmack. Anfällig für Schorf und Mehltau.
Campanilo Quattro	'Rebella'-Säule. Reife Ende September. Mittelgroß bis groß, gelb mit rot, festes Fruchtfleisch, leicht würzig und angenehm säuerlich. Mittelstarker Wuchs.

Die '**Starline**'-Serie stammt aus der Baumschule Delbard (Frankreich):

Blue Moon	Reife August bis September. Frucht sehr groß, bläulich bereift. Fruchtfleisch schwach säuerlich. Robust gegen Schorf, Mehltau und Spätfrost.
Fire Dance	Reife Mitte September-Oktober. Mittelgroß mit festem Fruchtfleisch, milde Säure. Sehr ertragreich.
Garden Foutain	Reife Ende September-Anfang Oktober. Mittelgroße Tafelsorte, festfleischig mit gutem Geschmack.
Golden Gate	Reife Mitte September-Oktober. Mittelgroß, Schale leuchtend rot, festes Fruchtfleisch mit feinsäuerlichem Geschmack. Robust.
Indian Summer	Reife Mitte September-Oktober. Mittelgroß, Schale gelborange, festes Fruchtfleisch mit milder Säure. Robust und sehr ertragreich.
Silver Pearl	Früchte klein, gelborange. Zier- und Geleefrucht mit sehr guten Eigenschaften. Als Pollenspender geeignet. Auffallend gesundes, glänzendes Laub.
Summertime	Reife Ende September-Oktober. Festfleischig mit milder Säure. Regelmäßig hoher Ertrag. Resistent gegen Schorf und Mehltau.

Die **tschechische Säulenapfel-Serie** hat geschmackvolle, zugleich robuste Sorten hervorgebracht. Weitere Neuheiten wie 'Rumba' und 'Lambada', die aktuell noch weiter geprüft werden, werden hinzukommen. Für viele Standorte eignen sich die nachfolgenden, seit vielen Jahren bewährten Sorten:

Rhapsodie	Pflückreife Anfang bis Mitte September, kurz lagerfähig. Mittelgroß. Grüngelbe Deckfarbe mit orangerot. Mittelfestes, sehr saftiges Fruchtfleisch, angenehm aromatisch. Schwacher, kompakter Wuchs.
Rondo	Reife Oktober, bis Januar lagerfähig. Groß. Grüngelb mit verwaschen roter Deckfarbe. Festfleischig, sehr saftig, säuerlich süß.
Sonate	Reife Anfang September, nur kurz haltbar. Mittelgroß. Streifige, verwaschen rote Deckfarbe. Mittelfestes, saftiges Fruchtfleisch. Schwacher, kompakter Wuchs.

Die Sorte '**Arbat**' stammt aus Russland. Eingeführt in Deutschland wurde sie durch die Obstbaumschule Krämer in Detmold. Es war der erste schorfresistente Säulenapfel und extrem fruchtbar. Deshalb ist ein Ausdünnen ratsam, sonst kann Alternanz auftreten. Die Sorte reift ab Mitte September und ist ab der Pflücke bis Anfang November haltbar. Die Frucht ist klein bis mittelgroß, mit festem, saftigem Fruchtfleisch. Ausgewogener Geschmack, fein säuerlich, ähnlich 'Jakob Fischer'.

Der zur Zeit wohl beste Säulenapfel ist die in Weinsberg gezüchtete Sorte '**Jucunda**'. Sie hat die typische Säulenform, ist schorftolerant, die Früchte sind bis Januar haltbar und knackig, saftig, süß-säuerlich mit sehr gutem Geschmack.

Sowohl in der Forschungsanstalt Geisenheim, wie auch im Obstversuchsgut in Heuchlingen und anderen Versuchsanstalten werden derzeit weitere, neu gezüchtete Säulenapfel-Sorten geprüft.

Die Sorte '**Spurkoop**' ist eine Auslese aus dem bekannten 'Roten Boskoop'. Sie wächst extrem aufrecht, schwach und ist deshalb auch für Pflanzgefäße auf Balkon und Terrasse gut geeignet. Weitere Kompakttypen sind 'Cactus', 'Minicox' und Sorten von Lubera.

Bezugsquellen von Säulenapfelbäumen sind u. a. Partnerbetriebe sowie die Gesellschafter von ARTEVOS (www.artevos.de), Versandhandelsgärtnereien, Züchterfirmen (Bayerisches Obstzentrum, Häberli, Lubera), Obstbaumschulen (wie Hoffmann, Heckmann, Schmitt, Oberdorla), außerdem Gartencenter und Mitgliedsbetriebe der Gartenbaumschulen (www.gartenbaumschulen.com).

Das Streuobst

Ein Sonderbereich des Obstanbaues ist die Anlage einer Streuobstwiese mit einer Mehrfachnutzung (Obsterzeugung, Grasnutzung, Weide). Sie wird in der Regel mit Hochstämmen und regionalen Sorten bepflanzt, um mit einer Minimalpflege (Schnitt, Pflanzenschutz) auskommen zu können. Streuobstwiesen können sowohl unter dem Gesichtspunkt des Landschaftsschutzes als auch zum Obsterwerb angelegt werden. Hier ist die Sortenwahl, ausschließlich nach den örtlichen Gegebenheiten, erfolgsentscheidend. Wenn auch die Aufgaben des Natur- und Landschaftsschutzes für den Bereich der Obstwiesen sehr bedeutend sind, so spielt doch die Obsterzeugung und Verwertung für den langfristigen Bestand einer Streuobstwiese noch immer die wichtigere Rolle.

Für die Verwertungsindustrie bildet der Streuobstanbau mit Abstand die wichtigste Produktionsgrundlage, an deren Erhalt besonders den Kelterbetrieben gelegen ist. Inzwischen gibt es eine Reihe vorbildlicher Initiativen zwischen Anbauern und Verwertern, a. a. auf regionaler Eebene und biologischer Erzeugung

Wo ausreichende Flächen zur Verfügung stehen, können auch robuste Wildobstarten ein belebendes Element sein, was auch den Keltereien oft willkommen ist. Allerdings darf von ihnen keine zusätzliche Gefährdung durch Krankheiten, wie Feuerbrand, Schorf oder Scharka ausgehen. Geeignet sind u. a. Speierling, Mispel, Schlehe, Maulbeere, Sanddorn, Holunder. Bei einer Beweidung sind solche Arten gegen Verbiss der Weidetiere zu schützen. Schafen sagt man den „goldenen Tritt" nach, weshalb man vielerorts eine Beweidung der Streuobstwiese der Mahd vorzieht.

Fördermaßnahmen werden wegen des öffentlichen Interesses am Streuobstbau von Bund, Kreisen und Gemeinden eingeleitet. Auskunft erhält man bei den Unteren Naturschutzbehörden, Landwirtschaftsämtern oder den Ämtern für Umwelt und Naturschutz. Oft werden auch Erschwernisausgleiche für die Bewirtschaftung oder Beihilfen zum Pflanzmaterial bezahlt. Beratung dazu gibt es auch bei der Kreisfachberatung an den Landratsämtern, Obst- und Gartenbauvereinen oder ortsansässigen Keltereien.

Merkmale von einigen Apfelsorten mit Eignung für Most (ohne Anspruch auf Vollständigkeit)
Anmerkung: „Most" leitet sich ab vom lateinischen „mustum" und bedeutet jung oder frisch.

Sorte	Ø Mostgewicht °Oe	Zuckergehalt	Ø Säure g/l	Alkohol % nach Gärung
Antonowka	50	10,4	12	5,9
Bittenfelder	57	14	14	8,1
Börtlinger Weinapfel	54	13	11	6,8
Brauner Matapfel	56	14	10	8,1
Brettacher	53	13	12	6,5
Champagner Renette	54	13	11	6,8
Coulons Renette	58	14	10	7,3
Dietzels Rosenapfel	57	12,4	9	7,1
Engelsberger	55	12	7	6,9
Erbachhofer Weinapfel	54	11,8	12	6,8
Florina	52	11,4	10	6,5
Gartenmeister Simon	35	8	7	4,4
Gehrer Rambur	52	11,4	10	6,5
Gewürzluiken	39	8,8	17	4,9
Harberts Renette	59	15	11	7,4
Glogierowka	51	13	10	6,4
Hauxapfel	48	10,6	10	6,0
Herrnhut	52	11,4	14	6,5
Hilde	47	10,4	11	5,9
Himbacher Grüner	55	12,0	15	6,9
Ingol	48	10,6	14	6,0
Jakob Lebel	55	13	11	6,9
Kanadarenette	56	12,2	11	7,0
Kardinal Bea	69	14,8	16	8,6
Königlicher Kurzstiel	66	16	16	8,3
Linsenhofener	52	11,4	16	6,5
Lohrer Rambur	60	13	11	7,5
Maunzenapfel	56	12,2	11	7,0
Muskat Renette	63	15	10	7,9
Orleans Renette	67	17	13	8,4
Porzenapfel	60	13	11	7,5
Prinzenapfel	64	13,8	9	8,0
Purpurroter Cousinot	54	11,8	9	6,8
Remo	48	10,6	11	6,0
Rewena	58	12,6	14	7,3
Rhein. Bohnapfel	58	12,6	10	7,3
Rhein. Schafsnase	56	12,2	11	7,0
Rhein. Winterrambur	56	14	7	7,0
Roter Eiserapfel	54	11,8	7	6,8
Roter Trierer Weinapfel	65	14	12	8,1
Sonnenwirtsapfel	47	10,4	13	5,9
Spätbl. Taffetapfel	50	11	10	6,3
Stina Lohmann	50	11	10	6,3
Wagenerapfel	57	14	9	7,1
Welschisner	50	11	12	6,3
Wiltshire	47	10,4	10	5,9
Winter-Taffetapfel	56	12,2	10	7,0
Winter-Zitronenapfel	60	13	12	7,5
Zabergäu	53	11,6	12	6,6
Zuccalmaglio	55	14	13	6,9

Mostgewicht (Grad Oechsle): 42–45 = geringe Süße, 48–55 = hoch, über 55 = sehr hoch.
Säuregehalt: unter 7 g/l = säurearm, 9–12 g/l = säurereich, über 12 g/l sehr hoch (Verschnittsorten).

Sortenschutz

Die meisten Neuheiten der Obstgewächse unterliegen dem Sortenschutz, etliche außerdem noch einem Markenschutz. Für Käufer von derartigen Jungbäumen besteht automatisch ein Verbot zur weiteren eigenen Vermehrung, sowohl zum Zwecke des Pflanzenvertriebes als auch zur Obsterzeugung. Die Baumschulen benötigen für die Vermehrung eine spezielle, gebührenpflichtige Lizenz des Sortenschutzinhabers. Während der Schutzdauer darf niemand außer dem Schutzinhaber oder dessen Lizenznehmer die betreffende Sorte vermehren oder Vermehrungsmaterial in Verkehr bringen. Die Voraussetzung für die Erteilung eines Sortenschutzes wird in einer mehrjährigen Freilandprüfung, in Verbindung mit ähnlichen Sorten der selben Art geprüft. Zuständig dafür ist das Bundessortenamt in Hannover mit der Zweigstelle Wurzen (Kern- und Steinobst: Sorten und Unterlagen; Beerenobst, Wildobst). Festgestellt wird, ob die Sorte wirklich neu, unterscheidbar und beständig ist. Nach erfolgreichem Abschluss wird der Sortenschutz erteilt, beim Baumobst höchstens für 30 Jahre, beim Beerenobst bis zu 25 Jahre. Im Gegensatz zum Sortenschutz ist ein Markenschutz beliebig verlängerbar. Vermehrungsrechte für bestimmte Sortenneuheiten besitzen entweder die Züchter direkt bzw. einzelne Baumschulfirmen oder Gesellschaften (z. B. ARTEVOS). Sie vermehren diese Sorten exklusiv selbst oder vergeben Unterlizenzen an spezielle Obstbaumschulen. Unberechtigte Anpflanzung oder Vermehrung wird strafrechtlich verfolgt.

Clubsorten

Der Markenclub besteht aus dem Züchter bzw. Sorteninhaber, wenigen Baumschulbetrieben (zur Erzeugung von Jungbäumen) und Erzeugerorganisationen, welche Verträge mit ausgewählten Erwerbsbetrieben zum exklusiven Anbau der Clubsorte schließen. Damit ein hoher Anteil bestimmter Qualitätsfrüchte erzeugt wird, gibt es Anbaukontrollen. Die Abgabe der den Qualitätsnormen entsprechenden Früchten erfolgt exklusiv an den Sortenclub, der die Vermarktung über den Lebensmitteleinzelhandel inkl. Werbemaßnahmen durchführt.

Beispiele von Clubsorten sind 'Pink Lady®' (Sortenbezeichnung: 'Cripps Pink'), 'Kanzi®' (Sortenbez. 'Nicoter'), 'Junami®' (Sortenbez. 'Diwa'), 'Evelina®' (Pinova-Farbmutante RoHo36), 'Rubinette®' (Sortenbez.: 'Rafzubin') oder 'Rubens®' (Sortenbez.: 'Civni'). Diese Sorten stehen dem direkt absetzenden Obstbaubetrieb nicht oder sehr eingeschränkt zur Verfügung.

Erläuterung zu den Beschreibungen im Text

Die Entstehung der Sorte

Kreuzungspartner und Herkunftsangaben lassen bereits auf eine Anbaueignung am eigenen Standort schließen. Sorten aus abweichenden Klimazonen ferner Länder benötigen für die Ausbildung ihrer optimalen Inhaltsstoffe meist bedeutend längere Wachstumszeiten, als sie bei uns möglich sind. Aber auch Sorten aus Frankreich und England mit höherem Wärmeanspruch können bei uns außerhalb bevorzugter Lagen zum Problem werden. Deshalb sind die Anbauvoraussetzungen im Garten genau zu prüfen.

Frucht

Kleinere oder mittelgroße Sorten sind keineswegs geringerwertig, sondern die richtige Wahl als kinderfreundlicher Schulapfel oder handtaschenfähig für das Büro. Für die Verwertung in der Küche wünscht man sich dagegen größere Früchte. Allerdings können je nach Pflege am Baum unterschiedliche Größen vorkommen. Erstlingsfrüchte vom Jungbaum sind oft untypisch groß.

Die Form kann selbst innerhalb der Sorte sehr unterschiedlich sein. Deshalb müssen zur Sortenbestimmung immer mehrere Früchte vorliegen. Untersucht werden von Pomologen: Stärke und Länge des Stieles, Tiefe und Weite der Kelchgrube, Beschaffenheit des Kelches, einschließlich der Kelchblätter, Wülste und Rippen um die Frucht. Die beständigsten Merkmale einer Sorte zeigen sich wohl in der Art des Kernhauses, vor allem in der Form, Größe und (frischen) Farbe der Kerne.

Die Schale ist nach ihrer Beschaffenheit und nach der Färbung ein (mitunter unzuverlässiges) Merkmal für die Sortenzugehörigkeit. Sie kann je nach Lichtverhältnissen am Baum, Jahreswitterung und Gebietsherkunft sehr unterschiedlich sein. Sortentypische Früchte mit gut ausgeprägter Deckfarbe sind immer die besten. Einige entwickeln einen typischen Duft, etwa 'Gravensteiner', der auch als ein Sortenmerkmal gilt. Andere werden auf dem Lager fettig (wie 'Jonagold', 'Jakob Fischer', 'Jakob Lebel', v. a. bei zu später Pflücke), was beim Verzehr zwar als unangenehm empfunden wird, doch werden die Inhaltsstoffe dadurch vor Verdunstung geschützt. Beständiges Sortenmerkmal sind die Berostungen um Stiel und Kelch.

Das Fruchtfleisch variiert von weiß ('Schneeapfel') bis gelb ('Golden Delicious') über gelbgrün hin zu den neuen rotfleischigen Sorten. Es kann feinzellig und fest sein, oder auch mürbe bis locker. Die Farbe ist für den Frischverzehr oder die Verarbeitung selten von Bedeutung, wohl aber die Festigkeit, der Anteil an Fruchtzucker, Säure und Aromastoffen (Geschmack) und der Saftgehalt.

Auch der Vitamingehalt muss unterschiedlich bewertet werden. Natürlich hängt er von der Sorte ab, daneben auch vom Zusammenwirken weiterer Faktoren, etwa Standort, Witterung, Behangstärke, Belichtung der Einzelfrucht am Baum, den Pflegemaßnahmen und noch anderen Einflüssen wie der Lagerung. Höhere oder niedrigere Gehalte an Vitamin C sind alleine kein Wertmaßstab, zumal bei einer vitaminreichen Sorte auch die Säure überwiegen kann.

Die Verwertung des Apfels ist sehr vielseitig. Für Diabetiker sollte nicht die hohe Säure, sondern ein geringer Zuckergehalt maßgeblich sein. Beim 'Boskoop' herrscht eine gewisse Säure (11 g/l) vor, doch ist der Zuckergehalt (14,6 %) so hoch, dass er keinesfalls als Diabetikerapfel gelten kann. Klassische Diabetikersorten sind u. a. 'Ananasrenette', 'Berlepsch', 'Champagner', 'Delcorf', 'Gelber Edelapfel', 'Idared', 'Ontario'. Außerdem spielen säurearme Sorten eine Rolle, z. B. für Menschen mit Magensäureproblemen, v. a. aber auch für stillende Mütter und Kleinkinder.

Allgemein richtet sich das Interesse auf die Früchte. Dabei findet man schon bei Hildegard von Bingen Hinweise auf die gesundheitsfördernde Wirkung von Apfelblüten. Auch die feine Küche kennt ebenfalls zahlreiche Verwendungen von Blüten und Blumen, wie auch in eleganten Konditoreien aus kandierten Rosen- und Apfelblüten delikate Köstlichkeiten gezaubert werden.

Reife*

Baumreife. Die Frucht ist voll ausgebildet, das Trenngewebe (Korkzellen) zwischen Stiel und Baum fast fertig, die Kerne sind braun. Beim Anheben und leichter Drehung löst sich die Frucht. Nur Frühsorten des Kernobstes können ohne Qualitätsverlust einige Tage vor der Baumreife geerntet werden. Zu früh geerntete Lagersorten verlieren an Inhaltsstoffen, bleiben meist grün, geschmacklos, schrumpfen schneller und neigen eher zu Fäulnis. Andererseits wirkt sich eine Überreife ebenfalls nachteilig aus (weicheres, schnell mürbe werdendes Fruchtfleisch; geringere Lagerdauer). Die Sorten bedürfen also zur Zeit der Fruchtreife einer besonders sorgfältigen Beobachtung, wenn die wertvollen Inhaltsstoffe erhalten bleiben sollen. Es hat sich bewährt, immer nur die optisch reifen, gut – ohne Reißen – zu pflückenden Äpfel in meist 3 Pflückgängen im Abstand von je 7–10 Tagen zu ernten. Die Baumreife und die Haltbarkeit auf dem Lager kann je nach Klima, Standort und Baumalter sehr verschieden eintreten. Der Gehalt an Vitamin C steigt, je mehr Zeit die Äpfel zur Reifung am Baum haben.

Genussreife. Nach der Ernte leben die Früchte selbständig weiter. Sie atmen, verdunsten Wasser, scheiden Gase aus und bilden langsam ihre Aromastoffe. Wenn sich auf dem Lager nach einiger Zeit, durch den Um- und Abbau von Stärke, Säure und der Festigkeit, das richtige Zucker-/Säureverhältnis eingestellt hat, so ist die optimale Genussreife erreicht. Gleichzeitig setzt dann aber auch wieder der langsame Abbau ein. Die Dauer von Baum- zur Genussreife ist sortenbedingt. Sie kann nur einige Tage betragen bei Frühsorten wie 'Alkmene', 'Elstar', 'Gravensteiner', 'James Grieve' oder auch mehrere Monate bei Lagersorten wie 'Ontario', 'Brettacher', 'Bohnapfel', 'Pilot', 'Solaris', 'Topaz'.

Blüte

Anders als einige andere Obstarten können sich Äpfel, auch Birnen und Süßkirschen, nicht selbst befruchten, sondern brauchen den Pollen einer anderen Sorte. Gute Befruchtersorten haben einen doppelten (diploiden) Chromosomensatz als Träger des Erbgutes im Zellkern, während triploide Sorten mit einem dreifachen Chromosomensatz für eine Befruchtung ungeeignet sind.

Durch zeitliche Unterschiede können sich die relativen Blütezeiten ertragsmindernd auswirken, denn eine sortenbedingt frühe Blüte (u. a. 'Alkmene') kann in bestimmten Lagen durch Spätfröste geschädigt werden. Lange anhaltende Blütezeiten (u. a. 'Berlepsch') sind zwar für eine gute Befruchtung vorteilhaft, andererseits steigt gleichzeitig die Infektionsgefahr durch verschiedene Krankheiten, vor allem durch den Feuerbrand. Deshalb duldet man auch keine „Nachblüher" im späten Frühling am Baum. Feuchte, wechselhafte Perioden, verbunden mit tiefen Temperaturen und einem geringen Bienenflug werden bei lange anhaltenden Blütezeiten zu deutlich geringerem Fruchtansatz führen. Schlechte Blütenqualität wird erwartet, wenn der Baum nach einer überreichen Ernte erschöpft ist, eine gute dagegen ist nach einem warmen Herbst und durch eine gezielte Fruchtregulierung im Vorjahr wahrscheinlich.

Ertrag

Sortenbedingte, stärkere Ertragsschwankungen von Jahr zu Jahr werden als „Alternanz" bezeichnet. Sie kann durchbrochen oder gemindert werden durch Ausdünnen eines zu starken Fruchtansatzes nach der Blüte bis spätestens Mitte Juni, fruchtregulierenden Sommerschnitt und angepassten Winterschnitt. Ergänzend kann sich eine Blattdüngung sofort nach der Ernte alternanzmindernd auswirken. Auf schwachwachsenden Unterlagen ist die Alternanz meist weniger ausgeprägt. Die Ausdünnung nach der Blüte oder dem Junifruchtfall berücksichtigt, dass für eine optimale Fruchtentwicklung am Baum das Blatt-/Fruchtverhältnis mindestens 30 : 1 betragen muss.

Starke Ertragsschwankungen sind auch deshalb zu vermeiden, weil die Bäume nach überreichen Erträgen v. a. in Verbindung mit zunehmender Hitze, UV-Einstrahlung und anhaltender Trockenheit gestresst und daher anfälliger für Schaderreger sind. Ein Überbehang führt außerdem zu einer geringeren Nährstoffeinlagerung in Triebe und Knospen, sodass die Empfindlichkeit gegenüber Holzfrösten steigen kann. Nicht nur wegen des höheren Pflegeaufwandes wird man sich deshalb eher für Sorten mit jährlich gleichmäßigen Erträgen entscheiden.

Apfellager

Den kühlen Idealkeller mit Mauerwerk und gestampftem Lehmboden, wo das Obst in übersichtlichen Horden liegt, gibt es heute wohl nur noch in Ausnahmefällen. Die meisten Keller der Mietwohnungen eignen sich in der Regel nicht für die Obstlagerung. Sie sind mit ihren betonierten Fußböden meist zu warm und zu

---

* *Beschreibungen in der Literatur enthalten mitunter abweichende Angaben der Reifezeiten. Dafür kann es mehrere Erklärungen geben: Standorte in unterschiedlichen Klimaräumen (Höhen-/Tallage, Windverhältnisse), tief- oder flachgründige Bodenbeschaffenheit, Unterlagen. Reifeangaben der älteren Literatur beziehen sich auch meist auf stärker wachsende Bäume, während heute doch eher Sorten auf schwach wachsenden und damit früher reifenden Unterlagen vorherrschen.*

trocken, sodass die Äpfel in kurzer Zeit welken und ungenießbar werden. Dennoch lassen sich kleinere Mengen durchaus auch in etwas wärmeren Räumen mit Hilfe haushaltsüblicher Gefrierbeutel über einen längeren Zeitraum aufheben. Sie fassen etwa ein Kilo. Folgende Punkte sind aber zu beachten:

- Nur gesunde, unverletzte, baumreife und trockene Früchte sind geeignet. Die Früchte müssen vor dem Einfüllen Raumtemperatur haben, damit sich kein Kondenswasser bilden kann.
- Der Gasaustausch muss durch 2–3 strickadelstarke Löcher in der Folie gesichert sein.

Doch nicht alle Sorten eignen sich für die Folienlagerung. Nach bisherigen Erfahrungen gelingt es am besten bei den festfleischigen Sorten. Weit besser, und auch für größere Mengen geeigneter ist immer noch die Lagerung in der Gartenlaube, wenn die Steigen durch Zeitungspapier und alte Decken etwas gegen Frost geschützt sind. Sind die Äpfel doch mal angefroren, so fasst man sie nicht an, sondern bringt sie samt der Steige in einen kühlen Raum zum Auftauen. Danach sind sie wieder genussfähig.

Baum

Für die Anpassung an die örtlichen Verhältnisse sind nicht nur Ertragsverhalten und Fruchtqualität, sondern vor allem die besonderen Wachstumsmerkmale des Baumes maßgeblich. Sie werden u.a. deutlich in der Kronengestalt, dem Verzweigungsgrad (dichte/lockere Krone), Fruchtholzbildung, Wuchsstärke und dem Ertragsverhalten (mögliche Alternanz).

Abhängig vom Standort ist auch die Widerstandskraft des Baumes gegen Krankheiten und Schädlinge zu bedenken. Unerwünschte Wuchsstärke lässt sich etwas steuern durch einen späten Schnitt

> **Bemerkung über die *Vf*-Schorfresistenz**
> Bei einer Reihe von neuen Apfelsorten beruht die Schorfresistenz auf einem Gen von Malus floribunda 821 (*Vf* = *Venturia floribunda*). Seit Mitte der achtziger Jahre wird aber – besonders aus dem nördlicheren Deutschland – zunehmend über Schorfbefall an bisher *Vf*-resistenten Sorten berichtet, sodass eine Pilzbekämpfung zukünftig nicht mehr völlig unterbleiben kann. Ursache ist zum Teil das Auftreten neuer Schorfrassen (6–7) oder physiologischer Stress (zu hoher Grundwasserstand u. a.). Allererste Befallsmerkmale sind meist schon an den jungen Früchten und Blättchen zu beobachten.

(kurz vor der Blüte oder bald danach). Schwaches Wachstum erfordert zur Erhaltung der Triebkraft, neben zusätzlicher Nährstoff- und Wasserzufuhr, einen frühzeitigen Schnitt, also sofort nach der Ernte. Genau zu dieser Zeit ist eine Blattdüngung sehr hilfreich, auch um eine mögliche Alternanz zu mindern. Die Gesamtheit der Sortenmerkmale bestimmt den erforderlichen Pflegeaufwand.

Standort

Ertragsverhalten, Pflanzengesundheit und Fruchtqualität sind streng an einen zusagenden Standort gebunden. Es ist nicht möglich, durch Erweiterung der Pflegemaßnahmen bessere Qualität und einen höheren Ertrag zu erzielen, wenn die betreffende Sorte nicht an den Standort angepasst ist.

Die wichtigsten Standortfaktoren sind unter anderem: Großklima, Windverhältnisse, Bodenqualität, Wasserführung. Durch Veränderungen der kleinklimatischen Verhältnisse (Windschutz), Bodenverbesserung oder Zusatzbewässerung lässt sich ein schlechter Standort zwar etwas günstiger gestalten, jedoch nicht grundsätzlich umformen. Andererseits kann sich aber auch eine anscheinend sehr günstige Lage auf schwerem Boden und in warmem, feuchtem Klima befallsfördernd auf Krankheiten und Schädlinge auswirken. Sorten, die sich in bestimmten kühlen Höhenlagen wohl fühlen, sind in der Regel robuster als solche mit hohem Wärmeanspruch. Durch Steigerung der Pflegemaßnahmen (Schnitt, Ernährung, Pflanzenschutz) lässt sich ein ungünstiger Standort nicht oder nur unwesentlich ausgleichen. Viele Sorten erreichen ihre beste Qualität erst in kühleren oder höheren Lagen, wenn der Boden tiefgründig ist. Reine Südhänge sind weniger vorteilhaft, dagegen können nördliche Berghänge durchaus noch gutes Wachstum ermöglichen.

Anfälligkeit

Bei der Auswahl, besonders für den Freizeitgarten, legt man seit jeher besonderes Gewicht auf sortenbedingten Widerstand gegen Krankheiten und Schädlinge. Dafür nimmt man auch mal geringe Geschmackseinbußen in Kauf. In vielen Ländern gibt man sich große Mühe bei der Züchtung von krankheitsresistenten Sorten, die sich zum Teil auch im Erwerbsanbau bewährt haben.

Resistenz ist die Widerstandsfähigkeit gegen einen oder mehrere Schaderreger. Bei vielen Sorten gibt es aber fließende Übergänge von schwacher bis hoher Resistenz, die auch standortbedingt sind.

Toleranz ist eine Begriffsbestimmung für einen gewissen Resistenzgrad an Früchten oder Blättern, wenn sich der Befall von Schaderregern nicht wirtschaftlich bemerkbar macht.

Als robust bezeichnet man meist alte Sorten, wenn die Merkmale Resistenz oder Toleranz zutreffen. In der Reihenfolge ihrer Schadfähigkeit werden beim Apfel folgende Krankheiten zu beachten sein: Feuerbrand (Bakterien), Virosen, Blatt- und Fruchtschorf, Mehltau, Krebs (Pilze). Häufigste Apfelschädlinge: Wicklerarten, Spinnmilben, Blut- und Blattläuse. Diesen Schaderregern stehen allerdings auch zahlreiche Nützlinge gegenüber, die besonders schützenswert oder gezielt einsetzbar sind.

Anbauwert

Zu trennen ist zwischen den Sorten des intensiven Erwerbsanbaues und solchen, die sich aufgrund geringerer Ansprüche an den Standort und die Pflege eher für den Freizeitgarten eignen. Hier wird man sich bei der Auswahl weniger an der Ertragshöhe und den ausgeprägten Geschmacksqualitäten einer Sorte orientieren, sondern eher an der Pflanzengesundheit und der Standorteignung. Manche Baumschulen bieten auch heute noch eine große Sortenvielfalt an, die sich für die eigenen Zwecke nutzen lässt. Die Anbauplanung sollte aber niemals nach Katalog, sondern stets in Absprache mit Fachleuten erfolgen.

Faustzahlen für die Baumpflanzung

(angegeben sind Mindestmaße, das angegebene Lebensalter gilt nur bei guter Pflege)

Rundkronen	Flächenbedarf	Abstand	Endhöhe	Lebensalter
Senkr. Schnurbaum/ Säulenapfel auf M 9 bzw MM106	Gerüst	0,8–1 m	> 3 m	ca. 18 Jahre auf MM106 ca. 25 Jahre
Spindelbusch auf M 9	5 m²	2,5 m	ca. 3 m	18–25 Jahre
auf M 9	7 m²	3 m	ca. 3 m	18–25 Jahre
auf M 26	9 m²	3,5 m	ca. 3 m	25–30 Jahre
auf MM 106	14 m²	4 m	ca. 4 m	30–35 Jahre
Hochstamm	50 m²	8 m	> 6 m	> 80 Jahre

Begriffe im Obstanbau

Alternanz. Sortenbedingter, jährlicher Wechsel zwischen hohen und geringen Erträgen oder auch völligem Ertragsausfall. Mögliche Minderung durch rechtzeitige Ausdünnung überzähliger Jungfrüchte bis spätestens Mitte Juni und Blattdüngung sofort nach der Ernte.

Apfelwickler (Obstmade) ist ein dämmerungsaktiver Kleinschmetterling, dessen 1. Generation dann fliegt, wenn die Nächte deutlich wärmer als 10 °C sind. Die Eier werden einzeln an Jungfrüchte gelegt, aus denen nach 10–14 Tagen die Räupchen schlüpfen und sich in die Früchte einbohren. Sie sind nach 4 Wochen ausgewachsen und verlassen die Früchte an einem Seidenfaden, um sich in der Erde zu verpuppen. Dann folgt eine 2., oft auch eine 3. Generation.

Astring. Kennzeichnet die Triebbasis durch einen ringartigen, mehr oder weniger deutlichen Wulst. Dort wird ein Schnitt angesetzt, denn nur dort ist die bestmögliche Überwallung gesichert.

Ausdünnen (Fruchtausdünnen). Entfernen zu vieler Jungfrüchte nach dem Fruchtansatz. Das Blatt-/Fruchtverhältnis soll nach der Ausdünnung etwa 25–30:1 betragen, damit die Ernährung jeder Einzelfrucht gesichert ist. Pro Fruchtbukett bleibt nur eine Jungfrucht, mit Abstand von mindestens 20 cm zur nächsten.

Auslichten. Wegnahme zu dicht stehender Triebe in der Krone. Eine Maßnahme des Sommer- und Winterschnittes, damit das Kroneninnere besser belichtet wird (Fruchtausfärbung).

Bakterienkrankheiten. Typische Beispiele sind Blütenbrand, der Bakterienbrand an der Rinde und Feuerbrand, der über die Blüte oder Rindenverletzungen eindringt. Sie sind mit herkömmlichen Mitteln nicht heilbar.

Befruchtung ist die Vereinigung des Pollenkorns mit der Eizelle in der Blüte. Die männliche Geschlechtszelle dringt mit dem Pollenschlauch in den Fruchtknoten ein und dann in die Eizelle. Die Pollenverbreitung wird im Wesentlichen durch die Bienen sichergestellt.

Befruchter. Im Apfelanbau eignen sich neben den diploiden Sorten auch einige Zierapfelsorten. Sie werden in Erwerbsanlagen gerne als Zwischenpflanzung angebaut. Triploide Sorten (wie z. B. 'Boskoop') sind als Befruchter ungeeignet.

Berostung. Natürliche, sortenbedingte, raue Beschaffenheit der Fruchtschale. Sie kann auch durch ungünstige Witterungs oder falsch gewählte Pflanzenschutzmittel hervorgerufen werden.

Blutläuse. Die Saugstellen sind erkennbar an den weißen Wachsausscheidungen und krebsartigen Wucherungen, die bei einem stärkerem Befall bis zum Absterben des Astes führen können.

Diploid. Gute Befruchtersorten mit einem zweifachen Satz von Erbträgern (Chromosomen) im Zellkern.

Duft. Sortentypische Eigenschaft der Fruchtschale, ein wichtiges Merkmal bei Sortenbestimmungen.

Durchpflücken. Das Abnehmen schon baumreifer Früchte bei Sorten, die unterschiedlich (folgernd) reifen, in der Regel bei Früh- und Herbstsorten. Oft sind mehrere Durchgänge erforderlich, damit ein vorzeitiger Fruchtfall vermieden wird. Außerdem gelangen stets optimal reife Äpfel ins Lager.

Feuerbrand tritt bei Wärme mit feuchter Witterung auf. Es ist die gefährlichste Krankheit beim Kernobst. Der Erreger ist ein Bakterium, das auch andere Rosengewächse, darunter Weißdorn und einige Ziergehölze befällt. Die Krankheit ist meldepflichtig bei den Pflanzenschutzämtern. Eindämmung im Anfangsstadium durch energischen Rückschnitt der befallenen Stellen bis in das gesunde Holz. Da eine aussichtsreiche Bekämpfung mit Pflanzenschutzmitteln im Gartenbereich nicht möglich ist, bleibt neben dem Verzicht auf andere Wirtspflanzen in der Nähe nur die Pflanzung widerstandsfähiger Sorten. Allerdings ist die Einstufung diesbezüglich je nach Befallsgrad schwierig und oft auch widersprüchig.

Fleischbräune ist zurückzuführen auf Stoffwechselstörungen während der Wachstumszeit. Sie wird ausgelöst durch stark wechselhafte Sommerwitterung oder plötzliche Ernährungsstörungen, wie sie bei Überdüngungen auftreten können. Mitunter tritt sie auch auf dem Lager bei zu tiefen Lagertemperaturen auf.

Fruchtfall (Vorerntefruchtfall). Die Früchte fallen mit beginnender Baumreife innerhalb kurzer Zeit ab. Abhilfe: mehrfaches Durchpflücken. Manche Sorten sind „wind- oder sturmfest".

Fruchtfäule (*Monilia frutigena*). Die Früchte faulen teilweise schon am Baum, erkennbar durch den ringförmigen „Polsterschimmel". Die infizierenden Sporen dringen bei feuchtkühler Witterung beim Bienenbesuch meist über die Blüten ein, später auch durch Verletzung der Fruchthaut (Hagelschlag, Vogelfraß, Bohrlöcher von Maden, Reibung eng sitzender Früchte im Büschel). Verwandt ist die *Monilia laxa*, welche die Triebspitzendürre, gut bekannt bei Sauerkirschen, hervorruft.

Frostrisse und Frostplatten äußern sich durch Aufreißen der Rinde nach einem starken, lang anhaltenden Frost häufig im Februar. Es entstehen Spannungen im Baumstamm: der sonnenexponierte Teil heizt sich stark auf, während die Nordseite frostig bleibt. Ursache: Überdüngung, verbunden mit spätem Triebabschluss, Erschöpfung des Baumes nach überreichem Ertrag oder eine falsche Sortenwahl in ungünstiger Lage.

Genussreife. Nach der Ernte leben die Früchte selbständig weiter. Sie atmen, verdunsten Wasser, scheiden Gase aus und bilden Aromastoffe. Wenn sich auf dem Lager das richtige Zucker-/Säureverhältnis eingestellt hat und das harte Fruchtfleisch etwas nachlässt, ist die Genussreife erreicht. Bei Spätsorten kann das mehrere Monate dauern.

Glasigkeit. Sie tritt, wie die Fleischbräune, je nach Sorte unterschiedlich auf. Der Grund: Stoffwechselstörungen, wobei Saft in die Zellräume gelangt, die normalerweise luftgefüllt sind.

Junifall (Junifruchtfall). Zu dieser Zeit stößt der Baum die meisten Fruchtansätze ab, die er nicht voll entwickeln kann. Sofort danach soll man mit der „Ausdünnung" beginnen. Es bleibt nur eine Frucht pro Bukett. Das fördert die Fruchtgröße, beugt einer Erschöpfung des Baumes vor und kann die Alternanz mindern.

Kleiner Frostspanner ist einer der wichtigsten Schädlinge an allen Laubgehölzen. Die männlichen Kleinschmetterlinge fliegen an warmen Oktobertagen auf der Suche nach den flügellosen Weibchen. Diese klettern an den Gehölzen aufwärts, um ihre Eier möglichst weit in der Gipfelregion abzulegen. Die Raupen schlüpfen dann im Frühjahr und fressen an den aufbrechenden Knospen zur Blütezeit und an Jungfrüchten.

Lager. Das Aufheben von Früchten in geeigneten, möglichst kühlen Räumen mit ausreichender Luftfeuchtigkeit. Wassergefüllte Tongefäße können darin für nötige Feuchtigkeit sorgen. So genannte Apfelhorden oder Lagerschränke ermöglichen laufende Kontrollen auf Lagerfäule oder Stippe. In weniger günstigen Lagerräumen lassen sich einige Apfelsorten auch in perforierten Folienbeuteln über längere Zeit aufheben.

Mehltau ist eine verbreitete Pilzkrankheit an Blättern, Jungtrieben, auch an den Früchten. Sie äußert sich durch einen weißgrauen, puderartigen Belag. Die Sporen überwintern in den Endknospen oder auf Triebspitzen. Hier sind sie durch die hellgraue Verfärbung mit den „Pinselknospen" erkennbar. Solche Triebe schneidet man noch vor dem Frühling heraus.

Mutanten sind sprunghafte, erbliche Abweichungen einzelner Eigenschaften gegenüber der Ausgangssorte. Neben zufälligen Mutationen werden sie in der Züchtung auch künstlich ausgelöst. Bei einer Knospenmutation (u. a. bei 'Boskoop' oder 'MC Intosh') kann eine abweichende Sorte am selben Baum entstehen. Meist handelt es sich um eine Änderung der Schalenfarbe.

Okulation ist eine Art der Sommerveredelung, wobei eine Knospe (Auge) zwischen Rinde und Holzkörper eingesetzt wird. Eine Abart ist die „Chip-Veredelung", die auch in der Wachstumszeit mit Erfolg möglich ist. Auf diese Weise werden die meisten Obstgewächse veredelt.

Pfropfungen sind verschiedene Veredelungsarten mit meist einjährigen Zweigstücken im Spätwinter, sobald die Rinde löst oder um die Blütezeit. Oft gelingen auch Umveredelungen mit (entblätterten) Reisern im Spätsommer, wie bei den Süßkirschen. Die Edelreiser für die Spätwinterpfropfung müssen zuvor um die Weihnachtszeit von der Mutterpflanze genommen und im kühlen Schatten eingeschlagen werden.

Pinzieren nennt man das Entspitzen wachsender Triebe, besonders bei Spalierbäumen. Ziel: kurzes Seitenholz und Bildung von Blütenknospen in Leitastnähe.

Quirlholz. Mehrjährige Frucht tragende Kurztriebe mit jährlich nur geringem Zuwachs. Bei Rundkronen sind sie Anzeichen beginnender Vergreisung. Bei Spalierbäumen sind sie dagegen als Voraussetzung für eine gute Fruchtqualität erwünscht.

Schorf ist eine, auch sortenbedingte, Pilzkrankheit an Blättern und Früchten, bisweilen auch an der Rinde. Die Sporen überwintern hauptsächlich auf dem abgefallenen Laub, aber auch in Rindenritzen, um im zeitigen Frühjahr (bei Wind und Nässe) wieder auf die Bäume zu gelangen. Es gibt eine Reihe mehr oder weniger schorffreie oder toleranter Sorten.

Sommerriss erfolgt am günstigsten zur Blütezeit der Goldrute im Juli. Entfernt werden unerwünschte, noch „glasige" Jahrestriebe durch ruckartiges Abreißen samt der Basisaugen. Diese „Wasserschosse" wachsen oft büschelweise an Schnittstellen und im Kroneninneren. Sie kosten dem Baum viel Kraft, die er für das Fruchtwachstum besser brauchen könnte.

Sommerschnitt zur gleichen Zeit wie der Sommerriss. Er dient der besseren Belichtung und Fruchtausfärbung im Kroneninneren, gezielter Fruchtregulierung und einer Verbesserung der Blütenbildung für das folgende Jahr.

Spätfrost. Eindringen von kalter Luft während der Blütezeit. Sie sammelt sich vorwiegend in Geländevertiefungen. Frühblühende Sorten mit lange Blütezeit sind dort stark gefährdet. Besser ist eine leichte Hanglage, wo die Kälte abfließen kann.

Stippe. Braune, bitter schmeckende Punkte und Flecken auf und unter der Schale bis in das Fruchtfleisch. Oft ist es eine sortenbedingte Störung während der Fruchtentwicklung. Sie kann verschiedene Ursachen haben, u. a. übergroße Früchte, zu starker Schnitt mit starkem Triebwachstum, Überdüngung und Wassermangel. Oft tritt die Stippe auch erst am Lager auf.

Triebsucht (eine Mycoplasmose) äußert sich vor allem durch eine besenartige Verzweigung im oberen Bereich des Jungtriebes und klein bleibende, geschmacklose Früchte. Als Überträger gelten einige Zikaden oder auch Wurzelkontakt mit kranken Bäumen. Die Krankheit ist nicht bekämpfbar.

Triploid. Schlechte Befruchtersorte mit einem dreifachen Satz von Erbträgern (Chromosomen) im Zellkern, u. a. bei 'Boskoop' oder 'Jonagold'. Meist sind es die starkwüchsigen Sorten.

Umveredelung. Verschiedene Veredelungsmethoden mit einjährigen Zweigstücken, wenn die bisherige Sorte nicht mehr befriedigt. Zeit: Ab Spätwinter, sobald die Rinde löst, bis zur Blütezeit. Es gelingen auch Pfropfungen im Spätsommer, sehr häufig bei Süßkirschen angewandt. Chipveredelung, eine Abart der Okulation, ist dann gleichfalls möglich.

Vergreisung. Sortenbedingt schwachwüchsige Bäume, deren Triebkraft infolge zu starker Erschöpfung bei hoher Fruchtbarkeit frühzeitig nachlässt. Merkmale: Viel Quirlholz, kaum Zuwachs, klein bleibende Blätter und Früchte, Spitzendürre, stärkere Anfälligkeit für Schadfaktoren. Die Vergreisung lässt sich durch angepassten Schnitt, eine energische Fruchtausdünnung bald nach der Blüte und eine Blattdüngung sofort nach der Ernte weitgehend mindern.

Verjüngung. Scharfer Rückschnitt bei ältern, vergreisten Bäumen bis in das alte Holz zur Anregung neuer Triebkraft. Der beste Zeitpunkt ist sofort nach der Ernte. Eine sorgfältige Wundversorgung sollte dann selbstverständlich sein.

Verwertung. Die Früchte dienen neben dem Frischverzehr auch der wirtschaftlichen Verwertung, darunter als Koch- und Backäpfel, für Mus, Säfte, Süßmost, Schnaps, Apfelwein, Essig und zum Dörren. Früher nahm man den Apfelmost zur Stabilisierung von Textilfarben. Kaum noch bekannt ist heute noch das Dörren, das Einsalzen, die Ölgewinnung aus den Kernen und die Verfütterung des Apfeltresters (Rückstände nach dem Pressen). Auch für die Blüten haben Spitzenköche vielfältige Rezepte. Aus den Apfelschalen wird ein erfrischender Tee bereitet.

Vitamin C. Der Gehalt an Vitamin C wird im Wesentlichen von der Sorte bestimmt. Innerhalb der einzelnen Sorten wirken eine Reihe von Faktoren auf den Gehalt, u. a. Standort, Jahreswitterung, Sonnenscheindauer, Behangdichte und die Belichtung der Früchte in der Krone. Deshalb können Messungen von Jahr zu Jahr unterschiedliche Ergebnisse bringen. Gleiches gilt auch für andere Messungen, z. B. Zucker oder Säure. Die Sorten sollten jedoch wertmäßig nicht nur nach ihrem Vitamin-Gehalt beurteilt werden, sondern auch nach ihren biologischen Wertstoffen insgesamt, die im Apfel in idealer Form zur Verfügung stehen.

Zucker-/Säureverhältnis: 10–16 : 1 = harmonisch (u. a. 'Boskoop'), über 16 : 1 = unharmonisch süß (u. a. 'Saturn'), weniger als 10 : 1 = unharmonisch sauer (u. a. 'Gewürzluiken' und viele andere Mostapfelsorten).

Beschreibung der Apfelsorten

Aargauer Jubiläumsapfel — Spätsorte

Reife	Schüttelreife Ende September bis Mitte Oktober.
Verwertung	Keine Tafelsorte. Brauchbar als Wirtschafts- und Mostapfel.
Ertrag	Wechsel zwischen hohen Erträgen und völligem Ernteausfall. Ausgeprägte Alternanz.
Baum	Kräftiger Wuchs mit breit abstehenden Ästen.
Anfälligkeit	Mittelhohe Schorfanfälligkeit. Schalenbräune auf dem Lager.
Doppelname	'Jubilée d'Argovie'
Entstehung	Die Sorte wurde entdeckt von Rudolf Bürgi auf seinem Hof in Neuenhof b. Baden. Die enormen Früchte erregten bei Obstausstellungen großes Aufsehen. Nach 5-jähriger Beobachtung und Prüfung brachte der Baumschulbesitzer Florian Laube aus Goldenbühl Wislikofen/Aargau die Sorte 1903 in den Handel. Eine erste ausführliche Beschreibung erfolgte in der „Schweiz. Zeitschrift für Obst- und Weinbau" 1900.
Blüte	Mittelfrüh, triploid.
Frucht	Groß, unterschiedliche Form. Meist stumpfkegelförmig mit breiter Stielfläche. Stiel bauchig mit flachen Kanten über der Frucht. Stielgrube mäßig weit, nur selten etwas berostet. Sehr kurzer, dicker Stiel. Kelchgrube mäßig weit mit groben und feinen Rippen, geschlossener Kelch. Schale glatt, matt glänzend, bei Vollreife etwas gelblich, ohne Deckfarbe. Fruchtfleisch grünlich, etwas zäh, grobzellig, saftig und schwach gewürzt. Ohne hervortretendes Aroma.

Adams Parmäne　　　　　　　　　　　　　　　　Spätsorte

Doppelnamen	'Norfolk Pippin' (erster Name), 'Norfolk Russet', 'Matchless', 'Hanging Pearmain', 'Spitzkasseler'
Entstehung	1826 aus Samen. Züchter: Robert Adams aus Norfolk/GB. Die Sorte wurde früher den Goldrenetten zugeordnet.
Blüte	Je nach Lage früh bis mittelfrüh. Eine energische Ausdünnung bald nach der Blüte fördert die Fruchtgröße deutlich und vermeidet Überbehang.
Frucht	Form ähnlich einer kleinen 'Goldparmäne'. Gleichhälftig, konisch hochgebaut. Kelcheinsenkung flach, fast ohne Falten und mit halboffenem Kelch. Mittellanger, holziger Stiel, oft mit Fleischwulst in der wenig berosteten Stielgrube. Schale nicht fettend, aber öfters berostet. Bei Reife hochgelb mit kurzen Streifen und hellen Schalenpunkten. Leichter Duft. Fruchtfleisch hellgelb, leicht mürbe mit angenehmer, zitronenartiger Würze.
Reife	Pflückreife ab Anfang Oktober. Wind- und sturmfest. Im kühlen Naturlager mindestens 4 Monate haltbar, mit Welkeneigung.
Verwertung	Sehr gute Tafel- und Wirtschaftssorte.
Ertrag	Früh einsetzend, reich und regelmäßig. Nur nach sehr reichen, ungesteuerten Ernten kann Alternanz vorkommen.
Baum	Mittelgroße, hochkugelige, mitunter pyramidale Krone mit langen Sommertrieben. Infolge der hohen Fruchtbarkeit höchstens mittelstarker Wuchs, im Vollertrag nur noch schwaches Wachstum. Ein regelmäßiger Überwachungsschnitt zielt auf den Erhalt der Wuchskraft und beugt einer frühzeitigen Vergreisung vor. Für alle Erziehungsformen geeignet, auch für Spaliere und Topfbäume. Frostfest im Holz.
Standort	Trockene und magere Standorte sind im Sinne einer guten Ernte zu meiden. Mittlere Höhenlagen, auch windgeschützte Höhenlagen mit nährstoffreichen Böden sind anbaufähig.
Anfälligkeit	Die Sorte gilt als widerstandsfähig gegen Schorf, außer in feuchten Tallagen.
Anbauwert	Eine nur mittelgroße, aber hervorragende Tafel- und Wirtschaftssorte für einen (fast) problemlosen Anbau im Garten und in der Landschaft.

Adersleber Kalvill

Spätsorte

Originalname	'Adersleber Calvill-Sämling II'
Entstehung	Ende der 1830er Jahre. Im Auftrag von Amtsrat A. Meyer, Pächter des Klostergutes Adersleben bei Halberstadt/Sachsen-Anhalt, erzog sein Gärtner aus den Kernen von 'Weißer Winterkalvill' drei Sämlinge. Diese wurden mit 'Aderslebener Calvill-Sämling I, II, III' bezeichnet. Die Sämlinge kamen ab 1885 unter diesen Namen in den Handel. Erst 1910 erhielt jeder einen eigenen Namen: aus Sämling I wurde 'Lichthardt's Apfel', aus Sämling II 'Aderslebener Kalvill', aus Sämling III 'Amtsrat Meyer'.
Blüte	Mittelfrüh, lange anhaltend. Schlechter Pollenspender. Bei starkem Fruchtansatz ist Ausdünnen ratsam.
Frucht	Groß, um 140 g schwer, auf stark wachsenden Bäumen mittelgroß. Kalvillartig gerippt. Flache, gerippte Kelcheinsenkung mit geschlossenem Kelch. Kurzer Stiel in tiefer, kaum berosteter Stielgrube. Schale glatt, mattgelb, sonnenseits verwaschen rötlich mit dunklen Schalenpunkten. Druckempfindlich. Leichter Duft. Fruchtfleisch fein, gegen Lagerende mürbe, grünlichweiß, sehr saftig. Fein gewürzt mit süßweinigem Geschmack und gutem Aroma.
Reife	Je nach Lage ab Mitte September, windfest bis zur Baumreife. Wegen des kurzen Stieles drücken sich die Früchte oft vorzeitig ab. Es ist mehrmals und druckfrei durchzupflücken. Im kühlen Naturlager etwa fünf Monate haltbar, im Kühllager bis Ende März bei 3 °C. Neigt zum Welken ab Januar.
Verwertung	Überwiegend für den Frischverzehr, aber auch Wirtschafts- und Mostsorte.
Ertrag	Wechselnd zwischen sehr hohen und geringeren Erträgen, aber ohne ausgeprägte Alternanz und insgesamt hoch.
Baum	Flachrunde, sparrige Krone mit langen, später hängenden Fruchtruten. Von Jugend an kräftiger Wuchs, der aber bald nachlässt. Bei anhaltender Trockenheit vorzeitiger Laubfall und nur schwaches Triebwachstum.
Standort	Beste Qualität und ausreichende Wuchskraft in geschützten Lagen auf nährstoffreichen, aber keinen trockenen Böden. Die Sorte wächst aber auch noch auf leichteren Böden bis in mittlere, windgeschützte Höhenlagen.
Anfälligkeit	Stark anfällig für Feuerbrand. Auf schlechten Böden und bei anhaltender Wärme Mehltau möglich, in geschützten Tallagen Schorf und Krebs. Empfindlich für Kupfermittel.
Anbauwert	Sehr gute Liebhabersorte, auch für den Streuobstanbau. Beste Erträge auf Typ 9 (oder vergleichbare) in günstiger Lage. Gleichzeitig ist dort aber die Gefahr für Feuerbrand besonders hoch. Für Formobstbäume gut geeignet.

Admiral

Spätsorte

Anfälligkeit	Schorfresistent (polygen). Allgemein sehr gesunde Sorte und robust. Im Jugendstadium anfällig für Lentizellenflecken und Stippe.
Anbauwert	Robuste, schorfresistente Sorte mit sehr gutem Geschmack und regelmäßigem Ertrag. Geeignet für den Anbau im Hausgarten, als Streuobst und im ökologischen Anbau.
Entstehung	Kreuzung aus 'Mira' x 'Bohemia' (= 'Rubin') Institute of Experimental Botany, Prag. Sortenschutz in der EU seit 2008.
Blüte	Mittelfrüh. Schlechter Pollenspender, da triploid.
Frucht	Groß, plattrund bis rund mit weiter Kelchgrube. Stielgrube tief bis sehr tief, kurzer Stiel. Tiefrote bis karminrote Deckfarbe mit großen grauen Lentizellen. Sehr glattschalig. Fruchtfleisch fest, gelblich, knackig, sehr saftig, spritzig. Hervorragender, harmonisch süß-saurer Geschmack.
Reife	Mitte bis Ende September. Im Kühllager bis April haltbar.
Verwertung	Frischverzehr, Saft, Einmachen.
Ertrag	Mittleres Ertragsniveau, dafür aber sehr regelmäßig.
Baum	Starkes bis sehr starkes Wachstum (triploide Sorte). Schlecht verzweigt, langästig verkahlend. Schlechter Habitus. Im Hausgarten nur auf schwachwachsenden Unterlagen sinnvoll.

Ahra

Herbstsorte

Entstehung	1981, aus 'Prima' x Nummernsorte in der Bundesforschungsanstalt Ahrensburg, bei Hamburg. 1994 zum Anbau freigegeben. Sortenschutz seit 1998.
Blüte	Früh bis sehr früh, lange anhaltend. Empfindlich für Blütenfrost. Fruchtausdunnung nach dem Junifall ist ratsam.
Frucht	Mittelgroß bis groß, leicht flachrund. Weite und tiefe Kelcheinsenkung mit großem, weit offenem Kelch. Kurzer Stiel in flacher, berosteter Stielgrube. Schale fest, fettig werdend. Goldgelb mit roter, gestreifter Deckfarbe und Rostfiguren. Fruchtfleisch gelblich, mittelfest, saftig. Süß mit ausgewogener Säure. Im Geschmack an 'Goldparmäne' erinnernd.
Reife	Folgernd ab Anfang September. Nicht windfest, deshalb ist mehrmals durchzupflücken. Etwa zehn Wochen im kühlen Naturlager haltbar, gekühlt bis Januar.
Verwertung	Für Frischverzehr, auch als Wirtschaftssorte geeignet.
Ertrag	Früh einsetzend, mittel hoch bis hoch mit Alternanzneigung.
Baum	Breites, gut verzweigtes Wuchsbild, Seitenzweige mit kurzen Internodien, typisch eingerollte Blätter. Mittelstarkes Wachstum. Ein regelmäßiger Schnitt zielt auf den Erhalt der Wuchskraft und vermeidet frühzeitiges Altern. Nicht frostfest im Holz.
Standort	Geschützte Lage bevorzugt, nährstoffreiche, durchlässige Böden.
Anfälligkeit	Mittelstark für Feuerbrand. Seit 2001 ist die Schorfresistenz durchbrochen. Stark bis sehr stark anfällig für Mehltau. Krebsfest. Nicht widerstandsfähig gegen verschiedene Schädlinge, wie Blattläuse und Apfelwickler. Große Früchte neigen zu Fleischbräune und Stippe.
Anbauwert	Wegen der nicht mehr gegebenen Schorfresistenz und der Anfälligkeit für Feuerbrand und Mehltau ist der Anbauwert gemindert.

Ahrina

Herbstsorte

Entstehung	Kreuzung aus 'Meljoram' x 'Inglojon'. Bundesforschungsanstalt Ahrensburg und Obstbauversuchsanstalt Jork. 1993 zum Anbau freigegeben. Sortenschutz seit 1994.
Blüte	Mittelfrüh, mit großen, stark gekrümmten Blütenblättern. Witterungsempfindlich. Guter Pollenspender. Ausdünnen nach dem Junifall ist ratsam, um eine frühzeitige Vergreisung zu vermeiden.
Frucht	Groß, flachrund, gleichmäßige Form. Flache und weite Kelcheinsenkung mit geschlossenem Kelch. Kurzer, dicker Stiel in tiefer Stielgrube. Schale derb, duftend. Grundfarbe gelblich grün mit sonnenseits flächig bräunlich roter Deckfarbe. Sonst schwach gestreift. Fruchtfleisch gelblich grün, feinzellig, etwas weich, sehr saftig. Geschmack feinsäuerlich bis süßfruchtig.
Reife	Folgernd ab Anfang September. Traubig hängende Früchte können sich schon kurz vor der Baumreife gegenseitig abdrücken. Bei Trockenheit oft plötzlicher Fruchtfall. Etwa vier Monate im kühlen Naturlager haltbar, gekühlt bis Februar.
Verwertung	Für den Frischverzehr, auch als Wirtschaftssorte brauchbar.
Ertrag	Früh einsetzend, hoch und regelmäßig.
Baum	Mittelgroßes, gut verzweigtes Wuchsbild. Mittelstarker Wuchs mit breit ausladenden Gerüstästen, im Vollertragsalter schwächer. Gelegentliche Verjüngung ist anzuraten. Nicht ganz frostfest im Holz.
Standort	Bevorzugt in geschützten Lagen und nährstoffreichen, durchlässigen Böden.
Anfälligkeit	Anfällig für Feuerbrand, mittelstark für Schorf, und Mehltau.
Anbauwert	Neuheit, die an verschiedenen Standorten noch weiter zu prüfen ist.

Ahrista

Herbstsorte

Anfälligkeit	Schorfresistent (*Malus floribunda*). In Süddeutschland, unter heißen trockenen Bedingungen, tritt Mehltau auf.
Anbauwert	Geschmacklich gute Frühherbstsorte für den Hausgarten und als Streuobst. 'Ahrista' steht allerdings in Konkurrenz mit vielen anderen Sorten in dieser Reifezeit.
Entstehung	'Elstar' x 'TSR15 T3'. Züchterin Dr. Hanna Schmidt. Bundesforschungsanstalt für gartenbauliche Pflanzenzüchtung (jetzt: Julius Kühn-Institut, Dresden-Pillnitz). Sortenschutz in der EU seit 1999. Lizenznehmer ist die ARTEVOS-Gruppe.
Blüte	Mittelfrüh. Regelmäßig, mittellange Blühdauer. Geringe Frostempfindlichkeit.
Frucht	Mittelgroß bis groß. Enge Kelchgrube mit kleinem, geschlossenem Kelch. Weite Stielgrube. Hellrote, leicht geflammte Deckfarbe, ohne Berostung. Fruchtfleisch hellgelb, fest, saftig. Geschmack süß aromatisch mit ausgewogener Säure.
Reife	Ende August bis Anfang September. Im Kühllager etwa 8 – 10 Wochen haltbar.
Verwertung	In erster Linie Tafelfrucht. Auch zur Verarbeitung zu Kompott und zum Backen.
Ertrag	Früh einsetzend. Trotz guter Verzweigung nur mittel.
Baum	Starker, breit pyramidaler Wuchs mit intensiver Verzweigung. Dies erfordert konsequenten Schnitt.

Akane

Herbstsorte

Doppelnamen	'Prime Red', 'Primrouge', 'Tohoku', 'Tokyo Rose'.
Entstehung	Japan. 'Jonathan' x 'Worcester Pearmain'. Seit 1970 im Handel.
Blüte	Mittelfrüh, witterungsempfindlich. Energische Ausdünnung bald nach der Blüte ist bei starkem Fruchtansatz erforderlich.
Frucht	Klein bis mittelgroß, regelmäßig flachkugelig. Flache und weite, faltige Kelcheinsenkung. Kurzer Stiel in enger, strahlig berosteter Stielgrube. Schale derb, glatt, fettig. Gelb mit leuchtendroter, flächiger Deckfarbe. Helle Schalenpunkte und einzelne Rostfiguren. Fruchtfleisch fast weiß, fest, feinzellig, saftig. Süß mit parfümiertem Aroma.
Reife	Folgernd ab Ende August. Es ist mehrmals durchzupflücken. Wegen des kurzen Stiels drücken sich die Früchte oft vorzeitig ab. Etwa zehn Wochen im kühlen Naturlager haltbar.
Verwertung	Vorzugsweise für den Frischverzehr und als Schaufrucht.
Ertrag	Früh einsetzend, mittel hoch und regelmäßig. Der Baum erschöpft sich bei nicht ausreichender Fruchtregulierung frühzeitig.
Baum	Schmales, aufrechtes Wuchsbild, mit auskahlenden, dünnen Ästen. Schwacher Wuchs. Ein regelmäßiger, scharfer Schnitt, sofort nach der Ernte, verbunden mit einer Blattdüngung zielt auf den Erhalt der Fruchtbarkeit, bessere Astgarnierung und größere Früchte. Etwas frostempfindlich im Holz.
Standort	Nur für wärmere, geschützte Lagen in nährstoffreichen, durchlässigen Böden.
Anfälligkeit	Mittelstark für Feuerbrand und Schorf, stark für Mehltau und Stippe.
Anbauwert	Attraktive Früchte. Für den Erwerbsanbau meist zu klein. Sie entsprechen aber mehr dem asiatischen oder angelsächsischen Geschmack. Nicht für Gärten empfehlenswert.

Alantapfel

Spätsorte

Doppelnamen	'Großer Edler Prinzessinapfel', 'Princesse Noble', 'Pomme d'Aunée', 'Pomme carée'
Entstehung	Unbekannt. Erste Erwähnung 1620 von Michael Knab in seinem „Hortipomolegium". Hendrik van Oosten erwähnt die Sorte 1703 als 'Princesse noble'. Erste Beschreibungen 1760 durch Hermann Knoop als 'Edler Prinzessinapfel' und J. L. Christ 1797 unter dem Namen 'Alantapfel'. Die Sorte wurde im 19. und 20. Jh. in Norddeutschland viel angebaut. In den Küstenregionen ist sie eher als 'Großer edler Prinzessinapfel' oder 'Princesse noble' bekannt.
Blüte	Mittelfrüh, unempfindlich bei Nässe.
Frucht	Mittelgroß, mitunter auch klein. Unterschiedliche Form, häufig lang kegel- oder walzenförmig mit gleichen Hälften. Flache, gerippte Kelcheinsenkung mit geschlossenem Kelch. Kaum berostete Stielgrube. Schale dünn, glänzend. Bei Reife hellgelb mit schönen, karminrot geflammten Streifen und feinen Schalenpunkten. Starker Duft. Fruchtfleisch feinzellig, fest, am Lager zart und saftreich. Zimtartig gewürzt mit delikatem, weinigem und süßem Geschmack.
Reife	Mitte Oktober, windfest bis zur Baumreife. Im kühlen Naturlager mindestens 4 Monate haltbar.
Verwertung	Vorzügliche Tafelsorte, auch als Wirtschaftsapfel gut.
Ertrag	Auf geeigneten Standorten ist der Baum sehr fruchtbar mit regelmäßigem Ertrag.
Baum	Hochgehende, kugelförmige und gut verzweigte Krone mit schräg aufstrebenden Leitästen und hellen Lentizellen an den Zweigen. Von Jugend an kräftiger Wuchs, im Vollertragsalter schwächer werdend. Im Holz frosthart.
Standort	Für beste Fruchtqualität sind tiefgründige, ausreichend feuchte Böden bis in windgeschützte mittlere Höhenlagen ideal. Sehr schwere, nasse Böden sind zu meiden.
Anfälligkeit	In schweren, nassen Böden besteht Krebsneigung, sonst gilt die Sorte als robust.
Anbauwert	Diese vorzügliche Sorte ist wohl nur wegen ihrer Fruchtgröße nicht mehr im Anbau. Im Garten wäre sie durchaus eine Bereicherung des Sortiments.

Alkmene

Herbstsorte

Entstehung	1930, aus 'Geheimrat Dr. Oldenburg' x 'Cox Orange' im früheren „Kaiser Wilhelm Institut" in Müncheberg. Seit 1962 im Handel.
Blüte	Früh, dadurch frostempfindlich. Guter Pollenspender. Starker Fruchtansatz sollte stets ausgedünnt werden, sonst bleiben die Früchte zu klein und der Baum erschöpft sich früh.
Frucht	Meist klein bis mittelgroß, um 100 g schwer. Gleichmäßig stumpfkegelförmig. Kurzer, dicker Stiel in enger Stielgrube. Schale dünn, glatt, trocken. Grünlichgelb mit verwaschen roter Deckfarbe und hellen Schalenpunkten. Leichter Duft. Fruchtfleisch feinzellig, mittelfest, saftig. Edelaromatisch, an 'Cox' erinnernd.
Reife	Anfang bis Mitte September. Wegen des kurzen Stiels nicht gut pflückbar. Vom Baum essbar. Genussreife aus warmen Lagen bis Ende Oktober, aus kühlen Lagen länger. Im Kühllager bis Januar haltbar. Auf Stippe ist zu achten.
Verwertung	Herbstapfel für alle Verwertungsarten, auch zum Backen geeignet.
Ertrag	Mittel hoch, stark abhängig von Wasser- und Nährstoffzufuhr, vom Schnitt und der Fruchtregulierung. Meist regelmäßig.
Baum	Dichtes, kurz verzweigtes Wuchsbild, geringer Platzbedarf. Typisch dicke Triebe mit sehr kurzen Internodien. Nur anfangs starker Wuchs, im Vollertragsalter schwach. Auf schwachwachsenden Unterlagen vergreist der Baum, auch wegen der hohen Fruchtbarkeit, recht schnell. Ein sorgfältiger Schnitt, verbunden mit einer Blattdüngung nach der Ernte, zielt auf Erhaltung der Triebkraft und eine gut belichtete Krone. Nach starkem Behang nicht frostfest im Holz.
Standort	Warme Lagen werden bevorzugt. Die Sorte gedeiht aber auch auf trockeneren, nährstoffreichen Böden bis in windgeschützte, mittlere Höhen. Nicht für Spätfrostlagen geeignet.
Anfällig	Stark für Feuerbrand, Schorf und Mehltau. Auch anfällig für Spinnmilben und Triebsucht.
Anbauwert	Für alle Baumformen, auch für Spalier und Topfkultur geeignet. Eingeschränkte Empfehlung in Feuerbrandlagen (warm, feucht). Zwar pflegebedürftig, aber nicht so sensibel wie zum Beispiel 'Cox Orange'. Zu beachten sind Mutanten wie 'Rote Alkmene' und 'Cevaal'.

Allington Pepping

Herbstsorte

Entstehung	England. Gezüchtet vor 1884 durch den Baumschüler Thomas Laxton in Bedford/Bedfordshire aus einer Kreuzung von 'King of the Pippins' (= 'Goldparmäne') x 'Cox Orange Pippin'. Ausgestellt 1889 durch W. & J. Brown, Stamford/Lincolnshire als 'Brown's South Lincoln Beauty'. 1896 umbenannt und in den Handel gebracht durch G. Bunyard in Maidstone/Kent.
Frucht	Mittelgroß, seltener groß. Unterschiedliche, mitunter etwas hoch gebaute Form. Weite Kelcheinsenkung mit geschlossenem Kelch. Kurzer Stiel in enger, berosteter Stielgrube. Schale zart, glatt, nicht fettend, mit dunklen Schalenpunkten. Bei Reife weißlichgelb mit streifiger, braunroter Deckfarbe. Fleisch feinzellig, fest, saftig, mit deutlicher Säure. Das Aroma hängt vom Standort und der Jahreswitterung ab.
Reife	Je nach Standort ab Ende September, windfest bis zur Baumreife. Ein mehrmaliges Durchpflücken ist ratsam. Im kühlen Naturlager etwa vier Monate haltbar, dabei ist auf Stippe zu achten.
Verwertung	Sowohl für den Frischverzehr als auch für andere Verwertungsarten, auch für Most.
Ertrag	Meist mittelhoch, je nach Jahreswitterung auch etwas geringer. Eine Blattdüngung sofort nach der Ernte kann den Ertrag im folgenden Jahr steigern.
Baum	Aufrechtes, mehr breites Wuchsbild mit gut verzweigten, schräg aufrechten Leitästen. Von Jugend an starkes, im Vollertragsalter noch mittelstarkes Wachstum. Ein Überwachungsschnitt sollte erst im Spätwinter erfolgen. Im Holz nicht ganz frostfest, besonders nach starkem Behang.
Standort	Gute Fruchtqualität ist nur in nährstoffreichen, ausreichend feuchten Böden in ausgesprochen warmer Lage zu erwarten.
Anfälligkeit	Mittelstark für Feuerbrand. Stark für Schorf und Fruchtfäule, mäßig für Mehltau. Anfällig für Blutlaus und Obstmade (Apfelwickler).
Anbauwert	Eingeschränkt empfehlenswert für den Hausgarten. Die einstige Bedeutung ist heute nicht mehr gegeben. Für Streuobst nur bei guter Pflege geeignet.

Altländer Pfannkuchenapfel — Spätsorte

Doppelname	'Altenländer Pfannkuchenapfel', 'Echter Pfannkuchenapfel', 'Rechter Pfannkuchen'
Entstehung	Unbekannt. Vermutlich vor 1840 im Alten Land bei Hamburg als Sämling gefunden. Es gibt auch eine rote Mutante.
Blüte	Am zweijährigen Trieb. Mittelspät. Länger anhaltend, dadurch witterungsempfindlich. Guter Pollenspender.
Frucht	Groß, um 250 g schwer, ungleichmäßige Form. Flachkugelig mit fünf flachen Wülsten. Tiefe, meist gerippte Kelcheinsenkung und offener Kelch. Dicker, kurzer Stiel in tiefer und breiter Stielgrube, meist unberostet. Schale glatt, lederig, mäßig fettig. Bei Reife gelb mit trübroter, marmorierter Deckfarbe. Nicht druckempfindlich. Fruchtfleisch mittelfest, gegen Lagerende mürbe, mäßig saftig. Grünlichweiß, grob, säuerlich mit geringem Aroma. Ähnelt dem 'Rheinischen Winterrambur'.
Reife	Ende Oktober, windfest. Im kühlen Naturlager bis zu sechs (auch sieben) Monate haltbar, ohne zu welken.
Verwertung	Weniger für den Frischverzehr. Vorwiegend Wirtschafts- und Kelterfrucht.
Ertrag	Mittelfrüh einsetzend. Zunächst regelmäßig, mit Beginn des Vollertrages jährlich wechselnd zwischen hohen und etwas geringeren Ernten (Alternanz).
Baum	Breitkugelige, dicht verzweigte Krone mit anfangs steilen Leitästen. Der Wuchs ist im Vollertragsalter schwach, deshalb zielt der Schnitt auf die Erhaltung der Triebkraft und bessere Belichtung. Im Holz nicht ganz frostfest.
Standort	Nur für küstennahe Gebiete mit humusreichem Boden und hoher Luftfeuchte. Für Süddeutschland ungeeignet.
Anfälligkeit	An geeigneten Standorten kaum Schorf. Mehltau ist in den letzten Jahren stärker aufgetreten. Mittlerer Befall mit Spinnmilben, gering Stippe.
Anbauwert	Typische Regionalsorte des Alten Landes, mit teilweise großer Bedeutung für die industrielle Verwertung und im Streuobstanbau. In Gärten eher eine Liebhabersorte.

Ananasrenette

Spätsorte

Doppelname	'Ananasapfel' (Deutschland), 'Ananasovà reneta' (Tschechien), 'Goldapfel' (Schweiz), 'Reinette Ananas' (Frankreich), 'Ananasnij' (Rußland)
Entstehung	A.F.A. Diel beschrieb die 'Ananasreinette' erstmals 1826 mit der Bemerkung, dass er die Sorte von Friedrich R. Commans aus Deutz erhalten habe. Commans wiederum hatte sie von einem Freund aus Zülpich (Kreis Euskirchen) als 'Ananasapfel' bekommen. Empfohlen wurde die Sorte zwar erst in Gotha 1857 auf der „2. Versammlung der Pomologen", erfuhr aber rasch eine starke Verbreitung, so dass sie bereits 1873 zu den am meisten angebauten Sorten Deutschlands zählte.
Blüte	Mittelfrüh. Lange anhaltend, trotzdem nicht witterungsempfindlich. Guter Pollenspender. Wegen des starken Fruchtansatzes ist eine energische Ausdünnung bald nach der Blüte stets geboten, sonst bleiben die Früchte zu klein und geschmacklos.
Frucht	Klein, auch mittelgroß, um 110 g schwer. Gleichmäßig hochrund. Kelch schmal, geschlossen. Kleine, strahlig berostete Stielgrube mit dünnem Stiel. Schale bei Reife goldgelb, glatt, fettig mit deutlichen, typischen Rostpunkten. Duftend. Druckempfindlich.
	Fruchtfleisch fast weiß, feinzellig. Saftig, zunächst fest, erst am Lager etwas mürbe. Angenehm weinsäuerlich, etwas an Schwarze Johannisbeeren erinnernd. Hoher Gehalt an Vitamin C.
Reife	In warmen Lagen ab Ende September, sonst Anfang bis Mitte Oktober. Bestes Aroma bei später Ernte. Windfest. Etwa fünf Monate im kühlen Naturlager haltbar, ohne zu welken.
Verwertung	Alle Verwertungsarten, auch zum Backen und Most. Früher gerne als Dörrobst verwendet.
Ertrag	Früh einsetzend, regelmäßig bei günstiger Blühwitterung. Stark abhängig vom Pflegezustand, meist mittelhoch wegen der kleinen Früchte.
Baum	Dichte, gedrungene und straff aufrechte Krone. Geringer Platzbedarf. Typisch dicke Triebe mit etwas flaumigen, kurzen Internodien. Dunkelgrüne, unterseits filzige Blätter. Schwacher Wuchs. Ein scharfer Schnitt zielt auf eine lichte Krone und Erhaltung der Wuchskraft. Der Triebabschluss ist spät, mit lange anhaftenden Blättern. Deshalb frostgefährdet im Holz.
Standort	Befriedigende Fruchtqualität ist nur erzielbar auf guten Böden mit ausreichender Feuchtigkeit, in bester, windgeschützter Lage bis in mittlere Höhen.
Anfälligkeit	Stark für Feuerbrand. Kaum Schorf, aber stark Mehltau. Stark krebsanfällig auf schwereren oder nassen Böden. Anfällig für Obstmade (Apfelwickler) und Blutlaus.
Anbauwert	Einst Spitzensorte, aber auch heute noch sehr beliebt. Nicht für schwachwachsende Unterlagen geeignet, sonst erschöpft sich der Baum zu früh. Als Spalier und Topfbäume schon immer gerne angepflanzt. Eingeschränkte Empfehlung in Feuerbrandlagen (warm, feucht).

Angold

Spätsorte

Entstehung	1974 aus 'Antonowka'-Sämling x 'Golden Delicious' im Forschungsinstitut für Obstbau in Holovousy, Tschechien. Züchter Jan Blazek. Sortenschutz.
Blüte	Mittelfrüh, kurz anhaltend, gering frostempfindlich. Ausdünnung ist bei starkem Fruchtansatz immer erforderlich, um eine Erschöpfung des Baumes zu vermeiden und die Alternanz zu mindern.
Frucht	Groß, meist gleichmäßige, runde, auch hoch gebaute Fruchtform. Weite, schüsselförmige Kelcheinsenkung mit geschlossenem Kelch. Kurzer bis mittellanger Stiel in weiter, unberosteter Stielgrube. Schale glatt, zart, nicht fettend. Hellgrünlich, sonnenseits mit streifig oder flächig braunroter Deckfarbe mit hellen Schalenpunkten. Fruchtfleisch weiß, etwas weich, saftig, süß mit leichter Säure und etwas parfümiertem Aroma.
Reife	Ab Anfang Oktober, gleichmäßig reifend. Windfest bis zur Reife, neigt aber dann zu schnellem Fruchtfall. Im kühlen Naturlager vier Monate haltbar, gegen Lagerende weich werdend. In Kühllagerung bis Februar, doch ist auf Fleischbräune zu achten.
Verwertung	Sowohl für den Frischverzehr als auch Wirtschaftssorte und zur Saftherstellung.
Ertrag	Sehr früh einsetzend, sehr hoch mit Alternanzneigung. Eine Blattdüngung sofort nach der Ernte kann – im Zusammenhang mit der Fruchtausdünnung – die Alternanz mindern.
Baum	Aufrechte, schmale, unstabile Mittelachse mit langen, herabhängenden Seitenzweigen. Dünne Triebe mit langen Internodien. Schwacher bis mittelstarker Wuchs. Der Schnitt zielt auf ein stabileres Gerüst und den Erhalt der Wuchskraft. Nach starkem Behang nicht ganz frostfest im Holz.
Standort	Optimal ist ein nährstoffreicher Boden bis in geschützte, mittlere Höhenlagen. In schweren, nassen Böden kann Krebs auftreten.
Anfälligkeit	Die anfänglich hohe Schorftoleranz ist in etlichen Regionen inzwischen durchbrochen, vor allem bei hohem Befallsdruck. Stark anfällig für Mehltau und für Spinnmilben.
Anbauwert	Wegen der gebietsweise aufgetretenen Schorfanfälligkeit und dem starken Mehltaubefall nur eingeschränkte Empfehlung für den Garten.

Antonowka

Herbstsorte

Bemerkung Die Sorte dient heute als Kreuzungspartner für die Züchtung schorfresistenter Apfelsorten. Sie wird auch als Sämlingsunterlage für nördliche Regionen empfohlen. In Russland sind etwa 25 Spielarten und Typen der Sorte bekannt.

Doppelnamen 'Antonowka obyknovennaja' (Russland), 'German Calville' (USA), 'Russian Gravenstein' (USA), 'Possarts Nalivia' (Deutschland)

Entstehung Sehr alte Sorte, die in Russland weit verbreitet ist. A.F.A. Diel beschrieb sie 1828 als 'Possart's Moskauer Nalivia' mit der Bemerkung, dass er sie 1817 von Justizrat Burchardt zu Landsberg a. d. Warthe habe. Dieser hatte sie wiederum von Justizrat Possart aus Züllichau, der einen Baum mit dem Namen 'Nalivia' aus Moskau erhalten hatte. Unter dem Namen 'Antonowka' wurde sie erst ab 1873 bekannt. In Deutschland erinnerte man sich nach den strengen Frostwintern 1879/80 und 1928/29 an die enorme Frosthärte dieser Sorte.

Blüte Mittelfrüh, nicht frostempfindlich. Guter Pollenspender (diploid).

Frucht Mittelgroß bis groß, um 160 g schwer. Ungleichmäßig hochrund mit starken fünf Kanten vom Kelch bis zum Stiel. Flache und enge, wulstige Kelcheinsenkung mit kleinem Kelch.
Schale hart, glatt, etwas fettig mit feinen Schalenpunkten. Bei Vollreife hellgelb, sonnenseits leichte Deckfarbe. Druckfest.
Fruchtfleisch gelblichweiß etwas locker, brüchig und mehlig werdend. Mäßig saftig. Vorherrschend säuerlich, schwach süß ohne hervortretendes Aroma.

Reife Je nach Lage ab Anfang September, kurz vor der Baumreife schon Fruchtfall. Im kühlen Naturlager etwa vier Monate haltbar.

Verwertung Überwiegend gute Wirtschafts- und Mostsorte.

Ertrag Früh einsetzend. Jährlich wechselnd zwischen hohen und sehr geringen Erträgen (Alternanz).

Baum Breite, sparrige, aber kompakte Krone mit langem Fruchtholz und rundlichen Blättern. Zeitweise ist eine Auslichtung nötig, damit die Krone nicht zu dicht wird. Von Jugend an mittelstarker, im Alter immer noch starker Wuchs. Im Holz extrem frostfest.

Standort Anspruchslos, auch in nassen oder trockenen Böden. Bis in raue, windige Höhenlagen anbaufähig. Am trockenen Standort oder in trockenen Jahren ist der Anteil an Krüppelfrüchten hoch.

Anfälligkeit Ohne Feuerbrand und Schorf, mittelstark Mehltau. Insektenbefall ist möglich. Glasigkeit und Stippe bei anhaltend hohen oder wechselnden Temperaturen.

Anbauwert In rauen, auch windigen, aber ausreichend feuchten Höhenlagen empfehlenswert, wo andere Sorten versagen. Sonst verzichtbar.

Apfel von Croncels

Herbstsorte

Doppelnamen	'Transparente de Croncels' (erster Name), 'Transparenter von Croncels', 'Eisapfel', 'Glasapfel', 'Weißer Transparent' und andere
Entstehung	Von der Baumschule Baltet in Croncels bei Troyes (Mittelfrankreich) gezogen (vermutlich ein Sämling von 'Antonowka'). Seit 1869 im Handel.
Blüte	Mittelfrüh, lange anhaltend, nicht witterungsempfindlich. Guter Pollenspender. Ausdünnen nach dem Junifall zielt auf einzeln hängende Früchte, die sich nicht gegenseitig vom Trieb drücken, und regelmäßigere Erträge.
Frucht	Mittelgroß oder groß, um 190 g schwer. Flachkugelig mit flachen Wülsten über die Frucht. Weite und tiefe, gerippte Kelcheinsenkung. Kurzer Stiel in tiefer Stielgrube. Schale dünn, wie durchsichtig, glatt, gering wachsig. Gelblichweiß, sonnenseits mitunter leicht rötlich überhaucht mit hellen Schalenpunkten. Sehr druckempfindlich. Fruchtfleisch gelblichweiß, mittelfest. Saftig, angenehm süßsäuerlich mit feinem Aroma.
Reife	Ab Ende August. Fruchtfall schon vor der Baumreife, wenn sich die Früchte wegen des kurzen Stieles gegenseitig abdrücken. Für bessere Aromabildung so spät (und druckfrei!) wie möglich ernten. Keine Nachreife bei zu früher Ernte! Etwa fünf Wochen im kühlen Naturlager haltbar. Auf Stippe ist schon am Baum und am Lager zu achten.
Verwertung	Für den Frischverzehr, auch gute Wirtschafts- und Mostsorte. Reich an Vitamin C.
Ertrag	Früh einsetzend. Nur bei intensiver Pflege hoch, sonst mittel und alle zwei Jahre.
Baum	Lockere, kugelige Krone mit gut verzweigten, schräg aufrechten Leitästen. Von Jugend an starker, später mittelstarker Wuchs. Regelmäßiger Schnitt (auch Verjüngung) ist erforderlich, damit das Triebwachstum nicht nachlässt. Im Holz frosthart.
Standort	Anspruchslos, auf nährstoffreichen, durchlässigen Böden bis in höhere, auch trockene Lagen.
Anfälligkeit	Gering für Feuerbrand. In geschlossenen Warmlagen stark Schorf, Mehltau, Viröse Triebsucht. Auf schweren Böden Krebs. Empfindlich für Kupfer- und Schwefelmittel und für Rauchgase.
Anbauwert	Mittelfrühe Sorte für Liebhaber, auch wegen des hohen Vitamingehaltes und als Backfrucht begehrt.

Apfel von Halder — Spätsorte

Doppelnamen	'Du Halder', 'Pomme du Halder', 'Jablko Halder'
Entstehung	Erzogen von M. Loisel auf seinem Anwesen zu Halder in Fauquemont/Holländisch Limburg. Die Elternsorten sind nicht bekannt. Erste Früchte wurden 1843/44 vorgestellt, erste Beschreibung mit farbiger Abbildung 1858 von Alexandre Bivort in der Zeitschrift „Annales de Pomologie".
Blüte	Mittelspät, wenig empfindlich. Eine energische Ausdünnung bald nach der Blüte verhindert frühzeitige Vergreisung.
Frucht	Meist groß, unterschiedlich hoch gebaut, ungleichhälftig mit 5 Wulsten um die Frucht. Faltige Kelcheinsenkung, tief und weit. Stielgrube etwas berostet, tief und weit. Mit Rippen um die Frucht. Schale glatt, geschmeidig, leicht glänzend mit hellen Schalenpunkten. Gleichmäßig hellgrün, bei Vollreife gelb, sonnenseits leicht gerötet sein. Merklicher Duft. Fruchtfleisch grünlichgelb, erst fest, später etwas mürbe. Sehr saftig mit leichtem Zuckergeschmack.
Reife	Mitte bis Ende Oktober, windfest bis zur Reife. Dann schnell fallend. Im kühlen Naturlager sehr lange haltbar.
Verwertung	Gute Tafel- und Wirtschaftssorte, auch für Most. Gute Sorte zum Backen.
Ertrag	Auf schwach wachsender Unterlage hoch und regelmäßig bis in das Alter. Auf Hochstämmen ist der Ertrag geringer, jedoch ohne ausgeprägte Alternanz.
Baum	Flachgewölbte, mittelgroße Krone mit viel kurzem Fruchtholz. Lange, spitze, meist etwas aufgefaltete Blätter. Zunächst mittelstarker, im Alter schwacher Wuchs, dann ist außer dem regelmäßigen Schnitt eine Verjüngung anzuraten. Im Holz frostfest. Durch das kurze Fruchtholz sehr gut für Formbäume, besonders für Schnurbäume geeignet.
Standort	Ohne besondere Ansprüche an Boden und Klima bis in mittlere Höhenlagen.
Anfälligkeit	Außer Krebs in schweren Böden sind keine besonderen Krankheiten und Schädlinge bekannt.
Anbauwert	Für Liebhaber süßweiniger Äpfel vorzugsweise als Spalierform. Wegen der oft als langweilig empfundenen Fruchtfarbe ist die Sorte weniger im Anbau zu finden.

Apfel von Hawthornden

Spätsorte

Doppelnamen	'Hagedornapfel' (Deutschland), 'Hawthorndean', 'White Apple'
Entstehung	Zeitlich ungewiss, wohl um die Mitte des 18. Jh. in Hawthornden, nahe Edinburg (Schottland). Die Sorte wurde erstmalig 1790 von der Baumschule Brompton Park öffentlich vorgestellt und war danach in England und Schottland sehr verbreitet. Es war eine der Hauptsorten auf dem bedeutenden Markt von Covent Garden (London).
Blüte	Früh, dadurch in Hochlagen durch Spätfröste gefährdet.
Frucht	Sehr unterschiedliche Form und Größe, von mittelgroß bis sehr groß und ungleichhälftig. Flachrund bis abgestumpft rundlich. Großes Kernhaus mit kleinen Kernen. Mitteltiefe, weite und faltige Kelcheinsenkung. Geschlossener, auch halb offener Kelch. Mittellanger Stiel in weiter, berosteter Stielgrube. Schale glatt, am Lager leicht fettend. Bei Vollreife hell grünlichgelb, sonnenseits orangerot bis hellrot mit undeutlichen Streifen und Schalenpunkten. Fruchtfleisch fast weiß, zart, saftig, am Lager eher mürbe. Angenehmer, weinsäuerlicher Geschmack, doch wenig gewürzt.
Reife	Je nach Lage Ende September bis Anfang Oktober. Im kühlen Naturlager etwa 3 Monate haltbar.
Verwertung	Bevorzugt als gute Wirtschaftssorte zum Kochen und Backen, aber auch für Most geeignet.
Ertrag	Früh einsetzend, hoch und regelmäßig. Fruchtregulierende Maßnahmen vermeiden eine frühe Erschöpfung des Baumes.
Baum	Breite, gut verzweigte Krone mit breit abstehenden Ästen und mittelgroßen, eiförmigen Blättern. Im Alter herabhängende Zweige. Anfangs kräftiger, bei Erreichen der Vollreife deutlich schwächerer Wuchs. Aufmerksamer Schnitt und eine gelegentliche Verjüngung verlängern das sonst begrenzte Lebensalter. Im Holz frostfest. Für alle Erziehungsformen, auch für Spaliere geeignet.
Standort	Nur geringe Ansprüche an Boden und Klima. Beste Fruchtqualität wird allerdings in wärmeren Lagen und auf nährstoffreichen Böden erzielt.
Anfälligkeit	Der Feuerbrandstatus ist unbekannt. In windgeschützten, warmen Lagen ist die Schorfanfälligkeit sehr hoch.
Anbauwert	Außer in den Sortenerhaltungen von Wisley Gardens und East Malling ist die Sorte in England nicht mehr im Anbau. Auch bei uns sind warme Klimagebiete wegen der hohen Schorfgefahr zu meiden. In mittleren und hohen Lagen kann aber eine Anpflanzung durchaus lohnen.

Apfel von Lunow   Spätsorte

Entstehung	Um 1920, gefunden in der Mark Brandenburg bei Lunow, Landkreis Barnim. Im Katalog L. Späth von 1938 als 'Lunower Apfel' bezeichnet.
Blüte	Früh, guter Pollenspender.
Frucht	Klein oder mittelgroß, um 110 g schwer. Breitkegelförmige, gleichmäßige Form. Flache, faltige Kelcheinsenkung. Mittellanger Stiel in tiefer und strahlig berosteter Grube. Schale hart, trocken mit zahlreichen dunklen Schalenpunkten. Druckfest und abziehbar. Bei Vollreife hellgelb mit verwaschen rötlicher Deckfarbe. Fruchtfleisch fast weiß, fest, wenig saftig. Süßsäuerlich ohne hervortretendes Aroma, ähnlich 'Oldenburg'.
Reife	Ab Mitte Oktober, vollkommen windfest. Im kühlen Naturlager bis zu 4 Monaten haltbar ohne zu welken, dann tritt Geschmacksverlust ein. Etwas Stippe ist möglich.
Verwertung	Erst nach gewisser Lagerzeit eine Tafelsorte, sonst für die häusliche Verarbeitung. Industriell für Saft.
Ertrag	Mittelfrüh einsetzend. Wegen ausgeprägter Alternanz nur mittlere Erträge.
Baum	Anfangs steil aufrechtes Wuchsbild, im Alter sparrig breite Krone mit kurz verzweigten Fruchtspießen. Mittelstarker Wuchs, im Alter schwach. Sobald der Trieb nachlässt, beginnt die Verjüngung, sonst ist nur ein Auslichtungsschnitt nötig. Im Holz frosthart.
Standort	In nährstoffreichen Böden bis in offene, auch windige Höhenlagen anbaufähig.
Anfälligkeit	Der Feuerbrandstatus ist unbekannt. Auf zusagenden Standorten sehr widerstandsfähig gegenüber Schädlingen, Krankheiten und Witterungseinflüssen.
Anbauwert	Der Vorteil liegt hauptsächlich in der geringen Pflegebedürftigkeit. Weniger für schwachwachsende Unterlagen oder Formobst geeignet. Gut in Streuobstflächen in höheren Lagen.

Ariwa

Spätsorte

Ertrag	Früh einsetzend, dann mittelhoch bis hoch und regelmäßig.
Baum	Gut verzweigtes Wuchsbild mit dünnen, hängenden Trieben. Der Schnitt zielt auf stabilere Baumformen und Erhalt der Wuchskraft. Schwacher Wuchs.
Standort	Gute Fruchtqualität ist nur auf guten, ausreichend feuchten Böden in warmer Lage zu erwarten.
Anfälligkeit	Wenig Feuerbrand. Die Schorfresistenz beruhte auf *Malus floribunda*, ist jedoch durchbrochen. Etwas anfällig für Mehltau, mittelstark anfällig für die Mehlige Apfelblattlaus. Minimaler Pflanzenschutz ist empfehlenswert.
Anbauwert	Diese Neuheit ist im ökologischen Anbau und im Hausgarten vertreten.
Entstehung	1986. Herausgegeben 1996. 'Golden Delicious' x Nummernsorte, gezüchtet East Malling (England), ausgelesen in der Eidgenössischen Forschungsanstalt Wädenswil/Schweiz. Lizenzrechte bei ARTEVOS.
Blüte	Mittelfrüh mit kurzer Blühdauer. Guter Pollenspender. Gering frostempfindlich. Ein Ausdünnen bald nach der Blüte fördert die Fruchtgröße und mindert ein vorzeitiges Vergreisen.
Frucht	Mittelgroß. Unregelmäßige Form mit flachen Kanten über der Frucht. Weite, schüsselförmige Kelcheinsenkung mit offenem Kelch. Langer Stiel in enger, wenig berosteter Stielgrube. Schale mitteldick, am Lager fettig werdend. Grünlichgelbe Grundfarbe mit gemaserter, hellroter Deckfarbe und deutlichen Schalenpunkten. Fruchtfleisch hellgelb, fest, mittelsaftig. Süß mit ausgewogener Säure und schwachem Aroma.
Reife	Ab Anfang Oktober, wind- und sturmfest. Der Stiel löst schwer vom Baum. Im kühlen Naturlager etwa 5 Monate haltbar, im CA-Lager bis April/Mai.
Verwertung	Vorwiegend für den Frischverzehr, auch für häusliche Verwertungen brauchbar.

Arlet

Spätsorte

Entstehung	1958 aus 'Golden Delicious' x 'Idared' in der Eidgenössischen Forschungsanstalt Wädenswil. Seit 1984 im Handel.
Blüte	Mittelfrüh, etwas empfindlich. Guter Pollenspender. Bei starkem Fruchtansatz ist eine Ausdünnung zur Erzielung gleichmäßiger Fruchtgrößen ratsam.
Frucht	Mittelgroß, seltener groß, hoch gebaut. Flache, strahlige, berostete Kelcheinsenkung mit geschlossenem Kelch. Mittellanger, dünner Stiel in tiefer, wenig berosteter Stielgrube. Schale glatt, etwas hart, auf dem Lager stark fettend. Goldgelbe Grundfarbe, sonnenseits auffällig rot geflammt mit hellen Schalenpunkten. Typischer Duft. Fruchtfleisch gelblich, fest, knackig. Saftig mit ausgewogener Säure und gutem Aroma.
Reife	Folgernd ab Ende September. Windfest bis kurz vor der Baumreife. Dank der fettigen Schale etwa sechs Monate im kühlen Naturlager haltbar, im perforierten Folienbeutel bis Mitte März, im Kühllager bis Ende März.
Verwertung	Für den Frischverzehr, auch als Wirtschaftssorte brauchbar.
Ertrag	Hoch und fast regelmäßig, mit 'Jonagold' vergleichbar.
Baum	Breites, gut verzweigtes Wuchsbild mit dominierender Mitte und etwas hängenden, leicht verkahlenden Fruchtästen. Der Sommerschnitt zielt auf eine gut belichtete Krone und damit gut ausgefärbte Früchte. Schattenfrüchte schmecken fade. Der Wuchs ist im Vollertrag noch mittelstark. Frostempfindlich im Holz.
Standort	Nährstoffreiche, tiefgründige Böden in geschützter Lage bis in windgeschützte, mittlere Höhen.
Anfälligkeit	Gering Feuerbrand. Stark für Schorf und Mehltau, auch für Obstmade (Apfelwickler).
Anbauwert	Empfehlenswerte Sorte auf schwachwachsenden Unterlagen. Geeignet auch für Spalier und Topfbäume. Etwas störend die fettigen Früchte vom Lager. Gut gefärbt finden sie im Erwerbsanbau guten Absatz.

Auralia
Spätsorte

Synonym	'Tumanga'
Entstehung	In Deutschland, 1930 aus einer Kreuzung von 'Cox Orange' x 'Schöner von Nordhausen' am früheren Kaiser-Wilhelm-Institut in Müncheberg. Seit 1961 in der früheren DDR im Anbau. In der BRD ab 1966 unter dem Namen 'Tumanga' im Handel.
Blüte	Mittelfrüh, lange anhaltend, nicht empfindlich. Guter Pollenspender. Ausdünnen nach der Blüte fördert die Fruchtgrößen deutlich und beugt frühzeitiger Erschöpfung des Baumes vor.
Frucht	Mittelgroß, mitunter groß, um 120 g schwer. Ungleichmäßige, flachkugelige Form. Schale dünn, glatt, trocken mit undeutlichen Schalenpunkten, flächig gelbgrün, sonnenseits rötlich überhaucht. Druckempfindlich. Fruchtfleisch mittelfest, feinzellig, saftig mit feiner Säure und zartem Aroma.
Reife	Ab Mitte bis Ende September, windfest bis zur Reife. Mehrmaliges Durchpflücken ist anzuraten. Nicht zu früh ernten, um Welke am Lager zu vermeiden. Im kühlen Naturlager etwa fünf Monate haltbar, im Kühllager bei 1 °C bis April. Auf Stippe und Lagerfäule ist zu achten.
Verwertung	Für Frischverzehr, auch Wirtschafts- und Mostsorte.
Ertrag	Früh einsetzend, mittelhoch bis hoch und regelmäßig.
Baum	Breites, gut verzweigtes Wuchsbild mit flachen Gerüstästen und außen hängenden Trieben. Im Vollertrag noch mittelstarkes Wachstum. Sommerlicher Auslichtungsschnitt fördert gut gefärbte Früchte. Blüten sind auch an Langtrieben. Nahezu frostfest im Holz.
Standort	Auf nährstoffreichen Böden bis in mittlere Höhenlagen.
Anfälligkeit	Stark für Feuerbrand und Mehltau, mäßig für Schorf.
Anbauwert	Nur auf schwachwachsenden Unterlagen empfehlenswert. Geeignet für alle Baumformen.

Ausbacher Roter — Spätsorte

Entstehung	Ungewiss. Eine verbreitete Regionalsorte aus der hessischen Rhön in der Gegend von Ausbach bei Bad Hersfeld (Gemeinde Hohenroda). Sie soll dort Ende des 18. Jh. schon länger bekannt gewesen sein.
Blüte	Spät, nicht empfindlich. Schlechter Pollenspender (triploid).
Frucht	Meist mittelgroß, unterschiedliche Form. Flache, faltige Kelcheinsenkung, kurzer Stiel in tiefer Stielgrube. Schale fest bis hart, glatt, trocken mit kleinen, hellen Schalenpunkten. Bei Reife zitronengelb, überdeckt mit blutroter Deckfarbe. Fruchtfleisch weißlichgelb, fest, weniger saftig. Schwach säuerlich, ohne hervortretendes Aroma.
Reife	Je nach Standort ab Anfang Oktober. Zwar sturmfest, doch drücken sich traubig hängende Früchte wegen des kurzen Stieles oft vorzeitig ab. Im kühlen Naturlager bis zu sieben Monate haltbar, gegen Lagerende mehlig werdend.
Verwertung	Sowohl eine gute Wirtschafts- als auch Mostsorte.
Ertrag	Spät einsetzend, dann (fast) regelmäßig hoch mit geringer Alternanzneigung.
Baum	Im Alter große, breitrunde Krone mit dicht verzweigten Ästen. Deshalb kann eine Auslichtung gelegentlich nötig sein. Von Jugend an starker Wuchs, auch noch im Vollertragsalter. Im Holz vollkommen frostfest.
Standort	Keine Ansprüche an Boden und Klima, auch noch bis in raue Hochlagen anbaufähig.
Anfälligkeit	In warmen, geschlossenen Tallagen stark für Blatt- und Fruchtschorf, sehr gering anfällig in windigen Hochlagen. Mehltau und Stippe können auftreten.
Anbauwert	Ursprünglich zwar eine Regionalsorte, die aber auch in anderen Extremlagen gut anbaufähig ist. In der Rhön ist die Mostsorte so beliebt, dass eine Kelterei nach ihr benannt wurde.

Batullenapfel

Spätsorte

Doppelnamen	'Batul alma', 'Batullen', 'Pomme de Transylvanie', 'Pomme Batullen', 'Batul' (Siebenbürgen)
Entstehung	Sehr alte Sorte, die wahrscheinlich in Siebenbürgen entstanden ist und im 19 Jh. in Rumänien und Ungarn in keinem Bauerngarten fehlte. Die Sorte kam als 'Batullenapfel', Mitte des 19. Jh. nach Deutschland und wurde 1860 in der „Monatsschrift für Pomologie und praktischen Obstbau" erstmals beschrieben und abgebildet. Größere Verbreitung in Österreich, Süddeutschland, Elsass.
Blüte	Spät, nicht witterungsempfindlich. Ausdünnen nach dem Junifall ergibt größere Früchte, vermeidet aber nicht die Alternanz.
Frucht	Klein bis mittelgroß. Gleichmäßig rund, abgestumpft. Tiefe Kelcheinsenkung mit geschlossenem Kelch. Kurzer Stiel in strahlig berosteter Stielgrube. Schale glatt, glänzend grünlichgelb mit rötlicher Backe. Fruchtfleisch hellgelb, weniger fest, saftig. Weiniger, süßer, mitunter auch etwas herber Geschmack.
Reife	Anfang bis Mitte Oktober, in Höhenlagen später. Windfest. Im kühlen Naturlager etwa sechs Monate haltbar, ohne zu welken.
Verwertung	Vorzugsweise Wirtschafts- und Mostsorte, auch gut zum Dörren.
Ertrag	Jährlich wechselnd zwischen hohen Ernten und Ertragsausfall (ausgeprägte Alternanz).
Baum	Breit pyramidale, mäßig verzweigte Krone mit hängenden, dünnen Ästen. Früher als Straßenbaum empfohlen. Bei Vollertrag mittelstarker Wuchs. Im Holz vollkommen frostfest.
Standort	Völlig anspruchslos an Boden und Klima bis in raue Hochlagen.
Anfälligkeit	Schaden durch Feuerbrand noch nicht beobachtet. Besonders in Höhenlagen kaum anfällig für Krankheiten und Schädlinge.
Anbauwert	Liebhabersorte. Anbauempfehlung für raue Hochlagen oder Streuobst.

Baumanns Renette

Spätsorte

Doppelnamen	'Baumanns Rote Winterrenette', 'Couronne des Dames' (in Belgien)
Entstehung	Wahrscheinlich um 1800 in Belgien, Züchter van Mons. 1874 vom Deutschen Pomologenverein zum Anbau empfohlen.
Blüte	Groß, kurz anhaltend, mittelfrüh, am ein- und zweijährigen Holz. Nicht empfindlich. Guter Pollenspender. Bei starkem Fruchtansatz ist energisches Ausdünnen bald nach dem Junifall erforderlich.
Frucht	Je nach Standort und Unterlage in Größe und Form sehr verschieden, Fruchtgewicht um 110 g. Flache Kelcheinsenkung. Kurzer Stiel in typisch silbergrauer, berosteter, enger Stielgrube. Flache Kelcheinsenkung. Schale glatt, zäh. Zur Reife gelbgrün mit stark wechselnder, roter Deckfarbe und vereinzelten, hellen Schalenpunkten. Druckfest. Fruchtfleisch gelblichweiß, fest und grobzellig. Mittlerer Saftgehalt. Süßsäuerlicher Geschmack mit schwachem Aroma. Vitaminreich.
Reife	Ab Mitte September, bis zur Reife windfest. Auf trockenen Böden vorzeitiger Fruchtfall. Bei dichtem Behang drücken sich die Früchte wegen des kurzen Stieles vorzeitig ab. Im kühlen Naturlager etwa fünf Monate haltbar, ohne zu welken. Neigt zu Lagerschorf und Stippe. Im Kühlraum nicht unter 3 °C lagern (Fruchtfleischbräune) bis Ende Februar.
Verwertung	Mehr Wirtschafts- als Tafelsorte. Gut für Most.
Ertrag	Früh einsetzend, hoch und fast regelmäßig. Der Anteil an Krüppelfrüchten ist recht hoch.
Baum	Breitkugelige, kleinere, ungleichmäßige Krone mit schräg aufwärts gerichteten, spärlich verzweigten Leitästen, die sich im Alter neigen. Bildet häufig „Astfahnen". Auffallend glänzendes Laub. Wuchs mittelstark, gipfelbetont, bei Vollertrag schwach, ebenso in trockenen Böden. Regelmäßiger Schnitt zielt auf Erhaltung der Wuchskraft und gut durchlichtete Krone. Im Holz frostempfindlich. Kann sehr alt werden.
Standort	Feuchte, nährstoffreiche Böden bis in hohe, aber geschützte Lagen. Neigung zu einem Anteil an Krüppelfrüchten an trockenen Standorten. Frost- und Schorflagen sind zu meiden. Empfindlich für Kupfer- und Schwefelmittel.
Anfälligkeit	Stark für Feuerbrand, Triebsucht, Schorf, Krebs. Anfällig auch für Stippe, Blatt- und Blutläuse.
Anbauwert	Früher sehr beliebt und wahrscheinlich widerstandsfähiger als heute, doch sehr pflegeaufwendig. Für höhere Lagen und im Streuobstanbau für die Mostbereitung noch anzutreffen.

Baya® Marisa

Herbstsorte

Entstehung	'Weirouge' x 'Zuchtklon 166'. Züchter: Dr. Michael Neumüller, Bayerisches Obstzentrum/Halbergmoos. Sortenschutz in der EU unter der Sortenbezeichnung 'Bay 3483'.
Blüte	Mittlerer Blühbeginn. Attraktive rote Blütenblätter mit hohem Zierwert.
Frucht	Mittelgroß bis groß. Rundlich, mittelhoch gebaut. Dunkelrote, flächige Deckfarbe mit deutlich sichtbaren Lentizellen. Fruchtfleisch fast durchgehend rot gefärbt, mittelfest. Ausgewogenes Zucker-/Säure-Verhältnis.
Reife	Mitte September. Im Kühllager bis Anfang März haltbar.
Verwertung	Frischverzehr, aber auch Saft, Dörren (rote Apfelchips), Backen.
Ertrag	Früh einsetzend, hoch und regelmäßig.
Baum	Wachstum mittelstark bis stark. Mittlere Verzweigung, flacher Astabgang.
Anfälligkeit	Geringe bis mittlere Anfälligkeit für Schorf, Krebs und Feuerbrand.
Anbauwert	Interessante rotfleischige Sorte für den Erwerbsanbau, Hausgarten und auch für Streuobst (*siehe auch S. 278*). Vielfältige Verarbeitungsmöglichkeiten.

Beerbacher Taffetapfel

Herbstsorte

Standort	Anspruchslos an Boden und Klima bis in raue und windige Lagen.
Anbauwert	Streuobstsorte für höhere Lagen.
Entstehung	Ungewiss, alte Sorte aus dem Odenwald.
Frucht	Meist mittelgroß, seltener groß, meist um 110 g schwer. Regelmäßige, hochkugelige Form mit flacher, berosteter Kelcheinsenkung und kurzem Stiel in strahlig berosteter Stielgrube. Schale dick, glatt, trocken mit hellen Schalenpunkten und Rostfiguren. Bei Reife goldgelb, sonnenseits flächig gerötet. Fruchtfleisch fast weiß, fest, feinzellig, saftig. Angenehm säuerlich, ohne großes Aroma.
Reife	Je nach Lage Ende September. Einzelfrüchte hängen windfest bis zur Reife, aber wegen des kurzen Stieles drücken sich viele vorzeitig ab. Etwa fünf Monate lagerfähig.
Verwertung	Sehr gute Wirtschafts- und Mostsorte.
Ertrag	Jährlich wechselnd zwischen hohen Erträgen und völligem Ausfall (ausgeprägte Alternanz).
Baum	Hochkugelige, breite, dicht beastete Krone. Der Schnitt beschränkt sich auf die Auslichtung. Auch bei Vollertrag noch kräftiger Wuchs. Im Holz sehr frostfest. Kann sehr alt werden.

Berleis

Spätsorte

Anbauwert	Wenig krankheitsanfällige, gut haltbare Sorte Sorte für den Hausgarten und die Streuobstwiese.
Entstehung	Kreuzung 'Roter Berlepsch' x 'Roter Eiserapfel' 1991 in einem Lehrgarten in Weilheim (Oberbayern). Sortenschutz seit 2008.
Blüte	Spät. Wenig witterungsempfindlich.
Frucht	Mittelgroß bis groß. Flach-mittelbauchig. Kelchgrube eng und tief. Mittel bis tiefe Stielgrube. Schale glatt, mit grüngelber Grundfarbe. Rote bis dunkelrote Deckfarbe. Fruchtfleisch cremefarben, fest und feinzellig. Aromatischer süß-säuerlicher Geschmack (etwas süßer als die Muttersorte 'Berlepsch').
Reife	Anfang bis Mitte Oktober. Im Kühllager bis Mai haltbar.
Verwertung	Frischverzehr und Verarbeitung.
Ertrag	Mittelhoch, aber regelmäßig.
Baum	Starkwüchsig. Breit ausladende Krone mit mittlerer Verzweigung. Fruchtansatz an Kurz- und Langtrieben.
Anfälligkeit	Insgesamt sehr robust. Geringe Anfälligkeit für Schorf und Mehltau.

Berkersheimer Roter

Spätsorte

Ertrag	Spät einsetzend, dann alle 2 Jahre reichlich.
Baum	Birnbaumähnliche, hohe, breit pyramidale Krone mit steil aufstrebenden Leitästen. Im Alter überhängende Seitenverzweigung. Im Holz frosthart.
Standort	Völlig anspruchslos an Boden und Klima.
Anfälligkeit	Der Baum wächst robust, ohne hervortretende Krankheiten. Bisher ohne Feuerbrand.
Anbauwert	Wertvolle Mostsorte für den Extensivbereich.

Bemerkung	Die Sorte galt als längst verschollen, bis sie 1942 wieder entdeckt und 1999 in den Anbau des Extensivbereiches genommen wurde.
Entstehung	Unbekannt. Es handelt sich um eine alte Regionalsorte aus dem Umland von Frankfurt am Main, stellenweise auch in Nordhessen verbreitet.
Frucht	Meist mittelgroß, von jungen Bäumen auch groß. Unterschiedliche Form, meist flachrund mit kalvillartigen Kanten. Flache, weite Kelcheinsenkung mit deutlichen Höckern. Dicker, extrem kurzer Stiel in enger, kaum berosteter Stielgrube. Schale fest, glatt, bei Vollreife leicht fettend. Grüngelb mit intensiv braunrot geflammter und gestreifter Deckfarbe. Fruchtfleisch feinzellig, fest und saftig. Stark hervortretende Säure ohne Würze mit geringem Zuckergehalt. Viel Vitamin C.
Reife	Je nach Lage ab Mitte Oktober, nicht windfest. Für die Wirtschaft mindestens 6 Monate im kühlen Naturlager haltbar.
Verwertung	Hervorragende Mostsorte mit Eignung für die Wirtschaft. Kein Tafelapfel.

Berner Rosenapfel

Herbstsorte

Doppelnamen	'Neuer Berner Rosenapfel', 'Bernské ruzové', 'Rose de Berne'
Entstehung	In der Schweiz. Fritz Baumann, Landwirt in Oppligen/Kanton Bern, fand in den späten 1860er Jahren in seinem Wald einen Sämlingsbaum, den er in seinen Garten pflanzte. 1888 trug er die ersten Früchte von außerordentlicher Schönheit. Der Baumschulbesitzer A. Daepp aus Oppligen wurde auf die Frucht aufmerksam und nahm sie unter dem Namen 'Neuer Berner Rosenapfel' in sein Verkaufssortiment auf.
Blüte	Lange anhaltend, nicht empfindlich. Guter Pollenspender. Energisches Ausdünnen nach dem Junifall beugt der Kleinfrüchtigkeit und frühzeitiger Erschöpfung des Baumes vor.
Frucht	Mittelgroß, um 90 g schwer. Unterschiedliche Form, meist leicht hoch gebaut mit breiten, flachen Kanten über der Frucht. Flache, weite und strahlige Kelcheinsenkung. Kurzer, dicker Stiel. Schale glatt, fest, leicht bläulich bereift. Gelbgrün, Deckfarbe rosa bis karminrot mit auffälligen Schalenpunkten. Fruchtfleisch fast weiß, unter der Schale mitunter etwas rötlich. Mittelfest, saftig, süßsäuerlich, schwaches Aroma.
Reife	Je nach Lage Anfang bis Mitte September. Nur bei Trockenheit vorzeitiger Fruchtfall, sonst windfest. Möglichst spät ernten. Etwa vier Monate lagerfähig, dann werden die Früchte mehlig und fade. Im Kühlraum bis März/April haltbar.
Verwertung	Vorwiegend Wirtschafts-, in höheren Lagen auch Tafelsorte.
Ertrag	Früh einsetzend, hoch bis sehr hoch und regelmäßig. Fruchtregulierung ist unbedingt ratsam, um vorzeitiger Vergreisung vorzubeugen.
Baum	Hochkugelige Krone mit schrägen, weniger verzweigten Leitästen, im Alter hängende Zweige. Wuchs zunächst stark, mit zunehmendem Alter schwach. Im Holz frostfest. Regelmäßiger Schnitt beugt vorzeitigem Vergreisen infolge der hohen Fruchtbarkeit vor. Blüten sind am ein- und mehrjährigen Holz.
Standort	Keine trockenen, nährstoffarmen Böden, sonst anspruchslos bis in Höhenlagen.
Anfälligkeit	Mittel für Feuerbrand. Anfällig für Schorf nur in Tallagen, auch Mehltau, Krebs, Blutlaus, Apfelwickler, Fruchtfäule und Stippe. Empfindlich für Schwefelmittel.
Anbauwert	Besonders in höheren Lagen empfehlenswert. Liebhabersorte, in Hausgärten erfreut sie sich immer noch großer Beliebtheit. Gut geeignet als Topfbaum und für Spalierwände.

Beutelspacher Renette

Spätsorte

Anfälligkeit	In warmen Tallagen für Schorf und Mehltau. Krebs in schweren Böden.
Anbauwert	Hauptsächlich Streuobstsorte in Baden-Württemberg.
Entstehung	Gefunden in der Baumschule Beutelspacher bei Stuttgart.
Frucht	Groß bis sehr groß, um 220 g. Ungleichmäßig flachrund mit flachen Wülsten. Wulstige Kelcheinsenkung mit geschlossenem Kelch. Kurzer Stiel. Schale glatt, fest. Bei Vollreife gelbgrün, sonnenseits flächige Deckfarbe oder stark gestreift. Kräftiger Geruch. Fruchtfleisch fast weiß, fest, saftig. Geschmack säuerlich, ohne ausgeprägtes Aroma.
Reife	Je nach Lage Mitte September. Bis zur Baumreife windfest. Genussreife bis Februar/März.
Verwertung	Gute Wirtschafts- und Mostsorte.
Ertrag	Spät einsetzend, dann alle zwei Jahre hoch (ausgeprägte Alternanz).
Baum	Große, ausladende, gut verzweigte Krone. Anfangs starker bis sehr starker Wuchs, bei Vollertrag etwas schwächer.
Standort	Breit anbaufähig bis in geschützte, mittlere Höhenlagen.

Biesterfelder Renette — Herbstsorte

Ertrag	Meist unbefriedigend. Wechselnd zwischen mittel hohen und geringen Ernten.
Baum	In der Jugend stark aufstrebend mit großer, breit ausladender Krone. Leitäste schräg aufstrebend mit ausreichendem Seitenholz. Wuchs später mittelstark und schwach hängend. Im Holz ausreichend frosthart.
Standort	Geschützte Lage auf nährstoffreichen Böden bevorzugt, doch sind auch leichtere Böden bis in höhere Lagen geeignet.
Anfälligkeit	Stark für Feuerbrand und Mehltau, weniger für Schorf. In schweren Böden stark Krebs.
Anbauwert	Durch moderne und robustere Herbstsorten ersetzbar. Starker Stippebefall grenzt den Anbauwert weiter ein. Von der Standardsorte gibt es eine rote Auslese in Bavendorf.
Entstehung	Zufallssämling, nahe des Schlosses Biesterfeld bei Bad Pyrmont gefunden; möglicherweise von der Sorte 'Blenheim' abstammend. Seit etwa 1905 zunächst in Westfalen im Anbau, später weiter verbreitet.
Blüte	Mittelfrüh, länger anhaltend. Nicht empfindlich. Schlechter Pollenspender (triploid).
Frucht	Groß, breitrund, schüsselförmige, tiefe Kelcheinsenkung. Tiefe Stielgrube mit meist kurzem Stiel. Schale hart, dick und fest, etwas fettig. Grundfarbe grüngelb, sonnenseits verwaschen rot mit feinen grünen Schalenpunkten. Fruchtfleisch gelblichweiß, mittelfest, saftig, gegen Lagerende trocken. Angenehme Säure, mild-aromatisch.
Reife	Anfang bis Mitte September, bei Trockenheit vorzeitiger Fruchtfall. Bei stärkerem Behang ist Durchpflücken ratsam. Etwa drei Monate im kühlen Naturlager haltbar.
Verwertung	Tafelsorte, eingeschränkt durch häufig auftretende Stippe. Gut brauchbar auch für wirtschaftliche Verwertungen.

Birnförmiger Apfel — Spätsorte

Doppelnamen	'Wahrer birnförmiger Apfel', 'Pomme-Poire', 'Birnapfel'
Entstehung	Vermutlich eine sehr alte französische Sorte, die Otto von Münchhausen bereits 1768 in seinem „Hausvater" erwähnte. Die erste ausführliche Beschreibung lieferte A.F.A. Diel 1801 unter dem Namen 'Wahrer birnförmiger Apfel'. Die Sorte erlangte aber nie große wirtschaftliche Bedeutung.
Blüte	Spät, nicht empfindlich. Guter Pollenspender.
Frucht	Klein, birnen- bis fassförmig. Unregelmäßige, ungleichhälftige Form, im Querschnitt rund. Kleiner Kelch. Langer, dünner, fast aufsitzender Stiel, oft mit einem Fleischwulst zur Seite gedrückt. Fruchtschale hart, glatt, glänzend und auf dem Lager leicht fettig. Grundfarbe gelb, fast ganz überdeckt durch eine trübrote, marmorierte Deckfarbe. Fruchtfleisch gelblichweiß, sehr hart. Mäßig saftig, im Geschmack süßsäuerlich mit hohem Zuckergehalt. Leichtes 'Cox'-Aroma.
Reife	Je nach Standort Mitte bis Ende Oktober, windfest bis zur Vollreife. Im kühlen Naturlager mindestens 5–6 Monate haltbar.
Verwertung	Weniger für den Frischverzehr. Sehr gute Wirtschafts- und Mostsorte, auch für Dörrobst und als Brennfrucht.
Ertrag	Mittelhoch bis hoch und regelmäßig.
Baum	Hohe, pyramidale Krone mit steilen Leitästen. Sehr starker Wuchs.
Standort	Eher kühlere bis raue Lagen, auch trockene Böden sind anbaufähig.
Anfälligkeit	Gering schorfanfällig, kaum Apfelwickler. Ohne Mehltau und Krebs. Oft picken Vögel die süßen Früchte an.
Anbauwert	Vorzügliche Sorte für den Streuobst-Anbau mit weithin leuchtenden Früchten.

Bischofshut

Herbstsorte

Entstehung	Unbekannt. Die Sorte ist heimisch in der Lausitz und wird dort viel angebaut. Möglicherweise handelt es sich um eine alte Sorte, deren Namen verloren gegangen ist und die nach ihrer Gestalt den volkstümlichen Namen Bischofshut erhielt. Die Sorte wurde 1924 in das Obstsortenverzeichnis für Sachsen aufgenommen.
Blüte	Früh bis mittelfrüh, mittelgroße Blüten. Sehr widerstandsfähig gegen Witterungseinflüsse.
Frucht	Mittelgroß bis groß. Hochgebaut, mehrere flache, schmale Kanten ziehen sich über die Frucht. Schale dünn, glatt, etwas fettig. Grundfarbe gelblich-grün, Deckfarbe flächig purpurrot bis 4/5 der Frucht. Meist gestreift. Netzartige Rostfiguren an den Fruchtseiten und in der Nähe des Kelchs. Stiel kurz bis mittellang. Einsenkung tief, eng und strahlig berostet. Kelch mittelgroße, trichterförmige Höhle. Einsenkung flach, eng, mit mittelstarken Höckern und Falten. Fruchtfleisch gelblich-weiß, fest, mittelfeinzellig, mäßig saftig. Geschmacklich nicht überragend.
Reife	Oktober bis Januar/Dezember.
Verwertung	Frischverzehr und Wirtschaftsfrucht. Beliebt als Weihnachtsapfel. Früchte hängen fest am Baum.
Ertrag	Spät einsetzend. Regelmäßig jedes 2. Jahr mit hohen Ernten.
Baum	Bildet eine starke und hochkugelige Krone. Erfordert regelmäßigen Auslichtungsschnitt.
Standort	Liebt frischen, feuchten, tiefgründigen und lehmigen Boden in freier Lage. Sonst keine besonderen Ansprüche.
Anfälligkeit	Mittelanfällig für Schorf und Blutlaus. Im Holz kaum frostempfindlich. Die Früchte sind nicht druckempfindlich und können gut transportiert werden.
Anbauwert	Gebietssorte in der Lausitz, vor allem in Höhenlagen. Heute nur noch geringe Bedeutung.

Bismarckapfel

Spätsorte

Bemerkung — Diese Sorte ist nicht identisch mit der geringerwertigen 'Fürst Bismarck'.

Synonym — 'Prince Bismarck'

Entstehung — Angaben über die Herkunft sind unterschiedlich. Wahrscheinlich entstand die Sorte um 1870 in Neuseeland, kam 1888 über England zu uns und war zuerst in Baden durch den Hofgärtner Fießer verbreitet.

Blüte — Spät, lange anhaltend. Nicht empfindlich. Bei starkem Fruchtansatz ist Ausdünnung ratsam.

Frucht — Groß, um 190 g schwer. Flach- bis hochkugelig. Flache und weite Kelcheinsenkung mit kleinem Kelch. Schale dick, glatt, leicht bereift. Grundfarbe grünlichgelb, später hellgelb, sonnenseits mit unterschiedlich breiten, braunroten Streifen. Etwas nach Veilchen duftend. Fruchtfleisch weißlich, grobzellig, saftig, kräftig säuerlich, ohne hervortretendes Aroma.

Reife — Ab Ende September, windfest bis zur Reife. Etwa sechs Monate lagerfähig. Auf Stippe ist besonders zu achten.

Verwertung — Vorwiegend Wirtschaftssorte und für Most. Schaufrucht für Ausstellungen.

Ertrag — Früh einsetzend, hoch und regelmäßig. Eine Fruchtregulierung ist stets anzuraten, um früher Erschöpfung des Baumes vorzubeugen.

Baum — Große, breitkugelige Krone mit gut verzweigten Leitästen. Typisch sind die dicken Triebe und die sehr großen Blätter. Blüten sitzen hauptsächlich an einjährigen Trieben. Der Wuchs ist bei Vollertrag schwach.
Regelmäßiger Schnitt zielt auf Erhaltung der Wuchskraft, nur dann sind gute Ernten zu erwarten. Starke Schnitteingriffe, etwa Verjüngungen, werden schlecht vertragen.

Standort — Geschützte Lagen und nährstoffreiche, durchlässige Böden, auch bis in höhere, windgeschützte Regionen.

Anfälligkeit — Stark für Feuerbrand, Schorf und Mehltau.

Anbauwert — Ausgesprochene Liebhabersorte, heute nur noch selten anzutreffen. In Höhenlagen geschmacklich besser.

Bittenfelder Sämling　　　　　　　　　　Spätsorte

Bemerkung	Die Sorte dient auch heute noch als eine der besten Samenspender für Sämlingsunterlagen und als Stammbildner.
Entstehung	Unbestimmt, erste Erwähnung 1905. In der Gemarkung Bittenfeld bei Waiblingen, nahe bei Ludwigsburg in Württemberg als Zufallssämling gefunden. Dort schon sehr lange bekannt.
Blüte	Spät, nicht frostempfindlich. Guter Pollenspender.
Frucht	Mittelgroß, um 120 g schwer. Flachkugelig mit leichten Kanten. Kelcheinsenkung flach, gerippt mit geschlossenem Kelch. Kurzer Stiel in enger Stielgrube. Schale glatt, fest, nur gering bereift. Grundfarbe bei Reife gelb, sonnenseits leicht rötlich mit hellen Schalenpunkten. Fruchtfleisch weiß, fest, saftig, säuerlich, aber mit hohem Zuckergehalt. Der Zuckerreichtum wird durch die Säure überdeckt.
Reife	Ab Anfang Oktober. Sturmfest. Für bestmögliche Ausbildung der Inhaltsstoffe so spät wie möglich ernten. Gut vier Monate haltbar, ohne zu welken.
Verwertung	Begehrte Mostsorte für einen gehaltvollen, klaren Apfelwein. Nach Abbau der Säure (ab Mitte Januar) auch als Tafelsorte brauchbar.
Ertrag	Erst spät einsetzend. Wechselnd zwischen recht hohen Ernten und völligem Ertragsausfall (ausgeprägte Alternanz), insgesamt unterdurchschnittlich, trotz großer Krone.
Baum	Verzögerte Jugendentwicklung. Im Alter hohe und breit ausladende und lockere Krone mit gut garniertem Seitenholz. Der Wuchs ist anfangs schwach bis mittelstark, mit Ertragsbeginn noch schwächer. Im Holz frosthart. Besonders langlebig.
Standort	Auf nährstoffreichen Böden bis in raue, auch windige Regionen.
Anfälligkeit	Mittelstark für Feuerbrand. Widerstand gegen Schorf oder Krebs, auch gegen tierische Schädlinge.
Anbauwert	Aufgrund seiner Inhaltsstoffe eine der besten Mostsorten, auch für den erwerbsmäßigen Anbau.

Blauacher Wädenswil

Spätsorte

Baum	Hochrunde, gut verzweigte Krone mit aufstrebenden Leitästen. Von Jugend an starker, im Vollertragsalter noch mittelstarker Wuchs. Blüht und fruchtet auch an einjährigen Trieben. Im Holz frostfest.
Standort	Windgeschützt bis in mittlere Höhenlagen auf ausreichend feuchten Böden.
Anfälligkeit	Der Feuerbrandstatus ist unbekannt. Anfällig für Mehltau in Warmlagen, weniger für Schorf.
Anbauwert	Eine typische und gute Sorte für den Streuobstbereich.
Entstehung	Die Sorte wurde 1968 in der Mostapfelanlage von B. Vonderwahl in Landschlacht/Kanton Thurgau (Schweiz) gefunden.
Blüte	Mittelfrüh, nicht witterungsempfindlich. Schlechter Pollenspender (triploid).
Frucht	Mittelgroß bis groß. Ungleichmäßig geformt, meist etwas hoch gebaut mit breiten Kanten über der Frucht. Schale glatt, bei Reife fettig. Gelblichgrün mit geflammter, blauroter Deckfarbe und hellen Schalenpunkten. Fruchtfleisch fest, saftig. Ausgewogenes Zucker-/Säureverhältnis mit mildem Aroma.
Reife	Ab Ende September, windfest bis zur Baumreife. Im kühlen Naturlager etwa 5 Monate haltbar bei geringen Lagerverlusten.
Verwertung	Sehr gute Most- und Wirtschaftssorte.
Ertrag	Früh einsetzend, dann fast regelmäßig hoch.

Blumberger Langstiel

Spätsorte

Baum	Breite, ausladende Krone mit überhängenden Zweigen. Starker Wuchs, im Vollertrag nur wenig nachlassend.
Standort	Breit anbaufähig bis in höhere, windige Lagen.
Anfälligkeit	Gilt als robust, besonders in höheren Lagen.
Anbauwert	Aufgrund des starken Wuchses und der ausgeprägten Alternanz weniger für Hausgärten, dafür aber in Obstwiesen zu empfehlen, wenn eine Befruchtersorte vorhanden ist.
Entstehung	Ungewiss, vermutlich eine Sämlingsauslese. Stammt aus Blumberg bei Donaueschingen in Baden-Württemberg.
Blüte	Spät, nicht witterungsempfindlich. Schlechter Pollenspender (triploid).
Frucht	Mittelgroß, mitunter auch groß, überwiegend flachrund. Flache, strahlige Kelcheinsenkung mit kleinem, geschlossenem Kelch. Langer Stiel in weiter, strahlig berosteter Stielgrube. Schale glatt, etwas fettend. Bei Reife gelb, sonnenseits rot gestreift oder stellenweise flächig rot mit hellen Schalenpunkten. Fruchtfleisch feinzellig, etwas mürbe mit säuerlichem Geschmack. Um 57° Oechsle und um 12,5 g/Liter Weinsäure.
Reife	Je nach Lage ab Anfang Oktober, in Höhenlage 2 Wochen später. Im kühlen Naturlager etwa 3 Monate haltbar.
Verwertung	Bevorzugt als sehr gute Wirtschaftssorte, aber auch noch für guten Most geeignet.
Ertrag	Verhältnismäßig gering durch ausgeprägte Alternanz.

Börtlinger Weinapfel Spätsorte

Baum	Breitrunde Krone mit schrägen, im Alter überhängenden Ästen. Auffallend große, dunkelgrüne Blätter. Anfangs starker, bei Vollertrag höchstens mittelstarker Wuchs. Gelegentlicher Auslichtungsschnitt zielt auf die Erhaltung der Wuchskraft. Im Holz frostfest.
Standort	Durchlässige, ausreichend feuchte Böden in warmer, höchstens mittlerer Höhenlage sind am besten geeignet. Keine Höhenlagen oder schwere Böden.
Anfälligkeit	Mittelstark für Mehltau, gering für Schorf, auf schweren Böden auffällig stark Krebs.
Anbauwert	Als Keltersorte in der Stuttgarter Region noch immer verbreitet.
Entstehung	Vermutlich um 1827 als Zufallssämling entstanden zwischen Stuttgart und Göppingen (Gemeinde Börtlingen).
Blüte	Mittelfrüh, guter Pollenspender.
Frucht	Klein, auch mittelgroß, höchstens 100 g, kugelig. Flache, etwas strahlige, schüsselförmige Kelcheinsenkung und enger Kelch. Meist langer Stiel. Schale glatt, hart, trocken, nicht druckempfindlich. Hellgelb, sonnenseits mit flächiger, braunroter Deckfarbe. Fruchtfleisch feinzellig, fest, sehr saftig. Hoher Zuckergehalt mit wenig Säure.
Reife	Ab Mitte Oktober, windfest. Etwa 2 Monate lang verwertungsfähig.
Verwertung	Vorwiegend Mostsorte mit hoher Saftausbeute, auch für Wirtschaft.
Ertrag	Trotz Alternanz ein Massenträger.

Bonza

Spätsorte

Baum	Mittelgroße, gut verzweigte Krone mit dünnen Trieben, später hängend. Wuchs bei Vollertrag schwach. Kaum frostempfindlich im Holz.
Standort	Optimale Fruchtqualität ist nur im Weinbauklima zu erwarten, auf nährstoffreichen, durchlässigen Böden. Höhere Lagen scheiden aus.
Anfälligkeit	Stark für Feuerbrand und Mehltau, mittel für Schorf. Empfindlich für Kupfer- und Schwefelmittel.
Anbauwert	Nach anfänglich starkem Zuspruch wird die Sorte heute kaum noch angebaut.
Entstehung	1953 entdeckt als Sämling der Sorte 'Jonathan'. Herkunft New South Wales, Australien. Seit Mitte der siebziger Jahre bei uns im Handel.
Blüte	Mittelspät, wenig empfindlich. Guter Pollenspender. Bei dem üblicherweise starken Fruchtansatz ist Ausdünnung nach dem Junifall ratsam.
Frucht	Mittelgroß, selten groß. Konisch hoch gebaut mit tiefer Kelcheinsenkung. Stiel mittellang in strahlig berosteter Stielgrube. Im Aussehen ähnlich dem 'Roten Jonathan'. Schale dünn, glatt, leicht bereift. Attraktive Deckfarbe sonnenseits flächig dunkelrot. Fruchtfleisch fast weiß, unter der Schale leicht gerötet. Feinzellig, etwas mürbe, saftig, süß, wenig aromatisch.
Reife	Ende September bis Anfang Oktober. Wegen ungleichmäßiger Reife ist ein mehrmaliges Durchpflücken ratsam. Windfest bis zur Reife, dann schneller Fruchtfall.
Verwertung	Vorzugsweise für den Frischverzehr.
Ertrag	Früh einsetzend, hoch, nur geringe Alternanzneigung.

Braeburn
Spätsorte

Bemerkung	Von der Sorte sind inzwischen mehrere Farbmutanten im Handel, die die Standardsorte ersetzen sollen.
Mutanten	'Braebrite' mit streifiger Rotfärbung, 'Hidala' etwas größer und mit dunkler Deckfarbe, 'Lochbuie', 'Mariri Red', 'Redfield', 'Royal Braeburn', 'Helena'. Für alle besteht Sortenschutz.
Blüte	Mittelfrüh, witterungsempfindlich. Fruchtausdünnung bald nach der Blüte ist in der Regel erforderlich.
Frucht	Mittelgroß bis groß, hoch gebaut, unterschiedliche Form. Meist flache, schüsselförmige, etwas gerippte Kelcheinsenkung. Langer Stiel in tiefer Stielgrube. Schale glatt, leicht fettig. Grundfarbe goldgelb, sonnenseits intensiv kurz gestreift mit kleinen, hellen Schalenpunkten. Die Mutanten sind entsprechend flächiger und intensiver gefärbt. Fruchtfleisch hell cremefarbig, fest und knackig, sehr saftig. Aromatisch süß mit leichter Säure.
Reife	Ähnlich 'Granny Smith' ab Mitte Oktober. Kurzer Erntezeitraum. Im kühlen Naturlager etwa fünf Monate haltbar, im Kühllager bis April/Mai, bei 3 °C. Bleibt lange fest. Im Profibereich sind die Probleme bei CA- bzw. ULO-Lagerung dieser Sorte zumeist bekannt.
Verwertung	Ausgereift und von besten Standorten gute Tafelsorte.
Ertrag	Geringe Anfangserträge, danach hoch, abhängig von Pflege und Standort. Leichte Alternanzneigung.
Baum	Aufrechtes, gut verzweigtes Wuchsbild mit kurzem Fruchtholz. Anfangs mittelstarker, später schwacher, spurartiger Wuchs. Der Sommerschnitt zielt auf gut ausgefärbte Qualitätsfrüchte. Empfindlich für Holzfrost.
Standort	Für die extrem lange Fruchtwachstumszeit wird bester Boden und warmes Klima benötigt. Keinesfalls für Spätfrostlagen geeignet.
Anfälligkeit	Stark für Feuerbrand, Schorf, Mehltau, Spinnmilben, Viröse Triebsucht, stippeanfällig.
Anbauwert	Trotz des hohen Bekanntheitsgrades im Angebot des Handels ist die Sorte nicht für den Garten, sondern nur für erfahrene Erwerbsanbauer zu empfehlen.

Bramleys Sämling

Herbstsorte

Synonym	'Bramley's Seedling', 'Triomphe de Kiel'
Entstehung	Zwischen 1809 und 1813 in einem Kleinsiedlergarten in Southwell/Nottinghamshire (GB) von Mary Ann Brailsford aus einem Samen unbekannter Herkunft. 1848 kaufte Matthew Bramley den Garten mit dem noch stehenden Baum. Benannt und eingeführt wurde die Sorte 1876 von Henry Merryweather.
Blüte	Spät, nicht empfindlich. Schlechter Pollenspender (triploid).
Frucht	Meist groß, um 230 g schwer, jedoch sehr unterschiedliche Größen. Flachkugelig, ungleichmäßig gebaut, wulstige Rippen um die ganze Frucht. Kelcheinsenkung weit und strahlig. Kurzer, kräftiger Stiel, meist mit einem Fleischwulst in der Stielgrube. Schale fest, geschmeidig. Bei Reife grünlichgelb, sonnenseits nur wenig gerötet und gestreift. Fruchtfleisch gelblichweiß, fest, säuerlich bis herb, ohne hervortretendes Aroma.
Reife	Je nach Lage ab Mitte September.
Verwertung	Für den Frischverzehr, im Wesentlichen aber Wirtschafts- und Mostsorte.
Ertrag	Jährlich wechselnd zwischen hohen Erträgen und Ernteausfall (ausgeprägte Alternanz), insgesamt mittelhoch.
Baum	Flache, breit ausladende, stark verzweigte Krone. Von Jugend an starker bis sehr starker Wuchs, im Vollertragsalter immer noch stark.
Standort	Nur für wärmere Lagen geeignet. Abweichungen drücken sich in der äußeren und inneren Fruchtqualität aus.
Anfälligkeit	In geschlossenen Lagen stark für Schorf, mittelstark für Mehltau. Stippe kann schon am Baum auftreten.
Anbauwert	Liebhabersorte in günstigen Lagen. Sonst verzichtbar. In England ist die Sorte weit beliebter, im europäischen Anbau noch vor 'James Grieve' rangierend.

Brauner Matapafel

Spätsorte

Doppelnamen	'Kohlapfel', 'Gewürzapfel', 'Mädapfel', 'Mohrenapfel', 'Rauchapfel', 'Schwarzer Borsdorfer', 'Schwarzer Matapfel', 'Pomme de Dame', 'Pomme de Bohemien'
Entstehung	Unbekannt. Sehr alte Sorte, die 1651 von Nicolas de Bonnefons sowie 1672 von Johann Sigismund Elsholz und 1690 von Heinrich Hesse unter dem Namen 'D'Enfer ou Noires' erwähnt wird. Eine Beschreibung lieferte 1789 J. L. Christ. Die Sorte war in West- und Süddeutschland weit verbreitet und hatte früher große wirtschaftliche Bedeutung. Heute ist sie nur noch selten anzutreffen.
Blüte	Spät, unempfindlich für Witterungseinflüsse. Schlechter Pollenspender (triploid).
Frucht	Mittelgroß, um 140 g schwer, ungleichmäßig flachkugelig. Kelcheinsenkung flach, etwas gerippt. Kurzer, dicker Stiel in enger, berosteter Stielgrube. Schale glatt, fest, mit typischen Roststernen, etwas wachsig. Grundfarbe gelb, sonnenseits dunkel trübrot geflammt, schattenseits heller und streifig. Von älteren Bäumen stärkere Färbung. Druckfest. Fruchtfleisch gelblich, fest, saftig, süß mit wenig Würze. Der Geschmack ist abhängig vom Standort.
Reife	Ab Anfang Oktober, windfest. Beste Inhaltsstoffe bei später Ernte. Im kühlen Naturlager bis zu sieben Monaten haltbar.
Verwertung	Wirtschaftssorte, auch für die Mostbereitung geeignet.
Ertrag	Vollertrag frühestens nach 15 Jahren, dann wechselnd zwischen recht hohen und mittleren Erträgen während der ganzen langen Lebensdauer.
Baum	Große, breit kugelförmige, sparrige Krone mit langen, dicht mit Fruchtholz besetzten Ästen. Im Vollertragsalter noch starker Wuchs. Frosthart im Holz. Kann sehr alt werden.
Standort	Nicht für trockene Böden, sonst bis in windige, raue Hochlagen anbaufähig.
Anfälligkeit	Mittelstark für Feuerbrand, Schorf nur in warmen Tallagen. Anfällig für Krebs.
Anbauwert	Früher weit verbreitet, besonders als Mostsorte. Auch heute noch in rauen Lagen gerne angebaut. Wegen des späten Ertragsbeginns aber kaum noch im Anbau.

Brettacher

Spätsorte

Entstehung — Um 1900 vom Landwirt Kuttruff in Brettach/Kreis Heilbronn (Baden-Württemberg) gefunden. Seit den 1950er Jahren überwiegend in Süddeutschland und dem Elsass verbreitet.

Blüte — Spät, schlechter Pollenspender (triploid). Bei starkem Fruchtansatz fördert das Ausdünnen die Fruchtqualität und beugt der Alternanz vor.

Frucht — Groß bis sehr groß, um 230 g schwer. Flachkugelig, schüsselförmige, etwas höckerige Kelcheinsenkung mit offenem Kelch. Stiel kurz und dick in enger, leicht strahlig berosteter Stielgrube.
Schale fest, glatt, etwas fettig, besonders am Lager. Gelblich, sonnenseits verwaschen rötlich. Druckempfindlich.
Fruchtfleisch grünlichgelb, weiß, fest, saftig mit erfrischender Säure. Der Geschmack ist abhängig von warmer Lage, Schattenfrüchte schmecken fade. Saftausbeute um 77 %.

Reife — Ab Anfang Oktober, windfest. Es ist druckfrei zu ernten. Im kühlen Naturlager etwa fünf Monate haltbar. Bei der Ernte Schalenverletzung vermeiden wegen Fruchtfäule am Lager.

Verwertung — Vorzugsweise Wirtschafts- und Mostsorte, von warmen Lagen auch für den Frischverzehr.

Ertrag — Mittelfrüh einsetzend. Wechselnd zwischen höheren und geringen Ernten, ausgleichbar durch Ausdünnen nach dem Junifall und Blattdüngung sofort nach der Ernte. Insgesamt unterdurchschnittliche Erträge.

Baum — Große, breite, flache aber lichte Krone mit kurzem Fruchtholz an langen Ästen. Überwachungsschnitt für besser verzweigte Krone. Im Vollertragsalter schwächerer Wuchs. Im Holz frosthart.

Standort — Nährstoffreiche, durchlässige Böden, möglichst im Weinbauklima. Auf kühleren Standorten und mageren Böden lässt die Fruchtqualität stark nach.

Anfälligkeit — Stark für Feuerbrand. Auf schweren Böden krebsanfällig. Schorf ist in geschlossenen Lagen möglich.

Anbauwert — Als Tafelobst zugunsten moderner Sorten verzichtbar. Für den Streuobstbau in wärmeren Lagen durch die gute Lagerfähigkeit noch immer von Bedeutung.

Čadel

Spätsorte

Ertrag	Mittelfrüh einsetzend, hoch und regelmäßig.
Baum	Breit pyramidales, aufrechtes Wuchsbild mit starker Mitte. Dünnes, dicht verzweigtes, hängendes Fruchtholz. Starker Wuchs. Mittelanfällig für Holzfrost.
Standort	Für eine gute Fruchtqualität sind warme Lagen und nährstoffreiche Böden Bedingung.
Anfälligkeit	Mittelstark für Feuerbrand. Schorf und Virosen sind je nach Witterung und Standort verbreitet. Stark Mehltau. Stippe in großen Früchten schon am Baum.
Anbauwert	Die Sorte ist nur für erfahrene Anbauer, aber weniger für den Garten geeignet. Sie konkurriert im Anbau mit dem geschmacklich ähnlichen 'Jonagold'.
Entstehung	'Jonathan' x 'Golden Delicious'. Es besteht Sortenschutz.
Blüte	Früh, lange anhaltend, gering frostempfindlich. Guter Pollenspender. Der regelmäßig hohe Fruchtansatz ist bald nach der Blüte sorgfältig auszudünnen.
Frucht	Mittel bis groß, ein Teil des Behanges bleibt aber deutlich kleiner. Hoch gebaute bis konische Form mit flachen Kanten. Kleiner, geschlossener Kelch in flacher Einsenkung. Unterschiedliche Stiellänge. Schale dick, glatt, nur leicht wachsig. Grüngelbe Grundfarbe, sonnenseits leuchtend rot gestreift oder geflammt. Fruchtfleisch gelblichweiß, fest, saftig. Süß mit leichter Säure und gutem Aroma.
Reife	Ab Anfang Oktober, windfest bis zur Baumreife. Für eine gute Fruchtqualität ist so spät wie möglich zu ernten. Bei Vollreife vom Baum essbar. Im kühlen Naturlager etwa vier Monate haltbar. Lagerung in perforierten Folienbeuteln ist möglich. Auf Stippe am Lager ist zu achten.
Verwertung	Gute Tafelsorte, auch Wirtschaftsfrucht. Nicht für Most geeignet.

Carola

Herbstsorte

Doppelname	'Fünfjahrplan', 'Kalco'
Entstehung	1929 aus Samen von 'Cox Orange' am früheren Kaiser-Wilhelm-Institut in Müncheberg/Sachsen.
Blüte	Früh, lange anhaltend, etwas witterungsempfindlich. Guter Pollenspender. Der starke Fruchtansatz nach der Blüte ist unbedingt auszudünnen, um den zu starken Fruchtbehang zu regulieren und eine frühzeitige Erschöpfung des Baumes abzuwenden.
Frucht	Mittelgroß bis groß, um 130 g schwer. Ungleichmäßig breitrund mit flachen Kanten. Tiefe Kelcheinsenkung mit kleinem, geschlossenem Kelch. Kurzer Stiel. Schale dünn und hart, glatt, etwas bläulich bewachst, leicht fettig werdend. Bei Reife zitronengelb und flächig marmoriert oder gestreift. Druckempfindlich. Fruchtfleisch gelblichweiß, mittelfest, sehr saftig. Angenehm süßaromatisch mit leichter Säure.
Reife	Ab Mitte September, windfest bis kurz vor der Baumreife. Bei starkem Behang drücken sich die Früchte wegen des kurzen Stieles oft gegenseitig ab. Im kühlen Naturlager etwa zehn Wochen haltbar ohne zu welken, im Kühllager bis Februar bei 1 °C ohne Fleischbräune.
Verwertung	Vorwiegend für den Frischverzehr, eingeschränkt als Wirtschaftssorte brauchbar.
Ertrag	Nach hohen Erträgen alternierend, insgesamt hoch.
Baum	Breit pyramidales, mäßig verzweigtes Wuchsbild. Im Alter mit fast waagerechten, außen überhängenden Ästen. Im Vollertragsalter nur noch schwacher Wuchs. Aufmerksamer Erhaltungsschnitt zielt auf die Erhaltung der Triebkraft und verhütet die vorzeitige Vergreisung. Nach einiger Zeit kann ein Verjüngungsschnitt notwendig werden. Im Holz nicht frostfest, besonders nach starkem Behang.
Standort	Auf nährstoffreichen, ausreichend feuchten Böden bis in geschützte, mittlere Höhenlagen.
Anfälligkeit	Mittelstark für Feuerbrand. Anfällig für Schorf, weniger für Mehltau. In den Früchten sind Stippe und Glasigkeit schon am Baum möglich. Anfällig für Apfelwickler, Blattläuse und Spinnmilben.
Anbauwert	Sehr empfehlenswerte Herbstsorte für alle Anbauformen, auch für Spaliere und Topfbäume geeignet.

Carpentin

Spätsorte

Doppelnamen	'Carpentin Renette', 'Kleine graue Renette', 'Kleine Weinrenette', 'Kleiner Lederapfel', 'Kleiner Rabau'
Entstehung	Die Sorte soll schon Ende des 19. Jh. am Rhein stark verbreitet gewesen sein. Eine Beschreibung mit Abbildung erfolgte erstmals 1798 durch A.F.A. Diel in Sicklers „Der teutsche Obstgärtner" als 'Kleine graue Reinette'. In seinem eigenen Werk „Versuch einer systematischen Beschreibung in Deutschland vorhandener Kernobstsorten" beschrieb er sie unter dem Namen 'Carpentin'. Die Verbreitung der Sorte blieb auf die Obstwein-Gebiete am Rhein, Main und Neckar beschränkt.
Blüte	Spät, unempfindlich. Ausdünnung nach der Blüte ist alternanzmindernd und fördert die Fruchtgröße.
Frucht	Klein, höchstens mittelgroß. Meist regelmäßig flachrunde, oft auch höher gebaute Form. Weite und mehr flache Kelcheinsenkung. Stiel meist lang und dünn, tiefe, etwas strahlig berostete Stielgrube. Schale dünn, rau. Grundfarbe goldgelb, sonnenseits verwaschen bräunlichrot gestreift oder geflammt. Ganze Schale ist meist zimtgrau berostet. Etwas druckempfindlich. Fruchtfleisch fast weiß, mittelfest, saftig. Wenig gewürzt, doch angenehm säuerlich.
Reife	Ab Ende September, windfest. Bei guter Lagerung sechs Monate haltbar. Wegen rauer Schale hoher Feuchtigkeitsbedarf. Trotz Welke auf dem Lager noch schmackhaft.
Verwertung	Eingeschränkt für den Frischverzehr. Vielseitig verwertbare Wirtschaftssorte, auch sehr gut für Most geeignet.
Ertrag	Spät einsetzend, dann mittelhoch bis hoch. Geringe Alternanz.
Baum	Hochkugelige, im Alter große Krone mit langen, etwas kahlen Zweigen und harten, glänzenden Blättern. Nur mittelstarker Wuchs bis ins Alter. Der Schnitt zielt auf bessere Verzweigung.
Standort	Ohne große Ansprüche, ausreichend geschützte Lage. Keine trockenen Standorte.
Anfälligkeit	Gering Feuerbrand. Sonst kaum Krankheiten und Schädlinge. Widerstandsfähig gegen die Triebsucht.
Anbauwert	Für Liebhaber kleiner, säuerlicher Sorten sehr empfehlenswert, auch für den Streuobstanbau.

Cellini

Herbstsorte

Doppelnamen	'Philipps Seedling' (erster Name), 'Pomme Cellini'
Entstehung	In England. Gezüchtet vom Baumschüler Leonhard Vauxhall bei London. Vermutlich ein Sämling der Sorte 'Nonsuch' (= 'Langtons Sondergleichen'). Eingeführt in den Handel um 1828. In Deutschland wurde die Sorte nach Beschreibungen von Lauche (1883) und Engelbrecht (1889) als wertvoller Herbstapfel zum allgemeinen Anbau, vor allem für höhere Lagen, empfohlen.
Blüte	Mittelspät, unempfindlich.
Frucht	Mittelgroß bis groß, gleichmäßig rund, kegelförmig. Schüsselförmige Kelcheinsenkung, meist mit offenem Kelch. Tiefe, wenig berostete Stielgrube. Schale dünn und hart, glatt, glänzend. Bei Reife gelblich, sonnenseits flächig rot oder gestreift mit hellen Schalenpunkten. Ausgeprägter Duft. Nicht druckempfindlich. Fruchtfleisch fast weiß, locker, ziemlich saftig. Angenehm säuerlich, ohne hervortretendes Aroma.
Reife	Ab Mitte September, windfest bis zur Baumreife, dann schnell fallend. Im kühlen Naturlager etwa zehn Wochen haltbar ohne zu welken.
Verwertung	Vorzugsweise gute Wirtschaftssorte, für den Frischverzehr nach längerer Lagerzeit.
Ertrag	Früh einsetzend, regelmäßig und hoch.
Baum	Breitrunde, sparrige, gut verzweigte Krone. Von Jugend an kräftiger Wuchs, im Vollertragsalter schwach. Vergreist früh, deshalb ist gelegentliche Verjüngung zu empfehlen, damit die Wuchskraft im Alter erhalten bleibt. Geeignet für alle Erziehungsformen.
Standort	Gedeiht bis in raue Höhenlagen, auch auf mageren, kalkhaltigen Böden. In warmen, feuchten Lagen leidet die Fruchtqualität.
Anfälligkeit	Auf günstigem Standort Widerstand gegen die meisten Krankheiten und Schädlinge. Bisher wurde kein Feuerbrand beobachtet.
Anbauwert	Für Extremlagen, wo andere Sorten nicht gedeihen wollen. Auch für Streuobstflächen.

Champagner Renette

Spätsorte

Doppelnamen	'Anhänger', 'Breitling', 'Englische Renette', 'Glasapfel', 'Herrenapfel', 'Jahrapfel', 'Käsapfel', 'Kapuzinerapfel', 'Reinette de Champagne', 'Loskrieger', 'Reinette Allemande', 'Taffetapfel' und weitere
Entstehung	Die Sorte stammt wahrscheinlich aus Deutschland. Erste Beschreibungen von J.L. Christ 1794 als 'Deutsche Renette', 1802 als 'Fürstlicher Tafelapfel' und 'Loskrieger'. Danach von A.F.A. Diel 1799 als 'Loskrieger', 1800 als 'Champagner Renette' und 1833 als 'Niederländische weiße Renette'. In Frankreich wird die Sorte erst 1825 von Louis C. Noisette als 'Reinette de Champagne' erwähnt. Auf der 2. Versammlung deutscher Pomologen 1857 in Gotha wird sie zum allgemeinen Anbau empfohlen.
Blüte	Sehr spät und lange anhaltend, nicht empfindlich. Guter Pollenspender. Bei starkem Blütenansatz ist eine Fruchtausdünnung dringend zu empfehlen, sonst bleiben die Früchte zu klein.
Frucht	Mittelgroß, um 100 g schwer, flachkugelig, mit flachen Kanten. Flache, gerippte Kelcheinsenkung. Unterschiedlich langer Stiel. Schale glatt, schwach fettig, druckempfindlich. Bei Reife grünlichgelb, sonnenseits verwaschen rötlich. Leichter Duft.
	Fruchtfleisch weiß, etwas grob, saftig. Geschmack angenehm säuerlich mit schwachem Aroma. Reich an Vitamin C.
Reife	Ab Ende Oktober, genussreif ab Januar. Sturmfest bis über die Baumreife hin. Unter Schonung des brüchigen Fruchtholzes ist so spät wie möglich (druckfrei) zu ernten. Vom Baum ungenießbar. Im kühlen Naturlager etwa vier Monate haltbar ohne zu welken. Im Kühllager ist bei tieferen Temperaturen Fleischbräune möglich. Große Früchte neigen zu Stippe.
Verwertung	Für den Frischverzehr nach längerer Lagerung, sonst gute Wirtschafts- und Mostsorte.
Ertrag	Auf zusagendem Standort regelmäßig und hoch.
Baum	Breit pyramidale, kompakte Krone mit aufrechten, wenig verzweigten Leitästen. Dicht besetzt mit kurzem Fruchtholz. Langsames Wachstum. Der Erhaltungsschnitt zielt auf besser verzweigte Krone und den Erhalt der Wuchskraft. Erreicht ein hohes Alter und ist im Holz frostfest.
Standort	Auf guten Böden bis in mittlere, auch windige Höhenlagen. In warmen Lagen ungenügende Ausreife der Triebspitzen, deswegen ist Holzfrost möglich.
Anfälligkeit	Stark für Feuerbrand. Je nach Lage Schorf, auch Krebs (in feuchten Lagen) und Blutlaus.
Anbauwert	Für Tafelobst ist gute Pflege (Schnitt, Pflanzenschutz) erforderlich. Für alle Erziehungsarten geeignet.

Charlamowsky

Frühsorte

Doppelnamen	'Borowinka' (Originalname), 'Borovitzky' (Frankreich, England), 'Duchess of Oldenburg' (USA) und andere
Entstehung	Die Sorte stammt vermutlich aus dem südlichen Russland. Sie kam 1817 aus St. Petersburg über Schweden nach England und um 1830 nach Massachusetts/USA. Etwa zur selben Zeit kam die Sorte zu A.F.A. Diel, der sie 1823 erstmals beschrieben hat. Sie fand im Westen im 19. Jh. schnell große Verbreitung, daher auch viele Synonyme und Doppelnamen.
Blüte	Frühe, aber unempfindliche Blüte, sehr zierend. Guter Pollenspender. Starker Fruchtansatz sollte ausgedünnt werden, damit größere Früchte erzielt werden.
Frucht	Klein bis mittelgroß. Sehr unterschiedliche Größe und Form, meist ungleichmäßig flachrund. Flache, weite Kelcheinsenkung mit sehr kleinem Kelch. Unterschiedlich langer Stiel in weiter und tiefer, meist stark berosteter Stielgrube. Schale glatt, geschmeidig, leicht wachsig. Bei Reife goldgelbe Grundfarbe, sonnenseits deutlich karmesinrot gestreift. Schwacher Duft. Fruchtfleisch auch nach dem Kochen fast weiß, fest, saftig. Angenehm säuerlich, ohne großes Aroma.
Reife	Je nach Lage ab Anfang August. Zu früh geerntete Früchte welken bald. Nur kurz lagerfähig.
Verwertung	Tafel- und gute Wirtschaftssorte.
Ertrag	Früh einsetzend, regelmäßig und hoch bis sehr hoch.
Baum	Große, hochgewölbte, gut verzweigte Krone. Auffallend großes Laub und brüchiges Holz. Anfangs starkes, im Vollertrag deutlich nachlassendes Wachstum. Frühe Vergreisung, die durch aufmerksamen Schnitt und Fruchtausdünnung zu regulieren ist. Im Holz frostfest.
Standort	Anspruchslos an Boden und Klima, bis in raue Höhenlagen. Dort ist beste Fruchtqualität zu erwarten.
Anfälligkeit	Mittel für Feuerbrand. In Tallagen und schwerem Boden für Schorf und Krebs. Auf trockenen Böden stark für Mehltau. Kein Befall durch Apfelwickler.
Anbauwert	Heute durch andere Frühsorten verdrängt, hat aber noch immer Liebhaber, besonders in ungünstigen Lagen und im Streuobstanbau.

Clivia

Spätsorte

Doppelname	'Tafelspätfreude'
Entstehung	In Deutschland. Gezüchtet in den 1930er Jahren am früheren Kaiser-Wilhelm-Institut in Müncheberg/Mark, aus einer Kreuzung von 'Geheimrat Dr. Oldenburg' x 'Cox Orange'. Seit 1962 im Anbau.
Blüte	Mittelfrüh, frostempfindlich. Eine sorgfältige Fruchtausdünnung nach der Blüte ist dringend anzuraten.
Frucht	Mittelgroß. Rundliche oder etwas hoch gebaute, leicht ungleichhälftige Form. Hohe, nur leicht gerippte Kelcheinsenkung mit kleinem Kelch. Kurzer Stiel in enger und tiefer Stielgrube. Schale glatt, fettig, mürbe. Bei Reife grünlichgelb mit verwaschen roter Deckfarbe. Fruchtfleisch fest, feinzellig, saftig mit gutem Aroma, 'Cox' ähnlich.
Reife	Mitte Oktober, etwa 5 Monate haltbar, im Kühlraum bei 1°C bis April. Windfest bis zur Baumreife, dann schnell fallend. Am Lager ist auf Stippe und verschiedene Lagerkrankheiten zu achten.
Verwertung	Vorwiegend für den Frischverzehr, eingeschränkt als Wirtschaftssorte brauchbar.
Ertrag	Ab dem 4.–5. Standjahr. Mittelhoch, aber regelmäßig.
Baum	Schmales, aufrechtes Wuchsbild. Leitäste schräg aufrecht mit geringer Verzweigung, aber vielen Kurztrieben. Ein aufmerksamer Schnitt zielt auf ständige Trieberneuerung, um vorzeitiges Vergreisen zu verhüten. Geeignet für Formobst.
Standort	Gute Fruchtqualität ist nur in warmen Lagen und nährstoffreichen Böden zu erwarten. Keinesfalls für trockene Böden und Windlagen geeignet.
Anfälligkeit	Mittel für Feuerbrand und Schorf, gering für Mehltau. Wenig Holzfrost.
Anbauwert	Nicht für schwachwachsende Unterlagen geeignet. Erfordert hohen Pflegeaufwand.

Collina

Frühsorte

Entstehung	Kreuzung aus 'Priscilla' x 'Elstar' Züchter: M. Vandewall/Niederlande. EU-Sortenschutz.
Blüte	Mittelfrüh. Große Blüten. Geringe Empfindlichkeit für Spätfrost. Eine Ausdünnung bald nach der Blüte ist anzuraten, um Alternanz zu vermeiden und die Fruchtgröße zu fördern.
Frucht	Mittelgroß, kugelförmig, mittelbauchig. Höckrige, tiefe Kelchgrube. Schale glatt, kaum berostet. Deckfarbe streifig bis flächig hellrot bis rot. Guter Geschmack, ausgewogenes Zucker-/Säure-Verhältnis.
Reife	Ende Juli bis Anfang August. Im Kühllager etwa 4-6 haltbar.
Verwertung	Frischverzehr.
Ertrag	Frühzeitig einsetzend, aber alternierend. Daher nur mittleres Ertragsvermögen.
Baum	Wachstum mittelstark bis stark mit einer guten Verzweigung. Auffallend hellgrünes Laub.
Anfälligkeit	Schorfresistent (*Vf*). Etwas anfällig für Mehltau, gering für Obstbaumkrebs.
Anbauwert	Geschmacklich hervorragende Frühsorte, die aber aufgrund ihrer Alternanzgefahr einen gewissen Pflegeaufwand (Ausdünnung) erfordert.

Cortland

Herbstsorte

Ertrag	Je nach Lage mittelhoch bis hoch und regelmäßig.
Baum	Breitrunde, wenig verzweigte Krone mit schwächeren, außen überhängenden Zweigen. Mit Ertragsbeginn schwächerer Wuchs. Sommerschnitt zielt auf bessere Ausfärbung der Früchte im Bauminneren.
Standort	Geschützte, wärmere Lagen bevorzugt. Krebsgefahr auf schweren, nassen Böden.
Anfälligkeit	Mittelanfällig für Feuerbrand, stark für Schorf und Mehltau. Glasigkeit der Früchte bei wechselhafter Witterung.
Anbauwert	Attraktive Ausstellungsfrüchte, aber geschmacklich keine Spitzensorte.
Entstehung	USA. 1898, aus einer Kreuzung von 'Ben Davis' x 'McIntosh' an der New York State Experiment Station, Geneva N.Y. Benannt nach dem Cortland County in New York. Eingeführt in den Handel 1915.
Blüte	Mittelfrüh, guter Pollenspender. Die Fruchtausdünnung nach der Blüte wirkt sich sehr positiv auf die Ertragshöhe aus.
Frucht	Meist groß, gleichmäßig flachrund. Schüsselförmige, strahlige Kelcheinsenkung, kleiner Kelch. Kurzer und dicker Stiel in tiefer, weiter Stielgrube. Schale bei Reife strohgelb, durch rote Deckfarbe überlagert, bläulich wachsig. Ausgeprägter Duft. Fruchtfleisch fast weiß mit deutlichen Gefäßbündeln, fest, saftig. Leicht süß-säuerlich, ohne großes Aroma.
Reife	Ab Mitte September, nicht windfest. Wegen des kurzen Stieles drücken sich die Früchte oft schon vor der Baumreife ab. Etwa drei Monate im kühlen Naturlager haltbar, im Kühlraum bei 3–4 °C bis Februar.
Verwertung	Überwiegend für den Frischverzehr. Das Fruchtfleisch wird an der Luft schnell braun, deshalb sind Verwertungen eingeschränkt.

Coulons Renette

Spätsorte

Ertrag	Wechselnd zwischen mittleren und geringeren Erträgen, insgesamt eher gering.
Baum	Breit pyramidale, sparrige Krone, im Ertragsalter breit ausladend. Wuchs anfangs stark und aufrecht, später nachlassend.
Standort	Bis in mittlere Höhenlage, bevorzugt auf mittelschweren Böden. Keine geschlossene Tallage.
Anfälligkeit	Besonders auf nassen Böden für Krebs und Stippe.
Anbauwert	Die frühere Bedeutung wurde vor allem durch die Sorten 'Boskoop' und 'Zabergäu' abgelöst. Wegen der Krebsanfälligkeit auch nur noch selten im Streuobstanbau.
Entstehung	Gezüchtet um 1850 vom Baumschüler L. Coulon in Lüttich/Belgien. Die ersten Früchte brachte der Sämling 1856. Der Deutsche Pomologenverein empfahl die Sorte 1874 zum allgemeinen Anbau
Blüte	Spät, nicht empfindlich. Schlechter Pollenspender (triploid).
Frucht	Groß, um 220 g schwer, flachkugelig, ungleichmäßige Form. Schüsselförmige, berostete Kelcheinsenkung und kleinem Kelch. Meist kurzer Stiel in tiefer, strahlig berosteter Stielgrube. Schale etwas rau, trocken, gelbgrün. Bei Vollreife sonnenseits verwaschen rot mit hellen Schalenpunkten. Duftend. Fruchtfleisch gelblichweiß, fein, saftig. Geschmack süß, säurearm, wenig Aroma.
Reife	Ab Mitte September. Vorzeitiger Fruchtfall bei Trockenheit. Zu früh geerntete Früchte welken schnell am Lager. Etwa vier Monate im kühlen Naturlager haltbar.
Verwertung	Je nach Lage und Jahreswitterung Tafel- und gute Wirtschaftssorte.

Cox Orange

Herbstsorte

Doppelnamen	'Cox's Orange Pippin' (erster Name), 'Verbesserte Muskatrenette' und viele andere
Entstehung	England. Gezüchtet um 1825 von Richard Cox in Colnbrook Lawn/Buckinghamshire aus Samen der Sorte 'Ribston Pippin'. Eingeführt um 1850 durch Charles Turner. Der Originalbaum stand bis 1911, bis er von einem Sturm zerstört wurde. 'Cox Orange' ist heute der bekannteste und am weitesten verbreitete englische Tafelapfel.
Mutanten	Über 50 Mutanten/Typen wurden bisher ausgelesen. Die bekanntesten: '1/11', 'T12', 'Cherry', 'Korallo', 'Kortegaard', 'Leys Roter', 'Moje', 'Queen'
Blüte	Mittelfrüh, lange anhaltend. Frostempfindlich, auch im Fruchtansatz. Guter Pollenspender. Nach gutem Fruchtansatz ist eine energische Fruchtausdünnung unbedingt ratsam, um größere Früchte zu erzielen und einer Erschöpfung des Baumes vorzubeugen.
Frucht	Mittelgroß, flachkugelig. Kurzer Stiel. Schale unterschiedlich glatt, leicht wachsig mit Rostfiguren. Gelbe Grundfarbe, sonnenseits sehr variabel ausgeprägte Streifen. Fruchtfleisch hellgelb, mittelfest, saftig mit zurücktretender Säure und edlem Aroma.
Reife	In günstiger Lage ab Ende September. Fruchtfall oft schon vor der Baumreife. Mehrmaliges Durchpflücken ist immer erforderlich. Im Naturlager etwa vier Monate haltbar, im Kühllager bis März bei 3 °C. Auf Stippe und Fruchtfäulen ist bereits am Baum zu achten. Nicht geeignet für Lagerung in Folien.
Verwertung	Noch immer eine absolute Spitzensorte für den Frischverzehr und andere Verwertungen.
Ertrag	Früh einsetzend, mittel hoch. Mäßiges Auslichten und Blattdüngung sofort nach der Ernte zielt auf höhere Erträge mit größeren Früchten.
Baum	Rundes, aufrechtes Wuchsbild mit schrägen, gut verzweigten Leitästen. Mittelstarker Wuchs, im Vollertragsalter schwach. Deshalb ist gelegentliche Verjüngung vorteilhaft. Regelmäßiger Erhaltungsschnitt ist erforderlich, doch werden starke Eingriffe nicht gut vertragen. Für alle Erziehungsformen. Etwas empfindlich für Holz- und Wurzelfrost.
Standort	Nur für warme Lagen mit hoher Luftfeuchte geeignet. Der Boden soll humus- und nährstoffreich, auch ausreichend feucht sein. Jede Abweichung von den Ansprüchen wirkt sich auf die Fruchtqualität ertragsmindernd und krankheitsfördernd aus. Früher Laubfall deutet immer auf ungünstigen Standort.
Anfälligkeit	Stark für Feuerbrand, auch Schorf, Mehltau, Krebs, Kragenfäule, Viröse Triebsucht, Apfelmosaik. Empfindlich für Kupfer- und Schwefelmittel. Bei anhaltender Trockenheit vorzeitiger Blattfall. An den Früchten Stippe, Fruchtfäule und Lagerkrankheiten.
Anbauwert	Gilt neben 'Rubinette' und 'Elstar' als eine der besten Tafelsorten. Ist aber im Anbau heikel und pflegeintensiv. Daher für den Hausgarten nur empfehlenswert, wenn die hohen Ansprüche zu erfüllen sind und die erforderlichen Pflegemaßnahmen geleistet werden können. Nicht für Streuobst oder ungeeignete Standorte. Nicht so sensibel sind Abkömmlinge wie 'Alkmene'.

Cox Pomona

Herbstsorte

Doppelnamen	'Hill's Seedling', 'Pomona' (USA), 'Pomona de Cox' (Frankreich)
Entstehung	Um 1825 gezogen von Richard Cox, Bierbrauer aus Colnbrook-Lawn/Buckinghamshire (England) aus Samen der Sorte 'Ribston Pippin'. Schwestersorte des 'Cox Orange'. Seite Mitte des 19. Jh. in Deutschland im Anbau.
Blüte	Mittelfrüh, nicht witterungsempfindlich. Guter Pollenspender.
Frucht	Groß, mitunter sehr groß. Unregelmäßige Form mit flachen Wulsten über die ganze Frucht. Kelch offen, in tiefer, gerippter Einsenkung. Kurzer Stiel in berosteter Stielgrube. Schale derb, glatt, nur leicht wachsig mit zahlreichen Schalenpunkten. Sonnenseits karminrot marmoriert oder geflammt. Fruchtfleisch etwas mürbe, saftig, weinsäuerlicher Geschmack. Großes Kernhaus. Das Aroma ist abhängig von zusagender Lage.
Reife	Je nach Lage ab Mitte September. Im kühlen Naturlager etwa zwei Monate oder etwas länger haltbar.
Verwertung	Weniger für den Frischverzehr, gute Wirtschaftssorte und Schaufrucht.
Ertrag	Nur auf schwach wachsenden Unterlagen recht hoch und regelmäßig, sonst alternierend.
Baum	Gleichmäßiges Wuchsbild mit gut verzweigten, etwas sparrigen Trieben. Von Jugend an mittelstarker bis starker Wuchs, bei Vollertrag nachlassend. Deshalb ist beim Schnitt auf rechtzeitige Trieberneuerung zu achten. Nicht ganz frostfest im Holz.
Standort	Trockene, arme Böden und Höhenlagen sind ungeeignet.
Anbauwert	Ausgesprochene Liebhabersorte für beste Standorte. Schaufrucht für Ausstellungen.

Credes Wilhelmsapfel
Herbstsorte

Doppelnamen	'Deutsche Schafsnase', 'Leichter Matapfel', 'Rosskopf', 'Spitzbreitling', 'Würzburger' u.v.a.
Entstehung	Alte, weit verbreitete Sorte, die J. L. Christ 1789 unter dem Namen 'Leichter Mätapfel' erstmals beschrieb. Sie war damals schon unter zahlreichen anderen Namen in ganz Süddeutschland verbreitet. A.F.A. Diel erhielt die Sorte 1801 unter dem Namen 'Wilhelmsapfel', Prof. Crede aus Marburg beschrieb die Frucht ausführlich als 'Crede's großer Wilhelmsapfel'.
Blüte	Obwohl der Baum ein starkes Wachstum zeigt, setzt die Blüte sehr früh ein und ist gegen Witterungseinflüsse wenig empfindlich.
Frucht	Groß bis sehr groß, je nach Behang. Hoch gebaut, konisch. Der Bauch sitzt nach dem Stielende hin, wo sich die Frucht platt abrundet. Eine Fruchtseite ist immer höher als die andere. Schale glatt, glänzend. Grundfarbe grünlich-gelb, später hellgelb. Deckfarbe mehr als die Hälfte der Schale düsterrot gestreift und verwaschen. Stiel kurz, ragt meist nicht über die Kelcheinsenkung. Fruchtfleisch fest, weiß, später locker, etwas grobkörnig. Saftvoll mit angenehmen, etwas gewürzten, weinsäuerlichem Geschmack.
Reife	November bis Februar/März.
Verwertung	Wirtschaftsapfel zum Saften und Keltern, auch für häusliche Verwertung zum Backen und Kochen.
Ertrag	Sehr fruchtbar, bringt fast jedes Jahr ausreichende Ernten.
Baum	Wächst in der Jugend sehr lebhaft und gesund. Macht später eine große, dichte Krone.
Standort	Liebt kräftigen, tiefgründigen Boden.
Anfälligkeit	Robust und widerstandsfähig. Die großen Früchte sind nicht sturmfest, daher auf etwas geschützte Standorte achten.
Anbauwert	Als Hochstamm im Streuobstanbau und zur Straßenbegleitpflanzung. Heute nur noch vereinzelt in alten Streuobstbeständen zu finden.

Danziger Kantapfel

Herbstsorte

Doppelnamen	'Bentlieber Rosenapfel', 'Erdbeerapfel', 'Florentiner', 'Kant-Appel', 'Lorenzapfel', 'Rosenapfel', 'Rosenhäger', 'Roter Liebesapfel', 'Schwäbischer Rosenapfel', 'Roter Markapfel' u. a.
Entstehung	Unbekannt. Die Sorte war schon zu Beginn des 19. Jh. eine der ältesten und bekanntesten Apfelsorten. Erstmals erwähnt wurde sie durch Hendrik van Oosten als 'Dantzikker kant-appel'. Beschrieben und abgebildet wurde sie von Hermann Knoop 1758. Zwischen 1801 und 1816 beschrieb A.F.A. Diel die Sorte unter neun verschiedenen Namen, was die große Verbreitung unterstreicht.
Blüte	Spät, groß und sehr zierend. Lange anhaltend, nicht witterungsempfindlich. Guter Pollenspender. Ausdünnen bei starkem Fruchtansatz vermeidet die kleinen, minderwertigen Früchte.
Frucht	Ungleichmäßige Größe, meist mittelgroß, um 150 g schwer. Früchte von älteren Bäumen bleiben kleiner, auch mit weniger Geschmack. Typisch ist die scharfe Kante und die kalvillartigen Rippen auch in der flachen Kelcheinsenkung. Sie sollen in Norddeutschland stärker ausgeprägt sein, als im Süden. Kurzer, dünner Stiel in tiefer, strahlig berosteter Stielgrube.
	Schale hart und brüchig, glatt, fettig. Bei Reife grünlichgelb. In feuchten Jahren flächig rot und bräunlich getönt. Druckempfindlich. Fruchtfleisch mittelfest. Gelblichweiß mit grünlichen Adern, unter der Schale bisweilen leicht gerötet. Etwas mürbe, mäßig saftig, angenehm gewürzt. In sonnenarmen Jahren mehr säuerlich.
Reife	Je nach Lage ab Anfang September, wind- und sturmfest. Vom Baum essbar. Er ist vorsichtig und druckfrei zu ernten. Bei schattiger Lagerung im Freien bis Januar haltbar, dann Aromaverlust. Nicht für das Kühllager geeignet. Mitunter Kernhausfäule am Lager.
Verwertung	Gleichermaßen für Frischverzehr und Verwertung als Koch- und Backobst, auch Mostapfel. Schnittflächen bräunen schnell.
Ertrag	Spät einsetzend, dann mittelhoch und regelmäßig.
Baum	Mächtige, breit ausladende, sparrige Krone mit steilen Leitästen und vielen dünnen, stark verzweigten Trieben, im unteren Kronenbereich waagerecht. Auffallend sind die großen, aufgehellten Blätter. Regelmäßiger Auslichtungsschnitt ist erforderlich. Zögernde Jugendentwicklung, dann mittelstark wachsend. Kann sehr alt werden. Im Holz vollkommen frostfest.
Standort	In nicht zu trockenen Böden völlig anspruchslos, vor allem in Höhenlagen bewährt. In trockenen Böden trägt der Baum nur kleinere, minderwertige Früchte.
Anfälligkeit	Für Schorf und Mehltau, weniger in Höhenlagen. Auf schweren, nassen Böden stark Krebs. Empfindlich für Kupfer- und Schwefelmittel.
Anbauwert	Früher sehr verbreitet, besonders in Mittelgebirgslagen und im Streuobstanbau. Auch heute noch in rauen Gebirgslagen empfehlenswert.

Deans Küchenapfel   Spätsorte

Doppelname	'Deans Codlin' „Codlin" bezeichnet Küchenäpfel hoher Qualität.
Entstehung	Ungewiss. Ferdinand Jamin, Baumschüler aus Bourg-la-Reine bei Paris, brachte 1844 Reiser von England nach Frankreich. In England hatte er die Früchte auf einem Sämlingsbaum im Garten von Mr. Dean in Cheshunt/Hertfordshire, gesehen. Nach Hogg (1884) allerdings soll die Sorte von W. Dean, Baumschüler in Jedburgh/Schottland, in den Handel eingeführt worden sein.
Frucht	Sehr groß. Meist flachrund mit gleichen Hälften. Weite und tiefe Kelcheinsenkung mit geschlossenem Kelch. Mittellanger Stiel in tiefer und weiter, wenig berosteter Stielgrube. Schale glatt. Bei Reife gelbgrün mit wenigen Schalenpunkten. Kräftiger Duft. Fruchtfleisch grünlichweiß, grobzellig. Vollreif mürbe und saftig ohne Würze. Stark weinsäuerlich mit wenig Zuckergehalt.
Reife	Je nach Lage ab Anfang Oktober. Im kühlen Naturlager etwa 3 Monate haltbar ohne zu welken.
Verwertung	Begehrt als sehr gute Wirtschaftssorte, weniger für Most oder Frischverzehr.
Ertrag	Früh einsetzend, dann hoch und regelmäßig.
Baum	Hochrunde, dicht verzweigte Krone. Von Jugend an ist der Wuchs schwach, im Alter deutlich stärker. Infolge der hohen Erträge hat der ungepflegte Baum keine hohe Lebenserwartung, deshalb ist ein gelegentlicher Verjüngungsschnitt erforderlich.
Standort	Keine Ansprüche an Boden und Klima bis in raue Gebirgslagen. Auf nassen und schweren Böden besteht erhöhte Krebsgefahr.
Anfälligkeit	Anfällig für Fruchtfäule und Spitzendürre. Nur in geschlossenen Warmlagen anfällig für Schorf und Mehltau. Dort ist auch Feuerbrand nicht auszuschließen.
Anbauwert	Früher, gebietsweise noch heute eine der begehrtesten Wirtschaftssorten. Wurde auch als Schaufrucht und für Formobst im Garten empfohlen.

Delbard Jubilée® — Spätsorte

Bemerkung	Nicht zu verwechseln mit der kanadischen Sorte 'Jubilée'. 'Delbard Jubilée' ist der Markenname, der Sortenname lautet 'Delgollune'.
Entstehung	Frankreich. Gezüchtet 1964 vom Baumschüler George Delbard in Malicorne. Kreuzung aus 'Golden Delicious' x 'Lundbytorpe'. Sortenschutz seit 1985.
Blüte	Mittelfrüh, wenig empfindlich. Guter Pollenspender. Nach der Blüte verhindert ein energisches Ausdünnen die vorzeitige Erschöpfung des Baumes und sorgt für gleichmäßigere Fruchtgrößen.
Frucht	Groß, gleichmäßig hochrund bis kegelförmig. Tiefe, strahlig gerippte Kelcheinsenkung mit kleinem Kelch. Unterschiedlich langer Stiel in enger, Stielgrube. Schale derb, glatt, leicht fettig. Goldgelb mit flächig roter Deckfarbe und feinen Schalenpunkten. Druckfest. Fruchtfleisch fast weiß, feinzellig, fest. Saftig, süßsäuerlich mit mäßigem Aroma.
Reife	Ab Mitte Oktober, braucht eine lange Fruchtwachstumszeit. Etwa vier Monate im kühlen Naturlager haltbar ohne Frischeverlust. Im Kühllager bis März (April) bei 3 °C, danach etwas Gärgeschmack, ähnlich der Sorte 'Mutsu'.
Verwertung	Wirtschaftssorte.
Ertrag	Unregelmäßig, in guten Lagen vergleichbar mit 'Golden Delicious'.
Baum	Breites, aufrechtes Wuchsbild mit kräftigen, mäßig verzweigten, aufwärts strebenden Trieben. Im Vollertragsalter kaum mittelstarker Wuchs.
Standort	Keine Höhenlagen. Nährstoffreiche Böden in geschützter Lage sind Anbauvoraussetzungen.
Anfälligkeit	Gering für Feuerbrand. Wenig für Schorf und Mehltau.
Anbauwert	Wegen der langen Fruchtentwicklungszeit (siehe auch 'Braeburn' und 'Granny Smith') sind nur beste Lagen geeignet. Dort kann 'Delbard Jubilée' durch Fruchtgröße und Färbung eine attraktive Sorte sein. Sie ist dennoch wenig verbreitet.

Delbarestivale

Herbstsorte

Bemerkung	'Delbarestivale' ist der Markenname, 'Delcorf' der Sortenname.
Entstehung	1956, Kreuzung aus 'Stark Jongrimes' x 'Golden Delicious' in der Baumschule Delbard in Malicorne/ Frankreich. Seit 1982 im Handel.
Mutanten	'Appache', 'Eversdijk', 'Celeste', 'Machiels', 'Monidel') sind farbstärker als die Stammsorte, während 'Sissired®' fast flächig rot färbt. Alle mit Sortenschutz.
Blüte	Mittelfrüh, witterungsempfindlich. Guter Pollenspender. Energische Fruchtausdünnung bald nach der Blüte kann die Alternanz etwas mindern und beugt der Erschöpfung des Baumes vor.
Frucht	Groß, oft walzenartig, regelmäßige Form. Schüsselförmige, leicht gerippte Kelcheinsenkung, tiefe, kaum berostete Stielgrube. Schale glatt, hellgelb. Je nach Jahreswitterung sonnenseits mehr oder weniger stark rot gestreift. Fruchtfleisch fast weiß, sehr saftig, angenehmer Geschmack, aber mit 4 g/l geringer Säureanteil.
Reife	Je nach Lage Mitte bis Ende August, mitunter auch noch September. Windfest bis zur Baumreife. Mehrfaches Durchpflücken ist erforderlich. Vorzeitiger Fruchtfall bei Trockenheit. Im kühlen Naturlager vier Wochen Lagerzeit, im Kühllager sechs. Wird danach schnell mürbe.
Verwertung	Überwiegend für den Frischverzehr, aber auch als Wirtschaftsapfel brauchbar.
Ertrag	Jährlich wechselnd zwischen sehr hohen und geringen Ernten, insgesamt aber hoch.
Baum	Mittelgroßes, gut verzweigtes Wuchsbild mit schräg aufrechten Leitästen und hängendem Fruchtholz. Dunkelgrünes, derbes Laub. Starker Wuchs, mit Beginn des Vollertrages deutlich schwächer. Regelmäßiger Schnitt zur Erhaltung des Triebwachstums ist dann notwendig.
Standort	Warme, geschützte Lagen werden bevorzugt, in kühleren oder auf mageren Böden leidet die Fruchtqualität.
Anfälligkeit	Gering Feuerbrand. Mehr Schorf, mittel Mehltau. Keine Stippe.
Anbauwert	Innere und äußere Frucheigenschaften sowie die frühe Reife machen die Sorte für den Garten und den Erwerbsanbau empfehlenswert. 'Delbarestivale' hat bisherige Frühsorten wie 'James Grieve' oder 'Gravensteiner' – zumindest im Erwerbsanbau – abgelöst.

Der Leckerbissen

Spätsorte

Doppelnamen	'Lekkerbeetje' (Holland), 'Friandise' (Frankreich), 'Hasenkop' (Ostfriesland)
Entstehung	Ungewiss, stammt vermutlich aus Holland. Erste Erwähnung im „Almanach der Hoveniers" 1745 als 'Lekkerbeetje'. A.F.A. Diel erhielt Reiser Anfang des 19 Jh. aus Harlem in Holland und beschrieb die Sorte 1823.
Frucht	Klein, höchstens mittelgroß. Unterschiedliche Form, häufig lang-eiförmig mit gleichen Hälften. Mitteltiefe, enge Kelcheinsenkung mit geschlossenem Kelch. Langer, dünner Stiel in tiefer, kaum berosteter Stielgrube. Schale unterschiedlich glatt oder rau, fast immer mit typisch zimtfarbenen Rostflächen. Sonnenseits dunkel gerötet mit wenigen, feinen Schalenpunkten. Fruchtfleisch feinzellig, fest und saftig mit zimtartiger Würze. Vorherrschend kräftige Säure bei hohem Zuckergehalt.
Reife	Ab Mitte Oktober, wind- und sturmfest. Im kühlen Naturlager bis zu 7 Monaten haltbar ohne Welke.
Verwertung	Weniger Tafelapfel, eher Wirtschaftsapfel und Mostsorte.
Ertrag	Früh einsetzend, dann hoch bis sehr hoch und regelmäßig.
Baum	Hohe und schmale Krone mit steil aufstrebenden Leitästen. Derbes Blattwerk. Von Jugend an mittelstarkes Wachstum, im Vollertragsalter schwächer. Wachstums- und Fruchtregulierungen sind notwendig, um eine frühzeitige Vergreisung zu vermeiden. Im Holz frosthart.
Standort	Anspruchslos bis in mittlere Höhenlagen.
Anbauwert	Wegen ihrer geringen Fruchtgröße und der mitunter starken Berostung wird die Sorte (zu Unrecht) als nicht mehr attraktiv genug für den Anbau erachtet.

Deutscher Goldpepping
Spätsorte

Doppelnamen	'Herrenhauser Deutscher Pepping', 'Hoya'scher Goldpepping' und weitere
Entstehung	Unbekannt. Soll aus der Gegend um Hannover stammen, wo die Sorte weit verbreitet war. Wurde 1860 vom Deutschen Pomologenverein zum Anbau empfohlen.
Blüte	Mittelspät, nicht empfindlich. Im Garten sollen die Fruchtansätze bald nach der Blüte ausgedünnt werden, damit sie größer werden.
Frucht	Klein bis mittelgroß. Unterschiedliche Form, von plattrund bis höher gebaut, mit gleichen Hälften. Flache und weite Kelcheinsenkung mit halb offenem Kelch. Kurzer, dicker Stiel in tiefer Stielgrube. Schale unterschiedlich glatt, matt glänzend. Vollreif goldgelb mit hellbraunen Roststellen. Schwacher Duft. Fruchtfleisch feinzellig, markig und saftreich mit delikatem, süßweinigem Geschmack. Deutliche Säure bei hohem Zuckergehalt.
Reife	Ab Mitte Oktober, wind- und sturmfest. Für beste Qualitätsausbildung sollen die Früchte möglichst lange am Baum bleiben. Im kühlen Naturlager bis zu 6 Monate haltbar.
Verwertung	Wertvolle Sorte für den Frischverzehr und für die Wirtschaft. Auch als Mostsorte brauchbar.
Ertrag	Früh bis mittelfrüh einsetzend, dann mittelhoch bis hoch und regelmäßig.
Baum	Höchstens mittelgroße, aufrechte und gut verzweigte Krone. Es sind nur wenige Schnitteingriffe erforderlich. Von Jugend an mittelstarkes Wachstum bis zum Vollertragsalter, danach schwächer wachsend. Im Holz frosthart.
Standort	Geringe Ansprüche an Boden und Klima bis in windgeschützte Hochlagen. In trockenen Böden bleiben die Früchte zu klein.
Anfälligkeit	Sehr widerstandsfähig gegen Krankheiten und Schädlinge.
Anbauwert	Wegen der etwas kleinen Früchte nur für den Garten als Tafelsorte empfehlenswert, im Extensivbereich eine wertvolle Wirtschafts- und Mostsorte.

Discovery

Frühsorte

Doppelname	'Thurston August' (Original).
Entstehung	England. Gezüchtet um 1949 von K. Dummer in Langham/Grafschaft Essex aus Samen der Sorte 'Worcester Pearmain'. Als Vatersorte wird 'Schöner von Bath' ('Beauty of Bath') vermutet. Bis 1962 lautete die Bezeichnung 'Thurston August', 1962 wurde die Sorte dann umbenannt in 'Discovery', eingeführt 1963.
Blüte	Früh, etwas witterungsempfindlich. Guter Pollenspender. Ausdünnen nach gutem Fruchtansatz zielt auf bessere Fruchtgrößen und vermeidet eine Erschöpfung des Baumes.
Frucht	Mittelgroß, regelmäßig flachrund. Sehr flache, weite Kelcheinsenkung mit kleinem Kelch. Mittellanger Stiel in weiter, unberosteter Stielgrube. Schale glatt, fest. Bei Reife gelb mit verwaschen roten Streifen. Sonnenseits auch flächig rot mit feinen, hellen Schalenpunkten. Bei anhaltender Trockenheit häufig Schalenrisse. Meist kurzer Stiel in strahlig berosteter Stielgrube. Fruchtfleisch fast weiß, feinzellig, fest, saftig mit angenehmer Säure. Hoher Gehalt an Vitamin C.
Reife	Anfang bis Mitte August, windfest bis zur Baumreife. Wegen folgernder Reife ist möglichst mehrfach durchzupflücken. Etwa vier Wochen kühl lagerfähig, im Kühllager bis Anfang Oktober bei 3 °C.
Verwertung	Überwiegend für den Frischverzehr, aber auch andere Verwertungen sind möglich.
Ertrag	Wegen der kleinen Fruchtgröße nur mittelhoch, aber regelmäßig. Ein zusätzlicher Sommerschnitt sofort nach der Ernte sichert höhere Erträge.
Baum	Kleines, aber mehr breites Wuchsbild mit kurzen, anfangs steilen Leittrieben. Dünne Seitentriebe nach außen leicht überhängend. Anfangs mittelstarker, bei Vollertrag schwacher Wuchs. Regelmäßiger Überwachungsschnitt zielt auf den Erhalt der Triebkraft und vermeidet frühzeitiges Vergreisen des Baumes.
Standort	Gute Böden bis in geschützte, mittlere Höhenlagen.
Anfälligkeit	Stark Feuerbrand. Gering für Schorf und Mehltau, auf schweren Böden stärker für Krebs und Kragenfäule.
Anbauwert	Wegen der kurzen Triebe ist die Unterlage MM 106 mehr zu empfehlen als M 9. Geeignet für alle Erziehungsformen, auch Spaliere und Topfbäume. Hoher Pflegeaufwand. Früh reifende Liebhabersorte. Nicht für Streuobstflächen.

Ditzels Rosenapfel

Spätsorte

Baum	Hoch pyramidale, dicht verzweigte Krone mit derben Blättern. Blüte am langen Fruchtholz. Starker, aufrechter Wuchs, im Alter etwas überhängend.
Standort	Anspruchslos an Boden und Standort bis in mittlere Höhenlagen.
Anbauwert	Vorzugsweise in Streuobstflächen angebaut.
Entstehung	1890 als Zufallssämling in Eckartshausen, Kreis Büdingen (Hessen) gefunden.
Frucht	Mittelgroß, meist um 170 g schwer. Ungleichmäßig flachrund mit flachen Kanten. Meist tiefe Kelcheinsenkung mit Höckern und kleinem Kelch. Kurzer, dicker Stiel in tiefer Stielgrube. Schale dick und derb, leicht wachsig. Bei Reife goldgelb, sonnenseits verwaschen rot mit deutlichen dunklen Schalenpunkten. Druckempfindlich. Fruchtfleisch etwas weich, grobzellig. Erfrischend weinsäuerlicher Geschmack, ohne großes Aroma.
Reife	Ab Anfang September. Wegen des kurzen Stieles drücken sich die Früchte oft schon vorzeitig ab. Im kühlen Naturlager bis zu fünf Monaten haltbar ohne zu welken. Danach schnell mürbe werdend. Auf Lagerstippe ist zu achten.
Verwertung	Vorwiegend gute Wirtschafts- und Mostsorte.
Ertrag	Früh einsetzend. Recht hoch, trotz Alternanzneigung.

Diwa

Herbstsorte

Bemerkung	'FAW 5878' war der alte Sortenname, 'Milwa' der neue Sortenname. 'Diwa' ist der Markenname (in Holland 'Junami').
Entstehung	Schweiz, an der Eidgenössischen Forschungsanstalt für Obst-, Wein- und Gartenbau Agroscope in Wädenswil. 1982 aus einer Kreuzung von ('Idared' x 'Maigold') x 'Elstar'. Seit 2002 im Handel. Marken- und Sortenschutz.
Blüte	Mittelfrüh, guter Pollenspender. Geprüfte Befruchter: 'Braeburn', 'Golden Delicious', 'Iduna', 'Pinova'. Fruchtausdünnung bald nach der Blüte beugt einer frühzeitigen Erschöpfung vor und sichert gute Fruchtgrößen.
Frucht	Mittelgroß, kugelig. Stielgrube mittelweit und mitteltief, meist berostet. Kurzer, dünner Stiel. Kelchgrube mittelweit und mitteltief mit halb offenem Kelch. Fruchtschale glatt und trocken, kaum berostet. Grundfarbe gelbgrün, mit ¾ leuchtendroter, marmorierter bis verwaschener Deckfarbe. Fruchtfleisch cremefarben, fest, saftig mit fruchtigem Aroma und sehr gutem Geschmack. Ausgewogenes Zucker-/Säureverhältnis.
Reife	Mitte bis Ende September mit langer Erntezeit. Die Rotfärbung setzt früh ein, die Früchte verbessern sich noch geschmacklich in den Wochen nach der Ernte. Im kühlen Naturlager bis Ende Januar haltbar, im Kühlraum bis Ende März. Die Früchte bleiben auch bei Zimmertemperatur lange frisch.
Verwertung	Sehr gute Tafelsorte, als Wirtschaftsapfel brauchbar.
Ertrag	Früh einsetzend, hoch und regelmäßig.
Baum	Mittelstarker Wuchs mit guter Garnierung, leicht hängenden Ästen und kräftigem Fruchtholz. Es sollte keine zu schwachwachsende Unterlage gewählt werden, damit eine optimale Fruchtgröße erreicht wird. Empfohlen wird neben M9 auch M26 für wuchsschwächere Standorte. Geringer Schnittaufwand. Für alle Anbauformen geeignet, auch für Spaliere.
Anfälligkeit	Wenig Krebs, mittlere Schorf- und Mehltauanfälligkeit. Während der Lagerung wurde etwas Stippe beobachtet.
Anbauwert	Sehr gute Neuheit, die v. a. in der Direktvermarktung als Ersatzsorte für 'Idared' und 'Elstar' in Frage kommt. Geschmacksproben in der Schweiz und Deutschland wurden sehr gut beurteilt. Lizenznehmer in Deutschland ist die „ARTEVOS-Gruppe".

Dülmener Rosenapfel

Herbstsorte

Voller Name	'Dülmener Herbstrosenapfel'
Entstehung	Um 1870, aus Samen von 'Gravensteiner'. Gezogen vom Lehrer Jäger in Dülmen (Westfalen).
Blüte	Mittelfrüh, kurz andauernd, nicht frostempfindlich. Guter Pollenspender (diploid). Fruchtausdünnung bald nach der Blüte kann die Alternanzneigung mindern.
Frucht	Meist groß, um 190 g schwer. Breitrund, kantig. Kelcheinsenkung meist schief und kantig mit kleinem Kelch. Kurzer Stiel in tiefer, berosteter Stielgrube. Schale glatt, bei Vollreife und am Lager stark fettig. Grundfarbe gelb mit kurzen, verwaschen roten Streifen. Duftend, jedoch weniger als 'Gravensteiner'. Druckempfindlich. Fruchtfleisch weißgelblich locker, feinzellig, saftig. Ausgeglichen süßsauer feinaromatisch.
Reife	Je nach Lage ab Anfang September, nicht windfest. Früchte drücken sich oft gegenseitig vorzeitig ab. Wegen folgernder Reife ist mehrfaches Durchpflücken anzuraten. Etwa sechs Wochen im kühlen Naturlager haltbar, im Kühllager bis Februar bei 2 °C.
Verwertung	Für den Frischverzehr und als gute Wirtschaftssorte brauchbar.
Ertrag	Wechselnd mittelhoch und gering, jedoch ohne ausgeprägte Alternanz, insgesamt mittelhoch.
Baum	Im Vollertrag breit ausladende, gut verzweigte bis dichte und etwas wirre Krone, im Alter überhängend. Wuchs anfangs kräftig, später mittelstark. Gelegentliche Auslichtung ist nötig, um dichte Krone zu vermeiden. Im Holz frosthart.
Standort	Auf guten, durchlässigen Böden bis in mittlere, aber windgeschützte Höhenlagen.
Anfälligkeit	Gering für Feuerbrand. Schorf nur bei hohem Befallsdruck in Warmlagen. Mäßig anfällig für Virosen, Mehltau, Blutläuse. Kernhausfäule bei sommerlicher Nässe.
Anbauwert	Liebhabersorte. Wegen der Schorffestigkeit im Garten anstelle von 'Gravensteiner' eher empfehlenswert, auch für Streuobstflächen.

Ecolette

Spätsorte

Entstehung	Kreuzung aus 'Elstar' x 'Prima' in der Versuchsstation Wageningen/Niederlande. Der ursprüngliche EU-Sortenschutz besteht nicht mehr.
Blüte	Spät und lange anhaltend. Gering empfindlich für Frost und nasskalte Witterung. Guter Pollenspender. Bei starkem Fruchtansatz ist eine Ausdünnung bald nach der Blüte zu empfehlen.
Frucht	Klein bis mittelgroß. Regelmäßige Form ohne Rippen, ähnlich 'Elstar'. Flache, leicht faltige und berostete Kelcheinsenkung mit kleinem, offenem Kelch. Mittellanger Stiel in enger, strahlig berosteter Stielgrube. Schale fest, leicht grünlich mit bis zu 80 % intensiv roter, hell punktierter Deckfarbe. Fruchtfleisch gelblich, fest, mittelsaftig, süß mit ausgewogener Säure und gutem Aroma.
Reife	Anfang Oktober, windfest und mit gleichmäßiger Reife. Deshalb muss nicht durchgepflückt werden. Im kühlen Naturlager 5–6 Monate haltbar, im Kühlraum bis April.
Verwertung	Vorwiegend für den Frischverzehr, aber auch als Wirtschaftssorte gut brauchbar.
Ertrag	Mittelfrüh einsetzend, dann mittelhoch. Maßnahmen zur Ertragsregulierung sind ratsam.
Baum	Breit aufrechtes Wuchsbild mit weniger starker Verzweigung wie 'Elstar'. Starker bis sehr starker Wuchs, deshalb ist erst kurz vor der Blüte zu schneiden. Später Laubfall. Eine Zwischenveredelung mit 'Klarapfel' bewirkt früheren Laubfall und dadurch höhere Frostfestigkeit.
Standort	Beste Qualität wird auf nährstoffreichen Böden bis in windgeschützte, mittlere Höhenlage erzielt. Wegen der späten Holzausreife nicht für Hochlagen geeignet.
Anfälligkeit	Die ursprüngliche Schorfresistenz beruhend auf *Malus floribunda* ist durchbrochen. Etwas anfällig für Mehltau. Feuerbrand kann auftreten. Die Früchte werden mitunter stippig.
Anbauwert	'Ecolette' hat sich nach anfänglichem Interesse sowohl im ökologischen wie auch konventionellen Anbau insgesamt wenig durchgesetzt (u. a. wegen Durchbruch der Schorfresistenz und Konkurrenz durch 'Topaz').

Edelborsdorfer   Spätsorte

Das Fruchtfleisch ist gelblichweiß, feinzellig, mäßig saftig mit zimtartiger Würze. 17 % Zuckergehalt. Offener Kelch mit kurzen Kelchblättern. Langer, dünner Stiel in strahlig berosteter Stielgrube.

Reife Baumreife ab Mitte Oktober, Genussreife ab Mitte November. Im kühlen Lager haltbar bis mindestens März.

Verwertung Geeignet zum Frischverzehr, für Mus und Saft, als Backapfel und für guten Most.

Ertrag Setzt spät, oft erst nach 10-15 Jahren ein. Je nach Standort und Pflege neigt die Sorte zur Alternanz. Die Früchte hängen relativ sturmfest.

Baum Starker Wuchs mit mächtiger, kugeliger Krone mit überhängenden Zweigen.
Nach Aufbau der Krone ist nur Überwachungs- und Auslichtungsschnitt notwendig.
Nicht empfindlich für Holzfrost.

Standort In Höhenlagen bis 500 m anbaubar, sofern die Bodenverhältnisse gut sind. In kalten, nassen Böden kann Krebs und Spitzendürre auftreten. Wo die Anbauverhältnisse günstig sind, kann der Baum über 100 Jahre alt werden und dann noch gut tragen.

Anfälligkeit Sehr widerstandsfähig gegen Krankheiten und Schädlinge.

Anbauwert Der sehr spät einsetzende Ertrag macht die Sorte heute wirtschaftlich nur noch wenig interessant. Allenfalls ergibt sich eine Anpflanzung in Streuobstwiesen oder für pomologische Sammlungen.
Man kennt auch einen 'Gestreiften Edelborsdorfer'.

Doppelnamen 'Blanche de Leipzig', 'Borsdorf', 'Deutscher Maschanzker', 'Garret Pippin', 'Grand Bohemian Bordorffer', 'King George III', 'Maschanzker', 'Mischenske jablko', 'Queens Apple', 'Reinette bastard', 'Winter-Borsdorfer', 'Witte Leipziger' u. a.

Entstehung Die ersten Aufzeichnungen über diese Sorte stammen aus dem 12. Jh., als Zisterzienser-Mönche aus dem Kloster Pforta (Sachsen-Anhalt) ins Kloster Leubus (Schlesien) berufen wurden, um dort den Obstbau zu verbreiten. Erste Beschreibungen kamen dann von Valerius Cordus 1561 und Johann Bauhin 1650 als 'Porstorffer'. Diel (1800) nennt ihn den „Stolz der Deutschen" und empfiehlt den Anbau.
Aber schon Mitte des 19. Jh. wurde die Sorte von den Empfehlungslisten verbannt, wegen den kleinen Früchten und dem spät einsetzenden Ertrag. Daher findet man heute nur noch wenige, meist uralte Bäume.

Blüte Spät, nicht frost- und nässeempfindlich. Die Blüten erscheinen endständig am Kurzholz auf mehrjährigen Langtrieben. Schlechter Pollenspender (triploid).

Frucht Klein bis mittelgroß, meist gleichmäßig rund. Schale glatt, glänzend. Vollreif hellgelb, sonnenseits rötlich. Häufig etwas berostet und warzig.

Edelrambur von Winnitza — Spätsorte

Doppelname	'Edelrambur von Wrunitza'
Entstehung	Ungewiss, seit Ende des 19. Jh. bekannt. Vermutlich aus Russland oder der Ukraine bei uns eingeführt.
Blüte	Spät, sehr zierend. Nicht witterungsempfindlich. Schlechter Pollenspender (triploid).
Frucht	Mittelgroß bis groß. Sehr unregelmäßige Form von flachrund bis hoch gebaut. Auffallend kantig oder kalvillartig über die ganze Frucht gerippt. Meist schiefe, flache Kelcheinsenkung mit Höckern und kleinem Kelch. Mittellanger Stiel in tiefer Stielgrube. Schale glatt, fettig. Bei Reife grüngelb, sonnenseits leicht hellrot. Druckfest. Merkbarer Duft. Fruchtfleisch grünlich, sehr fest, etwas trocken. Gut sauer, fast herb, ohne Aroma mit guter Süße.
Reife	Anfang bis Mitte Oktober, wind- und sturmfest bis zur Baumreife.
Verwertung	Keine Tafelsorte. Gut für wirtschaftliche Verwertung und wenig ergiebigen, aber guten, klaren Most.
Ertrag	Jährlich wechselnd zwischen hohen Erträgen und völligem Ausfall (ausgeprägte Alternanz).
Baum	Sehr hohe und breit ausladende Krone mit mäßiger Verzweigung, unten meist etwas verkahlend. Große, derbe Blätter. Sehr starke Wuchskraft, auch noch im Alter.
Standort	Keinerlei Ansprüche an Boden und Klima bis in raue, windige Höhenlagen.
Anbauwert	Nur für den extensiven Obstanbau interessant. Bei einigen Obst- und Gartenbauvereinen in der Wetterau (Mittelhessen) seit alters her als Wirtschafts- und Mostsorte noch vorhanden und geschätzt.

Elan

Herbstsorte

Entstehung	1967, aus 'Golden Delicious' x 'James Grieve', in der Versuchsstation Elst/Niederlande.
Blüte	Mittelspät, nicht empfindlich. Guter Pollenspender. Ausdünnen nach starkem Fruchtansatz fördert die Fruchtqualität und beugt einer frühzeitigen Erschöpfung des Baumes vor.
Frucht	Überwiegend groß, bauchig rund. Weite und tiefe, strahlig gerippte Kelcheinsenkung. Kurzer Stiel in tiefer Stielgrube. Schale glatt, fast trocken. Bei Reife gelb bis goldgelb, sonnenseits verwaschen rot gestreift. Fruchtfleisch saftig, guter Geschmack.
Reife	Mitte bis Ende September, vom Baum essbar. Wegen folgernder Reife ist mehrmals durchzupflücken. Etwa fünf Wochen im kühlen Naturlager haltbar, im Kühllager bis Mitte November bei 3 °C.
Verwertung	Für den Frischverzehr, auch als Wirtschaftssorte brauchbar.
Ertrag	Mittelhoch bis hoch und regelmäßig. Ein Sommerschnitt zielt auf bessere Fruchtfärbung und den Erhalt der Triebkraft.
Baum	Breitrundes, außen mit dünnen Zweigen etwas überhängendes Wuchsbild. Anfangs starker Wuchs, bei Vollertrag schwach. Guter Überwachungsschnitt beugt einer vorzeitigen Vergreisung vor.
Standort	Nährstoffreiche, ausreichend feuchte Böden in geschützter Lage. Nicht für Höhenlagen geeignet.
Anfälligkeit	Mittelstark für Feuerbrand, auch für Schorf und Mehltau.
Anbauwert	Sehr pflegeaufwändig, deshalb weniger für einen Hausgarten geeignet. Abgesehen von der Anfälligkeit für Feuerbrand und Schorf wird die Sorte sonst als geschmacklich gut bewertet.

Elise

Spätsorte

Bemerkung	Nach einem Lizenzwechsel 1999 erhielt die Sorte den Markennamen 'Red Delight' und wurde als „Clubsorte" in den Handel gebracht.
Entstehung	Niederlande. Kreuzung aus 'Septer' ('Golden Delicious' x 'Jonathan') x 'Cox Orange', im IVT Wageningen. Seit 1990 im Handel, Sortenschutz seit 1990.
Frucht	Mittelgroß, hochkugelig. Kelcheinsenkung sehr flach, fast aufsitzend. Kurzer Stiel in flacher Stielgrube. Schale bei Reife gelb, im Licht ganzflächig gerötet. Spotähnliche, schwarze Flecken kommen vor. Fruchtfleisch gelblichweiß, fest, saftig mit feinem Aroma.
Reife	Ab Ende September. Oft schon vor der Baumreife fallend. Wegen folgernder Reife ist mehrmals durchzupflücken. Etwa vier Monate im kühlen Naturlager haltbar. Auf Stippe und Lagerfäule ist zu achten.
Verwertung	Für den Frischverzehr und als gute Wirtschaftssorte brauchbar.
Ertrag	Sehr hoch und regelmäßig.
Baum	Rundes, schwaches Wuchsbild mit stark verzweigten Leitästen und kurzem Fruchtholz. Von Jugend an mittelstarker, später schwacher Wuchs. Ein aufmerksamer Erhaltungsschnitt zielt auf den Erhalt der Wuchskraft, um die vorzeitige Vergreisung zu vermeiden. Auch ein Sommerschnitt ist anzuraten.
Standort	Warme Lage und nährstoffreiche Böden sind Anbauvoraussetzungen. Jede Abweichungen wirken sich auf die äußere und innere Fruchtqualität aus.
Anfälligkeit	Gebietsweise stark Krebs auf schweren oder nassen Böden. Stippeneigung schon am Baum.
Anbauwert	Sehr pflegeaufwändig. Nur für erfahrene Erwerbsanbauer. In Deutschland ist die Sorte wenig verbreitet.

Elise Rathke — Herbstsorte

Bemerkung	Der Baum dieser Sorte wächst wie eine Trauerweide mit hängenden Ästen und Trieben (Bild rechts oben).
Entstehung	Entstanden in den 1870er Jahren in der Baumschule Anton Rathke & Sohn in Paust bei Danzig. Benannt nach seiner Tochter Elise. Erstmals erwähnt mit Bild in den „Pomologischen Monatsheften" 1884 von E. Lucas. Eine ausführliche Beschreibung von Th. Engelbrecht folgte 1889. Die Sorte fand keine große Verbreitung, da sie wegen ihres hängenden Habitus mehr zur Zierde in Gärten gepflanzt wurde.
Blüte	Groß, sehr zierend rötlich und unempfindlich. Mittelfrüh. Guter Pollenspender.
Frucht	Mittelgroß, abgestumpft kegelförmig, gleichhälftig, nur leicht gerippt. Weite, gerippte Kelcheinsenkung mit halb offenem oder geschlossenem Kelch. Kurzer Stiel in weiter, wenig berosteter Stielgrube. Schale glatt, vollreif hellgelb, unterschiedlich stark gerötet, sonnenseits fein rot gestreift. Angenehmer Duft. Fruchtfleisch fast weiß, feinzellig, etwas mürbe. Saftig mit leichter Würze und angenehm weinsäuerlich.
Reife	Je nach Lage ab Ende September, etwa 5 Monate im kühlen Naturlager haltbar ohne zu welken.
Verwertung	Weniger zum Frischverzehr, mehr als Wirtschaftssorte geeignet und für Most.
Ertrag	Früh einsetzend und regelmäßig, hohe Erträge.
Baum	Charakteristisch breit hängendes Wuchsbild. Deshalb muss auf Stamm veredelt werden. Höchstens mittelstarkes Wachstum, im Vollertragsalter schwach. Im Holz vollkommen frostfest.
Standort	Ohne besondere Ansprüche an den Boden bis in höhere Lagen.
Anbauwert	Außerordentlich attraktive Erscheinung als Solitärbaum mit Blüte und Fruchtbehang, auch in Parkanlagen. Die Sorte zählt blühend wohl zu den schönsten Hängeformen in der Gartengestaltung.

Ellisons Orange

Herbstsorte

Baum	Mittelgroßes, fast rundes Wuchsbild mit dünnen, gut verzweigten Trieben. Außen etwas überhängend. Frostempfindlich im Holz.
Standort	Warme Lagen und nährstoffreiche Böden sind Anbauvoraussetzungen, möglichst im Küstenklima.
Anfälligkeit	Stark für Feuerbrand. In geschlossener Lage Schorf und Mehltau. In nassen, schweren Böden stark krebsanfällig.
Anbauwert	Liebhabersorte, sonst durch andere Sorten ersetzbar.
Doppelnamen	'Ellison', 'Ellisons Orangenpepping', 'Ellisons Orangenrenette', 'Ellisonovo oranzové'
Entstehung	Gezüchtet 1904 von Charles Ellison in Bracebridge/Lincolnshire (England) aus einer Kreuzung von 'Cox Orange' x 'Calville Blanc'. 1907 verkaufte Ellison die Sorte an die Baumschule Messers, Pennel & Son in Spalding, die sie 1911 der Öffentlichkeit vorstellte. 1917 erhielt die Sorte ein „RHS First Class Certificate".
Blüte	Mittelfrüh, etwas witterungsempfindlich. Guter Pollenspender. Ein energisches Ausdünnen bald nach der Blüte beugt einer frühzeitigen Erschöpfung vor.
Frucht	Meist nur mittelgroß, fast in jeder Hinsicht mit 'Cox Orange' vergleichbar.
Reife	Anfang bis Mitte September, nicht windfest. Wegen folgernder Reife ist mehrmaliges Durchpflücken ratsam.
Verwertung	Sehr gut für den Frischverzehr, auch als Wirtschaftssorte.
Ertrag	Je nach Standort unterschiedlich, meist nur mittelhoch, aber regelmäßig.

Elstar

Herbstsorte

Entstehung	1955, aus 'Golden Delicious' x 'Ingrid Marie'. Seit 1975 im Handel. Sortenschutz. Der Name leitet sich ab von der Versuchsstation Elst (Holland).
Mutanten	Es gibt eine Reihe von Auslesen, die sich im Wesentlichen auf eine bessere Fruchtfärbung, z. T. auch festeres Fleisch und frühere, gleichmäßigere Reife beziehen. Auch für die Mutanten wie 'Redstar', 'Red Elstar', 'Red Flame', 'Bougie', 'Elshof', 'Excellent Star', 'Red Elswout', 'Elrosa', 'Van der Zalm' ... besteht Sorten-, z. T. auch Markenschutz.
Blüte	Spät, wenig empfindlich. Guter Pollenspender. Bei starkem Fruchtansatz ist Ausdünnen erforderlich.
Frucht	Die Frucht der Standardsorte wird mittelgroß, um 120 g schwer, gleichmäßig flachrund. Mittellanger Stiel in enger, strahlig berosteter Stielgrube. Schale glatt, selten leicht berostet, leicht fettend. Schön goldgelb, sonnenseits leuchtend rot marmoriert mit hellen Schalenpunkten. Fruchtfleisch gelblichweiß, mittelfest. Sehr saftig mit kräftigem Aroma.
Verwertung	Vorwiegend für den Frischverzehr, auch als Wirtschaftsapfel brauchbar.
Reife	Je nach Lage Mitte bis Ende September. Windfest bis zur Baumreife, dann schnell fallend. Wegen der folgernden Reife ist mehrfaches Durchpflücken erforderlich. Etwa 3 Monate im kühlen Naturlager haltbar, im Kühllager bis Mitte Februar bei 2–3 °C. Welkt und wird mürbe bei Überlagerung. Auf Lagerfäulen ist zu achten.
Ertrag	Mittelhoch bis hoch, aber alternierend.
Baum	Dicht beblättertes, nur mäßig verzweigtes, breitrundes Wuchsbild, nach außen etwas mit dünnen Trieben hängend. Sehr später Laubfall, oft erst nach den Frösten. Eine Zwischenveredelung mit 'Klarapfel' bringt früheren Triebabschluss und damit bessere Holzausreife und Frosthärte. Der Sommerschnitt zielt auf besser belichtete Krone und Früchte, beeinflusst aber nicht die Alternanz. Bei Direktveredelung auf der Unterlage M 9 sind 7–8 Jahre lang gute Ergebnisse erzielbar, dann wächst der Baum recht stark und alterniert.
Standort	Geschützt, auf nährstoffreichen, ausreichend feuchten Böden. Wegen der späten Holzausreife sind keine Höhenlagen zu empfehlen.
Anfälligkeit	Stark für Feuerbrand und Triebsucht, mittel bis stark für Schorf und Mehltau, Krebs in schweren Böden. Stippe in größeren Früchten und am Lager.
Anbauwert	Typische Sorte für den Erwerbsanbau, sowohl im direkten als auch indirekten Absatz. Äußerst beliebter Apfel, daher im Anbau die Nummer 1 oder 2. Für den Anbau im Hausgarten nur eingeschränkt zu empfehlen. Hier ist 'Topaz' die bessere Alternative.

Engelsberger

Spätsorte

Baum	Lockerer Aufbau der Krone mit langen, dünnen, außen überhängenden Trieben. Anfangs sehr starkes, später mittelstarkes Wachstum.
Standort	Völlig anspruchslos an Boden und Klima, bis in höhere Lagen.
Anfälligkeit	Stark für Feuerbrand und Mehltau, weniger Schorf.
Anbauwert	Robuste Saft- und Mostsorte.
Entstehung	Ungewiss, wurde als Zufallssämling in Baden-Württemberg gefunden.
Blüte	Spät, nicht frostempfindlich.
Frucht	Klein bis mittelgroß, um 85 g schwer. Ungleichmäßig flachrund. Flache, weite Kelcheinsenkung mit auffallend kleinem, halb offenem Kelch. Kurzer, dicker Stiel in weiter Stielgrube. Schale grüngelb, sonnenseits nur leicht rötlich überhaucht, netzartige Berostung bei Mehltaubefall. Druckfest. Fruchtfleisch gelblichweiß, grobzellig, saftig, ausgeglichen säuerlich.
Reife	Schüttelreife je nach Lage ab Ende September. Bei dem oft traubigen Behang drücken sich die Früchte oft schon vorzeitig ab.
Verwertung	Ausschließliche Mostsorte.
Ertrag	Jährlich wechselnd zwischen hohen Erträgen und völligem Ausfall.

Enterprise   Spätsorte

Entstehung	Kreuzung aus zwei Nummernsorten, beides Abkömmlinge von 'McIntosh'. Universität von Illinois. Seit 1993 im Handel.
Blüte	Spät und lange anhaltend, nicht witterungsempfindlich. Eine Ausdünnung bald nach der Blüte strebt einzeln hängende Früchte an, um der Alternanzneigung auszuweichen.
Frucht	Mittelgroß bis groß. Sehr unterschiedliche Form, meist rundlich hoch gebaut. Schüsselförmige, strahlige und tiefe Kelcheinsenkung, kurzer Stiel. Die Grundfarbe ist meist überdeckt von der tiefroten Deckfarbe, graublau bereift. Bei Vollreife fettig, ohne Berostung. Fruchtfleisch cremefarben, fest, weniger saftig. Mehr Süße als Aroma.
Reife	Ende September, etwa mit 'Golden Delicious' und fast ohne vorzeitigen Fruchtfall. Wegen des kurzen Stieles nicht gut pflückbar. Bis zu 4 Monate im kühlen Naturlager haltbar, im Kühlraum bis März.
Verwertung	Fast ausschließlich für den Frischverzehr.
Ertrag	Etwas später einsetzend, dann mittelhoch. Ohne Ausdünnung ist ein jährlicher Wechsel zwischen hohen und geringeren Ernten zu erwarten.
Baum	Breit pyramidales, wenig verzweigtes Wuchsbild mit verkahlenden Zweigen. Im Vollertrag höchstens mittelstarker Wuchs. Der Überwachungsschnitt zielt auf eine bessere Verzweigung.
Standort	Auf nährstoffreichen Böden bis in höhere Lagen anbaufähig.
Anfälligkeit	Widerstandsfähig gegen Feuerbrand. Bisher noch schorfresistent, aber anfällig für Mehltau.
Anbauwert	Für Liebhaber süßer Sorten ist ein Anbau im Garten empfehlenswert.

Erbachhofer Weinapfel

Spätsorte

Baum	Hochrunde, schmale Krone mit überhängenden Ästen und dünnen Seitenzweigen. Mittelstarker, im Alter schwacher Wuchs.
Standort	Ohne Ansprüche an Boden und Klima, bis in mittlere Höhenlagen.
Anfälligkeit	Sehr gering für Feuerbrand, auch sonst kaum anfällig für Krankheiten und Schädlinge. Nur in geschlossenen Tallagen Schorf.
Anbauwert	Ausschließlich für Mostobst im Streuobstanbau.
Doppelname	'Erbachhofer', 'Erbachhofer Mostapfel', 'Verbesserter Trierer'
Entstehung	Ungewiss. Gebietssorte aus dem Sauerland und Mosel-Saar-Gebiet. Von der Baumschule Fey in Meckenheim Anfang des 20. Jh. verkauft.
Blüte	Mittelspät, nicht frostempfindlich. Guter Pollenspender.
Frucht	Klein, hoch gebaut, um 65 g schwer. Sehr flache, weite Kelcheinsenkung mit kleinem, geschlossenem Kelch. Stiel in tiefer und enger Stielgrube. Schale dünn, etwas fettig. Fast flächig dunkelrot und gestreift. Druckfest. Fruchtfleisch weißlichgelb, sehr fest. Säuerlich-süß mit würzigem Geschmack.
Reife	Schüttelreife ab Mitte September.
Verwertung	Sehr guter Mostapfel.
Ertrag	Wechselnd sehr hoch und mittelhoch.

Ernst Bosch

Spätsorte

Entstehung	Um 1900, aus 'Manks Apfel' x 'Ananasrenette'. Züchter D. Uhlhorn, Grevenbroich.
Blüte	Mittelspät, wenig empfindlich. Guter Pollenspender. Zur Erzielung größerer Früchte ist ein Ausdünnen bald nach der Blüte anzuraten.
Frucht	Klein bis mittelgroß, hochkugelförmig. Weite, etwas berostete Kelcheinsenkung. Unterschiedlich langer, typisch fast aufsitzender Stiel. Schale dünn, glatt, etwas fettend. Bei Reife goldgelb mit einzelnen Roststernchen. Auch sonnenseits kaum gerötet. Duftend. Fruchtfleisch fast weiß, feinzellig, bei Vollreife locker. Angenehmer, süßweiniger Geschmack.
Reife	Ende September bis Mitte Oktober. Mehrmaliges Durchpflücken ist anzuraten.
Verwertung	Für den Frischverzehr, eingeschränkt für sonstige Verwertungen.
Ertrag	Normalerweise regelmäßig und hoch, außer auf ungünstigen Standorten.
Baum	Hoch gebaute, dichte Krone durch starke Verzweigung und üppiges Blattwerk. Kräftiger Wuchs, weniger für schwachwachsende Unterlagen geeignet. Pflegeleicht.
Standort	Geschützt, bis in mittlere Höhenlagen. In trockenen Böden und Windlagen leidet die innere und äußere Fruchtqualität.
Anfälligkeit	Stark anfällig für Feuerbrand, sonst sehr robust und widerstandsfähig gegen Schorf.
Anbauwert	Die nachgelassene Beliebtheit, (wie auch bei 'Ananasrenette'), ist wohl auf die geringe Fruchtgröße und die Einfarbigkeit der Früchte zurückzuführen. Abgesehen von der Anfälligkeit für Feuerbrand ist die Sorte wegen ihres Widerstandes gegen Schadfaktoren empfehlenswert.

Erwin Baur

Spätsorte

Entstehung	1928, aus einem Samen der Sorte 'Geheimrat Dr. Oldenburg' am früheren Kaiser-Wilhelm-Institut in Müncheberg. Benannt nach dem Gründer des Institutes, Dr. Erwin Bauer. Im Handel seit 1955.
Blüte	Blütenbildung an ein- und zweijährigen Langtrieben. Frostempfindlich. Guter Pollenspender.
Frucht	Mittelgroß, seltener groß, kugelige Form mit gleichen Hälften. Weite, flache und faltige Kelcheinsenkung mit offenem Kelch. Langer, typisch grüner Stiel in tiefer, strahlig berosteter Stielgrube. Schale glatt und weich, bei Vollreife unangenehm fettend. Grüngelb, sonnenseits rotbraun gesprenkelt und gestreift. Sehr druckempfindlich. Fruchtfleisch mittelfest, saftig. Abhängig vom Standort edelaromatisch bis fade. Harmonisches Zucker-/Säureverhältnis.
Reife	Ab Anfang Oktober, folgernde Reife. Wegen der weichen Schale soll druckfrei geerntet werden, andernfalls entsteht schnell Fäulnis auf den Druckstellen. Die Früchte hängen dicht und paarweise. Windfest bis zur Baumreife.
Verwertung	In günstigen Lagen eine gute Sorte für den Frischverzehr und als Wirtschaftsapfel.
Ertrag	Etwa nach dem 3. Standjahr einsetzend, dann wechselnd zwischen höheren und mittelhohen Erträgen.
Baum	Breitkugelige, wenig verzweigte Krone mit aufrechten Leitästen. Der Schnitt zielt auf eine bessere Verzweigung und Erneuerung des Fruchtholzes. Von Jugend an starkes Wachstum, im Vollertragsalter noch mittelstark. Im Holz nicht ganz frosthart.
Standort	Nährstoffreicher Boden in geschützter, besser warmer Lage, bestimmen die Fruchtqualität. Auf ungeeigneten Standorten bleiben die Früchte fade und saftarm.
Anfälligkeit	Erstaunlich widerstandsfähig gegen Schorf und Mehltau. Die Früchte neigen zu Glasigkeit und Stippe schon am Baum, auf dem Lager zu Fleischbräune.
Anbauwert	Im Anbau wird allgemein die flächig rote und weniger fettende Mutante 'Roba' bevorzugt.

Falstaff

Spätsorte

Entstehung	1966, aus 'James Grieve' x 'Golden Delicious'. Versuchsstation East Malling in Maidstone/Grafschaft Kent (England). Sortenschutz seit 1993.
Mutante	'Red Falstaff' mit 75 % mittelroter Deckfarbe aus England, 'Schneiwel' ('Juwel') mit dunkelroter Deckfarbe. Auslese von B. Schneider, Edingen. Sortenschutz seit 1997.
Blüte	Mittel bis später Beginn mit sehr langen, schmalen Blütenblättern. Etwas witterungsempfindlich. Regelmäßig sehr hoher Fruchtansatz nach der Blüte, deshalb sind ohne Ausdünnung keine ausreichenden Fruchtgrößen zu erzielen.
Frucht	Mittelgroß, selten groß. Ungleichmäßige, glockige Form. Flache, strahlige Kelcheinsenkung mit geschlossenem Kelch. Kurzer Stiel in weiter Stielgrube. Schale glatt, gering bereift. Grundfarbe grünlichgelb, sonnenseits mittelrot gestreift oder marmoriert. Duftend. Druckempfindlich. Fruchtfleisch cremefarben, grobzellig, etwas weich, saftig. Süßlich, mit leichter Säure und feinem Aroma.
Reife	Ab Ende September bis Mitte Oktober. Windfest bis zur Baumreife. Mindestens einmaliges, wegen der Druckempfindlichkeit schonendes, Durchpflücken ist ratsam. Im kühlen Naturlager bis zu drei Monate haltbar, danach mürbe werdend.
Verwertung	Sehr gut für den Frischverzehr, auch gute Wirtschaftssorte.
Ertrag	Sehr früh einsetzend, regelmäßig, überreich.
Baum	In der Mitte dominierend mit etwas brüchigen Seitenzweigen. Kurzes, quirlartig verzweigtes Fruchtholz. Im Vollertrag sehr schwacher Wuchs. Der Überwachungsschnitt zielt auf Fruchtasterneuerung und Erhaltung der Wuchskraft. Ohne fachgerechten Schnitt setzt die Vergreisung früh ein. Auch für Formobst und Topfbäume. Etwas empfindlich für Holzfrost.
Standort	Nährstoffreiche Böden mit guter Wasserführung in geschützter Lage. Nicht für Höhenlagen geeignet.
Anfälligkeit	Mittel anfällig für Feuerbrand und Schorf, etwas mehr für Mehltau.
Anbauwert	Für diese Sorte für den Erwerbsanbau ist ein hoher Pflegeaufwand erforderlich.

Fameuse

Spätsorte

Doppelnamen	'Amerikanischer Schneeapfel', 'Pomme de Neige', 'Sanguineus', 'Schneeapfel', 'Snow Chimney' u. a.
Entstehung	Ungewiss. Die meisten amerikanischen Autoren nennen ihn einen „kanadischen Apfel", andere vermuten, er stammt aus Europa. Fest steht, dass die ersten Bäume um 1730 von französischen Siedlern am östlichen Ufer des Lake Champlain am sog. Chimney Point zwischen Vermont und New York State gepflanzt wurden. Von diesen Bäumen wurden Reiser verbreitet. Bereits 1794 wurde die Sorte durch Alexander Barclay aus Brompton/Middlesex unter dem Namen 'Fameuse' in England eingeführt.
Blüte	Spät. Nicht witterungs- oder frostempfindlich. Schlechter Pollenspender (triploid).
Frucht	Mittelgroß, gleichmäßig rundlich, mit typisch flacher Kelcheinsenkung und geschlossenem Kelch. Kurzer Stiel in weiter Stielgrube. Schale etwas hart, sehr glatt, fein und glänzend. Wachsfarben, Deckfarbe trüb rötlich. Fruchtfleisch weiß mit rötlichen Spuren, etwas weich, saftig, mit süßsäuerlichem Aroma.
Reife	Je nach Lage ab Anfang Oktober, windfest bis zur Baumreife. Im kühlen Naturlager haltbar bis Dezember.
Verwertung	Tafel- und guter Wirtschaftsapfel. Auch für Most geeignet.
Ertrag	Jährlich wechselnde Erträge zwischen hoch und gering (Alternanz).
Baum	Große, flachkugelige Krone. Flache, dicht verzweigte Leitäste, nach außen meist überhängend. Mittelstarker Wuchs, auch noch im Vollertragsalter. Ein Sommerschnitt zielt auf lichtere Krone mit besserer Fruchtausfärbung. Frostsicher im Holz.
Standort	Keine Ansprüche an Boden und Klima. Gedeiht auch noch gut in kalten Höhenlagen.
Anfälligkeit	Nur in warmen, geschlossenen Tallagen für Schorf. Sonst sind keine weiteren Krankheiten bekannt.
Anbauwert	Besonders für Gärten in Hochlagen oder im Streuobstanbau gut geeignet.

Fießers Erstling

Spätsorte

Entstehung	Deutschland. Erzogen von Georg Hermann Fießer, großherzoglicher Hofgärtner in Baden-Baden aus Samen der Sorte 'Bismarckapfel'. Den Namen 'Fießers Erstling' erhielt die Sorte deshalb, weil der Sämling als erster Blüten auf dem Saatbeet hervorbrachte. Seit 1898 im Handel.
Blüte	Spät, nicht empfindlich. Schlechter Pollenspender (triploid).
Frucht	Groß, etwa 130 g schwer, mit flachen Kanten über der Frucht. Tiefe, leicht gerippte Kelcheinsenkung mit halb offenem Kelch. Kurzer Stiel in tiefer, strahlig berosteter Stielgrube. Schale glatt, leicht wachsig. Bei Reife grüngelb, sonnenseits unregelmäßig braunrot gestreift. Druckfest. Fruchtfleisch weiß, grobzellig, saftig mit hervortretender Säure und geringem Aroma.
Reife	Ab Anfang – Mitte September. Zwar normalerweise windfest, doch drücken sich traubig hängende Früchte oft vorzeitig ab. Etwa 4 Monate kühl haltbar.
Verwertung	Vorwiegend gute Mostsorte, auch geschätzter Backapfel.
Ertrag	Spät einsetzend. Jährlich wechselnde Erträge zwischen sehr hoch und sehr gering (ausgeprägte Alternanz), insgesamt unterdurchschnittlich.
Baum	Hochrunde, mächtige, gut verzweigte Krone mit derben, gesunden Blättern. Von Jugend an bis in das Vollertragsalter starkes Wachstum. Im Holz vollkommen frostfest.
Standort	Ohne Ansprüche an Boden und Klima, bis in raue Höhenlagen.
Anfälligkeit	Auch in warmen Tallagen kaum Krankheiten, besonders gesund in höheren, windigen Regionen.
Anbauwert	Gute anspruchslose Sorte für Obstwiesen, besonders in Hochlagen.

Finkenwerder Prinzenapfel

Spätsorte

Doppelnamen	'Finkenwärder Herbstprinz', 'Finkenwerder Prinz', 'Herbstprinz'
Entstehung	Deutschland. Um 1880 von Carsten Benitt auf dem Obsthof Rüther als Zufallssämling auf der ehemaligen Elbinsel Finkenwerder bei Hamburg entdeckt. Daher auch mehr in Norddeutschland verbreitet und beliebt.
Blüte	Spät, nicht empfindlich. Guter Pollenspender. Bei starkem Fruchtansatz ist eine Ausdünnung sehr vorteilhaft, damit die Früchte einzeln hängen.
Frucht	Meist groß, ansehnlich. Veränderliche Form, sowohl hoch gebaut als auch kegel- oder walzenförmig. Tiefe, etwas gerippte Kelcheinsenkung. Kurzer Stiel in tiefer und enger, strahlig berosteter Stielgrube. Schale dünn, glatt, trocken. Bei Reife gelbgrün, sonnenseits rotgestreift oder verwaschen geflammt. Fruchtfleisch mäßig fest, süßsäuerlich, ohne großes Aroma. Kernhausfächer weit offen.
Reife	Ab Ende September. Oft drücken sich die Früchte schon vor der Baumreife gegenseitig ab. Mehrmaliges Durchpflücken ist deshalb ratsam. Etwa drei bis vier Monate im feuchten und kühlen Naturlager haltbar. Danach bald welkend. Auf Fleischbräune und Stippe bei wechselhafter Sommerwitterung ist zu achten.
Verwertung	Vorwiegend für Frischverzehr, aber auch Wirtschafts- und Mostsorte. Gut zum Dörren.
Ertrag	Früh einsetzend. Auf schwachwachsenden Unterlagen hoch und nahezu regelmäßig, sonst jährlich etwas unterschiedlich.
Baum	Mittelgroße, breit ausladende Krone mit überhängenden, verkahlenden Zweigen. Schiefe Stämme sind charakteristisch. Mittelstarkes Wachstum. Der Überwachungsschnitt zielt besonders auf Trieberneuerung, wenn der Holztrieb nachlässt. Kann sehr alt werden. Auf M 9 entstehen oft übergroße Früchte mit nur begrenzter Lagerzeit. Im Holz frosthart.
Standort	Keine trockenen Böden. Bester Standort ist auf humosen, ausreichend feuchten Böden im Küstenklima. Bei Abweichungen wird die Sorte anfälliger für Schadfaktoren.
Anfälligkeit	Gering für Feuerbrand, Schorf und Mehltau. Apfelwickler. Stark für Krebs auf schweren Böden und ungünstigem Klima.
Anbauwert	Außerhalb zusagender Standorte ist der Anbau nicht zu empfehlen. Wegen der verkahlenden Äste nicht für Formobst geeignet, auch nicht an Straßen und Wegen, jedoch für Streuobst.

Florianer Rosenapfel

Spätsorte

Reife	Oktober bis Dezember/Januar.
Verwertung	Tafelapfel zum Frischverzehr. Sehr gut geeignet für die häusliche Verwertung.
Ertrag	Kommt früh in Ertrag und gibt reichlich Ernten. Kaum alternierend. Windfest bis zur Ernte.
Baum	In der Jugend kräftig, später gemäßigt wachsend. Mittelgroße, breite Krone.
Standort	Stellt keine großen Ansprüche an Boden und Klima.
Anfälligkeit	Robust. Etwas anfällig für Fruchtschorf, gering für Mehltau. Die Frucht fault nicht.
Anbauwert	Geeignet als Hochstamm im Streuobstbau, kleinkroniger Baum im Hausgarten. Im 19. Jh. war die Sorte im deutschsprachigen Raum etwas verbreitet, heute findet man sie nur noch in Sammlungen.
Doppelnamen	'Gestreifter Rosenapfel' (Originalname), 'Florianer Rosmarin', 'Rose de Saint Florian'
Entstehung	Ungewiss. Wahrscheinlich zu Beginn des 19. Jh. in der Abtei St. Florian im Taunuskreis (Österreich) entstanden. Benannt und beschrieben von J.G.C. Oberdieck 1852 unter dem Namen 'Gestreifter Rosenapfel'. Umbenannt 1859 in 'Florianer Rosenapfel' im „Illustrierten Handbuch der Obstkunde" I. Band. Die Sorte hat keine große Verbreitung erlangt.
Blüte	Früh bis mittelfrüh. Relativ widerstandsfähig gegen Witterungseinflüsse. Bald nach der Blüte sollte bei Bedarf ausgedünnt werden.
Frucht	Mittelgroß bis groß. Abgestumpft ei-kegelförmig, mittel-bauchig oder stielbauchig. In der Form sehr veränderlich. Schale fein, etwas geschmeidig. Am Baum schwach beduftet. Grundfarbe gelblich-grün, später gelb. Deckfarbe auf dem größten Teil der Schale punktiert grötet, zuweilen fast ringsum dunkler rot gestreift. Fruchtfleisch fein, hellgelblich weiß, mürbe, saftig, etwas säurebetont, genügend süß, alantartig gewürzt. Delikater Geschmack.

Florina

Spätsorte

Entstehung	Mehrfachkreuzung von *Malus floribunda* 821 x 'Rome Beauty' an der INRA in Angers/Frankreich. Seit 1977 im Handel.
Synonym	'Querina'
Blüte	Mittelfrüh. Mittel bis lang andauernd. Wenig frostempfindlich.
Frucht	Mittelgroß. Mittel bis hoch gebaut. Kelchgrube weit und tief. Nahezu ganzflächige purpurrote Deckfarbe mit zahlreichen hellen Lentizellen. Schale stark bereift. Fruchtfleisch mittelfest, cremefarben, leicht süß mit schwachem Aroma. Wenig Säure
Reife	Ab Ende September bis Anfang Oktober. Im Kühllager bis Januar haltbar.
Verwertung	Tafelfrucht, Saft.
Ertrag	Mittel bis sehr hoch. Regelmäßig bei mittlerer Alternanz.
Baum	Starker, breiter Wuchs mit guter Verzweigung an langen, etwas zur Verkahlung neigenden Fruchtästen.
Anfälligkeit	Robuste Sorte, die auch im Vergleich zu ehemals schorfresisten Sorten weitgehend schorffrei bleibt. Auf trocken heißen Standorten ist Befall mit Mehltau (mittelstark) möglich. Geringe Anfälligkeit für Blattläuse und Spinnmilben. Tolerant gegenüber Feuerbrand.
Anbauwert	'Florina' war früher die führende Sorte im ökologischen Erwerbsanbau. Heute wird sie vor allem von Liebhabern süßlich-ausgewogener Äpfel geschätzt. Gut geeignet für Babynahrung bzw. Personen mit Magensäureproblemen. Als robuste Sorte sehr empfehlenswert für den Hausgarten und durch den starken Wuchs für den landschaftsprägenden Streuobstanbau in gut ausreifenden Lagen.

Freedom

Spätsorte

Bemerkung	Nicht verwechseln mit der alten englischen Sorte 'Freedom', die Ende des 19. Jh. bekannt wurde.
Entstehung	Gezüchtet 1958 von R.C. Lamb in Geneva/New York. Mehrfachkreuzung mit 'Macoun', 'Antonowka', 'Golden Delicious', 'Rome Beauty' und *Malus floribunda*. Eingeführt 1983.
Frucht	Groß, ungleichmäßig runde, auch hoch gebaute Form. Tiefe und weite Kelcheinsenkung mit Höckern. Mittellanger Stiel in tiefer Stielgrube. Schale fest, glatt, nur gering wachsig. Bei Reife grüngelblich, sonnenseits verwaschen rot geflammt oder gestreift. Je nach Witterung auch mit Rostfiguren. Fruchtfleisch grünlichgelb, fest, saftig. Angenehm weinsäuerlich mit leichtem Aroma.
Reife	Je nach Lage Ende September bis Anfang Oktober, nicht windfest. Mehrfaches Durchpflücken ist anzuraten. Im kühlen Naturlager etwa fünf Monate haltbar. Auf Lagerstippe ist zu achten.
Verwertung	Gut für den Frischverzehr und als Wirtschaftssorte brauchbar.
Ertrag	Mittelhoch und regelmäßig.
Baum	Aufrechtes, dicht verzweigtes Wuchsbild mit mehr waagerechten Seitenzweigen und derben, kaum gesägten Blättern. Von Jugend an starkes Wachstum, im Vollertragsalter wenig schwächer. Ein Sommerschnitt zielt auf besser durchlichtete Kronen und gut gefärbte Früchte.
Standort	Beste Fruchtqualität ist nur auf nährstoffreichen Böden in geschützter, besser warmer Lage erzielbar.
Anfälligkeit	Mittelstark für Feuerbrand und Mehltau, weniger für Schorf.
Anbauwert	Wegen des hohen Pflegeaufwandes und der Standortansprüche konnte sich die Sorte bisher nur bei erfahrenen Anbauern durchsetzen.

Freiherr von Berlepsch

Spätsorte

Doppelnamen	'Goldrenette Freiherr von Berlepsch', 'Berlepschs Goldrenette', 'Reinette Berlepsch' und andere
Entstehung	Um 1880, aus 'Ananasrenette' x 'Ribston Pepping'. Züchter D. Uhlhorn, Grevenbroich.
Mutanten	'Roter Berlepsch' (bevorzugt), 'Berlepsch Typ Bonn' (etwas großfrüchtiger).
Blüte	Spät, lange anhaltend, witterungsempfindlich. Guter Pollenspender. Bei starkem Fruchtansatz ist eine Ausdünnung nach dem Junifall unbedingt anzuraten.
Frucht	Mittelgroß, seltener groß, um 110 g schwer. Unterschiedliche Form, meist flachkugelig mit fünf typischen Rippen von der Kelcheinsenkung ausgehend. Kurzer Stiel in enger, tiefer und strahlig berosteter Stielgrube. Schale trocken, bisweilen etwas rau, bei Vollreife und am Lager etwas fettig. Grundfarbe rötlichgelb, Deckfarbe je nach Typ sonnenseits rötlich gestreift oder verwaschen dunkelrot. Fruchtfleisch gelblichweiß, feinzellig, hocharomatisch (18,8 % Zucker), mit edler Säure. Hoher Saftgehalt.
Reife	Ende September, auf trockenen Böden vorzeitiger Fruchtfall. Möglichst späte, schonende Ernte und mehrmaliges Durchpflücken ist ratsam. Etwa sechs Monate im kühlen Naturlager haltbar, ohne Aromaverlust bei welkenden Früchten. Lagerung in perforierten Folienbeuteln ist möglich. Im Kühlraum bei 1 °C etwa 7 Monate haltbar.
Verwertung	Spitzensorte für alle Verwertungsarten. Sehr hoher Anteil an Vitamin C.
Ertrag	Früh einsetzend, dann jährlich wechselnd von hohen Erträgen und Ertragsausfall (Alternanz), insgesamt mittelhoch. Sorgfältige Ausdünnung nach dem Junifall, Sommerschnitt und sofortige Blattdüngung nach der Ernte können die Alternanz mindern.
Baum	Breitkugelige, dichte Krone mit schräg aufrechten, gut verzweigten Leitästen. Starker Wuchs, später mittelstark. Jährlicher Schnitt zielt auf lichtere Krone, wobei ein Teil der Langtriebe als Tragholz erhalten bleibt. Mäßig empfindlich für Holzfrost. Blüte vorwiegend an einjährigen Langtrieben.
Standort	Hohe Ansprüche an geschützte Lage mit nährstoffreichen, genügend feuchten Böden. Spätfrostlagen sind zu meiden. Bei ungeeignetem Standort und bei sehr starkem Behang hoher Anteil an zu kleinen Früchten.
Anfälligkeit	Besonders gefährdet durch Feuerbrand. Anfällig für Krebs, Kragenfäule, Triebsucht, Blatt- und Blutläuse, mittel Schorf und Mehltau. Empfindlich für Kupfer und Schwefelmittel.
Anbauwert	Nach Geschmack, Inhaltsstoffen und Verwertbarkeit noch immer eine herausragende Spitzensorte, bedarf allerdings sorgfältiger Beobachtung und fachlich einwandfreier Pflege. Im Garten nur für schwachwachsende Unterlagen geeignet.

Freiherr von Hallberg — Spätsorte

Anbauwert	Tafelapfel mit sehr guten Geschmacksqualitäten. Geeignet für Hausgarten und Streuobst.
Entstehung	'Pinova' x 'Topaz'. Züchter: Dr. Michael Neumüller, Bayerisches Obstzentrum/Halbergmoos. Sortenschutzanmeldung als 'Bay 4146'.
Blüte	Mittelfrüh. Lang anhaltend.
Frucht	Mittelgroß bis groß. Flach gebaut, mittel- bis stielbauchig. Orangerot gestreifte Deckfarbe mit ausgeprägten Lentizellen. Breite bis sehr breite tiefe Kelchgrube. Festes, abknackendes Fruchtfleisch. Guter, aromatisch süß-säuerlicher Geschmack. Das Fruchtfleisch bleibt auch nach dem Aufschneiden sehr lange weiß.
Reife	Ende September. Im Kühllager bis Ende Februar haltbar.
Verwertung	Frischverzehr.
Ertrag	Früh einsetzend. Hoch und regelmäßig.
Baum	Mittelstarker, kompakter Wuchs. Mittlere Verzweigungsdicht.
Anfälligkeit	Geringe Schorfanfälligkeit.

Fromms Renette

Spätsorte

Doppelname	'Doppelter Borsdorfer' (Originalname), 'Fromms Goldreinette', 'Seebaer Borsdorfer', 'Reinette Fromm' (Frankreich), 'Maschanzker' (Lalling/Niederbayern)
Entstehung	Die Sorte wurde in Seeba (bei Meinigen) gefunden und von der Pomologischen Gesellschaft in Meinigen zu Ehren von Kanzlei-Inspektor Fromm als 'Fromm's Goldreinette' benannt. In seinem Heimatdorf wird der Apfel wegen Ähnlichkeit mit dem 'Edelborsdorfer' auch 'Doppelter Borsdorfer' genannt. Die erste Beschreibung stammt von Johann Georg Dittrich 1837 als 'Fromm's Goldreinette'. 1869 wurde die Sorte umbenannt in 'Fromm's Reinette'. Eine weite Verbreitung fand sie ab Ende des 19. Jh. im Lallinger Winkel unter dem Namen 'Maschanzker'. Dort findet mam heute noch sehr alte Baumriesen dieser Sorte.
Blüte	Mittelfrüh, etwas spätfrostgefährdet.
Frucht	Mittelgroß, kugelförmig, beidseitig abgeplattet. Schale fein, glatt. Grundfarbe grünlich-gelb, bei Vollreife fast zitronengelb. Deckfarbe fleischrot verwaschen, etwas marmoriert. Schalenpunkte deutlich sichtbar, mit roter Umrandung. Fruchtfleisch feinzellig, gelblich-weiß. Fest, später mürbe, saftreich. Angenehm süß-säuerlich mit schwachen, quittenartig gewürztem Aroma.
Reife	November bis Februar.
Verwertung	Für den Frischverzehr, zur häuslichen Verarbeitung und zu wirtschaftlichen Zwecken.
Ertrag	Ab dem 5. Jahr einsetzend, meist alle 2 Jahre Vollertrag.
Baum	Große, breit ausladende, später etwas hängende Kronen. Der Baum ist sehr robust und kann sehr alt werden.
Anfälligkeit	Wenig anfällig für Fruchtschorf und Mehltau. Früchte etwas druckempfindlich, daher Vorsicht bei Ernte und Lagerung.
Anbauwert	Landschaftsprägender Einzelbaum als Hochstamm im Streuobstanbau. Früher eine beliebte Gebietssorte in Thüringen und Niederbayern. Heute kaum noch vorkommend.

Fuji

Spätsorte

Doppelname	'Tohoku Nr. 7'
Entstehung	1939, aus 'Ralls Janet' x 'Golden Delicious', in der Versuchsstation Fujisaki/Aomori (Japan). Seit 1962 im Handel.
Mutanten	Der im Erwerbsanbau anfangs kultivierte 'Fuji' (Standard) färbt schlecht aus. Daher kommen mehr als 50 (Farb-)Mutanten zum Einsatz, für die Sorten- und z. T. auch Markenschutz bestehen, u. a. 'Kiku 8®' und 'Kiku Fubrax®'. Weitere wichtige Mutanten: 'Aztec[S]', 'Zhen®', 'Hirofu', 'Nagafu', 'BC2', 'Jubilé', 'Rubinfuji', 'September Wonder'.
Blüte	Spät, länger anhaltend, empfindlich. Eine energische Ausdünnung nach gutem Fruchtansatz auf einzeln hängende Früchte ist dringend anzuraten.
Frucht	Mittelgroß, oft unregelmäßig hoch gebaute Form. Flache, gerippte Kelcheinsenkung mit kleinem, geschlossenem Kelch. Mittellanger Stiel. Schale dick, etwas rau, trocken. Grüngelb mit flächigroter oder (je nach Mutante) gestreifter Deckfarbe mit hellen Schalenpunkten und (je nach Witterung) mit Rostfiguren. Fruchtfleisch grobzellig, saftig, sehr süß mit wenig Säure und Aroma.
Reife	Mitte bis Ende Oktober. Fruchtfall schon vor der Baumreife, deshalb soll mehrmals durchgepflückt werden. Keine ausreichende Ausreife in kühlen Jahren. Unreif geerntete Früchte schrumpfen am Lager und sind anfällig für Schalenbräune. Im kühlen Naturlager etwa fünf Monate haltbar, im Kühllager bis März/April bei 5 °C.
Verwertung	Für Frischverzehr, wird auch zu Brennobst gebraucht. Mit ~16 % Zuckergehalt nicht für Diabetiker geeignet.
Ertrag	Wechselnd zwischen hohen und geringen Erträgen.
Baum	Dicht verzweigtes, stark aufrechtes Wuchsbild. In der Jugendentwicklung sehr starkes Wachstum. Der Schnitt zielt auf besser durchlichtete Krone, der Sommerschnitt auch auf eine gute innere und äußere Fruchtqualität. Schattenfrüchte bleiben in der Regel blass und fade. Zweijährige Triebe bringen die besten Früchte. Anfällig für Holzfrost.
Standort	Weinbauklima mit langer Vegetationszeit ist Anbauvoraussetzung. Der Boden kann leicht sein.
Anfälligkeit	Mittel für Feuerbrand und Mehltau, stärker für Schorf und viröse Triebsucht, Spinnmilben und Blutläuse. Wegen des hohen Zuckergehaltes picken Vögel gerne an den Früchten. Sonnenbrand und Glasigkeit sind häufig, ebenso das Platzen der Früchte zur Baumreife.
Anbauwert	Für Liebhaber süßer Sorten. Außerhalb bevorzugter Gebiete ist es eine Problemsorte, denn die hohen Ansprüche sind nur in wenigen Gebieten zu erfüllen. Neuerdings wird die Kiku-Werbung mit Marktstrategien für den Erwerbsanbau massiv unterstützt. Ob aber bei uns eine konstante Qualität erzielbar ist, muss bezweifelt werden.

Gacksapfel

Spätsorte

Standort	Anspruchslos an Boden und Klima bis in mittlere Höhenlagen.
Anfälligkeit	Stark für Krebs, besonders in schweren, nassen Böden. Schorffest. Sonst sind keine besonderen Schadfaktoren bekannt.
Anbauwert	Typische, problemlose Sorte für Streuobstflächen.

Entstehung	Findling im Wald von Berghausen (Kreis Wetzlar/Lahn) von Ernst Gack, um 1870.
Blüte	Spät, nicht witterungsempfindlich.
Frucht	Mittelgroß bis groß, um 130 g schwer. Spitz walzenförmig. Weite Kelcheinsenkung mit halb offenem Kelch. Kurzer Stiel in enger Stielgrube. Schale dick, fest bis hart, glatt, leicht lila wachsig. Sonnenseits verwaschen karmesinrot und dünn gestreift. Fruchtfleisch gelblichweiß, feinzellig, saftig mit hervortretender Säure. Neigung zu Glasigkeit.
Reife	Ab Ende September, nicht windfest. Im kühlen Naturlager etwa fünf Monate haltbar ohne zu welken.
Verwertung	Gute Wirtschafts- und vor allem Mostsorte.
Ertrag	Jährlicher Wechsel zwischen hohen und sehr geringen Ernten (Alternanz).
Baum	Große, aufrechte, mäßig verzweigte Krone, im Alter überhängend. Von Jugend an starker, später immer noch mittelstarker Wuchs. Frosthart im Holz.

Gala

Herbstsorte

Doppelname	'Galla Delicious'
Mutanten	Derzeit existieren zahlreiche Mutanten, u. a. 'Royal Gala®'/'Tenroy'(S), 'Brookfield', 'Galaxy', 'Mondial', 'Jugala', 'Venus'. Alle unterscheiden sich von der Standardsorte im Wesentlichen durch eine intensivere Fruchtfärbung. Für alle – außer der Standardsorte – besteht Sortenschutz.
Entstehung	1934, aus 'Kidds Orange' x 'Golden Delicious'. Gezüchtet vom Landwirt H.J. Kidd in Greytown/Neuseeland. Seit 1960 im Handel.
Blüte	Mittelspät, nicht witterungsempfindlich. Guter Pollenspender. Wegen des starken Fruchtansatzes ist eine Ausdünnung nach der Blüte immer erforderlich.
Frucht	Mittelgroß, selten groß, um 140 g schwer. Hochrund, oft mit flachen Kanten. Weite, gerippte Kelcheinsenkung mit geschlossenem Kelch. Langer, dünner Stiel. Schale derb, glatt, leicht wachsig. Bei Reife goldgelb, verwaschen rot gestreift. Bei den Mutanten meist flächige, hell- bis dunkelrote Deckfarbe mit hellen Schalenpunkten. Fruchtfleisch gelblich, fest, saftig, vor allem süß mit sehr niedrigem Säuregehalt (4 g/l).
Reife	Ab Mitte September, vom Baum essbar. Mehrfaches Durchpflücken ist ratsam. Im kühlen Naturlager etwa vier Monate haltbar, ab dann Aromaverlust. Unter professionellen Lagerbedingungen etwa 8 Monate haltbar.
Verwertung	Für den Frischverzehr, wegen geringer Säure besonders bei Kindern beliebt. Weniger Wirtschaftssorte.
Ertrag	Bei guter Pflege früh einsetzend, hoch und ohne Alternanz.
Baum	Hochrundes, dichtes Wuchsbild mit etwas dünnen, außen überhängenden Trieben und langen, schmalen Blättern. Mittelstarker Wuchs. Zur besseren Fruchtfärbung ist ein Sommerschnitt anzuraten, denn blasse Früchte sind ohne Geschmack. Mittelstark empfindlich für Holzfrost.
Standort	Die lange Fruchtwachstumszeit bis zur Reife benötigt optimale Standortverhältnisse, deshalb nicht für trockene Böden und höhere Lagen geeignet.
Anfälligkeit	Stark für Feuerbrand, Triebsucht und Schorf. Mittel für Mehltau. In schweren Böden Krebs. Anfällig auch für Spinnmilben.
Anbauwert	Für Liebhaber süßer Sorten und besonders als Schul- und Büroapfel. Wegen der Krankheitsanfälligkeit und des hohen Pflegeaufwandes sehr sensible Sorte und daher nur für den Erwerbsanbau geeignet.

Gaesdonker Renette

Spätsorte

Doppelnamen	'Gäsdonker Goldreinette' (Deutschland), 'Reneta z Gaesdonku' (Böhmen)
Entstehung	Vermutlich Ende des 18. Jh. im Kloster Gaesdonk bei Goch am Rhein. A.F.A. Diel erhielt Früchte von Pfarrer J.P. van de Loo aus Asperdem und beschrieb die Sorte erstmals 1821. Als hervorragender Tafelapfel hat sie sich in Deutschland schnell verbreitet.
Blüte	Spät, sehr reichlich.
Frucht	Klein bis mittelgroß, 80–90 g schwer. Kugelig abgeplattet, gleichmäßig rund geformt, ohne Unebenheiten. Schale fein rau, trocken. Grundfarbe hellgrün, im Lager gelb werdend. Sonnenseite schwach trüb hellrot verwaschen, ohne Streifen. Deutliche Schalenpunkte, die später grünlich umrandet sind. Stiel meist dick und kurz, der Frucht gleichstehend. Kelch meist offen. Fruchtfleisch gelblich-weiß, fest, feinkörnig, genügend saftig mit delikaten, fein gewürzten weinigem Zuckergeschmack.
Reife	Dezember bis April/Mai.
Verwertung	Delikater Winter-Tafelapfel zum Frischverzehr. Besonders geschätzt zu Obstwein, den er von ausgezeichneter Qualität liefert. Frucht welkt selten, meist nur bei unsachgemäßer Aufbewahrung.
Ertrag	Früh einsetzend, hoch bis sehr hoch. Etwas alternierend.
Baum	Wächst in der Jugend sehr lebhaft, wird später aber nur mittelgroß. Kugelige, dichte Krone. Als Halb- und Hochstamm im Streuobstbereich. Regelmäßiger Schnitt fördert die Fruchtqualität und beugt Pilzkrankheiten vor.
Standort	Gedeiht bis in höhere Lagen, auf fruchtbaren, etwas feuchten aber nicht zu nassen Böden.
Anfälligkeit	Mäßig anfällig für Fruchtschorf, gering für Mehltau. Baum etwas kälteempfindlich.
Anbauwert	Typische Streuobst- und Mostsorte. Hatte bis Ende des 19. Jh. größere Bedeutung im Anbau wegen der Fruchtgröße. Kommt heute nur noch vereinzelt vor.

Galloway Pepping

Spätsorte

Doppelname	'Croft-en-Reich', 'Gallibro Pippin', 'Galloway Pippin'
Entstehung	Galloway/Schottland. Bekannt durch eine Ausstellung der Royal Horticultural Society of London 1871. Die Sorte soll damals schon sehr alt gewesen sein. Im süddeutschen Raum wurde sie im 20. Jh. unter dem falschen Namen 'Fromms Goldrenette' verbreitet und angebaut.
Frucht	Mittelgroß bis groß. Flachrund, meist gleichmäßig gebaut. Schale glatt, grünlich gelb, später gelb, sonnenseits goldgelb mit leichtem rötlichem Anflug. Schwache Rostfiguren können vorkommen. Zahlreiche Schalenpunkte, fühlbar hervorstehend. Deutlicher Geruch. Stiel kurz bis mittellang. Stielgrube flach bis mitteltief, nicht oder wenig berostet. Fruchtfleisch gelblich-weiß, fein, ziemlich saftig. Vorherrschend säuerlich, aber ausreichend süß.
Reife	Dezember bis März.
Verwertung	Gute Tafel- und Wirtschaftssorte, auch für Kelterzwecke verwendbar.
Ertrag	Früh einsetzend. Die Früchte hängen in der Regel einzeln am Baum. Auf trockenen Standorten kann vorzeitiger Fruchtfall vorkommen.
Baum	Sehr widerstandsfähig. Von Jugend an mit starkem Wachstum. Große Bäume mit breit ausladenden lockeren Kronen.
Standort	Wärmere, nährstoffreiche, genügend feuchte Standorte werden bevorzugt. Noch für mittlere Höhenlagen geeignet.
Anfälligkeit	Sehr robust. Kaum Befall von Schorf oder Mehltau. An größeren Früchten kann im Lager Stippe auftreten.
Anbauwert	Vielseitig verwertbare Sorte. Auch heute noch beliebt im Streuobstanbau.

Gartenmeister Simon

Spätsorte

Entstehung	1939 als Findling in Hessen.
Blüte	Mittelfrüh, nicht witterungsempfindlich. Schlechter Pollenspender (triploid).
Frucht	Meist groß, um 220 g schwer. Ungleichmäßige Form, etwas kantig. Weite und sehr tiefe Kelcheinsenkung. Kurzer, dicker Stiel in tiefer Stielgrube. Schale fest, glatt, bei Reife grüngelb, sonnenseits leicht gerötet. Fruchtfleisch fest, saftig. Geringer Zuckergehalt. Herber, leicht bitterer Geschmack.
Reife	Anfang September. Etwa vier Monate im kühlen Naturlager haltbar.
Verwertung	Mehr Wirtschafts- als Tafelsorte, auch für Most brauchbar.
Ertrag	Meist mittelhohe, aber regelmäßige Erträge.
Baum	Breite und aufrechte, dichte Krone mit schrägen Leitästen und derben, wenig gesägten Blättern. Starker Wuchs, auch im Vollertragsalter.
Standort	Auf guten Böden bis in höhere, windige Lagen.
Anfälligkeit	Nur gering Schorf, sonst sind keine Schadfaktoren bekannt.
Anbauwert	Typische Streuobst- und Mostsorte.

Gascoynes Scharlachroter — Spätsorte

Synonyme	'Gascoynes Scarlett Seedling' (Erster Name), 'Schöner von Russdorf', 'Friedrich August von Sachsen' (beide noch in Sachsen gebräuchlich)
Entstehung	In der Grafschaft Kent (England). Züchter Gascoyne in Sittingbourne. 1871 von der Baumschule Bunyard in den Handel gegeben, seit etwa 1883 in Deutschland.
Blüte	Mittelspät bis spät, länger anhaltend. Etwas witterungsempfindlich. Guter Befruchter (diploid).
Frucht	Meist groß, um 180 g schwer. Flachkugelig und ungleichhälftig mit Wulsten über der Frucht. Sehr tiefe, weite Stieleinsenkung mit Höckern und großem Kelch. Kurzer Stiel in tiefer Stielgrube. Schale derb, etwas wachsig. Bei Reife gelbgrün mit flächig karminroter Deckfarbe mit bläulichrotem Hauch. Kräftiger Duft. Fruchtfleisch fast weiß, unter der Schale etwas rötlich. Feinzellig, fest. Vorwiegend süß, mäßig saftig mit sortentypisch parfümiertem Aroma.
Reife	Ab Ende August bis Anfang September. Windfest bis zur Baumreife, dann schnell fallend. Etwa 3 Monate im kühlen Naturlager haltbar, ab dann welkend. Auf Lagerfäule ist zu achten.
Verwertung	Für den Frischverzehr, auch Wirtschafts- und Mostsorte. Gut geeignet zum Backen. Auffallende Frucht für Ausstellungen.
Ertrag	Eher unterdurchschnittlich, mit Alternanzneigung.
Baum	Im Alter breitrunde, sparrige Krone mit fast waagerechten, etwas verkahlenden Ästen im unteren Kronenteil. Gut mit kurzem und mittellangem Seitenholz verzweigt. Mittelstarker Wuchs. Auslichtungsschnitte zielen auf lichtere Krone und sollen frühzeitiges Vergreisen vermeiden. Im Holz frosthart.
Standort	Geschützt bis in mittlere Höhenlagen, nährstoffreiche Böden vorausgesetzt.
Anfälligkeit	Der Feuerbrandstatus ist unbekannt. Stark für Fruchtfäulen schon am Baum, auch Schorf und Virosen. Wenig Mehltau.
Anbauwert	Die frühere Verbreitung ist stark zurückgegangen. Heute nur noch Liebhabersorte. Für Formobstbäume ist das Wachstum zu sparrig.

Geflammter Kardinal

Spätsorte

Bemerkung	Die Früchte dieser Sorte sind hinsichtlich Größe, Form und Farbe sehr variabel.
Doppelnamen	'Strudelapfel' (Österreich), 'Bischofsmütze', 'Burgherrnapfel', 'Cardinal blanc flambant', 'Falscher Gravensteiner', 'Großer Schlosserapfel', 'Hohlhäuschen', 'Meißener Gerstenapfel', 'Pleißner Sommerrambur', 'Ulmer Apfel' und viele andere
Entstehung	Ungewiss, vermutlich in Deutschland. Sehr alte Sorte. Erste Beschreibungen stammen von Zink (1766), Manger (1780), Christ (1794) und Diel (1801). Die Sorte wurde in der „3. Versammlung deutscher Pomologen" 1860 zum Anbau empfohlen. Ab der zweiten Hälfte des 19. Jh. konnte man sie unter den unterschiedlichsten Namen in fast ganz Mitteleuropa finden. Heute nur noch selten im Streuobstbau.
Blüte	Früh, lange anhaltend. Nicht witterungsempfindlich. Schlechter Pollenspender (triploid).
Frucht	Mittelgroß bis groß, um 130 g schwer. Sehr ungleichmäßige Form, hoch gebaut oder flach, mit flachen Wulsten über der Frucht. Hat Ähnlichkeit mit 'Gravensteiner'. Schüsselartige, gerippte Kelcheinsenkung. Kurzer, dicker Stiel in weiter Stielgrube.
	Schale glatt, fettig. Bei Reife hellgelb, sonnenseits rötlich punktiert und gestreift. Ohne Duft. Druckfest. Fruchtfleisch grünlichweiß, locker, saftig, weinsäuerlich mit wenig Aroma.
Reife	Ab Ende September. Windfest bis zur Baumreife, dann schnell fallend, besonders in trockenen Lagen. Deshalb ist rechtzeitig zu ernten. Kühl etwa vier Monate haltbar, ohne zu welken.
Verwertung	Für den Frischverzehr, mehr aber gute Wirtschaftssorte, in Verbindung mit anderen Sorten auch für Most geeignet. Sehr guter Backapfel.
Ertrag	Spät einsetzend, verhältnismäßig hoch und fast regelmäßig.
Baum	Zunächst aufrechte, im Alter große, breit gewölbte, oft einseitige Krone mit gut verzweigten Ästen, gelblichen Zweigen und langem Fruchtholz. Im Vollertrag außen hängend. Im Holz frosthart. Kann sehr alt werden.
Standort	Völlig anspruchslos an Boden und Klima bis in hohe, windgeschützte Lage.
Anfälligkeit	In schweren Böden Krebs, sonst sind keine besonderen Schadfaktoren bekannt. Besonders in höheren Lagen sehr robust.
Anbauwert	Vorwiegend auf Hochstamm für den Streuobstbau.

Geheimrat Breuhahn

Herbstsorte

Entstehung	1895 als Sämling von 'Halberstädter Jungfernapfel' in der Forschungsanstalt Geisenheim/Rhein. Seit 1934 im Handel.
Blüte	Mittelfrüh, nicht lange anhaltend. Frostempfindlich. Guter Pollenspender. Nach starkem Fruchtansatz zur Qualitätsverbesserung und Alternanzminderung unbedingt energisch ausdünnen.
Frucht	Klein (besonders bei reichem Behang) bis mittelgroß, um 100 g schwer, hochkugelig. Typisch schiefer Kelch, dadurch ungleichhälftig. Flache Kelcheinsenkung mit geschlossenem Kelch. Unterschiedliche Stiellänge in breiter, tiefer Stielgrube. Schale etwas mürbe, mit der Reife zunehmend fettig. Grünlichgelb, sonnenseits verwaschen rot und kurz gestreift. Druckempfindlich. Fruchtfleisch gelblichweiß, locker bis mittelfest, saftig. Der Geschmack ist abhängig vom guten Standort und Witterungsverlauf, normalerweise feinsäuerlich mit ausreichender Süße. Schattenfrüchte sind immer fade.
Reife	In warmen Lagen ab Mitte September, sonst später. Nicht windfest, deshalb ist Fruchtfall schon vor der Baumreife möglich. Es ist druckfrei zu ernten. Im kühlen Naturlager etwa fünf Monate haltbar ohne zu welken, dann Aromaverlust.
Verwertung	Tafel- und Wirtschaftssorte, auch für Most.
Ertrag	Früh einsetzend und zunächst sehr hoch. Mit zunehmendem Baumalter wechseln mittlere und mindere Erträge, aber ohne ausgeprägte Alternanz.
Baum	Hochkugelige, wenig verzweigte Krone, mit anfangs aufrechten Leitästen, die sich bei Beginn des Vollertrages der Waagerechten nähern. Mittelstarker Wuchs. Aufmerksamer Schnitt zielt auf bessere Verzweigung, den Erhalt der Wuchskraft und beugt frühzeitiger Erschöpfung vor. Gelegentliche Verjüngung ist notwendig. Blütenbildung an ein- und mehrjährigen Trieben. Im Holz nicht frostfest. Holzrisse treten mitunter auch nach Überbehang (Erschöpfungsschäden) auf.
Standort	Wärmere, nährstoffreiche Böden bis in geschützte höhere Lagen bringen geschmacklich vollwertige Früchte, sonst Qualitätsminderung. Nicht für windige Höhenlagen.
Anfälligkeit	Stark für Feuerbrand, weniger für Schorf und Mehltau. Krebs und Stippe sind möglich.
Anbauwert	Trotz einiger Nachteile hat die Sorte noch immer ihre Liebhaber. Als Wirtschafts- und Mostobst auf Hochstämmen regional sehr beliebt.

Geheimrat Dr. Odenburg

Herbstsorte

Synonyme	'Oldenburg', 'Dr. Oldenburg'
Bemerkung	Nicht zu verwechseln mit der Sorte 'Charlamowsky', die in England und Nord-Amerika 'Oldenburg' oder 'Duchess of Oldenburg' genannt wird.
Entstehung	1897, aus einer Kreuzung von 'Minister von Hammerstein' x 'Baumanns Renette' in der Höheren Lehranstalt für Wein-, Obst- und Gartenbau in Geisenheim/Rhein. Erste Früchte wurden 1904 geerntet, die erste Sortenbeschreibung folgte 1912.
Blüte	Früh, lange anhaltend, nicht empfindlich. Guter Pollenspender. Wegen des starken Fruchtansatzes nach der Blüte ist ein energisches Ausdünnen erforderlich, um einer frühen Erschöpfung vorzubeugen und die Fruchtqualität zu fördern.
Frucht	Mittelgroß, um 120 g schwer, bei starkem Behang oder bei alten Bäumen auch kleiner. Regelmäßig hoch gebaut. Mittellanger Stiel in tiefer Stielgrube. Schale dünn, glatt, besonders auf dem Lager fettig. Goldgelb, sonnenseits rot marmoriert oder gestreift. Leichter Duft. Fruchtfleisch gelblichweiß, feinzellig, etwas locker, saftig. Süßsäuerlich mit schwachem Aroma, von ungünstigen Standorten fade.
Reife	Ab Anfang September. Wegen des Vorerntefruchtfalls ist mehrmaliges Durchpflücken anzuraten. Im kühlen Naturlager etwa drei Monate haltbar, bei hoher Luftfeuchte auch länger. Im Kühlraum bis Januar bei 4 °C.
Verwertung	Für den Frischverzehr, auch als Wirtschaftssorte brauchbar.
Ertrag	Früh einsetzend, hoch bis sehr hoch und regelmäßig.
Baum	Mittelgroße, breitkugelige Krone. Typisch dicke Triebe mit kurzen Internodien, hängenden Seitenzweigen und kurzem Fruchtholz. Von Jugend an kräftiges, im Vollertragsalter schwaches Wachstum. Ein Sommerschnitt zielt auf besser durchlichtete Kronen. Blasse Früchte aus dem Kroneninneren bleiben sonst fade. Der regelmäßige Überwachungsschnitt beugt einer vorzeitigen Vergreisung des Baumes infolge der hohen Fruchtbarkeit vor. Nicht ganz frostfest im Holz.
Standort	Beste Fruchtqualität ist in wärmeren oder windgeschützten mittleren Höhenlagen auf offenen, nährstoffreichen Böden zu erwarten.
Anfälligkeit	Stark für Feuerbrand, Schorf, Mehltau, Triebsucht, Blutlaus und Apfelwickler. Auf schweren Böden krebsanfällig. Empfindlich für Kupfer- und Schwefelmittel.
Anbauwert	Die früher starke Verbreitung ist wegen der Anfälligkeit für Krankheiten und Schädlinge zugunsten anderer Sorten mit gleicher Reifezeit heute rückläufig.

Geheimrat Wesener

Herbstsorte

Baum	Breite, überhängende Krone mit gut verzweigten Ästen und schmalen, fast ungesägten Blättern. Von Jugend an starker Wuchs, bei Vollertrag immer noch mittelstark. Im Holz nicht ganz frostfest.
Standort	Geschützte Lagen werden bevorzugt, in leichteren Böden auch mittlere Höhenlage.
Anfälligkeit	Schorf, Mehltau, Apfelwickler. In schwereren Böden auch Krebs.
Anbauwert	Wenig bekannte Sorte, mehr für Liebhaber.
Entstehung	1884, aus einem Sämling von 'Goldparmäne' in der Forschungsanstalt Geisenheim/Rhein. Trug 1894 die ersten Früchte.
Blüte	Mittelspät, lange anhaltend, nicht empfindlich. Guter Pollenspender. Der starke Fruchtansatz in Ertragsjahren sollte ausgedünnt werden.
Frucht	Groß, flach- bis plattrund, in der Form ähnlich 'Blenheim'. Weite, mitteltiefe und etwas gerippte Kelcheinsenkung. Kurzer Stiel in tiefer Stielgrube. Schale glatt, dünn, leicht fettig. Bei Reife goldgelb, sonnenseits mit verwaschen roten Streifen an 'Goldparmäne' erinnernd. Fruchtfleisch gelblichweiß, mürbe, saftig, würzig süßsäuerlich mit gutem Geschmack.
Reife	In warmer Lage ab Mitte September. Fruchtfall oft schon vor der Baumreife. Im kühlen Naturlager etwa fünf Monate haltbar.
Verwertung	Gute Tafel- und Wirtschaftssorte.
Ertrag	Infolge geringer Alternanzneigung eher unterdurchschnittlich.

Gehrers Rambur

Spätsorte

Baum	Kompakte, dichte und gut verzweigte Krone. Mittelstarker Wuchs bis ins hohe Alter.
Standort	Keine Ansprüche an Boden und Klima bis in raue Höhenlagen.
Anfälligkeit	Stark für Feuerbrand, gering für Schorf. In den letzten Jahren stark Mehltau.
Anbauwert	Typische Streuobstsorte.
Entstehung	Um 1885, im Garten von Kammersänger Sontheimer in Göppingen. Benannt nach Heinrich Gehrer, dem späteren Besitzer des Gartens. Seit den 1960er Jahren in verschiedenen Mostapfel-Versuchsanlagen in Prüfung.
Blüte	Spät, nicht witterungsempfindlich. Schlechter Pollenspender (triploid).
Frucht	Groß, um 150 g schwer. Regelmäßige, flachrunde Form mit weiter Kelcheinsenkung und kleinem, offenen Kelch. Kurzer, dicker Stiel in tiefer Stielgrube. Schale glatt, trocken. Bei Reife grünlich, leicht rot gestreift mit hellen Schalenpunkten. Fruchtfleisch grobzellig, fest, saftig mit hervortretender Säure und geringem Zuckergehalt.
Reife	Mitte bis Ende September, windfest bis zur Baumreife.
Verwertung	Vorwiegend Mostsorte. Saftausbeute um 77 %, Mischung mit süßeren Sorten.
Ertrag	Früh einsetzend, regelmäßig und sehr hoch. Wenig Alternanzneigung.

Gelber Bellefleur

Spätsorte

Doppelnamen	'Yellow Bellflower' (erster Name, 1806), 'Bellefleur jaune', 'Belle Flavoise', 'Metzgerapfel' u.v.a.
Entstehung	USA. Enstanden auf einer Farm in Crosswicks/New Jersey. War um 1800 schon ein sehr alter Baum. Erste Erwähnung 1806 von Bernhard Mc Mahon, erste Beschreibung 1817 von William Coxe. 1834 erhielt Gartendirektor Johann Metzger in Heidelberg die Sorte von der Baumschule Baumann in Bollwiler/Elsass.
Blüte	Groß, sehr zierend. Mittelfrüh, mit kurzer Blühdauer, nicht empfindlich. Guter Pollenspender.
Frucht	Mittelgroß bis groß, um 180 g schwer. Sehr unterschiedliche Form. Meist hoch gebaut mit kalvillartig ausgeprägten Rippen, ungleichhälftig. Weite Kelcheinsenkung, mit fünf Höckern umgeben und kurzem, wolligen Kelch. Tiefe, enge Stielgrube mit kräftigem, kurzen Stiel. Schale fein, glatt. Bei Reife schön gelb, sonnenseits leicht gerötet mit dunklen Schalenpunkten. Ohne Duft. Nicht druckfest. Fruchtfleisch gelblich, feinzellig mit sichtbaren Gefäßbündeln. Fest, weniger saftig. Geschmack süß, schwach säuerlich mit feinem Aroma.
Reife	Ab Ende September. Windfest bis zur Baumreife. Bei zu früher Ernte können Lagerverluste auftreten. Etwa vier Monate im kühlen Naturlager haltbar ohne zu welken, ab dann Aromaverlust. Im Kühllager etwa sechs Monate lagerfähig, bei 3 °C. Auf Stippe am Lager ist zu achten.
Verwertung	Noch immer hervorragend als Tafelapfel, auch vielseitig verwertbare Wirtschafts- und Mostsorte.
Ertrag	Abhängig von Klima und Boden. Auf zusagendem Standort regelmäßig und hoch, mit nur geringer Alternanzneigung.
Baum	In der Jugend dünne Stämme mit aufrechten Ästen und langen, schmalen Blättern. Später schirmartige, buschig dichte Krone mit überhängenden Ästen und typisch dünnen, verkahlenden Trieben im unteren Kronenbereich. Verträgt im Vollertrag keine strengen Schnitte mehr, die Kronenerziehung muss deshalb im Jugendstadium geschehen, später ist ständige Auslichtung erforderlich. Mittelstarker Wuchs. Im Holz frostfest.
Standort	Geschützte Lagen, in nährstoffreichen, feuchten Böden, auch für windgeschützte mittlere Höhenlagen. Auf leichten Böden nimmt Mehltaubefall zu.
Anfälligkeit	Mittel für Feuerbrand. Anfällig für Schorf in nassen Jahren. Mehltau, Krebs auf schweren Böden. Blutläuse. Empfindlich für Schwefelmittel.
Anbauwert	Auf geeigneten Standorten für den Streuobstanbau sehr gut geeignet. Nicht für Formobstbäume.

Gelber Edelapfel

Herbstsorte

Doppelnamen	'Golden Noble' (erster Name), 'Glasapfel', 'Glasrenette', 'Gelber Scheibenapfel', 'Wachsapfel', 'Zitronenapfel' und einige andere
Entstehung	Um 1800. Soll ein Findling sein aus einem Garten in Downham/Grafschaft Norfolk (England). Wurde 1820 von der Londoner Gartenbaugesellschaft und 1874 vom Deutschen Pomologenverein zum Anbau empfohlen.
Blüte	Früh, lange anhaltend, nicht witterungsempfindlich. Guter Pollenspender.
Frucht	Meist groß, um 180 g schwer. Gleichmäßig breitrund. Flache, strahlige Kelcheinsenkung mit kleinem Kelch. Sehr kurzer Stiel in strahlig berosteter Stielgrube. Schale dünn, bei Reife abziehbar. Grüngelb, am Lager satt zitronengelb, sonnenseits rötlich überhaucht mit feinen Schalenpunkten. Leichter Duft. Fruchtfleisch gelblichweiß, mittelfest, kräftig weinsäuerlicher Geschmack mit zartem Aroma. Hoher Gehalt an Vitamin C.
Reife	Je nach Standort ab Ende September, nicht windfest. Im kühlen Naturlager etwa drei Monate haltbar, aus höheren Lagen länger. Im Kühllager bis März bei 2 °C lagerfähig.
Verwertung	Gute Fruchteigenschaft als begehrter Back- und Diabetikerapfel. Fruchtfleisch weiß bleibend bei der Verwertung.
Ertrag	Abhängig vom Standort. In der Regel mittel hoch, neigt zu Alternanz.
Baum	Große, breitkugelige, aufrechte Krone mit fast waagerechten Ästen im Alter. Von Jugend an kräftiger Wuchs mit starken Seitenzweigen und großen, kräftigen Blättern bis ins Alter. Im Holz frosthart. Kann sehr alt werden.
Standort	Auf tiefgründigen Böden bis in Höhenlagen, trockene Böden werden weniger vertragen. Dort fallen die Früchte vorzeitig.
Anfälligkeit	Stark für Feuerbrand. Nur in geschlossenen Tallagen Blattschorf und Blutläuse. In nassen, schweren Böden Krebs.
Anbauwert	Wegen der langen, kahlen Triebe nicht geeignet für Formobst. Viel verlangt als Bäckerapfel. Gebietsweise auch für industrielle Verwertung angebaut. Sonst hauptsächlich Streuobstsorte.

Gelber Richard

Spätsorte

Doppelnamen	'Körchower Grand Richard' (erster Name), 'Hagenower Grand Richard'
Entstehung	Vor 1806 vom Pomologen und Pastor Kliefoth in Körchow/Mecklenburg wieder entdeckt. Die Sorte war aber schon lange vorher vorhanden, vor allem in Mecklenburg verbreitet. Wurde 1874 vom Deutschen Pomologenverein empfohlen.
Blüte	Mittelfrüh, lange anhaltend, etwas witterungsempfindlich.
Frucht	Meist mittelgroß bis groß, um 150 g schwer. Regelmäßige, mitunter etwas hoch gebaute, etwas kantige Form. Flache, faltige Kelcheinsenkung. Meist starker, kurzer Stiel in weiter Stielgrube. Schale dünn, glatt, leicht wachsig. Hellgelb, sonnenseits schwach rötlich mit typisch hellen Schalenpunkten. Leicht duftend. Fruchtfleisch reinweiß, mittelfest, sehr saftig. Weinsäuerlich mit würzigem Himbeer-Aroma. In Süddeutschland weniger geschmackvoll.
Reife	Anfang bis Mitte Oktober mit locker am Baum sitzenden Früchten. Im kühlen Naturlager etwa 4 Monate haltbar. Nicht windfest. Mehrmaliges Durchpflücken ist erforderlich.
Verwertung	Überwiegend für Frischverzehr, auch für Wirtschaft. Keine Mostsorte.
Ertrag	Etwas unterdurchschnittliche, bis mittelhohe, spät einsetzende Erträge.
Baum	Pyramidale, hochgeschlossene, im Alter flache Krone mit ausreichend verzweigten Trieben, kurzem Fruchtholz und kleinen, spitzen Blättern. Mittelstarker Wuchs.
Standort	Sehr anspruchsvoll an Boden und Klima, gedeiht auch auf leichteren Böden, vor allem sind trockene Standorte zu meiden. Braucht hohe Luftfeuchtigkeit.
Anfälligkeit	In geschlossenen Lagen Feuerbrand. Sehr stark Schorf und Mehltau. In schweren Böden Krebs.
Anbauwert	Für günstige Lagen in Norddeutschland, im Küstenklima oder an Flussläufen. Sonst verzichtbar.

George Cave

Frühsorte

Baum	Mittelgroße, gut verzweigte Krone mit etwas dünnen Trieben. Anfangs mittelstarkes, bei Vollertrag schwaches Wachstum. Der Schnitt zielt auf ständige Trieberneuerung.
Standort	Weinbaulagen werden bevorzugt, Abweichungen wirken sich auf die äußere und innere Fruchtqualität aus.
Anfälligkeit	Mäßig für Feuerbrand. Stark anfällig für Schorf und Mehltau.
Anbauwert	Nur auf wärmebegünstigten Standorten zu empfehlen. Dort ist es eine gute Frühsorte.
Voller Name	'Aldingers George Cave'
Entstehung	1923, vermutlich ein Sämling von 'Cox Orange'. 1962 aus England eingeführt und durch die Baumschule Aldinger verbreitet.
Blüte	Mittelfrüh, etwas empfindlich. Schlechter Pollenspender (triploid).
Frucht	Mittelgroß, regelmäßige Form, meist flachrund. Flache, faltige Kelcheinsenkung. Mittellanger Stiel in enger Stielgrube. Schale glatt, bei Reife gelbgrün, sonnenseits flächig oder verwaschen rot und gestreift. Fruchtfleisch gelblichweiß, mittelfest, saftig. Angenehmer, leicht säuerlicher Geschmack.
Reife	Mitte August, neigt zu vorzeitigem Fruchtfall. Mehrmaliges Durchpflücken ist deshalb ratsam. Stippeneigung bei zu früher Ernte und Fruchtrisse bei Trockenheit. Etwa zwei bis drei Wochen haltbar.
Verwertung	Überwiegend für den Frischverzehr.
Ertrag	Früh einsetzend, unterdurchschnittlich, aber regelmäßig.

Gerlinde

Herbstsorte

Entstehung	1980, aus 'Elstar' x 'TSR 15T3'. BAZ Ahrensburg. EU-Sortenschutz seit 1999.
Blüte	Mittel bis spät, gering empfindlich. Guter Pollenspender. Bei starkem Fruchtansatz verbessert sich die Fruchtgröße durch energisches Ausdünnen.
Frucht	Mittelgroß, neigt zu Kleinfrüchtigkeit. Gleichmäßig rund, hoch gebaut. Weite, leicht faltige Kelcheinsenkung mit geschlossenem Kelch. Mittellanger Stiel in enger Stielgrube. Schale glatt, leicht fettig. Grundfarbe goldgelb, sonnenseits intensiv rot geflammt. Fruchtfleisch mittelfest, saftig. Süßsäuerlich, an 'Elstar' erinnernd. Wenig Vitamin C.
Reife	Folgernd ab Ende August bis Mitte September. Mehrmaliges Durchpflücken ist immer ratsam. Im kühlen Naturlager bis zu drei Monate haltbar, im Kühllager bis Dezember. Gegen Lagerende weich werdend. Die Früchte sind empfindlich bei tiefen Lagertemperaturen.
Verwertung	Vorwiegend Tafelsorte, eingeschränkt als Wirtschaftsapfel.
Ertrag	Früh einsetzend. Mittelhoch, nur bei guter Pflege hoch. Mittlere Alternanzneigung.
Baum	Aufrechtes Wuchsbild mit dünnen, hängenden Trieben. Mittelstarkes Wachstum. Nicht frostfest im Holz.
Anfälligkeit	Mittelstark für Feuerbrand. Die Schorfresistenz ist seit 2001 durchbrochen. Schorf kann jetzt durchaus stark auftreten, ebenso Mehltau. Krebsfest, aber anfällig für Rindenkrankheiten. In besonders warmen Jahren Glasigkeit schon am Baum.
Anbauwert	Sehr pflegeaufwändig. Nur für erfahrene Anbauer. Durch den hängenden Wuchs weniger für Streuobstanbau geeignet.

Gestreifter Backapfel

Spätsorte

Doppelnamen	'Adamsapfel', 'Bachapfel', 'Breitling', 'Finsterling', 'Großer Rambur', 'Phrygomelon striatum', 'Wasserluiken', 'Weinbreitling'
Entstehung	Unbekannt. Es ist eine alte deutsche Sorte, die schon im 16. Jh. verbreitet war. Beschrieben und erwähnt wurde sie u. a. von Bauhin (1598), Mentzel (1682), Gmelin (1775), Diel (1799) und Christ (1802).
Blüte	Lang anhaltend, robust gegen Witterungseinflüsse.
Frucht	Mittelgroß bis groß, je nach Behang. Flachrund, häufig stark abgeplattet und von unregelmäßiger Gestalt. Wirkt oft etwas eckig. Schale fein, glänzend, am Baum grün, später grünlich-gelb. Freihängende Früchte sind auf der Sonnenseite mit breiten, unregelmäßigen, karmesinroten Streifen besetzt. Dazwischen rot verwaschen. Stiel meist kurz und stark, Stieleinsenkung glatt, meist ohne Berostung. Fruchtfleisch gelblich-weiß, grobkörnig – jedoch markig, saftvoll und weinsäuerlich. Die Frucht welkt nicht und hat einen leichten, angenehmen Geruch.
Reife	Ab Oktober, bis Januar und länger.
Verwertung	Wirtschaftsfrucht zum Saften und Apfelwein, in der häuslichen Verarbeitung zum Kochen, Backen und Dörren.
Ertrag	Bringt jährlich reiche Ernten, etwas alternierend.
Baum	Wächst in der Jugend rasch, später bekommt er eine mittelgroße, dicht belaubte, mehr flache Krone.
Standort	Für Streuobstanbau, auch auf Anhöhen und in ziemlich rauen Gegenden.
Anfälligkeit	Gering anfällig für Fruchtschorf, nicht für Mehltau. Sehr robuste Sorte.
Anbauwert	Die Sorte war früher in ganz Süddeutschland weit verbreitet und ist heute vom Aussterben bedroht. Es gibt nur noch einige wenige Einzelbäume.

Gestreifter Cousinot

Herbstsorte

Baum	Breite, hochgewölbte Krone mit gut verzweigten Ästen, im unteren Kronenbereich hängend. Dünne, überhängende Seitenzweige.
Standort	Breit anbaufähig bis in mittlere Höhenlagen.
Anbauwert	Eine gute Wirtschaftssorte, doch die geringe Haltbarkeit grenzt den Anbauwert ein.
Doppelnamen	'Gestreifter Sommercousinotte', 'La Cousinette'
Entstehung	Die Sorte stammt vermutlich aus den Niederlanden. Erste Beschreibung 1788 von C.C.L. Hirschfeld. Diel erhielt die Sorte namenlos aus Bendorf am Rhein und beschrieb sie 1804. Die Sorte ist heute nur noch sporadisch verbreitet.
Frucht	Mittelgroß, unterschiedliche, aber gleichmäßige Form. Meist abgestumpft rundlich. Weite und tiefe Kelcheinsenkung mit deutlichen Rippen und offenem Kelch. Stiel unterschiedlich kurz in weiter, strahliger Stielgrube. Schale glatt, geschmeidig. Bei Reife gelb, besonders sonnenseits mit kräftigen dunklen und deutlich abgesetzten Streifen. Ausgeprägter Duft. Fruchtfleisch fast weiß, feinzellig, etwas locker. Saftig mit deutlicher Würze, wenig Süße.
Reife	Ab Mitte September, nicht windfest. Im kühlen Naturlager höchstens sechs Wochen haltbar.
Verwertung	Für den Frischverzehr und sehr gute Wirtschaftssorte, auch zum Backen geeignet.

Gewürzluiken

Spätsorte

Doppelname	'Wirtsluiken'
Entstehung	Unbekannt. Die Sorte wurde um 1885 im nördlichen Württemberg von Landwirten stark verbreitet.
Blüte	Spät und lang anhaltend, widerstandsfähig gegen Witterungseinflüsse.
Frucht	Mittelgroß bis groß. Meist breit gebaut, teils auch rundlich. Querschnitt ziemlich rund, etwas stielbauchig. Schale glatt, fest, nicht fettig. Grundfarbe gelblich-grün, später strohgelb. Deckfarbe leuchtend dunkelrot verwaschen, mit scharf abgesetzten, ungleichmäßig verteilten, kurzen Streifen. Stiel dünn, meist kurz. Stielgrube mitteltief. Fruchtfleisch weiß, fest, etwas grobzellig, genügend saftig. Angenehm säuerlich, aber genügend süß, leicht würziger Geschmack.
Reife	November bis Februar/März.
Verwertung	Überwiegend als Wirtschaftsfrucht zum Keltern. Aber auch zur häuslichen Verarbeitung und zum Frischverzehr.
Ertrag	Mittelfrüh einsetzend, dann regelmäßig und hoch.
Baum	Starker Wuchs mit aufstrebenden Ästen und gut verzweigter, meist dichter Krone. In den ersten Jahren ist ein sorgfältiger Erziehungs- und Aufbauschnitt erforderlich.
Standort	Für hohe Erträge ist ein tiefgründiger Boden von Vorteil, ansonsten anspruchslos.
Anfälligkeit	Mäßiger Schädlingsbefall. In feuchten Lagen etwas Schorf und Spitzendürre. Frucht ist wenig druckempfindlich, hängt sturmfest
Anbauwert	Streuobstsorte des Jahres 2004. Gebietssorte v. a. in Süddeutschland. Heute wieder in zahlreichen, neu angelegten Streuobstanlagen zu finden.

Glockenapfel

Spätsorte

Doppelnamen	'Weißer Winterglockenapfel', 'Altländer Glockenapfel', 'Schweizer Glockenapfel'
Entstehung	Unbekannt. Unterschiedliche Hinweise deuten sowohl in die Schweiz, nach Holstein und nach Tschechien.
Blüte	Mittelfrüh, guter Pollenspender. Mitunter kommt auch Selbstbefruchtung vor. Zur Erzielung besserer Fruchtqualität ist eine Ausdünnung nach der Blüte empfehlenswert.
Frucht	Mittelgroß bis groß, ungleichmäßig hoch gebaut. Weite, flache, unebene Kelcheinsenkung. Mittellanger Stiel in enger, wenig berosteter Stielgrube. Schale bei Reife weißlichgelb, glatt, trocken. Sonnenseits unterschiedlich gerötet mit dunklen Schalenpunkten. Fruchtfleisch fast weiß, sehr fest, wenig saftig, angenehm zitronensäuerlich. Weites Kerngehäuse.
Reife	Anfang bis Mitte Oktober. Windfest bis zur Baumreife, dann Fruchtfall. Etwa fünf Monate lagerfähig, im Kühllager bis Mai, ohne zu welken. Lagerung in Folienbeuteln ist möglich.
Verwertung	Überwiegend für Frischverzehr, aber auch zum Backen, für Saft und als Edelbrand geeignet.
Ertrag	Wechsel zwischen hohen und geringen Erträgen. Bei starkem Behang Neigung zu mehr kleinen Früchten.
Baum	Steile, hochrunde Krone mit hängenden, unten verkahlenden Langtrieben. Verzweigungen meist nur im oberen Triebdrittel, durch Schnitt regulierbar. Anfangs starker, im Vollertragsalter noch mittelstarker Wuchs. Nach starkem Behang nicht frostfest im Holz.
Standort	Gute Fruchtqualität ist nur in geschützten, warmen Lagen erzielbar. Der Boden soll fruchtbar und ausreichend feucht sein.
Anfälligkeit	Gering für Feuerbrand und Mehltau. Anfällig für Schorf und Krebs. Empfindlich für Kupfer- und Schwefelmittel.
Anbauwert	Gute Lagersorte für alle Anbauformen. Für Liebhaber eher säuerlicher Äpfel interessant. Geeignet für den Anbau im Garten und auf Sämling für Streuobst.

Gloria Mundi

Spätsorte

Doppelnamen	'Baltimore', 'Mammoth Pippin', 'Belle Joséphine', 'Schöner Josephinenapfel'
Entstehung	Stammt aus den USA. Über die genaue Herkunft gibt es verschiedene Versionen: entweder aus der Umgebung von Baltimore/Maryland oder Red Hook/Dutchess County. Die erste Beschreibung stammt von Coxe 1817 unter dem Namen 'Monstrous Pippin' oder 'New York Gloria Mundi'. 1804 kam die Sorte durch Lelieur nach Frankreich und 1822 nach England. In Deutschland wurde sie erstmals 1837 von J.G. Dittrich erwähnt.
Bemerkung	'Gloria Mundi' (lat. Ruhm der Welt) wird – trotz offensichtlicher Unterschiede – in der älteren Literatur mit der Sorte 'Hausmütterchen' nicht streng auseinander gehalten.
Blüte	Früh, sehr witterungsempfindlich, deshalb in der Regel geringer Fruchtansatz. Schlechter Pollenspender (triploid).
Frucht	Meist sehr groß, mehr breit als hoch, mit flachen Wulsten über die Frucht. Kleiner, fast geschlossener Kelch in faltiger Kelcheinsenkung. Kurzer, starker Stiel in enger, berosteter Stielgrube.
	Schale gleichmäßig gelblichgrün, sonnenseits mehr gelb, ohne Rötung. Deutlicher Duft. Fruchtfleisch fast weiß, etwas grobfaserig und mürbe, wenig saftig. Geschmack säuerlich, etwas süß, aber ohne jegliche Würze.
Reife	Je nach Standort ab Mitte Oktober. Sturmfest, denn die Früchte hängen meist einzeln. Bei später Ernte bis zu sieben Monate kühl haltbar.
Verwertung	Nicht für den Frischverzehr, gilt aber als guter Küchen- und Backapfel.
Ertrag	Meistens völlig unbefriedigend.
Baum	Starker Stamm und hoch pyramidale Krone mit stark aufstrebenden, kräftigen und weniger gut verzweigten Ästen. Daran viel kurze Fruchtspieße. 'Gloria Mundi' gehört zu den am stärksten wachsenden Apfelsorten. Deshalb nur als Halb- oder Hochstamm anzupflanzen. Im Holz frosthart.
Standort	Zwar mit hohen Bodenansprüchen, aber anbaufähig bis in raue Hochlagen.
Anfälligkeit	In höheren Lagen recht robust. Wegen der wenigen und ungewöhnlich großen Früchte tritt oft Stippe auf, sowohl am Baum als auch im Lager.
Anbauwert	Der Sortenname kann sich höchstens auf die Aufsehen erregende Fruchtgröße beziehen. Bei Ausstellungen auch Schaufrucht, sonst durchaus verzichtbar.

Gloster

Spätsorte

Doppelname	'Gloster 69'
Entstehung	Deutschland, 1951 an der Obstbauversuchsanstalt Jork (Altes Land). Kreuzung aus 'Glockenapfel' x 'Richard Delicious' (eine Mutante von 'Golden Delicious'). Seit 1969 im Handel.
Mutante	'Pigloma'. Die Sorte 'Piglos' ist eine kobaltbehandelte Knospenmutante von 'Gloster' aus dem Institut für Obstzüchtung Dresden-Pillnitz. Sie zeichnet sich durch kompakteren Wuchs aus und ist seit 1990 im Handel.
Blüte	Mittelfrüh, kurz andauernd, am endständigen Fruchtholz. Nicht empfindlich. Guter Pollenspender. Gleichmäßig große Früchte sind durch Ausdünnen nach der Blüte zu erzielen.
Frucht	Mittel bis groß, 160–200 g, hoch gebaut, ungleichmäßige Form mit flachen Wulsten über der Frucht. Tiefe Kelcheinsenkung, langer Stiel, enge Stielgrube. Schale derb, glatt, bläulich wachsig. Bei Reife grünlichgelb mit flächig roter Deckfarbe, in Kelchnähe meist aufgehellt. Helle Schalenpunkte. Fruchtfleisch grünlichweiß, grobzellig, fest, saftig mit leichtem Aroma, nur 5 g/l Säure. Schlecht gefärbte Früchte schmecken fade.
Reife	Anfang Oktober, bei zu später Ernte können die Früchte glasig werden. Windfest bis zur Baumreife. Im kühlen Naturlager etwa fünf Monate haltbar, im Kühllager bis April bei 2 °C. Trocken gelagert werden die Früchte schneller mehlig. Lagerung in perforierten Folienbeuteln möglich.
Verwertung	Überwiegend Tafelsorte, kaum brauchbar für die Verarbeitung.
Ertrag	Früh einsetzend, hoch und regelmäßig.
Baum	Straff aufrechte, enge Krone mit langen, wenig verzweigten Ästen. Starker bis sehr starker Wuchs. Ein fachgerechter Schnitt, einschließlich des Sommerschnittes zielt auf gut durchlichtete Krone mit voll ausgefärbten Früchten. Nicht ganz frostfest im Holz.
Standort	Nur nährstoffreiche Böden in geschützter Lage sind geeignet, keine trockenen Böden und keine Spätfrostlagen.
Anfälligkeit	Stark für Feuerbrand und Triebsucht. Auch Schorf und Krebs, aber weniger Mehltau. Anfällig für Glasigkeit, Stippe und (häufig) Kernhausschimmel.
Anbauwert	Im Garten nur auf schwach wachsenden Unterlagen. Aufgrund der geringeren Nachfrage und Konkurrenz neuerer, geschmackvoller Sorten sind die Anbauflächen stark rückläufig.

Golden Delicious

Spätsorte

Doppelnamen	'Gelber Köstlicher', 'Golddelikateß'
Entstehung	Um 1890, als Zufallssämling gefunden in Clay County/Westvirginia (USA). Abstammung wahrscheinlich von 'Grimes Golden', Vatersorte ist vermutlich 'Golden Renette'. Seit 1916 im Handel.
Mutanten	'Early Gold' ist eine Strahlenmutante mit Reife ab Ende August bis Anfang September. Weitere Eigenschaften gleichen der Muttersorte. 'Belgolden', 'Lysgolden' (Frankreich), 'Smoothee' (USA) und viele weitere. Sehr häufig sind bei uns die Typen 'Reinders' und 'Weinsberg' im Anbau. Kurztriebformen sind 'Starkspur Delicious' und 'Auvil Super Golden'. Ein kompakter Typ ist 'Yellowspur'.
Blüte	Lange anhaltend, etwas witterungsempfindlich. Guter Pollenspender. Der regelmäßig hohe Fruchtansatz nach der Blüte ist sorgfältig auszudünnen, um gleichmäßigere Fruchtgrößen mit guter Qualität zu erzielen. Dafür soll ein Blatt-/Fruchtverhältnis von 30:1 eingehalten werden.
Frucht	Mittelgroß, oft auch groß, um 140 g schwer. Ungleichmäßige Form mit schwachen Rippen. Weite Kelcheinsenkung, langer Stiel in berosteter Stielgrube. Schale fest, bei Reife goldgelb mit Schalenpunkten, oft auch mit Netzberostung und dunklen Schalenpunkten. Schwacher Geruch. Fruchtfleisch gelblich, fest, saftig, süß, leicht fruchtiges Aroma. Deutliche Gefäßbündel um das Kernhaus. Nicht ausgereifte und Schattenfrüchte sind fade.
Reife	Anfang bis Mitte Oktober, sturmfest. Bei anhaltender Trockenheit vorzeitiger Fruchtfall. Je später die Ernte, desto besser ist die Fruchtqualität. Im kühlen Naturlager etwa fünf Monate haltbar, im Kühllager bis Juni bei 2 °C. Eine kühle Lagerung in perforierten Folienbeuteln ist bis Februar möglich.
Verwertung	Überwiegend für den Frischverzehr, aber auch für häusliche Verwertungen. Nicht geeignet für Mostobst (nur 6 g/l Säure).
Ertrag	Hoch bis sehr hoch und regelmäßig.
Baum	Breit pyramidale Krone mit ausreichender Verzweigung. Beste Fruchtqualität entsteht am ein- und zweijährigem Holz. Auch starke Schnitteingriffe werden vertragen. Mittelstarker Wuchs. Besonders nach starkem Behang nicht ganz frostfest im Holz.
Standort	Gute Fruchtqualität ist nur auf guten, ausreichend feuchten Böden in warmer Lage zu erwarten. Jede Abweichung wirkt sich mindernd auf die äußere und innere Fruchtqualität aus.
Anfälligkeit	Für Feuerbrand. Stark für verschiedene Virosen (Triebsucht) und Schorf, weniger für Mehltau und Fruchtfäulen. Empfindlich für Kupfer-/Schwefelmittel.
Anbauwert	Ertragssichere Hauptsorte. Im Erwerbsanbau aber inzwischen rückläufig (Konkurrenz durch 'Gala') Die Käuferzurückhaltung bezieht sich hauptsächlich auf die unreif geerntete Handelsware. Im Hausgarten sind zwar alle Anbauformen möglich, wegen der vielen Anfälligkeiten sollte auf diese Sorte hier aber verzichtet werden.

Goldparmäne
Herbstsorte

Doppelnamen	'King of the Peppins', 'Golden Winter Pearmain', 'Reine de Renettes', 'Goldreinette' u. a.
Entstehung	Unbekannt. Vermutet als Ursprung werden England oder Frankreich. A.F.A. Diel erhielt sie 1800 aus England als 'King of the Pippins'. Der Name 'Reine de Renettes' taucht erstmals 1854 in Katalogen auf. Wie alt die Sorte wirklich ist, ist nirgends dokumentiert.
Mutanten	'Rotparmäne', 'Neumann', 'Belrene', 'Baunen', 'Rogo', 'King Russet', 'Princess'
Blüte	Mittelspät, lange anhaltend, witterungsempfindlich. Guter Pollenspender. Energische Ausdünnung nach gutem Fruchtansatz fördert die Fruchtgröße und mildert die Alternanz.
Frucht	Mittelgroß, um 110 g schwer, bei reichem Behang auch kleiner. Unterschiedliche Form, meist hochrund. Kelcheinsenkung grün umrandet, weit und flach. Meist kurzer Stiel in strahlig berosteter Stielgrube. Schale fest, glatt, wenig wachsig. Druckfest. Bei Reife goldgelb, sonnenseits mehr oder weniger braunrot gestreift. Leicht duftend. Fruchtfleisch mittelfest, saftig. Mäßig süß mit feiner Säure und sehr gutem, nussartigem Aroma.
Reife	Mitte bis Ende September, nicht windfest. Der Vorerntefruchtfall macht oft mehr als 20 % des Behanges aus, deshalb ist mehrmals durchzupflücken. Oft nur bis Weihnachten ohne Aromaverlust lagerfähig, von starkwachsenden Unterlagen länger. Bei Lagerung unter 4 °C im Kühllager kann Glasigkeit und Fleischbräune auftreten.
Verwertung	Für Frischverzehr und alle Arten der Verwertung.
Ertrag	Früh einsetzend. Infolge der Alternanzneigung nur mittelhoch. Auf schwachwachsenden Unterlagen ist der Ertrag höher und regelmäßig.
Baum	Aufstrebende, kugelige Krone mit steilen Leitästen und typisch kurzem Seitenholz. Ohne fachgerechten, jährlichen Schnitt entstehen hohe, schmälere und überbaute Kronenformen mit Vergreisungsneigung und minderwertigen Früchten. Von Jugend an starker, bei Vollertrag schwächerer Wuchs. Für Hochstämme ist ein Stammbildner erforderlich. Im Holz mäßig frostfest.
Standort	Gute Fruchtqualität ist in geschützter Lage bis in mittlere Höhen zu erwarten, auf mehr trockenen als nassen Böden. Es gibt aber auch etliche Beispiele für gesunde Bäume in Höhenlagen. Warme Tallagen sind wegen der Krankheitsanfälligkeit zu meiden.
Anfälligkeit	Stark für Feuerbrand und verschiedene Virosen, auch Schorf und Mehltau. Krebs, Triebsucht und Spitzendürre in nassen Böden. Anfällig auch für Apfelwickler, Blatt- und Blutläuse. An Früchten Fruchtfäulen und Stippe. Glasigkeit bei wechselhafter Jahreswitterung.
Anbauwert	Die Sorte hat wegen ihrer Anfälligkeit und wegen des hohen Pflegeaufwandes stark an Beliebtheit im Garten und im Streuobstanbau verloren. Im Erwerbsanbau Konkurrenz durch 'Wellant', 'Elstar', 'Rubinette', im Garten durch 'Topaz' und 'Rubinola'.

Goldrenette von Blenheim — Spätsorte

Doppelnamen	'Kemster's Pippin' (erster Name), 'Blenheim Orange', 'Blenheim Pippin', 'Woodstock Pippin', 'Blenheimské reneta' (Tschechien), 'Northwick Pippin'
Entstehung	Um 1740 im Garten von Mr. Kempster in Old Woodstock/Oxfordshire (England). Als 'Kempster's Pippin' stand der Originalbaum etwa 100 Jahre an der Grenzmauer zum Park von Blenheim Castle, dem Sitz des Herzogs von Marlborough. 1804 wurde die Sorte als 'Blenheim Orange' vom Baumschüler Biggs in Worcestershire in den Handel gebracht. Unter diesem Namen verbreitete sie sich sehr schnell.
Blüte	Mittelfrüh, nur in freier Lage frostempfindlich. Schlechter Pollenspender (triploid).
Frucht	Groß, mitunter auch sehr groß, um 200 g schwer. Gleichmäßig flachkugelig, je nach Standort unterschiedlich in Form und Farbe. Typisch großer, offener Kelch in leicht faltiger Kelcheinsenkung. Stiel kurz. Schale glatt, trocken mit lederiger Berostung. Grundfarbe grünlichgelb, vollreif orangegelb, sonnenseits rötlich marmoriert mit hellen Schalenpunkten. Druckfest. Fruchtfleisch gelblichweiß, saftig, feinzellig, am Lager mürbe. Mildsäuerlicher Geschmack mit edlem, etwas nussartigem Aroma.
Reife	Anfang bis Mitte September. Wegen des kurzen Stieles drücken sich die Früchte bei dichtem Behang häufig vorzeitig ab. Fruchtfall schon vor der Reife, besonders in trockenen Jahren, deshalb ist mehrmaliges Durchpflücken erforderlich. Bis zu fünf Monate im kühlen Naturlager haltbar, danach werden die Früchte welk und mehlig.
Verwertung	Tafel- und Wirtschaftsapfel, auch für guten Most.
Ertrag	Sehr später Ertragsbeginn, auf Hochstamm erst nach etwa 15 Jahren. Nur in besten Lagen ist mit hohen Erträgen und Qualitätsfrüchten zu rechnen, sonst höchstens mittelmäßig.
Baum	Von Jugend an sehr große, hochgewölbte Krone mit anfangs aufrechten, später abstehenden, gut verzweigten Ästen. Auffällig die fast schwarze Borke. Wuchs von Jugend an sehr stark, auch bei Vollertrag. Nicht vollkommen frosthart im Holz.
Standort	Bevorzugt sind milde, windgeschützte Lagen und nährstoffreiche Böden. Wegen Stippegefahr nicht überdüngen!
Anfälligkeit	Stark Feuerbrand. Kaum für Schorf, stärker für Krebs, Mehltau, Blutlaus und Stippe.
Anbauwert	Gute Liebhabersorte. Wegen des hohen Platzbedarfs und der Krankheitsanfälligkeit ist der Anbau stark rückläufig. Gegendweise noch im Streuobstanbau wegen des guten Mostes.

Goldrenette von Peasgood

Spätsorte

Doppelnamen	'Peasgood Nonsuch', 'Non Pareille de Peasgood', 'Peasgoods Goldrenette', 'Peasgoods Sondergleichen' u.a.
Entstehung	England. Gezüchtet von Emma Peasgood in Stamford/Lincolnshire aus einem Samen der Sorte 'Catshead'. Aussaat 1858. Die Sorte wurde 1872 erstmals vor dem Fruchtausschuss der Royal Horticultural Society vorgestellt und erhielt ein „First-Class Zertifikat". Nach Deutschland kam sie bereits 1875. Die Sorte ist eine der besten bei großformatigen Äpfeln.
Blüte	Mittelspät, lange anhaltend. Guter Pollenspender. Ausdünnung nach dem Junifall ist selten erforderlich.
Frucht	Meist ungewöhnlich groß, um 290 g schwer, mit regelmäßiger, flachkugeliger Form. Kelcheinsenkung weit und tief mit offenem Kelch. Kurzer oder mittellanger Stiel in tiefer und weiter Stielgrube. Schale glatt, geschmeidig. Goldgelb, sonnenseits rot geflammt oder kurz gestreift mit roten Schalenpunkten. Deutlicher Duft. Druckempfindlich. Fruchtfleisch gelblichweiß mit grünlichen Adern, feinzellig, etwas mürbe, saftreich. Durch etwas Säure gehobener Zuckergeschmack.
Reife	Ab Mitte September, häufig vorzeitiger Fruchtfall. Mehrmaliges, druckfreies Durchpflücken ist ratsam. Im kühlen Naturlager etwa drei Monate haltbar, wird danach schnell mürbe.
Verwertung	Überwiegend Wirtschaftssorte. Besonders gern gesehene Schaufrucht.
Ertrag	Unterdurchschnittlich, unter Obstbauern als „Faulenzer" wohlbekannt.
Baum	Gehört zu den am stärksten wachsenden Sorten. Im Vollertragsalter mächtige Kronen mit nur gering verzweigten Trieben und großen, breiten Blättern. Im Alter immer noch starker Wuchs, auch auf schwachwachsenden Unterlagen. Der Überwachungsschnitt zielt auf bessere Verzweigung, mehr nach der Triebbasis hin. Einkerbung über den unteren Knospen regt dort einen Austrieb an.
Standort	Geringe Ansprüche an Boden und Klima, jedoch ist Windschutz nötig. Andernfalls treten häufiger Fruchtrisse auf.
Anfälligkeit	Nur in geschlossenen Tallagen für Schorf und Mehltau. Frei von Blutlaus. An den Früchten Stippeneigung und Risse bei Strahlungshitze. Fruchtfäule kann schon am Baum auftreten.
Anbauwert	Geringer Ertrag und das starke Wachstum schränken den Wert im Garten beträchtlich ein.

Goldstar

Spätsorte

Entstehung	Kreuzung aus 'Rubin' x 'Vanda' im Institut für Experimentelle Botanik Prag. Schwestersorte von 'Topaz'. EU-Sortenschutz seit 1995.
Blüte	Mittelspät bis spät, gering frostempfindlich. Jährlich hoher Fruchtansatz, deshalb ist bald nach der Blüte auszudünnen.
Frucht	Mittel bis groß. Flache, leicht unregelmäßige Form. Weite und flache Kelcheinsenkung mit schwachen Falten und halb offenem Kelch. Dünner, langer Stiel in weiter, wenig berosteter Stielgrube. Schale glatt und leicht fettig. Gelblichgrün, fast ohne Deckfarbe mit sehr feinen Schalenpunkten. Fruchtfleisch hellgelb, grobzellig, weich und saftig. Schwache Süße mit leichter Säure und etwas parfümiertem Aroma.
Reife	Ab Anfang Oktober. Gleichmäßiger Reifeverlauf mit wenig Fruchtfall. Im kühlen Naturlager etwa 4–5 Monate haltbar, im Kühllager bis März.
Verwertung	Für den Frischverzehr und als gute Wirtschaftssorte brauchbar. Mittlerer Gehalt an Vitamin C.
Ertrag	Ab dem 2. Standjahr einsetzend, dann mittel hoch und regelmäßig.
Baum	Breit aufrechtes Wuchsbild mit leicht verkahlenden Ästen und gesundem Laub. Mittelstarker Wuchs. Der Schnitt zielt auf bessere Verzweigung in Stammnähe.
Standort	Nur für nährstoffreiche, warme Standorte geeignet.
Anfälligkeit	Die nicht mehr vorhandene Schorfresistenz beruhte auf *Malus floribunda*. Mittlere Anfälligkeit für Mehltau, Stippe und Fruchtfäule.
Anbauwert	Neuheit mit unterschiedlichem Ertragsverhalten und Fruchteigenschaften. Je nach Lage und Pflege ertragsmäßig nicht immer befriedigend. Die Sorte hat sich insgesamt nicht stärker durchgesetzt, da 'Topaz' deutlich besser ist.

# Goldzeugapfel	Spätsorte

Doppelnamen	'Gelber Klosterapfel', 'Reinette Josef II.', 'Große Gelbe Zuckerrenette', 'Drap d'Or' (= franz. Goldstück), 'Berlichinger', 'Deutscher Gulderling' u. a.
Entstehung	Alte Sorte, die vermutlich aus der Bretagne stammt. Sie wurde erstmals 1628 von Le Lectier als 'Drap d'or de Bretagne' beschrieben. In Deutschland ist sie bereits 1672 durch J.S. Elsholz und 1690 durch Heinrich Hesse bekannt geworden.
Blüte	Spät. Nicht empfindlich bei nasskalter Witterung.
Frucht	Mittelgroß bis groß. Hoch gebaut kugelförmig mit gleichen Hälften und flachen Kanten. Flache, gerippte Kelcheinsenkung mit geschlossenem Kelch. Kurzer Stiel in weiter, grün bleibender Stielgrube. Schale glatt, glänzend. Bei Reife gelb, sonnenseits mehr golden mit feinen Schalenpunkten und netzartigen Rostanflügen. Fruchtfleisch feinzellig und saftig. Delikat gewürzt mit ausgeglichenem Zucker-/Säureverhältnis.
Reife	Je nach Lage ab Anfang Oktober, nicht windfest. Im kühlen Naturlager etwa 5–6 Monate haltbar, in trockener Luft tritt jedoch vorzeitige Welke ein.
Verwertung	Sehr gute Tafel- und Wirtschaftssorte.
Ertrag	Mittelfrüh einsetzend, dann hoch und regelmäßig.
Baum	Große, kugelförmige Krone mit überhängenden Ästen. Mittelstarker Wuchs. Für alle Anbauformen geeignet, auch für Spalier- und Topfbäume.
Standort	Nährstoffreiche Böden und freier Stand bis in mittlere Höhenlagen.
Anfälligkeit	In nassen Jahren und in warmen, feuchten Tallagen stark schorfanfällig. Feuerbrand ist dort auch nicht auszuschließen.
Anbauwert	Die Sorte war früher sehr verbreitet. Trotz ausgezeichneter Fruchtqualität ist der Anbau wegen der hohen Schorfanfälligkeit sehr selten geworden.

Goro

Herbstsorte

Baum	Mittelgroßes Wuchsbild, nur leicht überhängend. Mäßig verzweigte, eher kahle Leitäste. Von Jugend an kräftiges Wachstum, später schwächer. Der Schnitt zielt auf gut durchlichtete Krone, denn Schattenfrüchte schmecken fade.
Standort	Nährstoffreicher Boden in geschützter Lage wird bevorzugt. Die Sorte gedeiht aber auch noch in mittleren und höheren Lagen.
Anfälligkeit	Mittel für Feuerbrand. Wenig für Schorf, mehr für Mehltau.
Anbauwert	Gebietsweise, etwa am Bodensee verbreitet. Geeignet für alle Anbauformen, nicht aber für Form- und Topfbäume.
Entstehung	1951. Aus 'Golden Delicious' x 'Schweizer Orangenapfel'. Eidgenössische Forschungsanstalt Wädenswil. Seit 1973 im Handel.
Blüte	Mittelspät, wenig empfindlich. Guter Pollenspender.
Frucht	Mittelgroß mit flachen Wulsten über der Frucht. Tiefe und weite, gerippte Kelcheinsenkung. Kurzer Stiel in enger Stielgrube. Schale glatt, etwas fettig. Bei Reife hellgelb, sonnenseits leicht hellrot gestreift oder geflammt. Nicht druckfest. Fruchtfleisch gelblichweiß, grobzellig sehr saftig. Erfrischende Würze ohne hervortretendes Aroma. Viel Vitamin C.
Reife	Je nach Standort und Jahreswitterung Anfang bis Ende September, nicht windfest. Mehrmaliges Durchpflücken ist deshalb empfehlenswert. Etwa drei Monate kühl lagerfähig, im Kühllager bis Dezember bei 3 °C.
Verwertung	Vorwiegend für den Frischverzehr, aber auch als Wirtschaftssorte gut brauchbar.
Ertrag	Bei guter Pflege hoch und regelmäßig, sonst alternierend.

Gräfin Goldach

Spätsorte

Entstehung	'Rubinette' x 'Pomona'. Züchter: Dr. Michael Neumüller, Bayerisches Obstzentrum/Halbergmoos. Sortenschutzanmeldung unter 'Bay 4069'.
Blüte	Früh bis mittelfrüh. Leicht alternierend.
Frucht	Mittelgroß bis groß. Mittel bis hoch gebaut, stiel- bis mittelbauchig. Deckfarbe fast vollständig verwaschen rot mit zahlreichen hellen Lentizellen. Fruchtfleisch weißlich, fest und feinzellig. Aromatischer Geschmack mit ausgewogenem Zucker-/Säure-Verhältnis.
Reife	Ende September. Im Kühllager bis März haltbar.
Verwertung	Frischverzehr.
Ertrag	Früh einsetzend und hoch. Wenig Alternanz.
Baum	Mittelstarker, kompakter Wuchs. Mittlere Verzweigungsdichte.
Anfällig	Mittlere Schorfanfälligkeit.
Anbauwert	Tafelapfel mit guter Qualität. Wird auch von Apfelallergikern gut vertragen.

Grahams Jubiläumsapfel — Herbstsorte

Doppelnamen	'Royal Jubilee'. Benannt zum 50-jährigen Regierungsjubiläum der Königin Victoria von England. Der heutige Name wurde auf dem Pomologen-Kongress 1906 festgelegt.
Entstehung	Etwa 1888. Züchter John Graham in Hounslow bei London. Seit 1893 im Handel.
Blüte	Sehr spät, kurz anhaltend, nicht witterungsempfindlich. Guter Pollenspender. Selbstbefruchtung kommt vor.
Frucht	Mittelgroß bis groß, um 130 g schwer. Hochrund, nach dem Kelch zu stark verjüngt mit flachen Kanten. Sehr flache und weite, gerippte Kelcheinsenkung mit großen Kelchblättern. Die Kelchröhre reicht bis zum Kernhaus. Kurzer, dicker Stiel in weiter Stielgrube. Schale derb, gering wachsig. Bei Reife hellgelb, sonnenseits nur leicht gerötet. Druckempfindlich. Duftend. Fruchtfleisch gelblichweiß, grobzellig, saftig. Süßweiniger, erfrischender Geschmack.
Reife	Mitte September, nicht windfest. Meist einzeln hängend, gut pflückbar. Im kühlen Naturlager etwa sechs Wochen ohne Welke haltbar, ab dann mehlig werdend.
Verwertung	Für den Frischverzehr, auch Wirtschaftsapfel, besonders zum Backen. Die goldgelben Stücke bleiben beim Kochen und Backen fest.
Ertrag	Früh einsetzend, höchstens mittelhoch und regelmäßig.
Baum	Kugelförmige, etwas sparrige Krone mit derben Blättern. Äste mit ausreichend langem und kurzem Fruchtholz. Sie verzweigen sich hauptsächlich zur Spitze hin. Die Seitenzweige stehen meist waagerecht ab. Im Vollertragsalter mittelstarker Wuchs. Im Holz sehr frosthart und gesund. Daher als Unterlage und Stammbildner geeignet.
Standort	Für leichtere, auch nasse Böden, in höheren Lagen.
Anfälligkeit	Stark Feuerbrand, kein Mehltau, sehr gering Schorf. Befallsfrei in höheren Lagen. Stippe und Krebs auf zu schweren, nassen Böden. Empfindlich für Kupfer- und Schwefelmittel.
Anbauwert	Für Selbstversorger in frostgefährdeten und niederschlagsreichen Lagen. Gesuchte Sorte als Bäckerapfel, sonst Liebhabersorte und Schaufrucht.

Granny Smith

Spätsorte

Entstehung	Mitte des 19. Jahrhunderts. Erste Früchte sind seit 1868 bekannt. Zufallssämling aus Eastwood bei Sidney (Australien). Vermutlich ist 'French Crab' die Muttersorte.
Mutante	'Challenger'® ('Chamspur'), 'Granny Precoce'
Blüte	Mittelspät, lange anhaltend, unempfindlich. Guter Pollenspender. Ausdünnung nach starkem Fruchtansatz fördert die Fruchtentwicklung, mindert Alternanz.
Frucht	Mittelgroß, auf warmen Standorten auch groß. Gleichmäßig rund, hoch gebaut. Sehr flache, leicht gerippte Kelcheinsenkung. Langer Stiel. Schale glatt, leicht wachsig, auf dem Lager fettig. Grasgrün, sonnenseits leicht rötlich mit hellen Schalenpunkten. Fruchtfleisch grünlichweiß, sehr fest und saftig. Fein säuerlicher Geschmack, ohne Aroma.
Reife	Ende Oktober, sturmfest. Zur optimalen Fruchtausbildung werden (auch bei 'Braeburn') mehr als 175 Tage benötigt ('Goldparmäne' dagegen etwa 125 Tage)! Nicht ausgereifte und Schattenfrüchte schmecken grasig. Im kühlen Naturlager etwa fünf Monate haltbar.
Verwertung	Überwiegend für Frischverzehr, eingeschränkt auch als Wirtschaftssorte.
Baum	Stark aufrechtes Wuchsbild mit verkahlenden, langen Ästen. Durch Sommerschnitt entwickelt sich eine bessere Seitenverzweigung und mehr Fruchtbarkeit. Im Vollertragsalter immer noch mittelstarker Wuchs. Nicht frostfest im Holz.
Standort	Nur wärmste Standorte im Weinbauklima und nährstoffreiche Böden sind geeignet.
Anfälligkeit	Mittelstark für Feuerbrand und Schorf, stark für Mehltau, Krebs, Stippe, Spinnmilben.
Anbauwert	Selbst in besten Lagen ist die Vegetationsdauer bei uns für eine optimale Fruchtentwicklung meist zu kurz. Die Sorte ist daher kaum im deutschen Erwerbsanbau vertreten und für den Anbau im Hausgarten ungeeignet.

Graue Französische Renette

Spätsorte

Doppelnamen	'Rauhgast', 'Graue Renette', 'Rauchapfel', 'Grauer Rabau', 'Lederapfel', 'Winterrabau', 'Reinette Grise', 'Haute Bonté' und zahlreiche andere
Entstehung	Sehr alte Sorte, die vermutlich aus Frankreich stammt. War dort schon Mitte des 17. Jh. weit verbreitet. Von mehreren französischen Pomologen erwähnt und beschrieben: Bonnefond (1651), Mollet (1652) und Merlet (1667). In Deutschland wurde die Sorte 1672 durch Elsholz und 1690 durch Hesse bekannt.
Blüte	Mittelfrüh, sehr zierend. Kurz anhaltend, nicht empfindlich. Schlechter Pollenspender. Ausdünnen des starken Fruchtansatzes in Ertragsjahren mindert die Alternanz und fördert die Fruchtqualität.
Frucht	Meist groß, um 220 g schwer. Breitrund, ungleichmäßige Form. Auf ungünstigen Standorten kleiner. Schüsselförmige, unterschiedlich tiefe Kelcheinsenkung mit kleinem Kelch. Kurzer, dicker Stiel in enger, berosteter Stielgrube. Schale dünn, rau, mehr oder weniger stark berostet. Gelbgrün, sonnenseits verwaschen rötlich. Fruchtfleisch grünlichgelb, schnell verfärbend, sehr saftig. Säurebetont mit guter Würze, Renettengeschmack.
Reife	Mitte bis Ende September. Nicht zu früh ernten um Welke am Lager zu verhüten. Nicht windfest, deshalb ist rechtzeitig durchzupflücken. Das Lager darf nicht zu trocken sein, andernfalls treten starke Saftverluste infolge Verdunstung durch die raue Schale ein. Im optimalen Lager ist die Sorte etwa fünf Monate lagerfähig, im Kühllager bis Mai bei 3 °C.
Verwertung	Für alle Verwertungsarten brauchbar, besonders als Wirtschafts- und Mostsorte.
Ertrag	Auf stark wachsenden Unterlagen normalerweise jährlicher Wechsel zwischen hoch bis sehr hoch und völligem Ertragsausfall (ausgeprägte Alternanz). Auf der Unterlage M9 ist der Ertrag regelmäßiger und die Früchte größer.
Baum	Breite und hohe Krone mit steilen, wenig verzweigten Ästen, wobei einzelne besonders stark hervortreten. Auffällig aufgefaltete Blätter. Starkes, im Alter immer noch mittelstarkes Wachstum.
Standort	Tiefgründiger Boden in geschützter Lage. Höhenlagen sind möglich, doch verstärkt sich hier die Alternanz. Nasser, schwerer Boden verursacht Krebs und mindert die Winterhärte, in trockenen Sandböden entwickeln sich nur kleine, mitunter rissige Früchte. Nicht ganz frostfest im Holz.
Anfälligkeit	Gering Feuerbrand, in geschlossener Lage für Schorf. Empfindlich für Kupfer- und Schwefelmittel.
Anbauwert	Geschmacklich gute Sorte, die aber in Konkurrenz zu 'Boskoop', 'Zabergäu', 'Goldparmäne' steht und daher weniger angebaut wird. Für den Anbau im Hausgarten sind schwach wachsende Unterlagen zu empfehlen.

Graue Herbstrenette

Spätsorte

Doppelnamen	'Große graue Renette', 'Herbstrabau', 'Lederapfel', 'Lederrenette', 'Reinette grise d'automne'
Entstehung	Unbekannt. Diel erhielt die Sorte aus der Baumschule Nicolaus Simon in Metz und beschrieb sie 1800.
Blüte	Mittelfrüh, lange anhaltend. Etwas anfällig für Frost und nasse Witterung.
Frucht	Mittelgroß, meist kugelförmig, abgeplattet. Etwas unregelmäßige Form, im Querschnitt fast rund. Schale etwas zäh, fein rau. Grundfarbe grün, bei voller Reife grünlich-gelb. Einzelne stark besonnte Früchte zeigen eine braunrot verwaschene Backe. Der Rest der Schale ist mit einem feinen olivgrünem Rost mehr oder weniger überzogen. Sitiel mittellang bis lang. Stielgrube ziemlich tief, etwas eng. Schön berostet. Kelch geschlossen bis halb offen. Fruchtfleisch feinkörnig, fest, später mürbe. Grünlich-weiß, saftreich mit einem überwiegend würzigen, süßlichem Geschmack.
Reife	Oktober bis Ende Dezember.
Verwertung	Tafelapfel, für die Küche und als Wirtschaftsfrucht zum Keltern und Obstwein.
Ertrag	Sehr fruchtbar, jedes zweite Jahr sehr große Ernten. Wie bei fast allen grauen Renetten welken die Früchte im Lager etwas.
Baum	Große gesunde Bäume mit einer breiten, später dichten Krone.
Standort	Bevorzugt windgeschützte und genügend feucht Standorte.
Anfälligkeit	Auf lehmigen und nassen Böden anfällig für Krebs. Auf trockenen bleiben die Früchte oft zu klein und fallen vorzeitig ab.
Anbauwert	Als Halb- und Hochstamm im Streuobstbereich, aber auch für kleinere Baumformen im Hausgarten geeignet. Die Sorte war im 19. Jh. weit verbreitet. Heute kommt sie nur noch vereinzelt vor.

Gravensteiner — Frühsorte

Doppelnamen	'Calville de Gravenstein', 'Pomme de Gravenstein', 'Graasten', 'Sommerkönig', 'Blumen-Calvill', 'Strömling' und viele andere
Entstehung	Ungewiss. Sehr alte Sorte. Sie soll aus Italien oder Holland stammen und nach Gravenstein im Kreis Apenrade/Schleswig-Holstein gebracht worden sein. Die erste Beschreibung erfolgte durch Hirschfeld 1788, der die Herkunft Italien angibt. Die Sorte verbreitete sich in Mittel-/Nordeuropa sowie Nordamerika sehr stark und wurde überall sehr gelobt.
Mutanten	Unter den Mutanten und Auslesen ist der 'Rote Gravensteiner' wohl der bekannteste. Er entstand 1858 als Sprossmutante in Lübeck, ist jedoch weniger wertvoll als die Standardsorte. Außerdem: 'Rellstab', 'Roopers', 'Tanner', 'Crimson', 'Nordstrand'.
Blüte	Früh, lange anhaltend, empfindlich für Spätfröste. Schlechter Pollenspender. In Ertragsjahren ist Ausdünnung nach der Blüte unbedingt empfehlenswert.
Frucht	Mittelgroß bis groß, um 130 g schwer. Unregelmäßige Form mit typisch breiten Kanten über der Frucht. Tiefe, mitunter stark gerippte Kelcheinsenkung. Kurzer Stiel in enger Stielgrube.
	Schale hart, glatt, fettig. Bei Reife gelb, sonnenseits gestreift und geflammt mit feinen Schalenpunkten. Sehr druckempfindlich. Typisch starker Duft. Fruchtfleisch fast weiß, mürbe. Sehr saftig, edles Aroma, am besten im Küstenklima.
Reife	Je nach Standort ab Ende August, vom Baum essbar. Nicht windfest, Fruchtfall oft schon vor der Baumreife. Mehrmaliges, druckfreies Durchpflücken ist zu empfehlen. Etwa zwei Monate ohne Aromaverlust lagerfähig. Im Kühllager Aromaverlust.
Verwertung	Für den Frischverzehr, als Wirtschaftssorte brauchbar.
Ertrag	Auf starkwachsenden Unterlagen sehr spät einsetzend und mittelhoch. Ausgeprägte Alternanz, nach einer reichen Ernte sind zwei Jahre Ausfall möglich. Im Garten nur auf M9 empfehlenswert.
Baum	Sehr große, im Alter hohe, breit gewölbte und ausladende Krone mit steil aufrechten Leitästen, mäßig verzweigt. Seitenäste etwas überhängend. Von Jugend an starker bis sehr starker Wuchs. Am günstigen Standort zählt 'Gravensteiner' zu den am stärksten wachsenden Sorten. Der jährliche Schnitt nach der Blüte und ein Sommerschnitt wirken etwas wuchshemmend. Im Holz etwas frostempfindlich. Kann sehr alt werden.
Standort	Bis in geschützte, mittlere Höhenlagen. Beste Qualität ist auf guten, ausreichend feuchten Böden und im feuchten Klima zu erzielen. Im Winter 1928/29 soll die Sorte −25 °C in überstanden haben. Stauende Nässe ist aber Ursache für Frostschäden.
Anfälligkeit	Mittel für Feuerbrand, stark anfällig für Blattschorf, Mehltau, Krebs, verschiedene Virosen, Obstmade. An den Früchten Stippe. Empfindlich für Kupfermittel.
Anbauwert	Sensible, pflegeintensive Sorte für Liebhaber, die diesen feinaromatischen Frühapfel schätzen.

Greensleeves

Herbstsorte

Ertrag	Früh einsetzend, hoch und regelmäßig. Etwa doppelt so hoch wie 'Cox'.
Baum	Stark aufrechtes, stark verzweigtes Wuchsbild. Bei Vollertrag schwacher Wuchs, der einen regelmäßigen Überwachungsschnitt nötig macht.
Standort	Nur in guten Apfellagen geprüft.
Anfälligkeit	Stark für Feuerbrand, wenig empfindlich für Mehltau, mehr für Schorf und Krebs.
Anbauwert	Bei fachgerechter Pflege und für Liebhaber süß betonter Sorten empfehlenswert. In England wird die Sorte bevorzugt im Garten angebaut.
Doppelname	'Malling Greensleeves'
Entstehung	England. Gezüchtet 1966 in der Forschungsanstalt East Malling aus einer Kreuzung von 'Golden Delicious' x 'James Grieve'. Im Handel seit 1977.
Blüte	Mittelfrüh, nicht empfindlich. Hoher Fruchtansatz nach der Blüte ist die Regel, deshalb sollte immer ausgedünnt werden.
Frucht	Mittelgroß, um 140 g schwer. Meist regelmäßig flachkugelig. Flache, faltige Kelcheinsenkung mit geschlossenem Kelch. Kurzer Stiel in strahlig berosteter Stielgrube. Schale glatt, leicht fettig. Bei Reife grüngold, ohne Rötung und mit feinen Schalenpunkten. Fruchtfleisch fest, saftig, süß. Das Aroma hängt ab vom Standort und von der Jahreswitterung.
Reife	Mitte September, windfest bis zur Baumreife. Im kühlen Naturlager etwa drei Monate lagerfähig, im Kühllager bis Januar bei 3 °C. Kühle Aufbewahrung in perforierten Folienbeuteln ist möglich.
Verwertung	Vorwiegend für Frischverzehr, eingeschränkt Wirtschaftssorte.

Großherzog Friedrich von Baden   Herbstsorte

Baum	Große, ausladende Krone mit sehr langen, braunroten Jahrestrieben, oft schon mit Fruchtholz. Stumpfgrüne Blätter mit langen Stielen. Von Jugend an starker Wuchs.
Standort	Schwere Böden, in trockenen, leichten Böden bleiben die Früchte eher geschmacklos. Windgeschützt bis in mittlere Höhenlagen.
Anfälligkeit	Schorfanfällig und stark Mehltau. In den Früchten Stippe, Fruchtfäule und Glasigkeit schon am Baum.
Anbauwert	Ausgesprochene Liebhabersorte und für Obstausstellungen.
Entstehung	1894, aus einem Samen der Sorte 'Bismarckapfel'. Ausgelesen durch den Hofgärtner Fießer in Baden-Baden und nach dem Regenten benannt.
Blüte	Früh, nicht witterungsempfindlich.
Frucht	Groß bis sehr groß, um 180 g schwer. Flachrund, kalvillartige Form. Weite und tiefe, stark gerippte Kelcheinsenkung. Kurzer Stiel in enger, strahlig berosteter Stielgrube. Schale zart und empfindlich, bei Vollreife zitronengelb, sonnenseits nur leichte Rötung mit dunklen Schalenpunkten. Fruchtfleisch gelblichweiß, locker und mürbe. Saftig erfrischend säuerlicher Geschmack.
Reife	Ab Anfang September, Fruchtfall oft schon vor der Baumreife. Etwa drei Wochen haltbar, ab dann mürbe, fad und mehlig.
Verwertung	Vorwiegend Wirtschaftssorte, auch Schaufrucht.
Ertrag	Trotz starken Wachstums früh einsetzend und regelmäßig, aber eher gering.

Grünapfel

Spätsorte

Baum	Hochgewölbte, große Krone mit steilen Leitästen und überhängenden Fruchtzweigen. Von Jugend an bis in das Vollertragsalter mit starkem Wachstum. Im Holz vollkommen frosthart.
Standort	Ohne Ansprüche an Boden und Klima bis in kalte, windige Höhenlagen. Auch auf weniger apfelfähigen Böden noch anbaufähig.
Anfälligkeit	keine hervortretenden Schadeinflüsse bekannt.
Anbauwert	Außerordentlich robuste Sorte für den Extensivanbau in Extremlagen.
Entstehung	Unbekannt. Wurde 1884 vom Deutschen Pomologenverein zum Anbau empfohlen.
Blüte	Spät. Völlig unempfindlich bei Spätfrösten und nasskalter Witterung. Schlechter Pollenspender.
Frucht	Mittelgroß. Kegelförmig abgestumpft mit gleichen Hälften. Flache und weite Kelcheinsenkung mit schwachen Falten und geschlossenem Kelch. Kurzer Stiel in weiter, berosteter Stielgrube. Schale glatt, leicht fettig glänzend. Bei Reife gelblichgrün, sonnenseits unterschiedlich stark rot gestreift mit wenigen, feinen Schalenpunkten. Schwacher Duft. Fruchtfleisch feinzellig, fest und saftig. Wenig Würze und Süße. Vorherrschende weinige Säure.
Reife	Je nach Lage ab Ende Oktober, nicht windfest. Im kühlen Naturlager bis zu 7 Monaten haltbar ohne Welke.
Verwertung	Weniger für den Frischverzehr geeignet, aber sehr gute Wirtschafts- und Mostsorte.
Ertrag	Spät einsetzend, dann alle 2 Jahre hohe Erträge.

Grüner Fürstenapfel

Spätsorte

Doppelnamen	'Kempes Pauliner', 'Prince verte'
Entstehung	Unbekannt. Soll Ende des 18. Jh. im Kurfürstlichen Garten bei Koblenz gestanden haben. Wurde 1799 von dem Pomologen Diel beschrieben und 1874 vom Deutschen Pomologenverein zum Anbau empfohlen.
Blüte	Spät, vollkommen unempfindlich.
Frucht	Mittelgroß, mitunter auch groß, um 180 g schwer. Flachrund, ungleichhälftig. Kelcheinsenkung weit und flach mit schwachen Falten. Kurzer, dicker Stiel, in enger, wenig berosteter Stielgrube. Schale dünn, geschmeidig. Normalerweise flächig blassgrün, später gelbgrün. Je nach Standort und Jahreswitterung können ausnahmsweise kurze Streifen auftreten. Fruchtfleisch grünlichweiß, feinzellig, fest, sehr saftig mit kräftig weinsäuerlichem Geschmack.
Reife	Mitte bis Ende September, windfest. Im kühlen Naturlager extrem lange haltbar ohne zu welken.
Verwertung	Sehr gute Wirtschafts- und Mostsorte.
Ertrag	Spät einsetzend. Jährlich wechselnd zwischen hoch und sehr gering (ausgeprägte Alternanz), insgesamt mittelhoch.
Baum	Große, breit pyramidale Krone mit starken Sommertrieben und großen, dunkelgrünen Blättern. Starker Wuchs bis ins Alter. Wurde früher gerne als Straßenbaum gepflanzt. Im Holz vollkommen frostfest.
Standort	Breit anbaufähig bis in raue, windige Höhenlagen, ohne besondere Bodenansprüche.
Anfälligkeit	Besonders in höheren Lagen sehr robust. In Weinbaulagen kann Schorf und Mehltau auftreten. Der Feuerbrandstatus ist unbekannt.
Anbauwert	Hervorragende Sorte für Streuobstflächen, besonders in Extremlagen.

Grüner Stettiner

Spätsorte

Ertrag	Spät einsetzend, dann aber hoch und einigermaßen regelmäßig.
Baum	Große, weit ausladende Krone mit mäßig gut verzweigten, starken Ästen. Auch im Vollertrag noch mittelstarkes Wachstum. Der Baum ist im Holz frostfest und kann sehr alt werden.
Standort	Breit anbaufähig bis in Hochlagen, ohne besondere Ansprüche.
Anfälligkeit	Keine Krankheiten oder Schädlinge bekannt. Die Sorte gilt als sehr robust.
Anbauwert	Typische Wirtschaftssorte.

Doppelname	'Grüner Winterstettiner', 'Glasapfel', 'Grüner Bietigheimer', 'Schweizer Apfel', 'Winterscheibling'
Entstehung	Unbekannt. Eine sehr alte Sorte mit sehr weiter Verbreitung. Die erste Beschreibung stammt von Christ 1797 unter dem Namen 'Der grüne Stettiner'. Die Sorte gehört zur Gruppe der „Stettiner", die in zahlreichen Formen und Farben vorkommen. Entstanden meist als Zufallssämlinge. Die Sorte kommt heute nur noch vereinzelt vor, sie wurde durch bessere verdrängt.
Frucht	Unterschiedliche Form, meist groß, flachrund. Andeutungsweise flache Wülste um die Frucht. Flache, weite Kelcheinsenkung. Kurzer, dicker Stiel in tiefer, strahlig berosteter Stielgrube. Schale dick, glatt. Gelblichgrüne Grundfarbe mit etwas Rötung sonnenseits. Angenehmer Duft. Fruchtfleisch zunächst fest, auf dem Lager mürbe. Saftig mit angenehmer Säure, kaum Aroma.
Reife	Ab Mitte Oktober, kaum Fruchtfall vor der Baumreife. Verarbeitung ab Anfang Dezember bis Mai aus dem kühlen Naturlager.

Halberstädter Jungfernapfel

Spätsorte

Doppelnamen	'Jungfernapfel', 'Ziemerling' (um Magdeburg), 'Prinzenapfel' (Unterharz)
Entstehung	Um 1800, in der Gegend um Halberstadt/Harz. 1885 erstmals beschrieben. Früher in Sachsen-Anhalt und im Harz weit verbreitet.
Blüte	Spät, lange anhaltend, nicht witterungsempfindlich.
Frucht	Schöne Frucht. Mittelgroß bis groß, ungleichhälftig, fast ebenso hoch wie breit. Flache Rippen über die halbe Frucht. Stielgrube flach, selten berostet mit einem dicken Stiel. Kelchgrube flach, gerippt. Fruchtschale glatt, leicht wachsig. Vollreif goldgelb, sonnenseits leuchtendrot mit dunkleren Streifen und hellen Schalenpunkten. Fruchtfleisch gelblichweiß mit grünlichen Adern, etwas grob, saftig, ohne hervortretendes Aroma.
Reife	Mitte September, Verarbeitung ab November. Wind- und sturmfest. Im kühlen Naturlager haltbar bis März und länger, ohne zu welken.
Verwertung	Weniger als Tafelapfel, überwiegend Wirtschafts- und Mostsorte.
Ertrag	Spät einsetzend, dann aber regelmäßig und hoch.
Baum	Jungbäume fallen durch ihre rotbraune Rinde auf und sind nur mäßig verzweigt. Im Alter bilden sich auf zusagendem Standort gleichmäßige, mächtige Kronen, deren Äste etwas überhängen. Das Wachstum ist stark, mit schönen, schlanken Stämmen. Im Holz sehr frostfest.
Standort	Vollkommen anspruchslos an Boden und Klima bis in Hochlagen, jedoch weniger für ausgesprochene Warmlagen geeignet.
Anfälligkeit	Auf ungünstigen, trockenen Standorten kann Spitzendürre auftreten. Schorfanfällig, sonst ist die Sorte widerstandsfähig gegen Krankheiten und Schädlinge.
Anbauwert	Im extensiven Streuobstanbau schöne, landschaftsprägende Bäume. Nicht für Intensivkultur oder Formobst geeignet.

Harberts Renette

Spätsorte

Doppelnamen	'Reinette Harbert', 'Harberts Rambour Reinette', 'Immapfel', 'Königinapfel'
Entstehung	A.F.A. Diel erhielt die Sorte aus Arnsberg in Westfalen von Landpfenningmeister Harbert. Sie soll aus einem Kloster stammen. 1828 beschrieb Diel die Sorte unter dem Namen 'Harberts reinettenartiger Rambour'. Sie verbreitete sich überwiegend in Ost- und Süddeutschland und ist heute noch im Handel.
Blüte	Mittelspät, lange anhaltend. Schlechter Pollenspender (triploid). Selbstfruchtbarkeit kommt vor.
Frucht	Mittel bis groß, bis zu 200 g schwer. Regelmäßig flachkugelige Form. Flache, leicht berostete Kelcheinsenkung mit halb offenem Kelch. Kurzer, dünner Stiel in trichterförmiger, strahlig berosteter Stielgrube. Schale glatt, trocken, fest. Bei Reife gelbgrün, sonnenseits etwas gestreift mit dunklen Schalenpunkten. Fruchtfleisch gelblich, unter der Schale dunkler, locker bis mürbe, wenig saftig, oft trocken. Erfrischender, säuerlicher Geschmack.
Reife	Folgernd ab Mitte September. Starker Vorerntefruchtfall, deshalb ist mehrmals durchzupflücken. Etwa vier Monate im kühlen Naturlager haltbar, dann schnell mürbe werdend.
Verwertung	Für den Frischverzehr, auch gute Wirtschafts- und Mostsorte. Sehr guter Backapfel.
Ertrag	Spät einsetzend, durch Alternanz mittelhoch. Auf schwach wachsenden Unterlagen in bester Lage regelmäßig und höher. Die Früchte bleiben auch auf dem Hochstamm gleichmäßig groß.
Baum	Sehr große, breitkugelige, sparrige Krone bis 12 m Durchmesser. Gehört zu den am stärksten wachsenden Sorten bis ins Alter. Im Holz nicht ganz frosthart. Kann sehr alt werden.
Standort	Für alle nicht zu schweren Böden bis in Höhenlagen. Gut geeignet für Weiden. Auf warmen Standorten werden die Früchte schon am Baum stippig.
Anfälligkeit	Kein Feuerbrand. Gering für Schorf, stärker für Mehltau. In den Früchten stark Stippe. Sehr fäulnisanfällig am Lager.
Anbauwert	Ausgesprochene Liebhabersorte. Die Stippeanfälligkeit grenzt den Wert ein. Für kleinere Baumformen zu starkwachsend, gelegentlich noch im Streuobstanbau zu finden.

Hausmütterchen

Spätsorte

Verwertung	Ausgezeichneter Wirtschafts- und Mostapfel.
Ertrag	Spät einsetzend, dann (fast) regelmäßig, auch im Alter.
Baum	Starkes Wachstum, im Vollertrag mittelstark. Lichte, flachrunde Krone, die wenig Schnittarbeit erfordert.
Standort	Wärmere Lagen und nährstoffreiche Böden werden bevorzugt. In rauen, windigen Lagen kann es zu vorzeitigem Fruchtfall kommen.
Anfälligkeit	Mäßig schorfanfällig, sonst robust. Neigt zu Kernhausschimmel am Lager.
Anbauwert	Vorzugsweise für den Streuobstbau, nicht für den Hausgarten.
Bemerkung	Die Sorte wird oftmals mit der amerikanischen 'Gloria Mundi' und der französichen 'Menagére' bzw. 'Mère de Ménage' verwechselt.
Doppelnamen	'Großer Pfund-Rambour Wildling' (erster Name), 'Pfundapfel', 'La Menagère'
Entstehung	Ungewiss. J. Sickler erhielt 1801 Früchte vom Kunstgärtner Maßmann aus Linden bei Hannover zwecks Bestimmung zugesandt. Er beschrieb sie mit farbiger Abbildung 1805 im „Allgemeinen teutschen Garten-Magazin" unter dem Namen 'Das Hausmütterchen'.
Blüte	Rosa, sehr früh. Schlechter Pollenspender (triploid).
Frucht	Groß bis sehr groß, kugelig-flachkugelig mit breiten Rippen, ungleichhälftig. Dicker Stiel in tiefer Stielgrube. Kelch geschlossen, trichterförmige Kelchgrube. Die glatte, glänzende Schale ist grüngelb mit sonnenseits geflammter, rotoranger Deckfarbe. Das Fruchtfleisch ist weiß, grobzellig, saftig, einseitig sauer mit weintraubenartiger Würze.
Reife	Baumreife Anfang Oktober. Im kühlen Lager bis Mitte Dezember lagerfähig.

Hauxapfel

Spätsorte

Baum	Große, breite Krone mit steilen, stark verzweigten Leitästen. Im Vollertragsalter immer noch kräftiges Wachstum. Im Holz nicht frostempfindlich.
Standort	Anspruchslos, bis in höhere Lagen anbaufähig.
Anfälligkeit	Stark für Feuerbrand, nicht aber in Hochlagen. In schweren Böden etwas krebsanfällig, sonst sehr robust, v. a. gegenüber Schorf. Kaum Fruchtfäule.
Anbauwert	Wird als regelmäßiger Träger wieder verstärkt im Streuobstbau für Most in Mischung mit süßeren Sorten angebaut.

Entstehung	Um 1920, als Sämling von 'Roter Trierer Weinapfel'. Von Baumwart Haux bei Göppingen gefunden.
Blüte	Mittelfrüh, nicht witterungsempfindlich. Guter Pollenspender.
Frucht	Groß, um 200 g schwer. Ungleichmäßig stumpf kegelförmig. Tiefe und weite, unterschiedlich gerippte Kelcheinsenkung mit kleinem Kelch. Kurzer Stiel in enger Stielgrube. Schale derb, glatt, fettig. Bei Reife gelbgrün, sonnenseits leuchtendrot oder braunrot gestreift. Fruchtfleisch sehr fest, weniger saftig. Starke Säure (14 g/l), kaum Aroma. Saftausbeute 56,5 %!
Reife	Mitte September, nicht windfest. Etwa fünf Monate im kühlen Naturlager haltbar.
Verwertung	Nicht für den Frischverzehr, aber sehr gute Mostsorte für gehaltvollen Saft.
Ertrag	Setzt spät ein, ist dann aber hoch und weitgehend regelmäßig.

Helios

Frühsorte

Entstehung	Aus einem Samen von 'Geheimrat Dr. Oldenburg' im Institut für Acker- und Pflanzenbau in Müncheberg (Brandenburg). Seit 1969 im Handel. Es existiert auch eine rote Auslese (Triesdorf).
Blüte	Früh, mittellang anhaltend. Etwas witterungsempfindlich. Guter Pollenspender. Blütenknospen sind am ein- und zweijährigen Holz, auch an Kurztrieben. Energisches Ausdünnen bei starkem Fruchtansatz begrenzt die Alternanz bei älteren Bäumen.
Frucht	Klein bis mittelgroß. Ungleichmäßig flach- oder hochrund. Weite, schüsselförmige Kelchgrube mit engem Kelch. Tiefe Stielgrube. Schale dicht, mittelfest, glatt, trocken. Bei Reife gelb, sonnenseits orangerot gestreift mit hellen Schalenpunkten. Druckempfindlich. Fruchtfleisch gelblichweiß, locker. Schwach säuerlich mit ausreichender Süße, feinaromatisch. Süßer als 'Klarapfel'.
Reife	Folgernd Anfang bis Mitte August, etwa 10 Tage nach 'Klarapfel'. Windfest bis zur Baumreife, dann schnell fallend. Wegen der Druckempfindlichkeit schonend ernten. 8–10 Tage im Naturlager haltbar.
Verwertung	Vorwiegend für sofortigen Frischverzehr. Als Wirtschaftssorte gut brauchbar, ergibt goldgelbes Apfelmus.
Ertrag	Auf schwachwachsenden Unterlagen sehr früh einsetzend, hoch und fast regelmäßig. Im Vollertragsalter besteht Alternanzneigung.
Baum	In der Jugend aufrechte, hohe Krone. Steile, gering verzweigte Leitäste mit dünnen Trieben und kurzem Seitenholz. Im Vollertragsalter schwacher Wuchs. Ein Überwachungsschnitt zielt auf Erhaltung der Wuchskraft und eine bessere Verzweigung. Im Holz sehr frosthart.
Standort	Auf nährstoffreichen, offenen Böden bis in Höhenlagen.
Anfälligkeit	Stark Feuerbrand. In geschlossenen Tallagen mittelstark für Schorf, mehr für Mehltau. Bei wechselhafter Witterung kann Glasigkeit auftreten.
Anbauwert	Frühsorte, zwischen 'Klarapfel' und 'James Grieve'. Bisher vorwiegend eine Sorte in Ostdeutschland.

Herma

Spätsorte

Entstehung	Deutschland. Gezüchtet im früheren Kaiser-Wilhelm-Institut in Müncheberg in den 1930er Jahren. Ein Sämling der Sorte 'Jonathan'. Seit 1964 im Handel.
Blüte	Kurz anhaltend, auch an einjährigen Langtrieben. Nicht empfindlich.
Frucht	Meist groß, um 250 g schwer. Kugelige Form mit typischen Wulsten über der Frucht. Sehr tiefe Kelcheinsenkung mit 5 Höckern, etwas strahlig berostet. Mittellanger Stiel in tiefer, berosteter Stielgrube. Schale derb, hart, geschmeidig. Hell grüngelbe Grundfarbe, verwaschen rötliche Deckfarbe mit hellen Schalenpunkten. Sehr druckempfindlich. Fruchtfleisch gelblichweiß, feinzellig, sehr saftig mit zart parfümiertem Wohlgeschmack.
Reife	Ab Mitte Oktober, windfest bis zur Baumreife. Mehrmaliges (druckfreies!) Durchpflücken ist ratsam. Im kühlen Naturlager etwa 4 Monate ohne Welke haltbar. Zwischendurch ist laufend auf Stippe und Fruchtfäule zu kontrollieren.
Verwertung	Gute Tafel- und Wirtschaftssorte, auch für Most geeignet.
Ertrag	Auf schwach wachsender Unterlage ab dem 4. Standjahr. Jährlicher Wechsel zwischen höheren und geringen Erträgen, insgesamt nur mittelhoch.
Baum	Anfangs steile Leittriebe mit schmalem Wuchsbild, später breiter mit hängenden Seitenästen. Geringe Verzweigung mit kurzem Fruchtholz. Anfangs mittelstarker Wuchs, im Vollertrag schwach. Der Schnitt zielt auf bessere Verzweigung. Eine gelegentliche Verjüngung ist erforderlich. Sehr pflegebedürftig.
Standort	Unbedingt windgeschützt auf eher leichteren, nährstoffreichen und genügend feuchten Böden. Beste Fruchtqualität ist nur in wärmeren Lagen und nach warmen Herbstwochen erzielbar.
Anfälligkeit	Mittelstark für Feuerbrand, Schorf und Mehltau.
Anbauwert	Der Vorteil liegt eindeutig in den saftigen, feinaromatischen Früchten. Ansonsten überwiegen die Nachteile, sodass es wohl eine Liebhabersorte bleibt.

Hibernal

Herbstsorte

Doppelnamen	'Orsimui' (Originalname, 'Hibernal' ist die amerikanische Bezeichnung), 'Romna' (in Russland)
Entstehung	Russland. Die Sorte wurde 1870 aus St. Petersburg vom United Departement of Agriculture nach Amerika eingeführt. Wegen ihrer enormen Frosthärte war sie für die nördlichen Gebiete der USA und Kanada interessant.
Blüte	Spät, nicht empfindlich. Schlechter Pollenspender (triploid).
Frucht	Groß, um 200 g schwer. Ungleichmäßig flachkugelige bis hochrunde Form. Weite, flache Kelcheinsenkung mit offenem Kelch. Kurzer Stiel in tiefer, stark strahlig berosteter Stielgrube. Schale derb, hart, leicht bläulich bewachst und mit feinen Schalenpunkten. Je nach Belichtung am Baum grünlich bis grüngelb, sonnenseits leicht braunrot gestreift. Fruchtfleisch fast weiß, grobzellig, wenig saftig.
Reife	Ab Anfang September, windfest bis zur Baumreife. Im kühlen Naturlager etwa 3 Monate haltbar.
Verwertung	Weniger für den Frischverzehr oder Most, mehr Wirtschaftsapfel.
Ertrag	Infolge Alternanz nur mittelhoch.
Baum	Große, weit ausladende Krone mit geradem Stamm und starken Gerüstästen. Auch im Alter noch starkes Wachstum. Im Holz vollkommen frostfest, ohne aber die Frosthärte an aufveredelte Sorten weiterzugeben.
Standort	Ohne Ansprüche an Boden und Klima bis in raue Höhenlagen.
Anfälligkeit	In windgeschützten, warmen Tallagen mittelanfällig für Feuerbrand, kaum Schorf, gering Mehltau.
Anbauwert	Die frühere Bedeutung als Stamm- und Gerüstbildner ist heute nicht mehr so gegeben. Für Streuobstflächen in Hochlagen noch immer brauchbar.

Hilde

Spätsorte

Entstehung	Zufallssämling aus dem Alten Land/Niederelbe
Blüte	Mittelspät
Frucht	Groß, schwer. Hellgrüne Grundfarbe mit rotbraunen Streifen bzw. Sprenkeln. Vorherrschende Säure.
Reife	Spät, etwa Mitte Oktober. Kann aber auch noch länger am Baum bleiben, was den Zuckergehalt in der Frucht noch etwas fördern kann.
Verwertung	Weniger für den Frischverzehr. Sehr gut für Most.
Ertrag	Mittel bis hoch, bei nur leichter Alternanz.
Baum	Mittlerer bis starker Wuchs, gut verzweigt.
Anfälligkeit	Insgesamt robuste Sorte, nur wenig Mehltau und Schorf.
Anbauwert	Durch die guten Säuregehalte eine äußerst wichtige Mostsorte für den Streuobstanbau in gut ausreifenden Lagen. Aber auch geeignet im Intensivanbau für Verarbeitungsfrüchte.

Himbacher Grüner

Spätsorte

Standort	Ohne Ansprüche an den Boden bis in mittlere Höhenlagen.
Anbauwert	Typische Streuobstsorte für mittlere Höhenlagen.

Doppelnamen	'Grünapfel', 'Grüner Himbacher'
Entstehung	1890 im Garten von Adam Frank in Himbach/ Wetteraukreis (Hessen) gefunden.
Frucht	Groß, um 190 g schwer. Ungleichmäßig flachkugelige Form mit flachen Rippen. Weite, flache Kelcheinsenkung, langer Stiel in flacher Stielgrube. Schale glatt, trocken. Flächig grüngelb, sonnenseits nur leicht rotorange geflammt mit zahlreichen hellen Schalenpunkten. Fruchtfleisch fest und saftig mit vorherrschender Säure.
Reife	Ab Anfang Oktober, windfest. Etwa fünf Monate im kühlen Naturlager haltbar.
Verwertung	Sehr gut für Most, aber auch Wirtschaftssorte. Für Frischverzehr erst nach längerer Lagerzeit geeignet.
Ertrag	Mittelspät einsetzend mit ausgeprägter Alternanz, insgesamt aber hoch bis sehr hoch.
Baum	Breit ausladende, etwas sparrige Krone mit gut verzweigten Ästen.

Himbeerapfel von Holowaus   Spätsorte

Doppelnamen	'Roter Winterkalvill von Jaromér', 'Holovous', 'Jubiläums-Himbeerapfel', 'Kaiser-Jubiläumsapfel', 'Roter Winterkalvill von Jaromér', 'Framboise de Holovousy'
Entstehung	Die Sorte wurde zu Beginn des 19. Jh. vom Baumschulbesitzer Levener in Holovousy/Tschechien gezüchtet und ab 1850 weiter verbreitet. Bekannt wurde sie nach der Jubiläums-Obstausstellung 1890 in Wien. Erste Beschreibung durch Lucas 1893.
Blüte	Spät, lange anhaltend und nicht empfindlich.
Frucht	Mittelgroß bis groß, um 140 g schwer. Ungleichmäßige, flachrunde Form. Flache Kelcheinsenkung mit kleinem, geschlossenem Kelch. Kurzer Stiel in enger, unberosteter Stielgrube. Schale glatt, leicht wachsig. Bei Reife gelb, ringsum rot gestreift oder flächig rot mit hellen Schalenpunkten. Merklicher Duft. Fruchtfleisch fest, unter der Schale leicht gerötet. Süß, fruchtig ("himbeerartig") mit wenig Säure.
Reife	Anfang Oktober, mitunter Fruchtfall vor der Baumreife. Etwa fünf Monate lagerfähig, im Kühllager bis Ende März bei 3 °C.
Verwertung	Für den Frischverzehr und als Wirtschaftssorte brauchbar.
Ertrag	Wechselnd zwischen hohen und sehr geringen Erträgen, insgesamt gering.
Baum	Mittelgroße, flachkugelige und gut verzweigte Krone. Das Laub haftet lange an. Mittelstarker Wuchs. Im Holz nicht ganz frostfest.
Standort	Auf nährstoffreichen Böden ist auch in Höhenlagen noch gute Qualität zu erzielen.
Anfälligkeit	Gegen Krankheiten widerstandsfähig. In Früchten Glasigkeit und Stippe bei wechselhafter Witterung.
Anbauwert	Früher verbreitet als Tafel- und Wirtschaftsapfel, heute mehr Liebhabersorte.

Honeycrunch®

Spätsorte

Bemerkung	'Honeycrunch' ist der Markenname, 'Honeycrisp' der Sortenname.
Entstehung	1960. Ausgelesen 1974, herausgegeben 1991. Sortenneuheit aus 'Macoun' x 'Honeygold', Universität Minnesota. PomAnjou organisiert den Anbau und die Vermarktung in Europa, ProVar für Norddeutschland.
Blüte	Mittelfrüh, guter Pollenspender.
Frucht	Mittelgroß, seltener groß. Abhängig vom Standort rundlich, leicht hochgebaut. Zum Erntetermin ist nur ein Teil der Früchte ausreichend gefärbt, besonders in Warmlagen ohne kühle Nächte. Druckempfindlich. Fruchtfleisch bräunt kaum. Sehr saftig und knackig (crisp), aber mit wenig Aroma.
Reife	Mitte September bis Anfang Oktober mit langer Erntezeit. Es soll nur vollreif geerntet werden. Trotz Windfestigkeit ist mehrmals durchzupflücken. Im kühlen Naturlager etwa 4 Monate haltbar, gekühlt etwa 6 Monate. Gegen Lagerende fettend, ohne zu welken.
Ertrag	Alternanzneigung. Der Ertrag ist mittel bis hoch.
Baum	In den ersten Jahren unregelmäßig schwach bis mittelstark. Im Holz frosthart.
Standort	Nur beste Böden mit hoher Luftfeuchtigkeit sind anbauwürdig. Auf sehr warmen Standorten werden die Früchte größer, aber eher fade.
Anfälligkeit	Gering anfällig für Feuerbrand, Schorf und Krebs. Stark Mehltau an Blättern, Trieben und Früchten (Mehltauberostung). Anfällig für Sonnenbrand und Stippe, vor allem an Jungbäumen.
Anbauwert	Nur für den Erwerbsanbau, keinesfalls für den Hausgarten.

Idared

Spätsorte

Entstehung	Um 1935, aus 'Jonathan' x 'Wagenerapfel'. Züchter L. Verner, Versuchsstation Moscow in Idaho/USA. Im Handel seit 1942.
Mutanten	'Red Idared', 'Red Noue 8936' mit Sortenschutz.
Blüte	Früh, mittel empfindlich. Guter Pollenspender. Eine Ausdünnung nach dem jährlich reichen Fruchtansatz ist zur Fruchtregulierung erforderlich.
Frucht	Mittel bis groß, um 140 g schwer. Regelmäßige Fruchtform. Weite, schüsselförmige Kelcheinsenkung, kurzer Stiel in enger und tiefer Stielgrube. Schale dünn, fast hart, glatt, etwas wachsig. Zur Reife gelbgrün, ganzflächig dunkelrot oder marmoriert mit kleinen, hellen Schalenpunkten. Druckfest. Fruchtfleisch cremefarben, mittelfest, saftig. Überwiegend süßlich mit leichter Säure, ohne ausgeprägtes Aroma. Wenig Säure (6 g/l).
Reife	Ab Mitte Oktober, windfest bis über die Baumreife hinaus. Etwa fünf (bis sechs) Monate im kühlen Naturlager haltbar, ohne zu welken. Im Kühllager bis Mai bei 2 °C ohne Lagerkrankheiten.
Verwertung	Vorwiegend für den Frischverzehr.
Ertrag	Früh einsetzend, etwa ab dem 3. Standjahr, dann hoch und regelmäßig.
Baum	Hoch pyramidales, rundes, gut verzweigtes Wuchsbild mit aufrechten Leitästen. Etwas hängende Seitentriebe mit schmalen Blättern, gut mit Fruchtholz besetzt. Im Vollertragsalter schwaches Wachstum. Laufender Überwachungsschnitt zielt auf Erneuerung der Fruchtäste und Erhalt des Wachstums. Nicht frostfest. Vom Wachstum her gut für Form- und Topfbäume geeignet.
Standort	Nährstoffreiche Böden in warmen Lagen sind bevorzugt, aber auch geschützt in mittleren Höhen anbaufähig.
Anfälligkeit	Stark für Feuerbrand, sehr stark für Mehltau, auch für Schorf. Virosen und Jonathan-Spot (schwarze Schalenflecken) kommen vor.
Anbauwert	Sehr pflegebedürftig, deshalb mehr für den Erwerbsanbau geeignet, jedoch mit rückläufiger Bedeutung. Trotz der Geschmacksdefizite war die Sorte lange erfolgreich durch die ansprechende Fruchtfarbe, hohe Ernten und die Lagerqualitäten.

Ingol

Spätsorte

Entstehung	1954, aus 'Ingrid Marie' x 'Golden Delicious'. Züchter Loewel und Saure in der Obstbauversuchsanstalt Jork an der Niederelbe. Seit 1964 im Handel.
Blüte	Mittelspät, etwas witterungsempfindlich. Energisches Ausdünnen nach der Blüte kann die Alternanz mindern. Guter Pollenspender.
Frucht	Groß, auch sehr groß, um 230 g schwer. Flachrund. Schüsselförmige Kelcheinsenkung mit meist offenem Kelch. Mittellanger Stiel in weiter und tiefer Stielgrube. Kleines Kernhaus. Schale dick, fest, leicht wachsig. Zur Reife gelbgrün, sonnenseits rot streifig oder geflammt mit hellen Schalenpunkten. Fruchtfleisch cremefarben, mittelfest bis weich, saftig, süß-säuerlich, ohne besondere Würze. Saftausbeute ca. 60 %.
Reife	Mitte bis Ende September, windfest. Wegen Aroma- und Größenzuwachs so spät wie möglich ernten. Etwa fünf Monate im kühlen Naturlager haltbar. Auf Fleischbräune ist zu achten.
Verwertung	Vielseitig verwertbare Wirtschafts- und Mostsorte. Auch für den Frischverzehr.
Ertrag	Früh einsetzend. Wechsel zwischen sehr hohen und geringeren Ernten. Im Durchschnitt mittelhoch. Bei älteren Bäumen Alternanz auch auf schwachwüchsigen Unterlagen.
Baum	Breit ausladendes, lockeres Wuchsbild mit schräg aufrechten Leitästen, gering verzweigt und ohne bestimmenden Mitteltrieb. Dies ist bei den Pflanzabständen zu berücksichtigen. Auch im Vollertragsalter noch mittelstarkes Wachstum. Der Überwachungsschnitt soll den Kronenumfang mindern und zielt auf bessere Verzweigung. Nicht frostfest im Holz.
Standort	Keine Extremböden und keine Spätfrost- oder Höhenlagen. Hohe Luftfeuchtigkeit im Seeklima und leichtere, humus- und nährstoffreiche Böden sind am besten geeignet.
Anfälligkeit	Mittelstark für Feuerbrand. Anfällig auch für Schorf und Mehltau. Krebs auf schweren Böden. In den Früchten Stippe und Glasigkeit bei wechselhafter Jahreswitterung. Befall mit Spinnmilben. Platzneigung bei großen Früchten.
Anbauwert	Wegen der Ertragshöhe und den Fruchtqualitäten auch für der erwerbsmäßigen Anbau als Wirtschafts- und Mostsorte geeignet.

Ingrid Marie

Herbstsorte

Doppelname	'Hoed Orange' in Dänemark
Mutanten	'Karin Schneider' mit flächig roter Deckfarbe, 'Quast'
Entstehung	Um 1910 in der Gartenbauschule Flemloese auf der Insel Fünen in Dänemark. Zufallssämling von 'Cox Orange'. Benannt nach der Tochter des Gartenbaulehrers K. Madsen. Im Handel seit 1936.
Blüte	Mittelspät, etwas empfindlich. Die meisten Blüten sind am zweijährigen Langtrieb. Guter Pollenspender. Energisches Ausdünnen nach der Blüte fördert die Fruchtqualität und kann die Alternanz mindern.
Frucht	Mittelgroß, selten groß, um 120 g, regelmäßige, flache, breitrunde Form. Flache, strahlige Kelcheinsenkung und offenem Kelch. Mittellanger Stiel in weiter, berosteter Stielgrube. Schale dick, derb, leicht wachsig. Bei Reife hellgelb, sonnenseits rot marmoriert und gestreift. Typisch die großen, hellen Schalenpunkte. Druckempfindlich. Fruchtfleisch cremegelb, grobzellig, weich, am Lager mürbe. Saftigsüß, mildaromatisch mit leichter Säure.
Reife	Ab Anfang September. Wegen vorzeitigen Fruchtfalls ist mehrmals durchzupflücken. Etwa drei Monate im kühlen Naturlager haltbar, im Kühllager bis Januar, nicht unter 4 °C. Laufende Kontrolle auf Fruchtfäulen ist notwendig. Überlagert sind die Früchte mehlig und fade.
Verwertung	Überwiegend für Frischverzehr, aber auch Wirtschaftssorte.
Ertrag	Jährlich wechselnd zwischen höheren und geringen Erträgen, gebietsweise unterschiedliche Alternanzneigung. Durch die Fruchtfäulen werden die Erträge noch verringert.
Baum	Breit pyramidales, dichtes und ausladendes Wuchsbild mit dünnen, außen überhängenden Ästen. Mittelstarkes Wachstum. Hoher Schnittaufwand. Der Überwachungsschnitt zielt auf besser durchlichtete Krone und Erneuerung der Fruchtäste. Nicht frostfest im Holz.
Standort	Seeklima und leichte, nährstoffreiche Böden sind Voraussetzungen für gute Fruchtqualität und Pflanzengesundheit. Andernorts treten die nachteiligen Eigenschaften stärker hervor.
Anfälligkeit	Stark für Feuerbrand, auch Schorf, Mehltau, Krebs. An den Früchten Stippe, Frucht- und Braunfäule, Glasigkeit. Häufig entstehen bei trockener Witterung auch Fruchtrisse, die Früchte beginnen dann bald am Baum zu faulen.
Anbauwert	Eine pflegeintensive sensible Sorte, nur für erfahrene Anbauer und nur für Gebiete, wo die hohen Ansprüche zu erfüllen sind.

Jakob Fischer

Herbstsorte

Doppelname	'Schöner (Roter) vom Oberland'
Entstehung	Um 1903, gefunden vom Landwirt Jakob Fischer im Wald von Rottum bei Biberach/Oberschwaben. Dort soll der Urbaum noch immer stehen. Die Sorte wurde 1912 benannt und erhielt 1920 erste Preise bei Obstausstellungen.
Blüte	Sehr früh, empfindlich bei Spätfrösten. Schlechter Pollenspender (triploid).
Frucht	Groß, um 190 g schwer. Unregelmäßig flachkugelige Form. Flache, weite Kelcheinsenkung mit kleinem Kelch. Kurzer und dünner Stiel in enger, strahlig berosteter Stielgrube. Schale glatt, etwas wachsig. Bei Reife hellgelb, sonnenseits flächig rot oder gestreift mit hellen Schalenpunkten. Fruchtfleisch fast weiß, etwas mürbe, saftig, weinsäuerlich mit dezentem Aroma.
Reife	Ab Mitte August. Etwa sechs Wochen haltbar, ab dann mehlig werdend.
Verwertung	Vorzugsweise Tafelsorte. Eingeschränkt Wirtschaftssorte, weil an der Luft schnell bräunend.
Ertrag	Trotz der Wuchsstärke meist mittelhoch bis hoch und regelmäßig.
Baum	Breit pyramidale, lockere Krone mit langen Ästen, die zum Ausbrechen neigen. Früher wegen seines geraden Wuchses gerne als Gerüstbildner gepflanzt. Im Vollertragsalter immer noch kräftiger Wuchs. Im Holz sehr frosthart.
Standort	Anspruchslos an den Boden, sofern er nicht zu trocken und zu schwer ist. Bis in raue Höhenlagen anbaufähig.
Anfälligkeit	Widerstand gegen Feuerbrand, gering Schorf und Mehltau. Bisher keine Triebsucht beobachtet. Eine der robustesten Sorten überhaupt.
Anbauwert	Sehr robuste und gute und daher empfehlenswerte Frühherbstsorte für den Garten und Streuobstanbau bis in raue Lagen. Im Garten sind schwachwachsende Unterlagen zu empfehlen.

Jakob Lebel

Herbstsorte

Doppelname	'Jacques Lebel' (erster Name), 'Double des Vosges', 'Lebelovo', 'Breitaschi', 'Schmierling'
Entstehung	Um 1825. Züchter Jaques Lebel in Amiens/Frankreich. Von der Baumschule Leroy in Angers 1849 in den Handel gebracht.
Blüte	Mittelfrüh, lange anhaltend, nicht empfindlich. Schlechter Pollenspender (triploid).
Frucht	Groß, bis zu 200 g schwer. Ungleichmäßig breitrunde Form mit sehr flacher Kelcheinsenkung. Meist kurzer, dicker Stiel in weiter, strahlig berosteter Stielgrube. Wird gelegentlich mit 'Gravensteiner' verwechselt. Schale dünn aber zäh, glatt, sehr fettig. Bei Reife gelblichgrün, verwaschen rot geflammt oder gestreift. Druckempfindlich. Fruchtfleisch gelblichweiß, etwas locker, saftig, säuerlich weniger süß mit schwachem Aroma.
Reife	Ab Anfang bis Mitte September. Früchte drücken sich oft gegenseitig schon vor der Reife ab. Späte Ernte fördert die Fruchtqualität. Mehrmaliges, schonendes Durchpflücken ist anzuraten, denn zur Baumreife wird der Fruchtfall stärker. Etwa drei Monate im kühlen Naturlager ohne Welke haltbar, wird dabei immer fettiger. Auf Stippe ist zu achten.
Verwertung	Ausgereift für den Frischverzehr. Als Wirtschafts- und Mostsorte sehr gut, auch für industrielle Verwertung. Bräunung bald nach dem Einschneiden. Gilt als einer der besten Backäpfel.
Ertrag	Früh einsetzend und jährlich wechselnd zwischen hoch und Ertragsausfall (ausgeprägte Alternanz). Insgesamt mittelhohe Erträge.
Baum	Oft schiefes Wachstum. Schirmartige, breite Krone mit überhängenden Ästen, unregelmäßig mit Seitenholz besetzt. Von Jugend an bis in den Vollertrag noch starkes Wachstum mit dicken, wenig verzweigten Trieben. Der Überwachungsschnitt zielt auf eine mehr regelmäßige, durchlichtete Krone. Nach starken Ertragsjahren können Frostschäden im Holz durch Erschöpfung auftreten.
Standort	Auf durchlässigen, nicht zu schweren Böden bis in raue, windgeschützte Höhenlagen. Je geschützter die Lage, desto besser die Fruchtqualität. In nassen Böden stippe- und krebsanfällig.
Anfälligkeit	Stark für Feuerbrand. Kein Mehltau. In Tallagen Schorf, Blutläuse. Stippe in den Früchten. In nassen, schweren Böden Krebs.
Anbauwert	Typische Sorte für den Streuobstanbau in frostgeschützten Lagen. Findet aber auch sonst seine Liebhaber, in höheren Lagen und als Backapfel. Die geringe Haltbarkeit und die fettige Schale schränken den Anbauwert ein.

Jamba

Frühsorte

Doppelname	'Jamba 69'
Entstehung	1954, aus einer Kreuzung 'Melba' x 'James Grieve' in Obstbauversuchsanstalt Jork (Altes Land). Seit 1969 im Handel.
Blüte	Früh, etwas witterungsempfindlich. Guter Pollenspender. Ein starker Fruchtansatz sollte bald nach der Blüte energisch ausgedünnt werden, um einer Erschöpfung des Baumes vorzubeugen.
Frucht	Mittelgroß, mitunter groß, gleichmäßig hochrund. Kleine schüsselförmige Kelcheinsenkung. Meist langer Stiel in weiter Stielgrube. Schale dünn, glatt, etwas bläulich bereift. Bei Reife gelbgrün, sonnenseits flächig rot mit zahlreichen, kleinen Schalenpunkten. Druckfest. Fruchtfleisch grünlichweiß, mittelfest, saftig, säuerlich mit deutlichem Aroma.
Reife	Ab Mitte August, nicht windfest. Folgernde Reife, deshalb ist ein mehrmaliges Durchpflücken anzuraten. Etwa drei bis vier Wochen kühl haltbar, dann schnell mehlig werdend.
Verwertung	Überwiegend für den Frischverzehr, als Wirtschaftssorte noch brauchbar.
Ertrag	Mittelfrüh einsetzend, mittelhoch bis hoch und regelmäßig.
Baum	Mittelgroßes, mehr aufrechtes Wuchsbild mit hängenden Fruchtästen und auffallend großen, ovalen Blättern. Ein Sommerschnitt ist anzuraten, um die Fruchtqualität zu verbessern. Anfangs starker Wuchs, mit Einsetzen des Vollertrages deutlich schwächer. Nach starkem Behang im Holz nicht ganz frostfest.
Standort	Nur für nährstoffreiche Böden in geschützter Lage, vorzugsweise im Seeklima.
Anfälligkeit	Mittelstark für Feuerbrand, stark für Schorf und Mehltau. In großen Früchten starke Neigung zu Stippe und Glasigkeit.
Anbauwert	Im Vergleich zu 'James Grieve' etwas früher und geschmacklich besser, jedoch mit höheren Ansprüchen an das Klima.

James Grieve

Herbstsorte

Doppelname	'Frühe Cox Orange'
Entstehung	Um 1880, aus Samen von 'Pott's Seedling'. Ausgelesen vom Obergärtner J. Grieve in der Baumschule Dickson bei Edinburg/Schottland. Um 1890 in den Handel gegeben. Anstelle von 'Pott's Seedling' wird auch 'Cox Orange' als Herkunft vermutet.
Mutanten	Meist ist der rote Typ 'Neumann' im Anbau, der etwa 10 Tage später reift. Weitere Typen: 'Esselborn', 'Lired', 'Poelman', 'Rubin'. Hingegen ist 'James Grieve Super Compact®' eine eigenständige, kompakt und säulenartig wachsende Sorte mit 'James Grieve'-ähnlichen Eigenschaften.
Blüte	Mittelspät, lange anhaltend, gering witterungsempfindlich. Guter Pollenspender. Bei dem regelmäßig starken Fruchtansatz nach der Blüte ist ein energisches Ausdünnen sehr wichtig für gleichmäßigere Fruchtgrößen und um der frühzeitigen Erschöpfung des Baumes vorzubeugen.
Frucht	Unterschiedliche Fruchtgrößen, meist mittelgroß, gleichmäßig hochrund. Flache, meist gerippte Kelchgrube, Kelch mit typisch spitzen Blättchen. Mittellanger Stiel in tiefer, strahlig berosteter Stielgrube.
	Schale zäh, glatt, etwas fettig. Bei Reife gelblich, sonnenseits verwaschen gestreift. Druckempfindlich. Fruchtfleisch fast weiß, feinzellig, später locker. Sehr saftig mit feiner Fruchtsäure und gutem Aroma.
Reife	Ab Ende August. Wegen folgernder Reife ist mehrmaliges, druckfreies Durchpflücken anzuraten. Nicht windfest. Stippeneigung bei zu früher Ernte. Etwa sechs Wochen kühl haltbar, im Kühllager bis November bei 3 °C.
Verwertung	Für den Frischverzehr und als gute Wirtschaftssorte, vor allem zum Backen und Apfelmus.
Ertrag	Sehr früh einsetzend, regelmäßig hoch bis sehr hoch.
Baum	Kleineres, gut verzweigtes Wuchsbild mit schräg aufrechten, gut mit Seitenholz besetzten Leitästen. Im Vollertragsalter schwacher bis sehr schwacher Wuchs. Deshalb ist regelmäßiger Überwachungsschnitt und eine gelegentliche Verjüngung anzuraten, sonst lässt der Holztrieb bald nach. Sorgfältiger und kräftiger Pflegeschnitt zielt auf die Erhaltung der Wuchskraft und verhütet die vorzeitige Vergreisung. Oft ist auch ein Sommerschnitt notwendig. Nur nach übermäßigem Behang nicht frostfest im Holz.
Standort	Anspruchslos bis in mittlere Höhenlagen auf nährstoffreichen oder auch trockenen Böden. Extremböden führen zu verstärktem Fruchtfall und Krebs.
Anfälligkeit	Stark für Feuerbrand. In Tallagen Schorf, verschiedene Virosen und Rote Spinne. Sonst Blatt- und Blutläuse, Fruchtfäulen. Empfindlich für Kupfer- und Schwefelmittel. Stippe bei wechselhafter Witterung.
Anbauwert	Trotz der nachteiligen Eigenschaften noch immer beliebt. Ertragssichere Spätsommersorte für alle Anbauformen, auch Spalier und Topfobst. Im Erwerbsanbau deutlicher Anbaurückgang, u. a. durch die Konkurrenz von 'Delbarestivale'.

Jazz® — Spätsorte

Bemerkung	'Jazz' ist der Markenname, die Sortenbezeichnung lautet 'Scifresh'. Lizenzrechte für Europa besitzt die Baumschule Davodeau Ligonniere. Die Sorte wird in Neuseeland und Frankreich als „Clubsorte" angebaut.
Entstehung	1985, aus 'Braeburn' x 'Royal Gala', am Hort-Research/Neuseeland. Die ersten Bäume wurden dort 1996 angepflanzt und 2001 für den gewerblichen Anbau freigegeben.
Blüte	Mittelfrüh, witterungsempfindlich. Eine Blüten- oder frühe Fruchtausdünnung wird empfohlen.
Frucht	Mittelgroß, seltener groß, konisch hochgebaute Form, ähnlich 'Braeburn'. Schüsselförmige Kelcheinsenkung. Harte Schale, grüngelb mit dekorativer roter Deckfarbe. Kurzer Stiel, bisweilen verwachsen. Das Fruchtfleisch ist sehr fest, angenehm saftig mit wenig Säure, aber viel Süße. Im kühlen Naturlager über 4 Monate haltbar, unter modernen Lagerbedingungen deutlich länger.
Reife	Je nach Standort ab Mitte bis Ende Oktober. Es ist mehrfach durchzupflücken. Wegen eines Anteils verwachsener Stiele können die Früchte bei der Ernte leicht beschädigt werden.
Ertrag	Bei fachgerechter Pflege, darunter Blütenausdünnung, hoch und regelmäßig. Sonst besteht eine leichte Alternanzneigung.
Baum	Starkes Wachstum, aufrecht mit langen, wenig verzweigten Ästen. Neigt zur Verkahlung.
Standort	Gemäß ihrer Herkunft hat die Sorte eine lange Fruchtwachstumszeit und ist deshalb sehr anspruchsvoll an Boden und Klima. Schon mittelhohe Lagen sind für den Anbau bei uns nicht mehr geeignet.
Anfälligkeit	Starke Anfälligkeit für Feuerbrand. Bei der Lagerung können Probleme mit Fleisch- und Schalenbräune entstehen.
Anbauwert	Die Sorte wird zwar als „Neuer Stern am Apfelhimmel" bezeichnet, sie kann aber nur für erfahrene Anbauer im Erwerbsbereich empfohlen werden. Außerdem handelt es sich um eine „Club-Sorte", die nicht für alle zugänglich ist. Bei Verkostungen wurde 'Jazz' überwiegend als zu süß mit zu harter Schale empfunden.

Jonagold

Spätsorte

Entstehung	1943. Kreuzung aus 'Golden Delicious' x 'Jonathan' an der Versuchsstation Geneva/New York. Seit 1968 im Handel.
Mutanten	Mittlerweile dominieren im Erwerbsanbau die Mutanten und Auslesen, inzwischen über 90. Für die meisten von ihnen besteht Sortenschutz. Bedeutsam sind u. a. 'Early Queen', 'Carina', 'Jonica', 'Komet', 'Novajo', 'Robijn', 'Wilmuta'. Diese färben deutlich besser aus als der Standard. Hingegen sind 'Rubinstar', 'Morrens Jonagored', 'Red Jonaprince' flächig rot. Sie werden als „Rote Jonagold" geführt.
Blüte	Mittelfrüh, länger anhaltend, dadurch frostempfindlich. Schlechter Pollenspender, da triploid. Ein Ausdünnen bei starkem Fruchtansatz nach der Blüte ist wichtig.
Frucht	Mittelgroß bis sehr groß, stark schwankend, bis 200 g schwer, hoch gebaut. Breite und weite Kelchgrube mit großem, offenem Kelch. Langer und dünner Stiel in enger Stielgrube. Schale dick, hart, glatt, am Lager stark fettig. Bei Reife grünlichgelb, Deckfarbe rot gestreift oder marmoriert, sonnenseits auch ganzflächig. Zahlreiche, helle Schalenpunkte. Nicht druckempfindlich.
	Fruchtfleisch cremefarben, grobzellig, süß und mildsäuerlich. Aromatisch nur bei ausgefärbten Früchten, sonst fader Geschmack.
Verwertung	Vorrangig für den Frischverzehr, guter Backapfel, als Wirtschaftssorte noch brauchbar.
Ertrag	Früh einsetzend, hoch und unregelmäßig.
Reife	Folgernd ab Anfang Oktober, wenig Fruchtfall. Mehrmaliges Durchpflücken ist erforderlich. Zu späte Ernte begünstigt Fleischbräune auf dem Lager. Etwa fünf Monate im kühlen Naturlager haltbar, danach Aromaverlust. Unter modernen Lagerbdegingungen 8–9 Monate haltbar. Große Früchte neigen zu Fleischbräune. Aufbewahrung im perforierten Folienbeutel ist möglich. Auf Stippe ist zu achten.
Baum	Großes, breites, dicht belaubtes Wuchsbild mit starken Trieben und großen, kräftigen Blättern. Ein Sommerschnitt zielt auf besser gefärbte Früchte im Kroneninneren. Bei Vollertrag immer noch mittelstarker Wuchs. Im Holz nicht frosthart.
Standort	Nährstoffreiche, feuchte und humusreiche Böden in wärmeren Lagen ohne Spätfrostgefahr. Auf trockenen Böden besteht mehr Stippeneigung. Kühles Klima in höheren Lagen bewirkt viel kleinere Früchte.
Anfälligkeit	Mittelstark für Feuerbrand, stark für viröse Triebsucht. Mittel für Schorf und Krebs, mehr für Mehltau, Rostmilben und mehlige Blattlaus. Empfindlich für Schwefelmittel. Bei wechselhafter Witterung kann Glasigkeit auftreten.
Anbauwert	Im Garten nur bei Erfüllung der hohen Pflegeansprüche befriedigend. Im Erwerbsanbau wird Baumschulware auf M 9 und Zwischenveredelung mit 'Summerred' oder einer anderen, schwachwüchsigen Sorte bevorzugt. Immer noch eine Hauptsorte.

Jonathan

Spätsorte

Doppelnamen	'King Philipp', 'Ulster Seedling'
Entstehung	1826 auf der Farm von Ph. Rick in Kingston/New York, als Sämling von 'Esopus Spitzenberg' ausgelesen. Benannt nach Jonathan Hasbrouck. Kam etwa 1880 nach Europa.
Mutanten	Stärker gefärbt sind 'Blackjon', 'Heines' (Holland), 'Jonared', 'Watson' (Kanada)
Blüte	Mittelspät, wenig empfindlich. Guter Pollenspender. Scharfes Ausdünnen nach der Blüte beeinflusst die Fruchtgröße erheblich.
Frucht	Je nach Kulturart klein bis mittelgroß, 90–110 g schwer. Hoch gebaute, ungleichmäßige Form. Tiefe und enge, oft faltige Kelchgrube mit kleinem, geschlossenem Kelch. Meist langer Stiel in tiefer Stielgrube. Schale hart und zäh, glatt, etwas fettig, oft mit Rostfiguren. Grüngelb, Deckfarbe verwaschen flächig oder geflammt tiefrot. Druckempfindlich. Fruchtfleisch fast weiß, fest, saftig. Süßsäuerlich mit schwachem Aroma, mäßig parfümiert.
Reife	Ab Anfang Oktober, windfest bis über die Baumreife. Zu späte Ernte fördert den Befall durch „Jonathan-Spot" (schwarze Schalenflecken). Durchpflücken ist deshalb ratsam. Etwa fünf Monate im kühlen Naturlager ohne Welke haltbar, im Kühllager bis April bei 3 °C. Auf Lagerfäulen und Fleischbräune ist zu achten.
Verwertung	Vorwiegend für den Frischverzehr, begehrt als Kinderapfel und zur Dekoration.
Ertrag	Früh einsetzend, hoch und regelmäßig. Etwa 70 % von 'Golden Delicious'.
Baum	Mittelgroßes, rundliches und dichtes Wuchsbild mit schrägen Leitästen und dünnen, überhängenden Trieben. Im Vollertragsalter schwacher Wuchs. Beim Schnitt entfernt man die Mehltauspitzen mit. Alljährlicher Schnitt ist wichtig, um die Triebkraft zu erhalten, bei Nachlassen muss die Krone verjüngt werden. Im Holz nicht frostempfindlich.
Standort	Beste Fruchtqualität ist nur in warmen, luftfeuchten Lagen etwa im Küstenklima erzielbar. Warme Herbstwochen sind entscheidend. Der Boden soll eher leicht sein, in ausgesprochen trockenen Böden wird der Mehltaubefall noch stärker.
Anfälligkeit	Stark für Feuerbrand und Mehltau. Weniger für Schorf, mehr für Krebs und verschiedene Virosen auf schweren Böden. Empfindlich für Kupfer- und Schwefelmittel.
Anbauwert	Außerordentlich sensible Sorte im Garten. Wenn die hohen Standort- und Pflegeansprüche erfüllbar sind noch empfehlenswert. Ansonsten sollte man auf die Sorte besser verzichten.

Josef Musch

Herbstsorte

Entstehung	Vermutlich in der ersten Hälfte des 19. Jh. Wahrscheinlich in Belgien, da die Sorte 1872 im Katalog von J.M. Galopin in Lüttich zum Kauf angeboten wurde. Sie war aber bereits im Katalog der Baumschule Frères in Metz/Frankreich aufgeführt – aber mit dem Hinweis „Erhalten aus Liège".
Blüte	Früh, nicht empfindlich. Schlechter Pollenspender (triploid).
Frucht	Groß, mitunter sehr groß, um 200 g. Unregelmäßige, flachrunde bis hochrunde, wulstige Form. Weite Kelchgrube, von Höckern umgeben. Kurzer Stiel in enger Stielgrube. Schale derb, glatt, bei Reife fettig. Goldgelb, sonnenseits mehr oder weniger stark kurz gestreift. Auffällige Schalenpunkte. Druckempfindlich. Fruchtfleisch etwas mürbe, grobzellig. Wenig saftig, weinsäuerlicher Geschmack ohne großes Aroma.
Reife	Ab Mitte September, windfest bis zur Reife. Wegen des kurzen Stieles drücken sich einige Früchte oft vorzeitig ab. Etwa vier Monate im kühlen Naturlager haltbar. Auf Stippe und Lagerfäulen ist zu achten.
Verwertung	Wirtschafts- und Mostsorte, weniger für den Frischverzehr.
Baum	Breit pyramidale, große Krone mit weniger gut verzweigten Ästen. Im Alter immer noch mittelstarker Wuchs. Im Holz frosthart.
Standort	Anspruchslos an Boden und Klima. Am besten geeignet sind mittlere bis hohe, auch windige Lagen.
Anfälligkeit	Am zusagenden Standort widerstandsfähig gegen Krankheiten.
Ertrag	Früh einsetzend, gering bis höchstens mittelhoch, mit geringer Alternanzneigung.
Anbauwert	Typische Sorte für den Streuobstanbau in höheren, windigen Lagen.

Julia

Frühsorte

Anbauwert	Ansprechende, wenig krankheitsanfällig Frühsorte in der Reifezeit von 'Klarapfel'.
Entstehung	'Quinte' x 'Discovery' am Institute of Pomology, Holovosy/Tschechien. Seit 1993 im Handel.
Blüte	Sehr früh bis früh. Hoher Blütenansatz. Mittel frostempfindlich.
Frucht	Klein bis mittelgroß. Flach bis mittelhoch gebaut, mittelbauchig. Fast flächig dunkelrote Deckfarbe mit zahlreichen hellen Lentizellen. Leicht netzartige Berostung. Fruchtfleisch mittelfest, saftig, aromatisch. Süß mit ausgeprägter Säure.
Reife	Ende Juli (ähnlich wie 'Klarapfel'). Im Kühllager etwa 3–4 Monate haltbar.
Verwertung	Frischverzehr.
Ertrag	Früh einsetzend. Mittelhoch.
Baum	Mittelstarker, breit aufrechter Wuchs. Mittlere Verzweigung, leichte Verkahlungsneigung.
Anfälligkeit	Gilt als schorfresistent. Kaum anfällig für Mehltau.

Juno

Spätsorte

Entstehung	Deutschland. Kreuzung aus 'Ontario' x 'London Pepping' im früheren Kaiser-Wilhelm-Institut in Müncheberg. Seit 1971 im Handel.
Blüte	Mittellang andauernd, mäßig witterungsempfindlich. Guter Pollenspender. Eine Fruchtausdünnung bald nach der Blüte sorgt für gleichmäßige Fruchtgrößen und kann die Alternanz bei älteren Bäumen mindern.
Frucht	Groß bis sehr groß, um 190 g schwer. Sehr ungleichmäßige, breitrunde Form, ähnlich 'Ontario'. Weite, von Höckern umgebene Kelcheinsenkung mit kleinem, geschlossenem Kelch. Unterschiedlich langer Stiel in leicht berosteter Stielgrube. Schale fest bis hart, glatt, etwas bereift. Grünlichgelb, sonnenseits bräunlichrot gestreift oder gesprenkelt. Sehr druckempfindlich. Fruchtfleisch gelblichweiß, mittelfest, feinzellig. Sehr saftig säuerlichsüß mit gutem Aroma.
Reife	Ab Mitte Oktober, möglichst druckfrei ernten. Windfest bis zur Baumreife. Etwa fünf bis sechs Monate ohne Aromaverlust im kühlen Naturlager haltbar. Im Kühllager ohne Welke bis Juli bei 1 °C. Aufbewahrung im perforierten Folienbeutel ist möglich.
Verwertung	Für den Frischverzehr, aber auch sehr gute Wirtschafts- und Mostsorte, industriell für Saft und Nasskonserven sowie Bäckereien.
Ertrag	Mittelhoch bis hoch. Mäßige Alternanzneigung bei älteren Bäumen.
Baum	Breit pyramidales, gut verzweigtes, oft überhängendes Wuchsbild. Von Jugend an starker, später mittelstarker Wuchs, ähnlich 'Ontario', doch mit besser verzweigten Trieben. Sommerschnitt kann die Fruchtausfärbung verbessern. Im Holz nicht ganz frostfest. Für Formobstbäume geeignet.
Standort	Wegen der langen Fruchtwachstumszeit werden warme Lagen bevorzugt. Geschützt bis in mittlere Höhenlagen auf durchlässigen Böden anbaufähig.
Anfälligkeit	Mittelstark für Feuerbrand. Anfällig auch für Schorf, Mehltau und Spinnmilben. Gelegentlich treten Fruchtrisse mit nachfolgender Fäulnis in der Stielgrube auf. Vögel picken gerne an den saftigen Früchten.
Anbauwert	Neben 'Pilot' eine weitere wertvolle Verbesserung als lange haltbare Lagersorte im Vergleich zu 'Ontario'. Für den Garten zu empfehlen – aber dennoch selten zu finden.

Kaiser Alexander

Herbstsorte

Doppelnamen	'Aport' (Originalname), 'Aporta Nalivia', 'Albertin', 'Empereur Alexandre', 'Allerweltsapfel', 'Korallenapfel'
Entstehung	Unbekannt, wahrscheinlich im 18. Jh. in den südlichen Provinzen Russlands. Erste Erwähnung 1794 von Christ als 'Wunderapfel' und 'Merveille du Monde'. Um 1805 kam die Sorte über Riga nach England, 1830 von England nach Amerika. Eine umfangreiche Beschreibung erfolgte in Deutschland 1823 von A.F.A. Diel unter dem Namen 'Kaiser Alexander von Rußland'. Die Sorte war im 19. Jh. in Europa und Nordamerika weit verbreitet.
Blüte	Früh, lange anhaltend und wenig empfindlich.
Frucht	Groß, um 130 g schwer. Meist gleichmäßige, etwas hochrunde Form. Weite, offene und faltige Kelcheinsenkung. Kurzer, starker Stiel in sehr tiefer Grube. Schale glatt, geschmeidig, glänzend. Bei Reife hellgelb, unterschiedlich rot gestreift und geflammt. Fruchtfleisch weiß, locker, saftig mit weinigem Zuckergeschmack und wenig gewürzt.
Reife	Ab September bis Anfang Oktober, maximal 2 Monate haltbar. Nicht windfest. Die Haltbarkeit ist bei zu früher Ernte sehr eingeschränkt. Vom Baum essbar.
Verwertung	Kein wertvoller Tafelapfel. Wegen des weißen Fruchtfleisches von Bäckereien geschätzt, keine Verfärbung auch beim Dörren. Beste Wirkung als Schaufrucht.
Ertrag	Mittelhohe Erträge bei Neigung zu Alternanz.
Baum	Große, flachrunde, gut verzweigte Krone mit langem, dünnem Fruchtholz und unregelmäßigen, wolligen Blättern. Von Jugend an starker Wuchs, auch im Alter. Früher auch als Formbaum auf schwachwachsender Unterlage angebaut.
Standort	Leichtere, nicht zu feuchte Böden im freien Stand, aber windgeschützt bis in Höhenlagen. Dort sind Farbe und Geschmack am besten ausgeprägt.
Anfälligkeit	Fruchtfäule schon am Baum, anfällig auch für Spinnmilben, in nassen, schweren Böden stark für Krebs.
Anbauwert	Ausgesprochene Liebhabersorte. Wurde früher wegen seines Aussehens als „Paradefrucht ersten Ranges" bezeichnet.

Kaiser Wilhelm

Spätsorte

Doppelnamen	'Empereur Guillaume', 'Cesarz Wilhelm', 'Wilhelmapfel'
Entstehung	Unbekannt. Die Sorte wurde 1864 vom Direktor des Bergischen Obstbau-Vereins Carl Hesselmann aus Witzhelden/Solingen im Gutsgarten von Hans Bürgel gefunden. Sie ist vermutlich ein Sämling von 'Harberts Renette'. Seit 1877 bekannt und in ganz Deutschland verbreitet.
Blüte	Mittelspät, sehr zierend. Lange anhaltend, aber unempfindlich. Schlechter Pollenspender (triploid). In Ertragsjahren soll der starke Fruchtansatz nach der Blüte energisch ausgedünnt werden.
Frucht	Je nach Behang mittel bis groß, um 190 g schwer. Ungleichmäßig flachrund. Flache, faltige Kelcheinsenkung mit offenem Kelch. Kurzer Stiel in einer trichterförmigen, typisch strahlig berosteter Stielgrube. Schale fest, glatt, trocken, am Lager leicht fettig. Bei Reife grüngelb, sonnenseits oder über die ganze Frucht verwaschen rot gestreift, besonders nach längerer Lagerzeit. Deutliche Schalenpunkte. Druckfest. Fruchtfleisch gelblichweiß, fest, mäßig saftig. Weinsäuerlich mit leichtem Aroma. Kleines Kernhaus.
Reife	Ab Mitte bis Ende September, oft Vorerntefruchtfall. Trotzdem sollte die Ernte so spät wie möglich sein. Mehrmaliges Durchpflücken ist anzuraten. Etwa fünf Monate im kühlen Naturlager haltbar ohne Welke, im Kühllager bis April bei 1–2 °C.
Verwertung	Für Frischverzehr, auch Wirtschafts- und Mostsorte.
Ertrag	Spät einsetzend. Jährlich wechselnd zwischen hoch bis sehr hoch und völligem Ausfall (ausgeprägte Alternanz).
Baum	Sehr große bis mächtige, breitrunde, locker beastete Krone mit langem, kräftigem Seitenholz. Von Jugend an sehr stark, im Vollertrag noch immer starker Wuchs (wie fast alle triploiden Sorten), mit gut verzweigten Trieben. Es ist schonend zu schneiden, mehr auszulichten, andernfalls entstehen zu viele Holztriebe. Eignet sich nicht für Heckenerziehung oder Formbäume. Im Holz ausreichend frosthart.
Standort	Auf nährstoffreichen, wärmeren, nicht trockenen Böden bis in höhere und raue Lagen anbaufähig. Auf schwereren Böden wachsen die Bäume gesünder als auf leichten.
Anfälligkeit	Gering für Feuerbrand. Stark für Mehltau und Krebs, mäßig für Schorf. Fruchtfäule schon am Baum, besonders am Lager.
Anbauwert	Galt früher als eine der Hauptsorten. Auf schwachwachsenden Unterlagen ist die Alternanz geringer. Wenig Pflegeaufwand. Heute eine wichtige Sorte im Streuobstanbau.

Kanada Renette

Spätsorte

Bemerkung	Die 'Graue Kanada Renette' ist eine eigenständige Sorte.
Doppelnamen	'Reinette d'Angleterre', 'Reinette du Canada' (Frankreich), 'Pariser Rambour-Reinette', 'Goldrenette', 'Weiberrenette' u.v.a.
Entstehung	Unbekannt. Wahrscheinlich in der Normandie/Frankreich entstanden. Die erste Beschreibung stammt von Merlet (1675) als 'La Reinette d'Angleterre'. In England wurde die Sorte 1817 aus Rouen eingeführt und 1822 als 'Reinette de Canada' beschrieben. In den USA war sie 1830 bei einer Ausstellung in Boston zu sehen. Die Reiser dafür kamen aus London. In Deutschland wurde die Sorte durch Manger (1780) und Christ (1794) unter dem Namen 'Der Pariser Apfel' näher bekannt.
Blüte	Mittelspät bis spät, zierend und sehr lange anhaltend. Etwas witterungsempfindlich. Schlechter Pollenspender (triploid). Wegen des reinigenden Fruchtfalls ist ein Ausdünnen nach der Blüte selten erforderlich.
Frucht	Meist groß, auch sehr groß, um 170 g schwer. Ungleichmäßige, breitrunde oder hochrunde Form mit breiten Wulsten. Weite Kelcheinsenkung mit meist offenem Kelch. Kurzer dicker Stiel.
	Schale je nach Standort unterschiedlich, meist rau und zäh, trocken, ganzflächig berostet und mit hellen Schalenpunkten. Je nach Typ gelbgrün, sonnenseits leicht trüb orange. Fruchtfleisch gelblichweiß, mittelfest, später mürbe. Saftreich, mildsäuerlich mit edel gewürztem Renettegeschmack.
Reife	Ab Mitte Oktober. Sturmfest. Im kühlen Naturlager etwa vier Monate haltbar, gute Luftfeuchte vorausgesetzt. Im Kühllager bis April bei 3 °C. Auch bei Welke behalten die Früchte lange ihr Aroma.
Verwertung	Für Frischverzehr, auch Wirtschafts- und Mostsorte.
Ertrag	Auf schwachwachsenden Unterlagen weniger alternierend, sonst jährlich wechselnd zwischen sehr hohen und geringen Erträgen.
Baum	Große, sparrige und flache, im Alter schirmartig überhängende Krone und sehr großen Blättern. Selten mit geradem Stamm. Im Vollertrag noch mittelstarker Wuchs mit gut verzweigten Trieben. Später Triebabschluss, deshalb im Holz nicht ganz frostfest, besonders nach starkem Behang. Ein Schnitt sofort nach der Blüte kann das Wachstum etwas bremsen.
Standort	Beste Qualität ist nur auf nährstoffreichen, tiefgründigen Böden in warmer Lage zu erwarten, geschützt auch in mittlerer Höhenlage. Auf trockenen, leichten Böden Neigung zu Spitzendürre.
Anfälligkeit	Gering für Feuerbrand. Wenig für Schorf, stärker für Krebs und Spitzendürre in ungünstigen Lagen. Empfindlich für Kupfermittel.
Anbauwert	Erhaltenswerte Sorte für günstige Lagen. Geringer Pflegeaufwand.

Kandil Sinap

Spätsorte

Doppelname	'Candile Sinape', 'Russischer Taubenapfel'
Entstehung	Ungewiss. Aufgrund des Namens sollte die Sorte aus Sinope, einer Stadt in Kleinasien stammen. Sie ist dort aber nirgends nachweisbar. Verbreitet ist sie dagegen auf der Halbinsel Krim. Daher ist eher anzunehmen, dass sie vor dort stammt. In Deutschland wurde die Sorte ab 1880 bekannt als Ed. Lucas eine erste Beschreibung mit Abbildung veröffentlichte. Obwohl die Sorte auffällige Früchte hat, fand sie keine große Verbreitung.
Blüte	Spät, nicht witterungsempfindlich.
Frucht	Mittelgroß bis groß. Meist extrem hoch gebaut walzenförmig. Flache, strahlige Kelcheinsenkung mit geschlossenem Kelch. Meist dünner, langer Stiel. Schale dünn, glatt, oft bläulich bereift. Je nach Standort unterschiedlich gefärbt, meist bei Reife hellgelb, sonnenseits rötlich überhaucht mit hellen Schalenpunkten. Fruchtfleisch fest, sehr saftreich, süßsäuerlich mit leichtem Aroma.
Reife	Je nach Standort ab Mitte Oktober, windfest. Für gute Fruchtqualität möglichst spät ernten. Mindestens vier Monate im kühlen Naturlager haltbar.
Verwertung	Vorwiegend für den Frischverzehr, aber auch gute Wirtschafts- und Mostsorte.
Ertrag	Mittelfrüh einsetzend, fast regelmäßig und hoch.
Baum	Pyramidale, stark verzweigte Krone, im Alter mit dünnen Ästen überhängend. Neigt zur vorzeitigen Vergreisung. Bei Vollertrag schwacher Wuchs. Im Holz frostfest. Der Schnitt zielt auf Erhaltung der Wuchskraft und lichtere Krone mit tragfähigen Ästen.
Standort	Auf nährstoffreichen Böden bis in Höhenlagen anbaufähig. Dort sind Fruchtfärbung und Aroma besser ausgeprägt.
Anfälligkeit	Der Feuerbrandstatus ist unbekannt. Sonst wurden keine hervortretenden Krankheiten und Schädlinge beobachtet.
Anbauwert	Gute Lagersorte für Liebhaber länglicher und fester Früchte.

Kanzi®

Herbstsorte

Bemerkung	Sortenschutz für die Sortenbezeichnung 'Nicoter' besteht seit 2005. Der Anbau erfolgt im Clubkonzept als Marke 'Kanzi'. Erzeugerorganisationen, die Verträge mit dem deutschen Obstsortenkonsortium DOSK geschlossen haben, besitzen Anbau- und Vermarktungsrechte in Deutschland.
Entstehung	'Gala' x 'Braeburn Hillwell'. Die Sorte wurde in Zusammenarbeit zwischen der Universität Leuwen und der Baumschule Niclolai in Belgien gezüchtet. Sortenschutz besteht seit 2005, die Vermarktung erfolgt seit 2006.
Blüte	Mittelspät, nicht witterungsempfindlich. Guter Pollenspender. Wegen des starken Fruchtansatzes ist eine energische Ausdünnung bald nach der Blüte immer erforderlich.
Frucht	Mittelgroß, ca. 140 g schwer, stielbauchig, hochgebaut, regelmäßig. Schale glatt, flächig rote Deckfarbe. Fruchtfleisch sehr fest und knackig, saftig, etwas säuerlicher und aromatischer als bei 'Gala'. Insgesamt sehr guter Geschmack mit einem ausgewogenen Zucker-Säure-Verhältnis und einem hohen Vitamin-C-Gehalt.
Reife	Baumreife von Mitte September bis Anfang Oktober. Um das Aroma voll entfalten zu können, müssen die Früchte nach der Ernte noch einen Monat lagern. In dieser Zeit baut sich der Säureanteil im Apfel ab und die Früchte erhalten ihr optimales Verhältnis zwischen Säure und Süße.
Ertrag	Bei guter Pflege bisher früh einsetzend hoch und regelmäßig.
Baum	Mittelstarker Wuchs. Hochrundes, dichtes Wuchsbild mit etwas dünnen, außen überhängenden Trieben und langen, schmalen Blättern. Verkahlung am Triebansatz der vorzeitigen Triebe. Gipfeldominanz. Zur besseren Fruchtfärbung ist ein Sommerschnitt anzuraten, denn blasse Früchte sind ohne Geschmack. Empfindlich für Holzfrost.
Standort	Die lange Fruchtwachstumszeit bis zur Reife benötigt optimale Standortverhältnisse, deshalb nicht für trockene Böden und höhere Lagen, keinesfalls für Spätfrostlagen geeignet. Die Qualität ist abhängig von einem warmen, tiefgründigen Boden.
Anfälligkeit	Hoch anfällig für Krebs (v. a. auf schweren Böden), anfällig für Feuerbrand und Schorf, etwas anfällig für Stippe.
Anbauwert	Im Handel zunehmend gefragt als Schul- und Büroapfel. Wegen der Krankheitsanfälligkeit und des hohen Pflegeaufwandes sehr sensibel im Anbau. Die Sorte ist nur für Erwerbsanbauer zu empfehlen. Der Anbau und der Verkauf der Früchte ist durch Lizenz- und Warenzeichen-Rechte („Clubsorte") geregelt. Anbaugebiete sind Belgien, Niederlande, Deutschland und Südtirol (nur lizenzierte Betriebe).

Kardinal Bea

Spätsorte

Entstehung	Zufallssämling. Gefunden in Neuhausen/Landkreis Esslingen (Baden-Württemberg). In den 1960er Jahren nach dem Kurienkardinal J. Bea benannt. Die Sorte ist überwiegend in Süddeutschland verbreitet.
Blüte	Mittelfrüh, guter Pollenspender. Energisches Ausdünnen bei starkem Fruchtansatz beugt einer vorzeitigen Vergreisung vor und regelt die Fruchtgröße.
Frucht	Meist groß, um 180 g schwer. Ungleichmäßige Form, meist flachkugelig. Offener Kelch in flacher, leicht faltiger Kelcheinsenkung. Kurzer, dicker Stiel in berosteter Stielgrube. Schale dick, fest, glatt, leicht wachsig. Bei Reife grünlichgelb, Deckfarbe braunrot mit Rostfiguren. Druckfest. Fruchtfleisch fast weiß, grobzellig, weniger saftig, süßsäuerlich ohne hervortretendes Aroma.
Reife	Ab Anfang bis Mitte September, windfest bis zur Baumreife. Etwa zwei Monate lagerfähig.
Verwertung	Eingeschränkt für den Frischverzehr, aber gute Wirtschafts- und Mostsorte.
Ertrag	Früh einsetzend, hoch und regelmäßig, dadurch kann eine frühe Erschöpfung eintreten.
Baum	Kleinere, flache Krone mit schwach verzweigten, kurztriebigen, später überhängenden Ästen und wenig gezahnten Blättern. Im Vollertragsalter schwacher Wuchs. Regelmäßiger Überwachungsschnitt verhütet eine vorzeitige Vergreisung.
Standort	Nährstoffreiche und tiefgründige Böden in warmen Lagen. In trockenen Böden oder windigen Lagen erntet man nur kleine, geringwertige Früchte.
Anfälligkeit	Mittelstark für Feuerbrand. Sehr geringer Schorfbefall, auch sonst kaum anfällig für Krankheiten und Schädlinge.
Anbauwert	Gute Sorte für Streuobstwiesen in zusagenden Lagen, hat aber auch im Garten noch seine Liebhaber. Für Form- und Topfobstbäume geeignet.

Karmeliter Renette

Spätsorte

Doppelnamen	'Grüne Brandrenette', 'Forellen-Reinette', 'Holländische Reinette', 'Perlreinette', 'Pearmain d'hiver', 'Reinette des Charmes', 'Winter Pearmain'
Entstehung	Unbekannt, möglicherweise in Frankreich. Beschrieben wurde die Sorte 1667 von Jean Merlet unter dem Namen 'Reinette truitée'. 1853 von der „Ersten Versammlung deutscher Pomologen" in Naumburg als eine der 10 besten Sorten zum Anbau empfohlen.
Blüte	Mittelspät, lange anhaltend. Empfindlich bei Spätfrösten. Danach können Frostzungen entstehen, die verkorkt über die ganze Frucht laufen können.
Frucht	Mittelgroß, unterschiedlich in der Form. Meist länglichrund, mitunter auch walzenförmig. Kelch typisch offen (wie 'Blenheim') in flacher, schüsselförmiger Kelcheinsenkung mit einigen Falten. Kelchröhre bis fast zum Kernhaus. Stiel dünn, in tiefer, meist durch einen Fleischwulst verengten Stielgrube. Schale glatt, etwas glänzend. Vollreif grüngelb, sonnenseits braunrote Deckfarbe mit typisch grauen Rostpunkten. Ohne Duft. Fruchtfleisch gelblichweiß, markig bis mürbe, saftreich. Angenehme Würze und weinsäuerlich süß bei hohem Zuckergehalt.
Reife	Mitte bis Ende Oktober, windfest, doch windempfindlich. Es ist so spät wie möglich zu ernten. Im kühlen Naturlager bis zu 5 Monaten haltbar ohne zu welken.
Verwertung	Gleich gut zum Frischverzehr, wie auch als Wirtschaftssorte und für Most.
Ertrag	Auf schwächer wachsenden Unterlagen hoch und regelmäßig. Bei Hochstämmen besteht leichte Alternanzneigung.
Baum	Bildet einen kräftigen, geraden Stamm mit fast kugelförmiger Krone mit dünnen, fein filzigen Zweigen. Typisch sind die dünnen Fruchtruten mit Blütenknospen meist an der Spitze. Unterseits wollige, scharf gezähnte Blätter. Mittelstarkes Wachstum mit Eignung für alle Baumformen, eingeschränkt Schnurbäume. Der Schnitt zielt vor allem auf das Auslichten der dichten Verzweigung.
Standort	Beste Fruchtqualität und gesundes Wachstum wird auf nährstoffreichen Böden in warmer, windgeschützter Lage erzielt, doch sind auch leichte Böden möglich. Spätfrostlagen sind zu meiden.
Anfälligkeit	Der Feuerbrandstatus ist unbekannt. Schorf und Blutläuse treten auf.
Anbauwert	Früher eine begehrte Sorte für alle Verwertungen. Die Standortansprüche grenzen den Wert heute etwas ein, doch sind sie erfüllbar, so lohnt sich wieder ein Anbau dieser seltenen Sorte.

Karmijn de Sonnaville

Herbstsorte

Entstehung	Niederlande, 1947 im IVT Wageningen aus dem Samen einer Kreuzung 'Cox Orange' x 'Jonathan'. Später durch Piet de Sonnaville selektiert und bekannt gemacht. Seit 1971 im Handel.
Blüte	Mittelspät, frostempfindlich. Schlechter Pollenspender (triploid). Ausdünnen nach der Blüte mindert die Alternanz und fördert gleichmäßigere Fruchtgrößen.
Frucht	Meist groß, gleichmäßig hochrund. Kleiner, geschlossener Kelch in schüsselförmiger Einsenkung. Schale hart, glatt, trocken. In Kelch- und Stielumgebung meist berostet. Bei Reife goldgelb sonnenseits verwaschen rötlich. Fruchtfleisch grünlichweiß, grobzellig, saftreich, fest, bei Vollreife etwas mürber. Die sehr würzige, aromatische Sorte erreicht auch günstige Werte bezüglich Süße, Säure, Würze und Vitamin C.
Reife	Ab Mitte September, einige Tage nach 'Cox'. Im kühlen Naturlager mit ausreichender Luftfeuchtigkeit etwa 3–4 Monate haltbar. Im Kühllager bis Februar, nicht unter 4 °C wegen möglicher Fleischbräune.
Verwertung	Für den Frischverzehr, auch gute Wirtschaftssorte. Weniger zum Backen geeignet.
Ertrag	Besonders bei älteren Bäumen jährlich wechselnd zwischen hohen und minderen Erträgen, auf schwachwachsenden Unterlagen etwas regelmäßiger.
Baum	Meist aufrecht großes, gut verzweigtes Wuchsbild mit langen, kräftigen Trieben (typisch für triploide Sorten) und großen, wenig gezahnten Blättern. Von Jugend an starker Wuchs, auch bei Vollertrag noch kräftig. Der Sommerschnitt zielt auf bessere Fruchtfärbung, denn Schattenfrüchte sind fade. Im Holz mäßig frostfest.
Standort	Gute Fruchtqualität ist nur auf besten Böden in geschützter Lage und hoher Luftfeuchtigkeit erzielbar.
Anfälligkeit	Stark für Feuerbrand, Mehltau, viröse Triebsucht. Krebs in schweren, nassen Böden. Gering Schorf. Fruchtrisse auf ärmeren Böden und bei anhaltender Trockenheit. In den Früchten Stippe und Glasigkeit bei wechselhafter Witterung. Anfällig für Fruchtfäule. Bevorzugt für Wildverbiss.
Anbauwert	Keine Gartensorte. Die besonders hohe Fruchtqualität wird gemindert durch Ausfälle (starke Fruchtberostung, Sonnenbrand) infolge der Empfindlichkeit bei ungünstigen Witterungs- und Standorteinflüssen. Wegen des starken Wuchses stehen die Bäume besser auf der Unterlage M 27. Bis Ende der 1990er Jahre noch mehr, seitdem deutlich weniger verbreitet, u. a. durch Konkurrenz der Sorten 'Elstar', 'Rubinette', 'Wellant'.

Karneval
Spätsorte

Anfälligkeit	Gering für Schorf, leicht für Mehltau. In feuchten Gebieten ist Krebsbefall möglich.
Anbauwert	Empfehlenswerte Besonderheit („Kultapfel"), v. a. für Liebhaber säurebetonter Äpfel. Die Sorte ist jedoch kein 'Pink Lady'-Ersatz für den Hausgarten.
Entstehung	'Vanda' x 'Cripps Pink' ('Pink Lady'). Institut of Experimental Botany/Prag. Sortenschutz in Europa.
Blüte	Früh bis mittel. Etwas frostempfindlich. Guter Pollenspender
Frucht	Mittelgroß. Flache Form, mittelbauchig. Tiefe und weite Kelchgrube. Grundfarbe gelbgrün mit einzigartiger Optik: rot bis pinkfarben gestreift. In warmen Nächten vor der Pflückreife und bei verspäteter Pflücke, kann die typische Streifenfärbung ausbleiben. Dann sind die Früchte flächig mittelrot. Fruchtfleisch weiß, fest und feinzellig. Geschmack feinsäuerlich, aromatisch und fruchtig.
Reife	Anfang Oktober. In kühlen Räumen haltbar bis Januar/Februar.
Verwertung	Tafelfrucht und zum Backen. „Schaufrucht".
Ertrag	Früh einsetzend. Weitgehend regelmäßig, mittel bis hoch.
Baum	Mittelstarker Wuchs, gut verzweigt. Schöner Habitus.

Kasseler Renette — Spätsorte

Doppelnamen	Zahlreiche Namen, darunter 'Christs Goldreinette', 'Holländische Goldreinette', 'Deutsche Goldreinette' (alle Deutschland), 'Reinette de Caux', 'Reinette d'orée' (Frankreich), 'Dutch Mignonne', 'Pomme de Laak', 'Stettin Pippin' (England und USA)
Entstehung	Ungewiss. Wahrscheinlich Holland, da A.F.A. Diel die Sorte Ende des 18. Jh. vier mal von verschiedenen Orten aus Holland erhalten hat und 1801 als 'Die große oder doppelte Casseler Renette' beschrieb. Nach der „Ersten Versammlung deutscher Pomologen" 1853 in Naumburg, auf der die Sorte zum Anbau empfohlen wurde, verbreitete sie sich sehr schnell in Deutschland.
Blüte	Spät, lange anhaltend, vollkommen unempfindlich. Guter Pollenspender.
Frucht	Mittelgroß bis groß, um 160 g schwer. Regelmäßig runde, flachkugelige Form. Kleiner, geschlossener Kelch. Dünner, langer Stiel in tiefer, enger Stielgrube. Schale glatt, schwach berostet. Vollreif, oft erst auf dem Lager, goldgelb, sonnenseits braunrot kurz gestreift oder marmoriert mit auffälligen Schalenpunkten. Fruchtfleisch gelblichweiß, feinzellig, mittelfest saftig. Vorherrschend weinsäuerlich, hoher Zuckergehalt.
Reife	Ab Anfang Oktober, windfest bis zur Reife. Bei zu früher Ernte schrumpfen die Früchte am Lager. Bis zu 6 Monate im kühlen Naturlager haltbar ohne Welke oder Fäule. Spät einsetzende Genussreife, dann aber angenehmer, süßweiniger Geschmack.
Verwertung	Für alle Verwertungsarten gut geeignet. Gibt vorzüglichen Most.
Ertrag	Früh einsetzend, hoch bis sehr hoch und regelmäßig.
Baum	Kugelförmige, dichte Krone. Gut verzweigte Äste und Triebe mit typisch weißen Lentizellen und zahlreichen kleinen Blättern. Von Jugend an mittelstarkes, im Alter schwaches Wachstum. Regelmäßiger Schnitt beugt der Vergreisung vor und sorgt für bessere Belichtung der Früchte. Auch ein Sommerschnitt ist anzuraten. Für Form- und Topfobst geeignet. Im Holz frostfest.
Standort	Gedeiht zwar bis in raue Höhenlagen, doch beste Fruchtqualität wird in geschützten Lagen auf nährstoffreichen Böden erreicht. Verträgt auch Trockenheit, dann werden die Früchte aber kleiner und der Trieb lässt nach. War früher als Straßenbaum sehr beliebt.
Anfälligkeit	Mittelstark für Feuerbrand. Sehr stark für Schorf und Krebs, gering Mehltau.
Anbauwert	Die einstige Bedeutung hat durch die Krankheitsanfälligkeit und weiterer ähnlicher Renetten stark nachgelassen. Bei aufmerksamer Pflege ist die Sorte aber noch immer zu empfehlen.

Katja

Frühsorte

Entstehung	Schweden, 1947 aus einer Kreuzung von 'James Grieve' x 'Worcester Pearmain' von der Balsgard Fruit Breeding. Selektiert 1955, eingeführt in den Handel 1966, benannt 1968.
Blüte	Mittelfrüh, nicht empfindlich. Guter Pollenspender. Energisches Ausdünnen bald nach der Blüte ist unbedingt erforderlich. Es zielt auf geringere Behangdichte und damit größere Früchte.
Frucht	Höchstens mittelgroß bei stärkerem Behang auch klein. Gleichmäßige, hoch gebaute Form mit flacher, strahliger Kelcheinsenkung mit kleinem, geschlossenem Kelch. Langer Stiel in enger Stielgrube. Schale dünn, hart, glatt, fettend. Gut belichtete Früchte sind flächig rot mit feinen Schalenpunkten. Fruchtfleisch weiß, fest, sehr saftreich, mit gutem, feinsäuerlichem Geschmack.
Verwertung	Für den Frischverzehr, als Wirtschaftssorte nicht geeignet.
Reife	Ab Mitte August, etwa eine Woche vor 'James Grieve'. Nicht windfest, deshalb ist mindestens einmaliges Durchpflücken anzuraten. Höchstens vier Wochen im kühlen Naturlager haltbar.
Ertrag	Sehr früh einsetzend, hoch und regelmäßig.
Baum	Mittelgroßes, rundliches, gut verzweigtes Wuchsbild. Schwaches Wachstum infolge hoher Fruchtbarkeit. Der Pflegeschnitt zielt auf Erhalt des Triebwachstums, der Sommerschnitt auf gute Belichtung der Früchte im Bauminneren.
Standort	Auf nährstoffreichen Böden bis in höhere Lagen.
Anfälligkeit	Stark Feuerbrand. Weitgehend widerstandsfähig gegen Schorf, Mehltau und Fruchtfäulen. In den Früchten tritt bisweilen Glasigkeit bei stark wechselhafter Witterung auf.
Anbauwert	Abgesehen von der Anfälligkeit für Feuerbrand eine robuste und für den Garten empfehlenswerte Frühsorte, die allerdings einiger Pflege bedarf.

Kesseltaler Streifling

Spätsorte

Doppelnamen	'Herbststreifling', 'Winterstreifling', 'Blutstreifling', 'Schopflocher Friedhofsapfel'
Mutanten	Im Anbau sind mehrere Typen.
Entstehung	Vermutlich im 19. Jh. als Zufallssämling im Kesseltal zwischen Harburg/Schwaben und der Donau. Zu Beginn des 20. Jh. wurde die Sorte durch mehrere Baumschulen stärker verbreitet. In den 20er und 30er Jahren des letzten Jahrhunderts war die Sorte begehrt zum Umveredeln von minderwertigen Bäumen und war um 1930 im Reiserdepot des mittelfränkischen Kreisverbandes für Obst- und Gartenbau (heute Bezirksverband) in Triesdorf vorhanden.
Blüte	Früh bis mittelfrüh, relativ widerstandsfähig gegen Witterungseinflüsse.
Frucht	Mittelgroß bis groß, je nach Behang. Form meist kegelförmig, abgeplattet. Gleichmäßig, ohne größere Unebenheiten. Schale etwas stark, glatt, glänzend. Die Grundfarbe am Baum ist grünlich, wechselt dann zu Gelb. Deckfarbe karmesinrot verwaschen und deutlich gestreift. Schalenpunkte hell umrandet, dadurch deutlich sichtbar. Typisch ist der „angspritzte" Rost im Kelchbereich. Stiel kurz bis mittellang (10–20 mm). Stielgrube tief mit oft feinem, zimtfarbigen Rost. Kelch halboffen. Die Kelchblätter sind lang, stehen straußförmig in die Höhe und sind nach außen umgebogen. Fruchtfleisch gelblich-weiß, mürbe, sehr saftig. Erfrischender, schwach säuerlicher Geschmack.
Reife	Ende September bis November/Dezember.
Verwertung	Überwiegend Wirtschaftsapfel zum Saften, aber auch direkt vom Baum essbar.
Ertrag	Früh einsetzend, hoch bis sehr hoch. Kaum alternierend.
Baum	Wächst ziemlich stark, gibt später große, ausladende und breite Kronen.
Standort	Gedeiht bis in höhere Lagen, auch auf weniger fruchtbaren Böden.
Anfälligkeit	Wenig anfällig für Fruchtschorf, gering für Mehltau. Die Früchte sind sehr druckempfindlich, daher vorsichtig ernten und lagern.
Anbauwert	Als Hochstamm im landschaftsprägenden Streuobstbau. Weniger geeignet als Wegebegleitpflanzung. Gebietssorte in West-Mittelfranken und in Nord-Schwaben. Die Sorte ist noch in diversen Empfehlungslisten aufgeführt und noch im Handel.

Kleiner Herrenapfel   Spätsorte

Bemerkung	Durch den büschelweisen Fruchtbehang gibt es bei dieser Sorte oft sogenannte „Zwillingsfrüchte".
Doppelnamen	'Drüwken', 'Druapfel', 'Klusterapfel', 'Träubchen', 'Aprikosenapfel', 'Gehlapfel', 'Herrenapfel', 'Zipliner'
Entstehung	Eine sehr alte Sorte, die schon im 16. Jh. im Fränkischen bekannt und verbreitet war. Erste Erwähnung von Knab (1620), Dümler (1651), Hoffmann (1662) und Mentzel (1682). Später auch von Diel (1798) und Sickler (1802).
Frucht	Klein, höchstens mittelgroß, gleichmäßig plattrund. Sehr flache und weite Kelcheinsenkung mit kleinem Kelch. Kurzer Stiel in tiefer, berosteter Stielgrube. Schale glatt, leicht wachsig. Bei Reife hellgelb, sonnenseits schön karmesinrot mit dunklen Schalenpunkten. Fruchtfleisch fast weiß, feinzellig, fest. Saftig, angenehm süß, aber wenig Aroma.
Reife	Ende September. Bei ungünstiger Witterung kann die Schale kurz vor der Baumreife platzen, bei zu später Ernte werden die Früchte mehlig. Wegen des kurzen Stiels und traubig hängender Früchte schlecht pflückbar.
Ertrag	Wechsel zwischen hohen Ernten und Ertragsausfall (ausgeprägte Alternanz).
Baum	Kleine, kugelige, dichte Krone mit nach außen überhängenden Zweigen und derbem Laub. Im Holz frostfest. Im Vollertrag schwacher Wuchs, deshalb zielt der Überwachungsschnitt auf laufende Trieberneuerung und auf das Auslichten der Krone.
Standort	Breit anbaufähig bis in kältere Lagen, auch auf ärmeren Böden.
Anfälligkeit	Keine besonderen Krankheiten und Schädlinge bekannt.
Anbauwert	Klassische Liebhaber- und Wirtschaftssorte für viele Verwertungsarten.

Königlicher Kurzstiel

Spätsorte

Doppelnamen	'Court-Pendu plat', 'Court-pendu rouge', 'Le Courpendu rouge', 'Pomme de Berlin', 'Corianda rose', 'Wise Apple', 'Wollaton Pippin'
Entstehung	Sehr alte Sorte, deren Entstehung nicht mehr bekannt ist. Die erste Beschreibung erfolgte 1613 von Bauhin unter dem Namen 'Court queue'. Danach wird die Sorte in den meisten pomologischen Werken aufgeführt und beschrieben. Sie wird heute noch in den Benelux-Ländern und in Frankreich angebaut.
Blüte	Extrem spät, nur kurz anhaltend, deshalb nicht durch Spätfröste gefährdet. Guter Pollenspender. Ausdünnung nach starkem Fruchtansatz mindert die Alternanzneigung.
Frucht	Mittelgroß, selten groß, um 150 g schwer. Gleichmäßig flachrund. Weite, schüsselförmige Kelcheinsenkung mit offenem Kelch. Kurzer, dicker Stiel in tiefer Stielgrube. Schale derb, rau, etwas wachsig. Bei Vollreife goldgelb, sonnenseits flächig trübrot, sonst gestreift mit hellen Schalenpunkten. Sehr druckfest. Fruchtfleisch gelblich, fest, feinzellig, weniger saftig. Bei Vollreife edler, weiniger Zuckergeschmack. Kleines Kernhaus.
Reife	Ab Ende September. Wegen des kurzen Stieles drücken sich die Früchte oft schon vorzeitig ab. Bei genügender Luftfeuchte mehr als fünf Monate im kühlen Naturlager haltbar. Welke tritt stärker auf bei zu früher Ernte oder ungünstigem Standort.
Verwertung	Für den Frischverzehr, auch vielseitig verwertbare Wirtschafts- und vorzügliche, aber weniger saftreiche Mostsorte.
Ertrag	Früh einsetzend, auf schwach wachsenden Unterlagen kaum alternierend.
Baum	Sehr schöne mittelgroße, flachkugelige, gut verzweigte und geschlossene Krone mit kurzen Trieben und wolligen, etwas aufgefalteten Blättern. Von Jugend an schwacher Wuchs. Aufmerksamer, aber sparsamer Schnitt dient der Trieberneuerung und soll eine vorzeitige Vergreisung abwenden.
Standort	Geschützter Standort ist für eine gute Ausreife und Fruchtqualität erforderlich. Am besten eignet sich feuchtes Seeklima und nährstoffreicher Boden, aber auch weniger gute Böden sind anbaufähig.
Anfälligkeit	Auf zusagenden Standorten kaum Krankheiten und Schädlinge. Besonders schorffest, aber in den Früchten kann Stippe auftreten.
Anbauwert	Auf geeigneten Standorten sehr empfehlenswert. Auf schwachwachsenden Unterlagen braucht die Sorte mehr Aufmerksamkeit, um nicht vorzeitig zu vergreisen.

Korbiniansapfel

Spätsorte

Zeichnung des Korbinianapfels von Korbinian Aigner

Hinweis	Pfarrer Korbinian Aigner (1885–1966) machte sich als einer der besten Sortenkenner unserer Zeit um den Obstanbau hoch verdient. 1939 wurde er wegen seiner heftigen Kritik am damaligen Regime verhaftet und in das KZ Sachsenhausen, später nach Dachau gebracht. Dort wurde ihm erlaubt, Apfelkerne auszusäen. Nach der Evakuierung des Lagers und dem anschließenden „Todesmarsch" der Häftlinge in Richtung Starnberger See, konnte Pfarrer Aigner fliehen. Es gelang ihm dabei sogar einige Pflanzen zu retten. Einer dieser Sämlinge ist der heutige ‚Korbiniansapfel'.
Entstehung	1944 im Konzentrationslager Dachau aus einer Sämlingsauslese. Die ursprüngliche Bezeichnung lautete 'KZ 3'.
Frucht	Mittelgroß, abgestumpft rundlich mit flachen Wulsten um die Frucht. Weite Kelcheinsenkung mit geschlossenem Kelch, oft von Höckern umgeben. Kurzer, kräftiger Stiel in strahlig berosteter Stielgrube. Schale glatt, leicht fettend. Bei Vollreife goldgelb, nur bei optimaler Belichtung einseitig kräftig gestreift. Fruchtfleisch grünlichweiß, feinzellig, saftig mit feiner Würze. Harmonisches Zucker-/Säureverhältnis.
Reife	Ab Mitte Oktober. Im kühlen Naturlager mindestens 6 Monate haltbar.
Verwertung	Für den Frischverzehr und als guter Wirtschaftsapfel brauchbar.
Ertrag	Mittelfrüh einsetzend, dann regelmäßig.
Baum	Breite, ausladende Krone. Von Jugend an kräftiger Wuchs.
Standort	Geringe Ansprüche an Boden und Klima bis in mittlere Höhenlagen.
Anfälligkeit	Sehr widerstandsfähig gegen Krankheiten und Schädlinge. Mäßiger Fruchtschorf kann in warmen, geschlossenen Tallagen auftreten.
Anbauwert	Vor allem für Hoch- und Halbstämme geeignet in Obstwiesen und als Feldbäume.

Kronprinz Rudolf

Spätsorte

Doppelnamen	'Kronprinz Rudolf von Oesterreich', 'Prince Imperial Rudolphe d'Autriche'
Entstehung	In der Steiermark/Österreich. Die Sorte wurde 1860 vom Gutsbesitzer I. Köckner in Wolfsgraben als Sämling gezogen. Bekannt wurde die Sorte auf der Weltausstellung 1873 in Wien. Dort wurden erstmals Früchte gezeigt.
Blüte	Früh, etwas witterungsempfindlich. Guter Pollenspender.
Frucht	Höchstens mittelgroß, gleichmäßig abgestumpft rundlich bis flachrund. Flache, faltige Kelcheinsenkung mit fast geschlossenem Kelch. Dünner, mittellanger Stiel in etwas berosteter Stielgrube. Schale glatt, etwas geschmeidig und nicht fettend. Bei Vollreife gelb, sonnenseits flächig rot, oft mit Rostfiguren. Fruchtfleisch gelblichweiß, feinzellig, etwas mürbe. Feine Würze mit ausreichender Süße und Säure.
Reife	Ab Anfang Oktober, windfest bis zur Baumreife. Etwa 4–5 Monate kühl haltbar.
Verwertung	Für den Frischverzehr und guter Wirtschaftsapfel.
Ertrag	Mittelfrüh einsetzend. Nach Blütenfrost gering, sonst wechselnd zwischen hoch und sehr gering (ausgeprägte Alternanz).
Baum	Mittelgroße, hochrunde Krone mit aufrechten, gut verzweigten Ästen. Anfangs starker, im Alter noch mittelstarker Wuchs.
Standort	Beste Fruchtqualität ist zu erwarten von nährstoffreichen, genügend feuchten Böden ab mittleren bis in rauen Höhenlagen.
Anfälligkeit	In geschlossenen, warmen Tallagen stark für Schorf und Mehltau, nicht aber in höheren Gebieten.
Anbauwert	Hauptsächlich für Hoch- und Halbstämme auf Obstwiesen in höheren Lagen. Heute ist die Sorte noch in Österreich und Südtirol verbreitet.

Kugelapfel

Spätsorte

Reife	November/Dezember bis in den Sommer.
Verwertung	Überwiegend als Wirtschaftsapfel zum Keltern, auch zum Backen, Kochen in der häuslichen Verwertung.
Ertrag	Mittelfrüh einsetzend, regelmäßige und hohe Ernten.
Baum	Starker Wuchs. Im Alter kräftiger Baum mit hochgewölbter Krone und abstehenden Ästen.
Anfälligkeit	Sehr widerstandsfähige Sorte, die an das Klima und den Boden keine besonderen Ansprüche stellt. Gedeiht auch noch gut in höheren Lagen. Die Früchte sind allerdings nicht sehr sturmfest.
Anbauwert	Regionalsorte, hauptsächlich im süddeutschen Raum. Wird nicht mehr für den Handel vermehrt. Als Hochstamm vereinzelt noch in Streuobstanlagen anzutreffen.
Doppelnamen	'Grüner Zwiebelapfel', 'Bärwinkler', 'Saueracher', 'Feldbietigheimer', 'Grüner Katzenkopf', 'Weißscheibling', 'Pomme Boule'
Entstehung	Unbekannt. Die Sorte soll aus der Gegend von Esslingen/Baden-Württemberg stammen. Erstmals erwähnt von Dittrich 1837 als 'Princesse de Württemberg'. Die erste Beschreibung erfolgte von E. Lucas 1854. Er gab der Sorte auch den zutreffenden Namen 'Kugelapfel'. Im 19. Jh. verbreitete sich die Sorte trotz ihrer minderen Qualitäten bis nach Frankreich und Skandinavien.
Blüte	Mittelspät, widerstandsfähig gegen Witterungseinflüsse.
Frucht	Mittelgroß bis groß. Kugelförmig, etwas abgeplattet. Schale glatt und glänzend. Die Grundfarbe am Baum ist grasgrün, später gelblich-grün. Die Deckfarbe zeigt sonnenseits einen Anflug bräunlicher Röte. Der Stiel ist kurz (10–20 mm) und dünn. Stieleinsenkung flach bis mitteltief, etwas strahlig berostet. Kelch halboffen bis offen, Einsenkung meist flach und mittelweit. Fruchtfleisch weiß, ins grünliche schillernd. Fest, etwas grobkörnig, saftreich. Erfrischend weinsäuerlich, ohne Gewürz.

Landsberger Renette   Spätsorte

Doppelnamen	'Reinette de Landsberg', 'Landsberska reneta'
Entstehung	In der ersten Hälfte des 19. Jh. von Justizrat Burkhardt in Landsberg/Warthe (Polen) gezogen und von Oberdieck 1852 beschrieben. Eine vermehrten Anbau erfuhr die Sorte nach ihrer Empfehlung 1874 und 1877 durch den Deutschen Pomologenverein.
Blüte	Klein, mittelfrüh. Lange anhaltend, nicht empfindlich. Guter Pollenspender. Ausdünnen nach der Blüte wirkt fruchtregulierend, wirkt sich aber nur wenig auf die Alternanz aus.
Frucht	Mittelgroß, mitunter groß, um 140 g schwer. Ungleichmäßige, flachkugelige Form. Kelcheinsenkung breit mit 5 Kanten über der Frucht. Unterschiedlich langer Stiel in enger, strahlig berosteter Stielgrube. Schale zart, glatt, auf dem Lager stark fettig bis klebrig. Bei Reife gelblichgrün, sonnenseits verwaschen rötlich, oft mit einer Netzberostung. Druckempfindlich. Fruchtfleisch gelblichweiß, mittelfest, später locker. Mittlerer Saftgehalt. Säuerlichsüß mit zartem Aroma.
Reife	Je nach Lage ab Mitte September, windfest. So spät wie möglich und wegen Druckempfindlichkeit schonend ernten. Schattenfrüchte sind kaum gefärbt und reifen sehr viel später. Im kühlen Naturlager bis zu 4 Monaten ohne Welke haltbar, im Kühllager bis März bei 0,5 bis 1 °C.
Verwertung	Für den Frischverzehr, auch als Wirtschafts- und Mostsorte beliebt. Industriell für Saft.
Ertrag	Früh einsetzend, ab 2.–3. Standjahr. Jährlich wechselnd zwischen sehr hoch und völligem Ausfall (ausgeprägte Alternanz), insgesamt aber hoch.
Baum	Breitkugelige, im Alter dichte und hängende Krone. Von Jugend an stark, mit schräg aufrechten Leitästen mit langer Seitenbezweigung, zum Teil hängend. Bei Vollertrag schwaches Wachstum. Jüngere Stämme und Äste fallen durch gelbbraune Färbung auf. Durch Schnitt ist die Krone licht zu halten, um entstehende Kleinfrüchtigkeit zu vermeiden. Eine Verjüngung ist gelegentlich anzuraten. Im Holz frostfest.
Standort	Wegen der Anfälligkeit nicht für warme, geschlossene Tallagen. Bevorzugt sind (auch raue) Höhenlagen auf nährstoffreichen, nicht trockenen Böden und offener Lage. Hier tritt kaum Schorf auf.
Anfälligkeit	In warmen Tallagen stark für Feuerbrand und Schorf. Auch Mehltau, Krebs, Triebsucht, Blatt- und Blutläuse. Empfindlich für Kupfer- und Schwefelmittel.
Anbauwert	Keine Gartensorte und nicht für warme Tallagen empfehlenswert. Im Streuobstanbau noch immer beliebt, besonders in rauen, windigen Höhenlagen.

Lanes Prinz Albert

Spätsorte

Doppelnamen	'Victoria and Albert', 'Lanes Albertsäpple'
Entstehung	England. Gezüchtet um 1840 von Thomas Squire in Berkhamsted/Herfordshire, vermutlich aus 'Russet Nonpareil' x 'Dumelows Seedling'. Benannt aus Anlass des Besuches von Königin Victoria und Prinz Albert in Berkhamsted. 1857 stellte die Baumschule John Lane Früchte aus bei einem Meeting der Royal Horticultural Society. Danach fand die Sorte eine rasche Verbreitung. Ab 1880 auch in Deutschland im Anbau.
Blüte	Mittelfrüh, auch am einjährigen Holz. Nicht empfindlich. Guter Pollenspender. Bei starkem Fruchtansatz nach der Blüte ist ein Ausdünnen ratsam, um vorzeitiges Vergreisen und Erschöpfung zu vermeiden.
Frucht	Mittelgroß bis groß, um 130 g schwer. Ungleichmäßig flachkugelige Form. Großes Kerngehäuse. Flache, etwas strahlige Kelcheinsenkung mit geschlossenem Kelch. Dünner, kurzer Stiel in enger und tiefer, kaum berosteter Stielgrube. Schale fest, glatt, leicht glänzend mit hellen Schalenpunkten. Sonnenseits rötlich marmoriert oder kurz gestreift. Fruchtfleisch grünlichweiß, bei Vollreife etwas mürbe, feinzellig, saftig. Feinsäuerlicher, weinartiger Geschmack, abhängig von der Jahreswitterung. Großes Kerngehäuse.
Reife	Je nach Lage ab Anfang Oktober, nicht windfest, deshalb ist mehrmals durchzupflücken. Wegen des kurzen Stieles drücken sich die Früchte auch oft vorzeitig ab. Im kühlen Naturlager etwa fünf, bei gutem Lager auch sechs Monate haltbar.
Verwertung	Überwiegend Wirtschaftssorte, auch für Most brauchbar.
Ertrag	Früh einsetzend, meist hoch und regelmäßig. Bei mangelnder Pflege ist deshalb eine frühe Erschöpfung möglich.
Baum	Breit pyramidale, kleinere, im Alter überhängende Krone. Fruchtknospen typisch weißfilzig. Von Jugend an kräftiger, im Vollertragsalter deutlich schwächerer Wuchs. Der Überwachungsschnitt zielt auf Erhalt des Triebwachstums und verhindert das vorzeitige Vergreisen. Im Holz ausreichend frostfest.
Standort	Beste Qualität auf nährstoffreichen Böden in geschützter Lage, jedoch sind auch windgeschützte Höhenlagen geeignet.
Anfälligkeit	Der Feuerbrandstatus ist unbekannt. Wenig Schorf, aber mit Mehltau in geschlossenen Tallagen. Empfindlich für Rauch und Abgase.
Anbauwert	Früher weit verbreitete Sorte, hat heute nur noch Liebhaberwert. In Streuobstanlagen noch gebietsweise verbreitet. Geeignet für Formbäume.

Langer Grüner Gulderling

Spätsorte

Doppelnamen	'Groenartiger Gulderling', 'Deutscher Gulderling', 'Fäßlesapfel', 'Lauchsenapfel', 'Weinapfel'
Entstehung	Ungewiss, vermutlich Niederlande, da A.F.A. Diel Pfropfreiser aus Harlem erhielt und die Sorte 1813 erstmals beschrieben hat. Die Sorte verbreitete sich vor allen in deutschen Bauerngärten sehr schnell und war wegen ihrer langen Haltbarkeit sehr beliebt.
Blüte	Mittelfrüh bis spät, wenig empfindlich gegen Witterungseinflüsse.
Frucht	Mittelgroß bis groß. Form rundlich-eiförmig, auch kegelförmig, abgeplattet. Querschnitt nahezu rund. Schale hart, glatt, etwas geschmeidig. Grundfarbe am Baum Grün, später gelblich-grün. Deckfarbe etwas fleischrot gefleckt oder gestreift. Stiel etwa 10–15 mm lang, meist mitteldick, selten über die weite Stielgrube hinausstehend. Stielgrube tief, etwas berostet. Kelch geschlossen oder leicht geöffnet, enge Kelcheinsenkung mit schwachen Falten. Fruchtfleisch grünlich-weiß bis gelblich, ziemlich fest, später knackig saftig. Ohne Gewürz. Überwiegend weinsäuerlicher Geschmack.
Reife	Januar bis Sommer.
Verwertung	Überwiegend als Wirtschaftsfrucht zum Keltern und in der Küche zum Kochen und Dörren. Nicht vor Mitte Oktober ernten, dadurch bessere Fruchtqualität.
Ertrag	Ziemlich spät, ist dann aber befriedigend. Vollernten alle zwei Jahre. Die Frucht ist relativ sturmfest.
Baum	Anfangs starker Wuchs, später mittelstark. Runde, breite Kronen.
Standort	Anspruchslos. Auch für höhere Lagen. Die Sorte gedeiht auch auf nährstoffarmen, nicht zu trockenen Böden. Sie versagt aber in zu trockenen oder zu nassen Böden.
Anfälligkeit	Widerstandsfähig gegen Krankheiten und Schädlinge, manchmal leichter Schorfbefall möglich.
Anbauwert	Nur als Hochstamm. Heute noch vereinzelt in Streuobstanlagen vor allem in Süddeutschland zu finden.

Langtons Sondergleichen

Spätsorte

Baum	Mittelstarker Wuchs mit hochgewölbter Krone, mit mittellangen, wolligen Jahrestrieben und kurzem Fruchtholz. Im Holz frosthart.
Standort	Gedeiht praktisch in jedem, auch schweren Boden, auch in rauen Höhenlagen ohne Qualitätsverlust.
Anfälligkeit	Auf feuchten Standorten und in nassen Jahren Fäulnis schon am Baum.
Anbauwert	Selten angebaute Sorte, auch wenig im Streuobstanbau zu finden. Auf M9 geeignet für Spalier- und Formbäume, sowie für die Topfkultur.
Doppelname	'Nonsuch', 'Langtons Non Such'
Entstehung	Zeitlich nicht gesichert. Soll aus der Baumschule Lodigges in London stammen. Die Sorte wurde 1874 vom Deutschen Pomologenverein zur allgemeinen Anpflanzung empfohlen.
Blüte	Früh, doch nicht frostempfindlich.
Frucht	Groß, regelmäßig plattrund. Offener Kelch in tiefer Kelchgrube. Dünner, Stiel in tiefer Stielgrube. Glatte, feine und geschmeidige Schale. Grundfarbe blassgelb mit schönen, karmesinroten Streifen geflammt. Das Fruchtfleisch ist weiß, grobzellig und saftig, unter der Schale und um das Kernhaus mit rötlichen Adern.
Reife	Baumreife je nach Standort Mitte bis Ende Oktober. Kühl lagerfähig bis Januar.
Verwertung	Überwiegend Wirtschaftssorte für Saft, guten Most und als Dörrobst.
Ertrag	Frühzeitig einsetzend, dann hoch und regelmäßig.

Lausitzer Nelkenapfel — Spätsorte

Doppelnamen	'Bamberger', 'Görlitzer Nelkenapfel', 'Oberlausitzer Nelkenapfel', 'Nelkenapfel'
Entstehung	Deutschland, wahrscheinlich in der Lausitz/Sachsen. Die erste Beschreibung stammt von J. Oberdieck im „Illustrierten Handbuch" 1865 unter dem Namen 'Görlitzer Nelkenapfel'. Der 'Lausitzer Nelkenapfel', wie die Sorte seit 1900 genannt wird, kommt heute überwiegend noch in der Lausitz vor, sonst nur sehr vereinzelt.
Blüte	Mittelfrüh, nicht empfindlich. Schlechter Pollenspender (triploid). Ein Ausdünnen bei starkem Fruchtansatz regelt die Fruchtgröße.
Frucht	Je nach Anbaugebiet unterschiedliche Form. Meist mittelgroß bis groß, um 140 g schwer. Gleichmäßig hochrund mit flachen Kanten, oft auch ein scharfer Grat über der Frucht. Tiefe und weite Kelcheinsenkung mit 5 flachen Kanten. Kurzer Stiel in enger Stielgrube. Schale glatt, hart, gering fettig. Bei Reife hell gelblichgrün, sonnenseits trübrot, mit schwachen Streifen. Druckfest. Fruchtfleisch fast weiß, mittelfest, mäßig saftig, weniger süß, säurearm.
Reife	Anfang bis Mitte September, windfest bis zur Baumreife, wenn sich die Früchte nicht wegen des kurzen Stieles vorher abdrücken. Etwa sechs Monate im kühlen Naturlager haltbar, wird dann schnell mürbe. Ohne Stippe.
Verwertung	Vorwiegend Wirtschaftssorte und für die Mostbereitung.
Ertrag	Mittelspät einsetzend. Jährlich wechselnd zwischen sehr hohen und geringeren Erträgen, doch ohne ausgeprägte Alternanz. Insgesamt etwas mehr als mittelhohe Erträge.
Baum	Breit ausladende Krone mit steil aufrechten, dicht verzweigten Leitästen, die später von unten her verkahlen. Auch im Alter noch mittelstarkes Wachstum und standfest. Gelegentliche Auslichtung erhält die Triebkraft. Im Holz vollkommen frosthart.
Standort	Durchlässige, keine schweren Böden in freier Lage. Sonst geringe Ansprüche bis in raue Höhenlagen.
Anfälligkeit	Die Schorfanfälligkeit ist gebietsweise unterschiedlich, an hohen Standorten gering. Mäßig Mehltau, aber in nassen Böden Krebs.
Anbauwert	Galt früher in Sachsen als ein guter Straßenbaum. Typische Liebhabersorte für den Streuobstanbau in hohen Lagen.

Leipferdinger Langstiel

Spätsorte

Baum	Weit ausladende, sparrige Krone mit gesundem Laub. Von Jugend an starkes Wachstum, im Vollertragsalter noch mittelstark mit kurzem Fruchtholz.
Standort	Keine besonderen Ansprüche an Boden und Klima bis in höhere Lagen.
Anfälligkeit	Feuerbrand wurde bisher nicht beobachtet. Widerstandsfähig gegenüber Mehltau und Spinnmilben. In höheren Lagen wenig Schorf.
Anbauwert	Sehr robuste Streuobstsorte, die im Wesentlichen auf ihre Herkunftsregion in Baden-Württemberg beschränkt ist.
Entstehung	Ungewiss. Soll eine alte Sorte sein aus der Region Leipferdingen/Tuttlingen in Baden-Württemberg.
Blüte	Spät, nicht empfindlich. Schlechter Pollenspender (triploid).
Frucht	Mittelgroß, seltener groß, um 120 g schwer. Flachrund mitunter hoch gebaut, meist unregelmäßige Form. Flache, oft von Höckern umgebene Kelcheinsenkung. Langer Stiel in enger, berosteter Stielgrube. Schale dick, glatt, geschmeidig. Bei Reife grüngelb, sonnenseits braunrot gestreift. Druckfest. Fruchtfleisch fast weiß, etwas locker. Saftreich mit hervortretender Säure und ausreichender Süße.
Reife	Ab Ende September schüttelbar. Windfest bis zur Baumreife. Im kühlen Naturlager etwa 3 Monate haltbar ohne Welke.
Verwertung	Vorwiegend Wirtschaftsapfel und für säurereichen, haltbaren Most.
Ertrag	Jährlich wechselnd zwischen hohen und sehr geringen Erträgen. Insgesamt mehr als mittelhoch.

Liberty

Spätsorte

Baum	Regelmäßiges, hochrundes Wuchsbild, mit gut verzweigten Ästen. Mittelstarkes Wachstum. Für Formobst- und Topfbäume geeignet. Im Holz frosthart.
Standort	Auf nährstoffreichen, lehmhaltigen Böden bis in höhere Lagen anbaufähig.
Anfälligkeit	Mäßig für Feuerbrand. Die Schorfresistenz ist durchbrochen. Mittel bis stark anfällig für Mehltau.
Anbauwert	Für Liebhaber süßaromatischer Sorten. Aufmerksamer Pflanzenschutz gegen Schorf und vor allem Mehltau ist erforderlich. Die Sorte konnte jedoch die Erwartungen, z. B. als Erwerbssorte, nicht erfüllen, da die Schorfresistenz durchbrochen ist.
Entstehung	1955 in den USA gezüchtet, aus den Kultursorten ('Jersey Black', 'Macoun', 'McIntosh', 'Wealthy') x *Malus floribunda Vf*. 1978 im Anbau eingeführt. Es besteht kein Sortenschutz mehr.
Blüte	Früh, nicht empfindlich. Ausdünnen bald nach der Blüte zielt auf einheitliche Fruchtgrößen und einzeln hängende Früchte.
Frucht	Ungleichmäßige, hochrunde Form mit flachen Wulsten über der Frucht. Flache, strahlige Kelcheinsenkung mit geschlossenem Kelch. Kurzer Stiel in enger Stielgrube. Schale glatt, mit hellen Schalenpunkten. Deckfarbe flächig rot, bläulich bereift. Deutlicher Duft. Fruchtfleisch etwas mürbe, saftig, süßlich.
Reife	Je nach Standort ab Ende September. Windfest bis zur Reife, wenn sich die Früchte nicht schon vorher durch traubige Fruchtstände abdrücken. Mehrfaches Durchpflücken ist erforderlich.
Verwertung	Vorwiegend für den Frischverzehr, eingeschränkt als Wirtschaftssorte.
Ertrag	Früh einsetzend, hoch und regelmäßig.

Linsenhofener Sämling — Spätsorte

Ertrag	Mittelhoch, mit geringen Schwankungen, ohne ausgeprägte Alternanz.
Baum	Breit pyramidale Krone mit steilen Trieben und überhängenden Fruchtästen. Auffallend schmale Blätter. Mittelstarker Wuchs.
Standort	Auf nährstoffreichen Böden in geschützter Lage. Für den Anbau in Höhenlagen nicht geeignet.
Anfälligkeit	Kaum Feuerbrand. Widerstandsfähig gegen andere Krankheiten, besonders Schorf.
Anbauwert	Begehrte Most- und Wirtschaftssorte, doch anspruchsvoll an Boden und Klima.
Doppelnamen	'Linsenhöfer Renette', 'Schöner von Beuren', 'Linsenhofener'
Entstehung	Deutschland, aus der Gegend von Linsenhofen/Beuren (Landkreis Esslingen/Baden-Württemberg). Vermutlich entstanden als Zufallssämling aus Samen von 'Goldparmäne' zu Beginn des 20. Jh.
Blüte	Sehr spät, frosthart.
Frucht	Klein bis mittelgroß. Regelmäßige Form mit weiter, schüsselförmiger und tiefer Kelcheinsenkung. Langer Stiel in enger, berosteter Stielgrube. Schale dünn, glatt, etwas wachsig. Sonnenseits braunrot geflammt oder gestreift. Druckfest. Fruchtfleisch grünlichweiß, fest, saftig. Hervortretende Säure mit wenig Aroma. Kleines Kerngehäuse, umgeben von grünen Leitbündeln.
Reife	Mitte Oktober, windfest. Lagerung im Freien bis zur Verwertung Ende Oktober empfehlenswert.
Verwertung	Hervorragender Mostapfel, auch als Wirtschaftssorte brauchbar.

Litauer Pepping

Spätsorte

Doppelnamen	'Rigaer Taubenapfel', 'Englischer Pepping', 'Glogierowka', 'Ungarischer Rosmarin', 'Longfield'
Entstehung	Ungewiss. Stammt vermutlich aus dem Baltikum oder dem südlichen Wolgagebiet. Nach Eduard von Regel (Direktor des Botanischen Gartens in St. Petersburg) soll die Sorte im Obstgarten eines Herrn Langerfeld in der deutschen Siedlung Sarepka (seit 1765) bei Wolgograd gewachsen sein. Die Sorte kam 1870 in die USA und erhielt dort den Namen 'Longfield'. In Deutschland wurde sie 1894 als 'Roter Rigaer Taubenapfel' erstmals bekannt.
Blüte	Mittelspät, nicht witterungsempfindlich.
Frucht	Je nach Standort und Behangdichte klein bis höchstens mittelgroß, um 90 g schwer. Unterschiedlich kugelige Form. Weite, strahlige Kelcheinsenkung mit kleinem Kelch. Kurzer, dünner Stiel in enger Stielgrube. Schale glatt und dünn, leicht wachsig. Bei Reife elfenbeinfarben bis hellgelb, sonnenseits karminrot. Deutlicher, angenehmer Duft. Druckempfindlich. Fruchtfleisch fast weiß, feinzellig, saftig. Süßweiniger Geschmack mit leichtem Aroma.
Reife	Ende September bis Anfang Oktober. Vorsichtig ernten wegen druckempfindlicher Schale. Im kühlen Naturlager etwa drei Monate haltbar.
Verwertung	Weniger Tafel- als Wirtschaftssorte.
Ertrag	Sehr hoch und regelmäßig, gute Ernährungslage und ausreichende Feuchtigkeit vorausgesetzt. Andernfalls erschöpft sich der Baum bald.
Baum	Mittelgroße Krone mit dünnen, überhängenden Zweigen. Junge Triebe mit silberweißem Flaum. Anfangs mittelstarker, wegen großer Fruchtbarkeit bei Vollertrag schwacher Wuchs. Ein strenger Überwachungsschnitt zielt auf Erhaltung des Triebwachstums und verhindert damit die vorzeitige Vergreisung. Im Holz frosthart.
Standort	Anspruchslos bis in raue Hochlagen. Auf Lehmböden gibt es kleinere, aber haltbarere und besser gefärbte Früchte.
Anfälligkeit	Nur bei Ernährungsstörungen und in ungünstigen Lagen Schorf oder Krebs.
Anbauwert	War früher weiter verbreitet.

Lobo

Herbstsorte

Entstehung	Kanada. Gezüchtet 1898 in der Central Experimental Farm in Ottawa aus Samen der Sorte 'McIntosh'. Selektiert 1906, im Anbau seit 1930.
Blüte	Ziemlich spät, guter Pollenspender. Ausdünnen nach der Blüte ist geboten, um einer Erschöpfung vorzubeugen.
Frucht	Mittelgroß. Regelmäßige, flachrunde Form. Schüsselförmige Kelcheinsenkung mit kleinem, geschlossenem Kelch. Schale glatt, hart und zäh mit vielen Roststernen und einzelnen Rostfiguren. Leicht bläulich bereift. Sehr druckempfindlich. Sonnenseits ganzflächig rot. Fruchtfleisch fast weiß, etwas mürbe. Saftig, vorherrschend süß mit parfümiertem Aroma.
Reife	Ab Anfang September, nicht windfest, deshalb ist mehrfach durchzupflücken. Vom Baum essbar. Im kühlen Naturlager etwa zwei Monate haltbar, wird danach schnell mürbe.
Verwertung	Überwiegend für den Frischverzehr.
Ertrag	Früh einsetzend, oft schon im 2. Standjahr, hoch bis sehr hoch, ohne Alternanz.
Baum	Höchstens mittelgroßes, lockeres, nur wenig verzweigtes Wuchsbild. Ein sorgfältiger Überwachungsschnitt fördert das Triebwachstum und mindert eine vorzeitige Vergreisung. Bei Vollertrag nur schwaches Wachstum. Im Holz frostfest.
Standort	Nährstoffreiche, leichtere Böden in kühleren, nicht aber Höhenlagen.
Anfälligkeit	Stark für Feuerbrand, Schorf und Mehltau. Auf schweren Böden stark krebsanfällig.
Anbauwert	Attraktiv ist die Fruchtfarbe, weniger das parfümierte Aroma. Wegen etlicher Nachteile ist die Sorte im Garten aber verzichtbar. Die Sorte ist sehr frosthart, daher noch häufig in den ehemaligen Ostblock-Saaten im Anbau.

Lodi

Frühsorte

Baum	In der Jugend volle, gut verzweigte Krone, im Alter locker mit verkahlenden Trieben. Ein Sommerschnitt sofort nach der Ernte erhält das Triebwachstum und mindert ein vorzeitiges Vergreisen. Vom Winterschnitt ist abzuraten.
Standort	Geschützt bis in mittlere Höhenlagen.
Anfälligkeit	Weniger für Schorf als für Mehltau.
Anbauwert	Liebhabersorte. Nahezu identisch mit 'Klarapfel'. Heute kaum noch im Anbau, weil durch höherwertige Sorten ersetzbar.
Entstehung	1911 in den USA. Aus Samen der Kreuzung 'Montgomery' und 'Klarapfel'.
Blüte	Mittelfrüh, nicht empfindlich. Sorgfältiges Ausdünnen nach der Blüte fördert die Fruchtgröße, mindert die Alternanz und vermeidet eine frühzeitige Erschöpfung des Baumes.
Frucht	Mittelgroß, seltener groß, hoch gebaut, ungleichhälftig mit Kanten über der Frucht. Sehr flache, gerippte Kelcheinsenkung mit kleinem, geschlossenem Kelch. Meist langer Stiel in enger Stielgrube. Schale glatt, nur leicht wachsig mit dunklen Schalenpunkten. Grundfarbe weißlichgrün, sonnenseits mitunter leicht rötlich überhaucht. Fruchtfleisch bei Reife etwas mürbe mit weniger Säure als 'Klarapfel'. Großes Kerngehäuse.
Reife	Fast gleichzeitig mit 'Klarapfel', oft auch etwas vorher. Folgernde Reife, deshalb ist mehrmaliges Durchpflücken ratsam. Bald nach der Baumreife mehlig werdend.
Verwertung	Nur für baldigen Frischverzehr.
Ertrag	Durch Alternanzneigung nur mittelhoch.

Lohrer Rambur

Spätsorte

Doppelnamen	'Schwaikheimer Rambur', 'Sternwirtsapfel', 'Klosterrambour', 'Lohrerapfel', 'Klosterapfel', 'Winter-Rambour', 'Grummelore' (Unterfranken), 'Zocklerapfel' und viele andere
Entstehung	Deutschland. Entstanden vor 1900 im unteren Maintal. Die erste Beschreibung stammt von Reinhard Mertens, Landes-Obstbau-Inspektor in Bayern. In seinem Buch „Die Obstsorten in Bayern" empfahl er die Sorte zum Anbau in Unterfranken.
Blüte	Mittelfrüh, nicht empfindlich. Schlechter Pollenspender (triploid).
Frucht	Groß bis sehr groß, um 240 g schwer. Ungleichmäßige, meist hoch gebaute Form mit breiten Kanten über der Frucht. Sehr tiefe, gerippte und berostete Kelcheinsenkung mit kleinem Kelch. Kurzer, dicker Stiel in enger, strahlig berosteter Stielgrube. Schale glatt, erst am Lager fettig werdend. Grüngelb, sonnenseits verwaschen gestreift und marmoriert mit feinen Schalenpunkten. Fruchtfleisch grünlichweiß, fest. Saftig, ohne merkliches Aroma. Hoher Säuregehalt. Bei wechselhaftem Wetter Neigung zur Glasigkeit. Kleines Kerngehäuse.
Reife	Je nach Standort ab Mitte September. Windfest bis zur Baumreife, wenn sich die Früchte wegen des kurzen Stieles nicht vorzeitig abdrücken.
Verwertung	Vorwiegend Wirtschafts- und Mostsorte. Annähernde Tafelqualität erst nach Abbau der Säure am Lager.
Ertrag	Spät einsetzend. Jährlicher Wechsel zwischen sehr hohen und sehr geringen Erträgen (ausgeprägte Alternanz).
Baum	Breitkugelige, weit ausladende Krone. Von Jugend an sehr starker Wuchs, im Vollertragsalter noch mittelstark. Durch Auslichtungsschnitt und gelegentliche Verjüngung lässt sich die Triebkraft und Fruchtbarkeit lange erhalten. Im Holz frostfest.
Standort	Anspruchslos an Boden und Klima, bis in Höhenlagen anbaufähig. Die Bäume können sehr alt werden.
Anfälligkeit	Gering anfällig für Feuerbrand. Nur in geschlossenen Tallagen für Schorf. Auf schweren Böden krebsanfällig.
Anbauwert	Wertvolle Sorte für den Streuobstanbau und die Mostbereitung. Heute vor allem noch im süddeutschen Raum verbreitet.

Lombarts Kalvill Spätsorte

Entstehung	Niederlande. Aus einem Sämling von 'Weißer Winterkalvill'. 1911 durch die Baumschule Lombarts aus Zundert in den Handel gebracht.
Blüte	Mittelfrüh, guter Pollenspender. Ein starkes Ausdünnen nach der Blüte fördert die Fruchtqualität und mindert die Alternanz.
Frucht	Mittelgroß, mitunter groß, ungleichmäßige Form, ohne die sonst ausgeprägte Rippung bei Kalvillen. Flache und weite Kelcheinsenkung mit halb offenem Kelch. Unterschiedliche Stiellänge in enger Stielgrube. Schale dünn, geschmeidig. Gelblich, fast ohne Rötung, am Lager fettig werdend. Fruchtfleisch fast weiß, mittelfest, saftig. Süßsäuerlich mit zartem Aroma.
Reife	Ende September. Bei später Ernte vom Baum essbar. Windfest. Durchpflücken ist zu empfehlen. Im kühlen Naturlager etwa fünf Monate haltbar, im Kühlraum bis März, bei 3 °C.
Verwertung	Für Frischverzehr, auch Wirtschafts- und Mostsorte.
Ertrag	Jährlicher Wechsel zwischen hohen und geringen Erträgen, jedoch ohne ausgeprägte Alternanz.
Baum	Hochrunde Krone, gut verzweigtes Wuchsbild. Von Jugend an starker, im Vollertragsalter noch mittelstarker Wuchs. Erst im Alter schwächer. Ein Sommerschnitt dient der Fruchtregulierung.
Standort	Entsprechend der Herkunft nur für geschützte Lagen mit hoher Luftfeuchtigkeit und auf nährstoffreichen, humosen Böden. Andernfalls tritt Qualitätsverlust ein.
Anfälligkeit	Mittelstark für Feuerbrand und Mehltau, weniger für Schorf. Auf schweren Böden krebsanfällig.
Anbauwert	Ausgesprochene Liebhabersorte für feuchtes Seeklima.

Lord Lambourne

Herbstsorte

Entstehung	England. Ein Dessertapfel, gezüchtet 1907 von Laxton Bros aus Bedford/Bedfordshire, aus einer Kreuzung von 'James Grieve' x 'Worcester Pearmain'. 1823 eingeführt in den Anbau.
Blüte	Früh bis mittelfrüh, unempfindlich. Guter Pollenspender. Um einer Erschöpfung des Baumes vorzubeugen, sollte bald nach der Blüte energisch ausgedünnt werden.
Frucht	Mittelgroß, seltener groß. Gleichmäßig rund ohne Kanten. Kelcheinsenkung offen mit kleinem Kelch. Mittellanger Stiel in tiefer, wenig berosteter Stielgrube. Schale zäh, glatt, trocken. Gelbgrünlich, sonnenseits nur wenig gerötet oder gestreift, mit sehr deutlichen Schalenpunkten. Druckempfindlich. Fruchtfleisch cremefarben, weniger fest, feinzellig. Sehr saftig, süß mit feiner Fruchtsäure, angenehm gewürzt.
Reife	Je nach Standort ab Ende September, nicht windfest. Wegen folgernder Reife ist mehrmals durchzupflücken. Im kühlen Naturlager etwa drei Monate haltbar.
Verwertung	Für den Frischverzehr und Wirtschaftssorte. Auch gut zum Backen geeignet.
Ertrag	Früh einsetzend, hoch und regelmäßig.
Baum	Etwas sparriges Wuchsbild mit schrägen, weniger verzweigten Leitästen. Von Jugend an mittelstarker Wuchs, der bei Vollertrag noch nachlässt. Ein aufmerksamer Erhaltungsschnitt ist erforderlich. Er zielt auf ständige Trieberneuerung, um eine frühzeitige Vergreisung zu vermeiden.
Standort	Nicht für Extremlagen. Ausreichend feuchte, nährstoffreiche Böden bis in mittlere, unbedingt geschützte Höhenlagen sind unerlässlich.
Anfälligkeit	Stark für Feuerbrand. Mittelstark für Schorf und Mehltau. Widerstand gegen die Viröse Triebsucht.
Anbauwert	Sehr pflegeintensiv und nur für erfahrene Anbauer zu empfehlen. Abgesehen vom Widerstand gegen die Triebsucht, ist die Sorte keine wesentliche Bereicherung des Sortiments.

Lotos

Herbstsorte

Entstehung	Tschechien. Kreuzung von 'Octovo' x 'Jolana' im Institut für Experimentelle Botanik in Prag. Sortenschutz seit 1997.
Blüte	Früh bis mittelfrüh, etwas witterungsempfindlich. Guter Pollenspender.
Frucht	Mittelgroß bis groß, stumpf kegelförmig. Tiefe, gerippte Kelcheinsenkung, weite und flache Stielgrube mit typischer Grünfärbung. Schale zart, trocken, mitteldick, leicht bereift. Gelbgrün mit dunkelrot-streifiger, in voller Belichtung flächiger Deckfarbe und feinen Schalenpunkten. Fruchtfleisch cremefarben, etwas weich, mittelsaftig. Süß mit wenig Aroma und etwas grasigem Beigeschmack. Wenig Vitamin C.
Reife	Ab Anfang September, kurz vor 'Elstar'. Traubig hängende Früchte drücken sich schon vor der Baumreife ab. Etwa 2 Monate kühl haltbar, dann schnell mürbe werdend.
Verwertung	Für Frischverzehr, weniger als Wirtschaftssorte.
Ertrag	Mittelfrüh einsetzend, starke Alternanzneigung. Daher nur mittelhohe Erträge.
Baum	Anfangs aufrechtes Wuchsbild mit geringer Seitenverzweigung. Im Vollertragsalter auseinander fallend, mit verkahlenden Ästen. Der Schnitt zielt auf mehr Stabilität und bessere Verzweigung. Nicht ganz frosthart im Holz.
Standort	Nur für nährstoffreiche Böden in geschützter Lage.
Anfälligkeit	Schorfresistenz (Vf) durchbrochen. Gering Mehltau, aber stark stippeanfällig schon am Baum. Frei hängende Früchte sind durch Sonnenbrand gefährdet.
Anbauwert	Da die Schorfresistenz nicht mehr gegeben ist, kann die Sorte nur noch eingeschränkt wegen der attraktiven Fruchtfarbe empfohlen werden.

Luna

Spätsorte

Baum	Anfangs mittelstarker, später schwacher Wuchs mit sehr guter Verzweigung und intensiv grünem, gesunden Laub.
Standort	Alle apfelfähigen Lagen. In schweren, nassen Böden kann Krebs auftreten.
Anfälligkeit	Schorfresistent (*Vf*), kaum Mehltau. Sehr gesund. Regenflecken sind in unbehandelten Beständen jedoch möglich.
Anbauwert	Aufgrund der Pflanzengesundheit, der hohen Erträge und der Fruchtqualität eine interessante Sorte für den Garten und den Mostobstanbau.
Entstehung	Tschechien. Kreuzung aus 'Topaz' x 'Golden Delicious' am Institut für Experimentelle Botanik in Prag. EU-Sortenschutz.
Blüte	Mittelfrüh, diploid. Blüte auch am einjährigen Holz. Wegen des hohen Fruchtansatzes ist rechtzeitig auszudünnen.
Frucht	Mittelgroß, ca. 156 g schwer. Unterschiedliche Form von flach- bis hochrund. Schüsselförmig, mitteltiefe, kaum berostete Stielgrube. Fruchtschale sehr glatt, blassgelb mit großen Schalenpunkten. Grüngelbe bis gelbe Grundfarbe, ohne Berostung. Druckempfindlich. Fruchtfleisch leicht gelblich, knackig, saftig, süß-säuerlich mit sehr gutem Geschmack. Geringer Gehalt an Vitamin C.
Reife	Baumreife Mitte Oktober, etwa 162 Tage Fruchtwachstum. Im Kühllager bis März haltbar. Windfest am Baum.
Verwertung	Überwiegend Tafelsorte, doch auch sehr gut für Most.
Ertrag	Früh einsetzend, hoch bis sehr hoch und regelmäßig.

Macoun

Spätsorte

Entstehung	1909, aus 'McIntosh' x 'Jersey Black'. Züchter R. Wellington in der Versuchsstation Geneva im Staat New York (USA).
Blüte	Spät, unempfindlich. Guter Pollenspender. Die Fruchtausdünnung nach der Blüte ist ratsam.
Frucht	Mittelgroß, um 100 g schwer. Breitrunde, ungleichmäßige Form mit breiten Rippen. Weite und tiefe Kelcheinsenkung, oft von 5 Höckern umgeben. Kurzer, dicker Stiel in weiter, strahlig berosteter Stielgrube. Schale glatt, hart, leicht wachsig. Sonnenseits flächig purpurrot mit verwaschenen roten Streifen. Etwas druckempfindlich. Fruchtfleisch fast weiß, etwas mürbe, saftig, süßaromatisch.
Reife	Ab Ende September. Nicht windfest, zur Baumreife stärker fallend. Im kühlen Naturlager etwa sechs Monate haltbar, dann schnell Verlust an Aroma und Saft. Aus Höhenlagen länger haltbar. Öfter auf Fleischbräune und Lagerfäule kontrollieren.
Verwertung	Für den Frischverzehr, auch als Wirtschafts- und Mostsorte brauchbar.
Ertrag	Nur auf schwachwachsenden Unterlagen regelmäßig und einigermaßen befriedigend. Sonst Alternanzneigung und ausgesprochen niedrige Erträge.
Baum	Lockeres, breitrundes Wuchsbild mit schräg aufrechten, gut verzweigten Leitästen, im Alter überhängend. Mittelstarker Wuchs. Der regelmäßige Überwachungsschnitt zielt auf gut durchlichtete Kronen und Erneuerung der Fruchtäste, um der Kleinfrüchtigkeit vorzubeugen. Im Holz frostfest.
Standort	Auf nährstoffreichen, genügend feuchten, jedoch nicht nassen Böden bis mittlere Höhenlagen. Sehr schwere Böden sind zu meiden.
Anfälligkeit	Stark für Mehltau auf schweren Böden und geschlossenen Lagen. Weniger für Schorf. Auf ungeeigneten Standorten krebsanfällig.
Anbauwert	Liebhabersorte für höhere Lagen und für den Streuobstanbau. Störend ist die starke Anfälligkeit für Mehltau.

Mairac®

Spätsorte

Baum	Mittelstarker, kompakter Wuchs mit leichter Gipfeldominanz. Aufrechte, dichte Krone mit etwas hängenden Fruchtästen. Gut garniert mit langem Fruchtholz und dunklen, kleineren Blättern.
Standort	Bis in mittlere Höhenlagen anbaufähig. Ausgesprochene Warmlagen haben sich eher nachteilig ausgewirkt.
Anfälligkeit	Mittlere Anfälligkeit für Schorf und Mehltau, etwas krebsanfällig. In Warmlagen ist Glasigkeit aufgetreten.
Anbauwert	Hauptanbaugebiet ist in der Schweiz. In Deutschland im Direktabsatz zu finden, u. a. weil sich die Sorte länger als 'Elstar' lagern lässt.
Bemerkung	'Mairac'® ist der geschützte Markenname. Der Sortenname lautet 'La Flamboyante'.
Entstehung	Gezüchtet 1986 an der Eidgenössischen Forschungsanstalt Centre des Fougères im Wallis/Schweiz von Charly Rapillard aus einer Kreuzungsserie von 'Gala' x 'Maigold'. EU-Sortenschutz seit 2003.
Blüte	Mittelfrüh, guter Befruchter. Ausdünnung wird empfohlen, um eine Alternanz zu verhüten.
Frucht	Mittelgroß, kugelig, konisch, regelmäßig. Schale glatt, etwas rau, kaum berostet. Grundfarbe grünlichgelb mit orange bis karminroter Deckfarbe, die frühzeitig eintritt. Gelbliches, sehr festes Fruchtfleisch, knackig-saftig mit ansprechendem, leicht säuerlichem, aromatischen Geschmack und hohem Zuckergehalt bis 16 Brix.
Reife	Baumreife Anfang bis Mitte Oktober. Gute Lagerfähigkeit bis April im kühlen Lagerraum, dabei kaum Fleischbräune.
Ertrag	Früh einsetzend. In den Versuchsanlagen um etwa 30 % geringer als 'Golden Delicious', fast regelmäßig. Weites Erntefenster von mehr als zwei Wochen.

Malus pumila

Späte Art

Bemerkung	Diese Art ist seit altersher in Kultur. Aus ihr gingen – neben Kreuzungen mit anderen Arten – die meisten unserer Kultursorten hervor.
Entstehung	Unbekannt, wahrscheinlich ist Kleinasien die Heimat.
Blüte	Sehr zierend. Weiß, rosa überlaufend, bis zu 5 cm breit.
Frucht	Je nach Herkunft, Standort und Pflege sehr unterschiedlich in Form und Beschaffenheit. Schale fest bis derb, trocken. Sonnenseits braunrot geflammt. Fruchtfleisch feinzellig, hart, saftig. Sehr herb mit geringer Süße.
Reife	Ab Anfang Oktober, wind- und sturmfest.
Verwertung	Als Verschnitt in zu süßem Most gut brauchbar.
Baum	Kurzstämmiger, rundkroniger Baum mit wirrer, stark verzweigter Krone. Freistehend bis 7 m hoch. Zweige dornenlos mit behaarten Knospen.
Standort	Keinerlei Ansprüche an Boden und Klima, bis in raue Höhenlagen.
Anfälligkeit	Außerordentlich widerstandsfähig gegenüber Schadfaktoren.
Anbauwert	Der Baum wird vor allem wegen seiner Blütenzierde in Parkanlagen gepflanzt.

Mars®

Spätsorte

Anbauwert	Im Anbau und Ertrag eine problemlose Sorte mit lagerfähigen, geschmacklich ansprechenden Früchten. Geeignet für den Bioanbau im Garten und für Streuobst. Lizenznehmer ist die ARTEVOS-Group, die wiederum Unterlizenzen an vermehrende Baumschulbetriebe vergibt.
Entstehung	Kreuzung aus zwei UEB-Zuchtklonen am Institute of Experimental Botany/Prag. Sortenschutz in Europa.
Blüte	Mittel.
Frucht	Mittelgroß. Hell grüngelbe Grundfarbe mit fast flächiger, karminroter Deckfarbe und Lentizellen. Saftig, süß, leicht säuerlich mit feinfruchtigem Aroma.
Reife	Anfang Oktober. Gut lagerfähig bis März/April.
Verwertung	Tafelfrucht (für „Jonagold-Liebhaber"). Verarbeitung zu Saft, Mus und Most.
Ertrag	Hoch und regelmäßig.
Baum	Schwacher Wuchs, mäßig verzweigt – trotzdem ein schöner Baumaufbau. Die Sorte sollte vor allem auf leichten bzw. ärmeren Böden auf stärkeren Unterlagen als M9 kultiviert werden.
Anfälligkeit	Insgesamt eine gesunde Sorte, wird nur leicht von Schorf und Mehltau befallen.

Martini

Spätsorte

Baum	Hochgewölbte, regelmäßige und gut verzweigte Krone. Von Jugend an starker, im Vollertragsalter noch mittelstarker Wuchs. Im Holz nicht ganz frosthart.
Standort	Nährstoffreiche, ausreichend feuchte Böden bis in windgeschützte, mittlere Höhenlage. Schwere Böden sind ungeeignet.
Anfälligkeit	Die Sorte ist krebsfest. Andere Schadeinflüsse sind nicht bekannt.
Anbauwert	Eine ertragreiche Sorte für geeignete Standorte im Extensivbereich.
Doppelname	'Großherzogs Liebling'
Entstehung	Zufallssämling, gefunden um 1875 in den Holsteiner Elbmarschen. Verbreitet vor allem in Nord-Deutschland. Benannt nach dem Pflückzeitpunkt der Frucht, dem Martinstag (11. November).
Blüte	Mittelfrüh, nicht empfindlich. Guter Pollenspender.
Frucht	Mittelgroß mit breit kegeliger Form und breiten Kanten über der Frucht. Flache Kelcheinsenkung mit weit offenem Kelch. Kurzer, dicker Stiel in tiefer Stielgrube. Schale dick und fest. Gelbgrün, sonnenseits mit kurzen, roten Streifen. Duftend. Fruchtfleisch feinzellig, fest und saftig mit angenehmer Säure.
Reife	Je nach Lage ab Anfang Oktober. Im kühlen Naturlager etwa 6–7 Monate haltbar.
Verwertung	Sowohl für den Frischverzehr als auch als Wirtschaftssorte und für Most brauchbar.
Ertrag	Mittelfrüh einsetzend. Mit wenigen Ausnahmen hoch und regelmäßig.

Maunzenapfel

Spätsorte

Entstehung	Die Sorte wurde Ende des 19. Jh. von Baumwart H. Maunzen aus Holzhausen, Landkreis Göppingen/Baden-Württemberg gefunden. Sie wurde bereits 1910 in der Zeitschrift „Der Obstbau" des Württembergischen Obstbau-Vereins als Lokalsorte im Oberamt Göppingen geführt. Nach dem kalten Winter 1928/29 wurde die frostharte Sorte weit verbreitet, ab den 1950er Jahren auch als robuste Stamm- und Gerüstbildner-Sorte in Süddeutschland. Sie ist heute noch im Handel.
Blüte	Spät, nicht empfindlich. Guter Pollenspender. Selbstfruchtbarkeit soll vorkommen.
Frucht	Klein bis mittelgroß, um 95 g schwer. Sehr unterschiedliche Form, meist flachrund. Weite, etwas faltige Kelcheinsenkung mit geschlossenem Kelch. Mittellanger Stiel in trichterförmiger Stielgrube. Schale glatt, fest, etwas fettend. Druckfest. Gelblichgrün, sonnenseits verwaschen rot oder stark marmoriert. Duftend. Fruchtfleisch sehr fest, saftig mit hervortretender Säure, auch mit hohem Zuckergehalt. Reich an Vitamin C.
Reife	Je nach Lage ab Anfang September, windfest. Etwa fünf Monate im kühlen Naturlager haltbar.
Verwertung	Vor allem begehrte Wirtschafts- und Mostsorte.
Ertrag	Jährlicher Wechsel zwischen sehr hohen Ernten und völligem Ertragsausfall (ausgeprägte Alternanz), gesamt aber hoch.
Baum	Mittelgroße, hochrunde bis kugelige Krone mit ausreichend verzweigten Trieben. Von Jugend an starker Wuchs, im Vollertragsalter deutlich schwächer. Im Holz extrem frostfest.
Standort	Anspruchslos an Boden und Klima bis in raue, windige Höhenlagen.
Anfälligkeit	Gering für Feuerbrand, auch sonst bemerkenswert widerstandsfähig gegen Krankheiten.
Anbauwert	Begehrte Verwertungssorte, aber auch als Stamm- und Gerüstbildner für die Anzucht von Hochstämmen anderer Streuobstsorten.

McIntosh Red — Herbstsorte

Entstehung	Gefunden um 1811 von John McIntosh auf seinem Anwesen in Matilda Township im Dundas County/Ontario (Kanada). Er gründete 1835 eine Baumschule und begann mit der Vermehrung seines Apfels, den er bisher 'Granny's Apple' genannt hatte. Sein Sohn Allan McIntosh vergrößerte später die Baumschule und vermehrte die Sorte ab 1870 unter dem Namen 'McIntosh Red' in größerem Stil.
Mutanten	'Rogers' (um 1930), 'Blackmack' (1928), 'Imperial' (1949), 'Kimball' (1948), 'Summerland' (1918) u.v.a. Die bekannteste Mutante ist 'Wijcik McIntosh', die in den 1960er Jahren von Mr. Wijcik an einem Ast des 'McIntosh' in seiner Obst-Plantage in British-Columbia/Kanada entdeckt wurde. Von dieser Mutante stammen alle heutigen Säulenbäume ab.
Blüte	Mittelfrüh, empfindlich. Sorgfältige Fruchtausdünnung nach der Blüte kann die Alternanz etwas mindern.
Frucht	Mittelgroß, seltener groß, um 110 g schwer. Unterschiedliche und ungleichmäßige Form, meist ungleichhälftig hochkugelig. Unterschiedlich tiefe, strahlige Kelcheinsenkung mit kleinem, geschlossenem Kelch. Extrem kurzer, dicker Stiel in strahlig berosteter Einsenkung. Schale glatt, dick und hart, etwas bläulich bereift. Sonnenseits flächig braunrot mit deutlichen, hellen Schalenpunkten. Druckempfindlich. Fruchtfleisch weiß, feinzellig, fest, saftig. Süßaromatisch parfümiert ohne hervortretende Säure. Arm an Vitamin C.
Reife	Ab Anfang September, folgernd, nicht windfest. Möglichst druckfrei ernten. Mehrmaliges Durchpflücken ist wegen des Vorerntefruchtfalls erforderlich. Vom Baum essbar. Im kühlen Naturlager etwa vier Monate ohne Welke haltbar, im Kühlraum bis Februar (März) bei 3 °C.
Verwertung	Vorwiegend für den Frischverzehr, industriell für Saftgewinnung.
Ertrag	Etwa ab dem 4. Standjahr einsetzend. Auf schwachwachsenden Unterlagen hoch und nahezu regelmäßig, sonst Alternanzneigung.
Baum	Mittelgroßes, lockeres, hochrundes Wuchsbild mit gut verzweigten Trieben. Wuchs mittelstark, im Vollertragsalter schwach. Im Holz nicht frostfest. Sorgfältiger Überwachungsschnitt ist nötig, doch können bei starken Schnitteingriffen möglicherweise Rindenschäden auftreten.
Standort	Nährstoffreiche Böden bis in windgeschützte, mittlere Höhenlagen.
Anfälligkeit	Mittel für Feuerbrand und Rindenkrankheiten. Besonders in geschlossenen Tallagen für Schorf, auch für Mehltau. Auf schweren, nassen Böden krebsanfällig.
Anbauwert	Negative Eigenschaften grenzen den Anbauwert stark ein. Für Liebhaber süß parfümierter Sorten tauglich.

Mecklenburger Königsapfel

Spätsorte

Doppelnamen	'Calville rouge', 'Königsapfel', 'Roter Wintercalvill', 'Mecklenburgs Kungsäpple', 'Royale Mecklenbourg'
Entstehung	Ungewiss. Die Sorte soll schon im 18. Jh. in Mecklenburg bekannt gewesen sein. Könnte ein Abkömmling von 'Zinck's Calville rouge d'hiver' (1766) sein. H. Haedge aus Rostock schreibt in den „Illustrierten Monatsheften" (1867) „dass hier in Mecklenburg-Schwerin, wo diese Sorte sehr verbreitet ist, ist derselbe seit wenigstens 100 Jahren als 'Calville rouge' bekannt."
Blüte	Mittelfrüh, schlechter Pollenspender (triploid).
Frucht	Mittelgroß bis groß, ähnlich dem 'Roten Herbstkalvill'. Unterschiedliche Form, meist stumpf kegelförmig. Kelchgrube schüsselförmig. Kurzer Stiel in tiefer, berosteter Stielgrube. Fruchtschale dick, glatt, wenig fettend. Grundfarbe gelblichgrün mit flächiger, karmesinroter Deckfarbe und blutroten Streifen. Oft bläulich beduftet. Fruchtfleisch gelblichweiß mit grünlicher Ader um das Kernhaus. Anfangs fest, dann locker, ausreichend saftig mit ausgeglichenem Zucker-/Säureverhältnis und himbeerartiger Würze. Geringer Gehalt an Vitamin C.
Reife	Oktober, im kühlen Naturlager etwa 4–5 Monate haltbar, gegen Lagerende mehlig werdend.
Verwertung	Zum Frischverzehr, mehr noch Wirtschaftssorte und für Most. Attraktive Schmuckfrüchte zu Weihnachten und für Ausstellungen.
Ertrag	Je nach Standort hoch und fast regelmäßig.
Baum	Bei Vollertrag mittelstarker Wuchs mit breiter Krone, geringer Pflegeaufwand.
Standort	Nicht für trockene und schwere, nasse Böden. Sonst anspruchslos und breit anbaufähig bis in höhere Lagen.
Anfälligkeit	Auf schweren Böden krebsanfällig, sonst sehr robust.
Anbauwert	Früher eine Hauptsorte in Mecklenburg, heute aber fast verschwunden. Schöner Fruchtschmuck durch die leuchtenden Früchte.

Melrose

Spätsorte

Bemerkung	Der Name leitet sich ab von „*Mel*" = (altdeutsch) Honig.
Mutanten	'Melrouge', in der Deckfarbe noch dunkler, 'Melrojam' und 'Super Melred'
Entstehung	1932, aus 'Jonathan' x 'Red Delicious' in der Versuchsstation Wooster in Ohio/USA. Seit 1944 im Handel.
Blüte	Sehr spät, kurz anhaltend. Nicht empfindlich. Bei starkem Fruchtansatz ist eine Ausdünnung auf Einzelfrüchte nach der Blüte stets ratsam, um die Alternanzneigung zu mindern.
Frucht	Meist mittelgroß, in der Form unterschiedlich. Weite, faltige Kelcheinsenkung mit geschlossenem Kelch. Kurzer Stiel. Schale glatt und (oft unangenehm) hart mit zahlreichen hellen Schalenpunkten. Leicht wachsig. Sonnenseits flächig braunrot. Druckfest. Fruchtfleisch sehr fest, feinzellig, saftig. Süßfruchtig mit leichtem Aroma. Arm an Vitamin C.
Reife	Ab Anfang Oktober. Windfest, doch drücken sich die Früchte wegen des kurzen Stieles oft vorzeitig ab. Im kühlen Naturlager etwa fünf Monate haltbar, im Kühllager bis Mai bei 2–3 °C. Auf Schalenbräune am Lager ist zu achten.
Verwertung	Überwiegend für den Frischverzehr, eingeschränkt für Saft.
Ertrag	Hoch und nahezu regelmäßig nur bei schwachwachsenden Unterlagen. Sonst Neigung zu Alternanz.
Baum	Anfangs steiles, hohes und lockeres Wuchsbild mit verkahlenden Ästen. Der Überwachungsschnitt zielt auf besser durchlichteten, flacheren Aufbau. Der Wuchs ist mittelstark. Im Holz frostempfindlich.
Standort	Nährstoffreiche Böden in windgeschützten, warmen Lagen sind Anbauvoraussetzungen. Andernfalls erhöht sich die Anfälligkeit für Krebs, Rindenkrankheiten und Frostschäden.
Anfälligkeit	Mittelstark für Feuerbrand. Stark für Triebsucht, Schorf und Mehltau, auch an den Früchten.
Anbauwert	Für Liebhaber süßfruchtiger Sorten. Qualitätsfrüchte sind nur in besten Lagen bei fachgerechter Pflege zu erwarten. Für Streuobstanbau nur in warmen und gut ausreifenden Lagen.

Merkur

Spätsorte

Anbauwert	Süßliche Sorte. Geeignet für den Anbau im Hausgarten und für Streuobst. Tafelfrucht, auch zur Verarbeitung.
Entstehung	'Topaz' x 'Rajka'. Institute of Experimental Botany, Prag. Sortenschutz in Europa.
Blüte	Früh bis mittel.
Frucht	Mittelgroß. Grüngelber Grund mit hohem Anteil an dunkel- bis purpurroter Deckfarbe. Fruchtfleisch saftig, feinzellig, fest. Guter Geschmack, süß mit geringer Säure, jedoch fruchtigem Aroma.
Reife	Mitte bis Ende September (vor 'Topaz'). Gut haltbar, in kühlen Räumen bis März.
Verwertung	Tafelfrucht und Verwertung für Most, Saft und Edelbrand.
Ertrag	Regelmäßig und insgesamt hoch.
Baum	Mittelstarker Wuchs und der gute Baumaufbau erfordern wenig Schnittaufwand.
Anfälligkeit	Gesundes, vitales Laub. Wenig Schorf und Mehltau. Als 'Topaz'-Abkömmling aber auf Kragenfäule achten (vorsichtshalber Zwischenveredelung).

Minister von Hammerstein   Spätsorte

Doppelnamen	'Hammersteinova', 'Ministre de Hammerstein'
Entstehung	Erzogen 1882 von Direktor R. Goethe an der „Königlichen Gärtnerlehranstalt" in Geisenheim am Rhein aus einem Kern der 'Landsberger Renette'. Erste Früchte 1891, erste Beschreibung 1900. Benannt nach dem damaligen Minister für Landwirtschaft, Domänen und Forsten Freiherr von Hammerstein.
Blüte	Spät, lange andauernd, nicht empfindlich. Guter Pollenspender. In Ertragsjahren ist der starke Fruchtansatz auszudünnen.
Frucht	Mittelgroß bis groß, um 120 g schwer. Flachrund mit typischen, kalvillartigen Rippen. Deutliches Merkmal ist die flache, gerippte Kelcheinsenkung. Starker Stiel in breit trichterförmiger, selten berosteter Stielgrube. Schale bei Reife weißlichgelb, dünn, glatt, sonnenseits verwaschen bräunlichrot gefärbt. Fleckig bei anhaltender Nässe. Druckempfindlich. Kräftiger Duft. Fruchtfleisch gelblichweiß, etwas locker. Sehr saftig mit angenehmer Säure und feinem Aroma. Kleines Kerngehäuse.
Reife	Je nach Lage ab Anfang Oktober, so spät wie möglich ernten. Sturmfest, die Früchte haften oft noch im Winter. Im kühlen Naturlager bis zu fünf Monate haltbar, dann schneller Aromaverlust.
Verwertung	Für den Frischverzehr, auch als Wirtschafts- und Mostsorte brauchbar.
Ertrag	Große Früchte sind nur an jüngeren oder gut gepflegten Bäumen erzielbar. Jährlich wechselnd zwischen sehr hohen Erträgen und völligem Ertragsausfall (ausgeprägte Alternanz). Auf schwach wachsenden Unterlagen weniger alternierend, insgesamt aber hoch.
Baum	Breitkugelige, mittelgroße Krone mit kurzer Seitenverzweigung. Die Jahrestriebe sind stark punktiert. Regelmäßiger Schnitt ist notwendig für eine bessere Verzweigung. Von Jugend an kräftiger Wuchs, der aber bald nachlässt.
Standort	Weinbauklima, bevorzugt in guten Böden. Keine Höhenlagen.
Anfälligkeit	Stark für Feuerbrand. Auch für Schorf, Mehltau und Fruchtfäulen. Krebs und Blutlaus in schweren, nassen Böden.
Anbauwert	Noch immer eine Liebhabersorte. Verbreitet im Streuobstanbau in guter Lage.

Multhaupts Renette

Spätsorte

Doppelnamen	'Multhaupts Carmin-Reinette', 'Reinette Multhaupt', 'Radauer Parmäne'
Entstehung	Zufallssämling. Erzogen im Garten des Gastwirtes und Weinhändlers H. Multhaupt in Vienenburg (bei Goslar). Der erste Name lautete 'Radauer Parmäne', da der Garten am kleinen Fluss Radau lag. Superintendent Cludius aus Hildesheim sandte Pfropfreiser 1811 an A.F.A. Diel, der die Sorte 1816 als 'Multhaupts Carminreinette' beschrieb. Sie fand dann sehr schnell weite Verbreitung.
Blüte	Mittelfrüh, nicht witterungsempfindlich. Eine Blütenausdünnung ist einer späteren Fruchtausdünnung nach dem Junifall vorzuziehen, um gleichmäßige Fruchtgrößen zu erzielen, einer Erschöpfung des Baumes vorzubeugen und so eine gute Winterhärte zu garantieren.
Frucht	Mittelgroße, gleichmäßig abgestumpft rundliche Form. Halboffener Kelch und flache Kelcheinsenkung, fast ohne Falten. Stielgrube mitteltief, berostet. Schale glatt, bei Reife etwas fettend. Hellgelb, schattenseits noch heller. Sonnenseits mehr gestreift mit hellen Schalenpunkten. Schwacher Duft. Fruchtfleisch gelblich weiß, feinzellig, saftig, etwas mürbe mit weinartigem Zuckergeschmack.
Reife	Ab Anfang Oktober, nicht sehr windfest. Mehrmaliges Durchpflücken ist ratsam. Im kühlen Naturlager etwa 4–5 Monate haltbar ohne zu welken.
Verwertung	Gute Tafel- und Wirtschaftssorte, weniger für Most geeignet.
Ertrag	Früh einsetzend. Meist hoch bis sehr hoch und regelmäßig.
Baum	Anfangs kräftiger, aufrechter Wuchs. Mit Beginn des Vollertrages deutlich schwächer, mit teils überhängenden Außentrieben. Dann wird auch ein aufmerksamer Überwachungsschnitt nötig, damit der Baum nicht vorzeitig vergreist.
Standort	Windgeschützt auf eher leichten Böden. Auf schweren Böden tritt häufiger Stippe auf.
Anbauwert	Eine noch immer fast unbekannte Sorte, doch empfehlenswert für den Anbau im Garten.

Muskatrenette — Spätsorte

Doppelnamen	'Muscate' (Olivier de Serres 1608), 'Sucrée d'Hiver' (Mayer in Pomona Franconica 1776), 'Muskateller Renette' (Sickler, Der Teutsche Obstgärtner 1799) und weitere. In England 'Never fail' (nie fehlschlagend).
Entstehung	Ungewiss. Die Sorte soll schon seit dem frühen 17. Jh. in der Normandie bekannt gewesen sein. Wurde 1874 vom Deutschen Pomologenverein unter die 50 zu empfehlenden Sorten aufgenommen, 1877 für Formbäume empfohlen.
Blüte	Spät, nicht empfindlich. Nach der Blüte ist eine energische Fruchtausdünnung ratsam, um einer frühzeitigen Erschöpfung des Baumes vorzubeugen.
Frucht	Meist mittelgroß, um 110 g schwer. In der Form unterschiedlich, meist hochrund. Weite Kelcheinsenkung, lange und spitze Kelchblätter. Unterschiedlich langer Stiel in flacher und weiter Stielgrube. Schale glatt, oft mit Rostfiguren und feinen Schalenpunkten. Bei Reife zitronengelb. Sonnenseits kräftig braunrot marmoriert. Schwacher Duft. Fruchtfleisch gelblichweiß, etwas mürbe, saftig. Süßsäuerlich mit kräftiger, muskatartiger Würze. Deutliche Gefäßbündel um das Kernhaus.
Reife	Je nach Lage ab Mitte September, windfest bis zur Baumreife. Im kühlen Naturlager etwa drei Monate haltbar, aus Höhenlagen bedeutend länger.
Verwertung	Für den Frischverzehr, auch verbreitete Wirtschafts- und Mostsorte.
Ertrag	Hoch und regelmäßig.
Baum	Kaum mittelgroße, hoch kugelförmige Krone mit dünnen Trieben und typisch weißfilzigen Fruchtknospen. Lanzettliche, oft aufgefaltete Blätter mit langen, wolligen Blattstielen. Als Hochstamm ist eine Zwischenveredelung (z. B. 'Maunzenapfel') nötig. Wegen des schwachen Wuchses ist ein sorgfältiger Überwachungsschnitt anzuraten, um vorzeitiger Vergreisung vorzubeugen. Im Holz vollkommen frostfest.
Standort	Beste Fruchtqualität ist in kühlen, auch rauen Lagen auf fruchtbarem, ausreichend feuchtem Boden erzielbar. In trockenen und mageren Böden leidet die Wurzelbildung.
Anfälligkeit	Auf nassen Böden für Krebs. Besonders in Höhenlagen bemerkenswert gesund.
Anbauwert	Unproblematische Sorte für raue Höhenlagen. Geeignet für alle Baumformen, auch Spaliere und Topfbäume.

Mutterapfel

Herbstsorte

Doppelnamen	'Gardener's Apple' (erster Name), 'The Mother', 'Queen Anne', 'Lavanttaler Bananenapfel' (Österreich), 'Effeltricher Bananenapfel', 'Schöner von Schönlind' (Deutschland)
Entstehung	Entstanden auf der Farm von General Gardener in Bolton/Worcester County (Massachusetts). Erstmals ausgestellt November 1843 bei der „Massachusetts Horticultural Society" in Boston. Die Sorte verbreitete sich schnell in allen Apfelregionen Nord-Amerikas und wurde früh nach Europa eingeführt. In den 1880er Jahren kam sie ins Lavanttal nach Kärnten/Österreich. Dort verbreitete sie sich unter dem Namen 'Lavanttaler Bananenapfel'. Die erste Beschreibung in Deutschland erfolgte durch E. Lauche 1883.
Blüte	Mittelfrüh, unempfindlich. Guter Pollenspender.
Frucht	Mittelgroß, mitunter groß, um 160 g. Gleichmäßig runde, hoch gebaute Form. Flache Kelcheinsenkung mit kleinem, geschlossenem Kelch. Schale glatt mit Rostfiguren, bei Vollreife etwas fettig. Goldgelb, sonnenseits schön rot marmoriert und gestreift. Helle Schalenpunkte. Fruchtfleisch etwas mürbe, weniger saftig. Süßlich, milde Säure mit leichtem Aroma.
Reife	Ab Mitte September, windfest bis zur Baumreife. Im kühlen Naturlager höchstens vier Monate haltbar, im Kühlraum bis Februar bei 2 °C und hoher Luftfeuchte.
Verwertung	Für Frischverzehr, auch als Wirtschaftssorte brauchbar. 1935 noch als „edler Tafelapfel" beschrieben.
Ertrag	Ausgesprochen gering, aber regelmäßig, ohne Alternanz.
Baum	Lockere, breitrunde bis rundliche Krone mit mäßiger Verzweigung. Mittelstarkes Wachstum, im Alter schwach. Benötigt einen frostharten Stammbildner. Gelegentliche Auslichtung und Verjüngung ist anzuraten.
Standort	Geringe Standortansprüche bis in Höhenlagen.
Anfälligkeit	Schorfanfällig nur in geschlossenen Tallagen.
Anbauwert	Liebhabersorte, auch Ersatz für 'Cox' in höheren Lagen und auf schlechteren Böden. Nur mäßige Flächenerträge. Geeignet für Streuobst.

Nathusius Taubenapfel   Spätsorte

Entstehung	1824. Aus einem Samen gezogen von dem Obergärtner Dieskau in den Althaldensleber Gartenanlagen (Sachsen-Anhalt). Zu Ehren des Gottlob Nathusius benannt, einem Förderer des Obstbaues, der 1810 das ehemalige Kloster Althaldensleben kaufte.
Blüte	Spät, unempfindlich. Guter Pollenspender. Bei starkem Fruchtansatz nach der Blüte wird ein energisches Ausdünnen empfohlen, um einer frühzeitigen Erschöpfung des Baumes vorzubeugen.
Frucht	Mittelgroß, um 100 g. Je nach Herkunft und Standort stark in der Form wechselnd, von lang gestreckt bis hochkugelig. Weite Kelcheinsenkung mit engem Kelch, meist kurzer Stiel in enger Stielgrube. Schale glatt, zäh, leicht bläulichweiß beduftet. Druckfest. Vollreif hellgelb mit schöner karmesinroter Deckfarbe und dunkleren Streifen. Fruchtfleisch weiß, fest, saftig mit etwas ungewöhnlichem Geschmack nach Bittermandel. Vorherrschende Säure bei hohem Zuckergehalt.
Reife	Ab Mitte September. Windfest bis zur Baumreife, dann schnell fallend.
Verwertung	Für den Frischverzehr und als guter Wirtschaftsapfel brauchbar.
Ertrag	Früh einsetzend, mittelhoch, seltener hoch, aber regelmäßig.
Baum	Breit pyramidale Krone mit schräg aufrechten, mäßig verzweigten Leitästen. Die jungen, wolligen und kräftigen Jungtriebe wachsen gedrungen (wie 'Ananasrenette') mit kurzen Internodien. Von Jugend an kräftiger, im Vollertragsalter schwacher Wuchs. Der Schnitt zielt auf bessere Verzweigung und den Erhalt der Wuchskraft im Vollertragsalter.
Standort	Völlig genügsam gegenüber Boden und Klima, doch sind leichte Böden und windige Lagen weniger geeignet. Im Lehmboden färben sich die Früchte noch intensiver.
Anfälligkeit	In geschlossenen Tallagen für Blattschorf. Andere Schadfaktoren kaum bekannt.
Anbauwert	Wegen des leichten Beigeschmacks nach Bittermandel nicht mehr so häufig im Anbau wie früher.

Natyra®

Herbstsorte

Baum	Wenig verzweigt. Mäßiges Wachstum auf schwachen Unterlagen. Benötigt beste Böden und Spezialwissen.
Anfälligkeit	Schorfresistent. Wenig anfällig für Mehltau und Obstbaumkrebs.
Anbauwert	Gutes Gesamtpaket. Die geschmackvolle, gut lagerfähige Sorte wird im ökologischen Erwerbsanbau favorisiert. Sie wird auch im Integrierten Anbau kultiviert.
Entstehung	'Elise' x 'CPRO 159$^{(S)}$' (schorfresistenter Zuchtklon). Institut f. Pflanzenzüchtung, Wageningen/Niederlande. 'Natyra' ist eine Markenbezeichnung für ökologisch erzeugte Äpfel. Konventionell angebaute Äpfel sind unter der Marke 'Magic Star' zusätzlich im Handel.
Blüte	Mittelfrüh bis spät. Unempfindlich. Guter Pollenspender.
Frucht	Mittelgroß bis groß. Mittelhoch gebaut. Geringe Berostung im Kelchbereich. Etwa 75 % und mehr mittel bis dunkelrote Deckfarbe. Fruchtfleisch sehr fest, knackig, crisp. Saftig und süß mit ausgeprägtem Aroma. Aufgrund der Aromafülle wird der Geschmack vielfach als parfümiert eingestuft.
Reife	Anfang – Mitte Oktober. Gut lagerfähig im Kühllager bis April.
Verwertung	Tafelapfel.
Ertrag	Früh einsetzend. Insgesamt mittel und unregelmäßig. Wechsel von geringen und sehr hohen Erträgen auch auf schwachwachsenden Unterlagen. Ausdünnung bei Überbehang zwingend erforderlich.

Newton Wonder — Spätsorte

Mutanten	'Crimson Newton' (1921), 'Marston Scarlett' (1909), 'Red New Wonder' (1958)
Entstehung	England. Gefunden um 1870 vom Gastwirt Taylor, auf dem Strohdach seines Hauses in King's Newton/Derbyshire. Taylor verpflanzte den Sämling in seinen Garten wo er bis in die 1940er Jahre wuchs. Eingeführt in den Handel wurde die Sorte 1887 von der Baumschule J.R. Pearson Nursery in Nottingham. Als Eltern werden 'Dumelows Seedling' ('Wellington') und 'Blenheim Orange' ('Goldrenette von Blenheim') vermutet.
Blüte	Mittelfrüh.
Frucht	Mittelgroß bis sehr groß, je nach Behang Flachkugelig. Am Kelch und Stiel deutlich abgeflacht. Meist regelmäßige Form. Querschnitt fast rund. Schale glatt oder auch leicht uneben. Grundfarbe gelb-grün, später goldgelb. Deckfarbe bis zu Dreiviertel bräunlich leuchtend rot, etwas dunkle rote Streifen. Auffällige Lentizellen. Stiel kurz bis mittellang, dick. Kelch groß und offen. Kelcheinsenkung weit und tief, gleichmäßig mit schwachen Falten. Schwache figurenartige Berostung. Fruchtfleisch creme-weiß, schach grobzellig, fest, knackig und Saftig. Kräftig weinig, ohne Gewürz.
Reife	Ab Mitte Oktober, windfest. Im kühlen Naturlager 5–6 Monate haltbar.
Verwertung	Für den Frischverzehr, auch als Wirtschafts- und Mostsorte gut brauchbar.
Ertrag	Jährlich wechselnde Erträge zwischen hoch und sehr gering (Alternanz).
Baum	Große, lockere, mäßig verzweigte Krone. Von Jugend an bis in das Vollertragsalter starker Wuchs.
Standort	Beste Fruchtqualität ist nur in warmer Lage und nährstoffreichen Böden zu erzielen.
Anfälligkeit	In zusagenden Lagen robust. Stark anfällig für Stippe im Lager, aber auch schon am Baum.
Anbauwert	Bei uns nur in zusagenden Lagen als Liebhabersorte zu empfehlen.

Oberdiecks Renette

Spätsorte

Baum	Breit pyramidale Krone mit guter Verzweigung. Von Jugend an starker, im Vollertragsalter mittelstarker Wuchs.
Standort	Nährstoffreiche Böden in mittlerer Höhenlage werden bevorzugt, doch ist ein Anbau auch noch in hohen, windgeschützten Lagen gut möglich.
Anfälligkeit	Mittelstark für Feuerbrand. Bei Ernährungsstörungen und in Warmlagen stark für Schorf und Mehltau. Soll krebsfest sein.
Anbauwert	Mitunter unansehnliche Früchte, krankheitsanfällig, ertragsmäßig nicht befriedigend. Deshalb verzichtbar. Eine Sorte nur für den Streuobstanbau.
Bemerkung	J. G. C. Oberdieck war evangelischer Geistlicher in Jeinsen bei Hannover und einer der bedeutendsten Pomologen seiner Zeit in Deutschland.
Entstehung	Um 1850 von dem Pomologen Ed. Lucas in einem Garten bei Cannstadt/Württemberg gefunden und zu Ehren Oberdiecks benannt.
Frucht	Mittelgroß, sehr unterschiedliche Form, von flach- bis hochkugelig. Schüsselförmige, weite und tiefe Kelcheinsenkung mit offenem Kelch, feinen Falten. Stielgrube tief, weit und strahlig berostet. Schale glatt, oft mit ungleichmäßigen Rostflecken. Bei Reife gelb, sonnenseits mehr goldgelb, leicht gerötet mit feinen Schalenpunkten. Fruchtfleisch gelblichweiß, feinzellig, markig bis mürbe. Renetteartige Würze mit süßweinigem Geschmack.
Reife	Ab Mitte Oktober, windfest bis zur Baumreife. Im kühlen, feuchten Naturlager etwa 5 Monate haltbar ohne zu welken.
Verwertung	Für den Frischverzehr und alle Verwertungsarten.
Ertrag	Früh einsetzend, mittelhoch und fast regelmäßig.

Oberdiecks Taubenapfel — Spätsorte

Doppelnamen	'Oberdiecks Pigeon', 'Pigeonet Oberdieck'
Entstehung	Gefunden in der ersten Hälfte des 19. Jh. in Oyle bei Nienburg (Weser). Benannt von Dr. Georg Liegel in Braunau/Inn. Beschrieben von J.G.C. Oberdieck in der Zeitschrift „Anleitung zur Kenntniß und Anpflanzung des besten Obstes für das nördliche Deutschland", Regensburg 1852.
Blüte	Mittelspät, nicht witterungsempfindlich.
Frucht	Stark unterschiedliche, ungleichhälftige Form, meist stumpf kegelförmig. Kleiner, geschlossener Kelch in flacher, faltiger Einsenkung. Dünner Stiel in weiter, tiefer Stielgrube. Schale leicht wachsig. Bei Reife gelb, sonnenseits nur wenig gestreift. Fruchtfleisch weiß, feinzellig, saftig und angenehm gewürzt.
Reife	Ab Mitte Oktober, wind- und sturmfest bis zur Baumreife. Etwa 4 Monate im kühlen Naturlager haltbar.
Ertrag	Etwas spät einsetzend, hoch und fast regelmäßig.
Baum	Mittelgroße, rundliche, gut verzweigte Krone mit viel Fruchtholz. Besonders auf ärmeren Böden. Frostfest im Holz. Der Schnitt zielt auf laufende Fruchtasterneuerung, um eine vorzeitige Vergreisung des Baumes zu vermeiden.
Standort	Anspruchslos an Boden und Klima bis in höhere, auch kalte Lagen.
Anfälligkeit	Keine besonderen Krankheiten und Schädlinge bekannt.
Anbauwert	Die Sorte ist heute nur noch gelegentlich als Wirtschaftssorte zu finden.

Öhringer Blutstreifling

Spätsorte

Doppelname	'Roter Blutstreifling'
Entstehung	Um 1860. Von Öhringen (bei Heilbronn am Neckar) aus verbreitet. Hier wurde auch am 18.10.1739 der Obstpfarrer und Pomologe Johann Ludwig Christ geboren.
Blüte	Mittelfrüh, lange anhaltend. Nicht empfindlich. Guter Pollenspender.
Frucht	Mittelgroß, um 100 g schwer auf jungen Bäumen, auf älteren kleiner. Unterschiedliche, meist hochrunde Form. Tiefe und schüsselförmige, faltige Kelcheinsenkung mit geschlossenem, spitzem Kelch. Kurzer und dicker Stiel in tiefer, berosteter Stielgrube. Schale glatt, geschmeidig. Strohgelb mit roten Streifen, sonnenseits flächig blutrot mit hellen Schalenpunkten und einzelnen Rostfiguren. Fruchtfleisch fest, saftreich, arm an Säure und Würze.
Reife	Ab Ende September, windfest bis zur Baumreife, dann schnell fallend. Im kühlen Naturlager etwa sechs Monate haltbar.
Verwertung	Für den Frischverzehr, vom Baum essbar, auch als Wirtschaftssorte brauchbar. Wegen geringer Säure nicht für die Mostbereitung geeignet. Dekorative Schaufrucht bei Ausstellungen.
Ertrag	Früh einsetzend, eher mittel hoch und regelmäßig.
Baum	Hochkegelförmige, mittelgroße Krone mit überhängenden, wenig verzweigten Fruchtästen und auffallend graugrünen, schmalen Blättern. Von Jugend an starker, im Vollertragsalter schwacher Wuchs. Der Schnitt zielt auf bessere Verzweigung und Erhalt der Wuchskraft.
Standort	Auf nährstoffreichen, ausreichend feuchten Böden bis in höhere Lagen anbaufähig. Auf trockenen, armen Böden bleiben die Früchte klein und fade.
Anfälligkeit	In Tallagen und auf nassen Böden stark für Schorf und Krebs.
Anbauwert	Liebhabersorte im Streuobstanbau, besonders in höheren Lagen. Schorfanfälligkeit und kleine Früchte mit begrenzter Verwendungsmöglichkeit schränken den Anbauwert ein.

Ontario

Spätsorte

Synonym	'Ontarioapfel'
Entstehung	Um 1850 aus einer Kreuzung von 'Northern Spy' x 'Wagener'. Züchter ist Charles Arnold, Baumschuler aus Paris/Ontario (Kanada). Die erste Beschreibung erfolgte 1874 zunächst noch als unbekannte Sorte. Zwei Jahre später beschrieb sie Charles Downing unter dem Namen 'Ontario'. Ab 1882 wurde die Sorte durch die Baumschule Transon Frères aus Orléans/Frankreich in Europa verbreitet.
Blüte	Spät, lange anhaltend. Guter Pollenspender. Bei starkem Fruchtansatz kann eine Ausdünnung die Alternanz mindern und die Fruchtqualität verbessern. Selbstbefruchtung kann vorkommen.
Frucht	Groß, bis zu 200 g schwer. Unregelmäßig breitrunde, meist kantige Form. Tiefe Kelcheinsenkung. Kurzer, dicker Stiel in breiter und tiefer Stielgrube. Schale fest und zäh. Grüngelb, hell bereift, sonnenseits verwaschen rötlich mit hellen Schalenpunkten. Sehr druckempfindlich. Fruchtfleisch fast weiß mit gelblichen Adern. Mittelfest, feinzellig, sehr saftig. Hervortretende Säure und herber Geschmack, ohne großes Aroma. Reich an Vitamin C.
Reife	Ende Oktober, so spät wie möglich, schonend und druckfrei ernten. Nicht ausgereifte und schattige Früchte schmecken fade. Windfest bis zur Baumreife, dann wegen des hohen Gewichtes schnell fallend. Schutz vor pickenden Vögeln kann nötig werden. Im kühlen Naturlager und bei hoher Luftfeuchtigkeit etwa sechs Monate ohne Welke haltbar, im Kühlraum bis Juni, nicht unter 4 °C. Kontrolle auf Fäulnis und Schalenbräune ist anzuraten.
Verwertung	Für den Frischverzehr nach längerer Lagerzeit, gute Wirtschafts- und Mostsorte. Gut geeignet für Diabetiker.
Ertrag	Früh einsetzend. Auf schwachwachsenden Unterlagen mittel hoch bis hoch und fast regelmäßig, bei anderen mehr Alternanzneigung. Eine Blattdüngung sofort nach der Ernte kann den Ertrag im nächsten Jahr steigern und die Alternanz mindern.
Baum	Mittelgroße, lockere Krone mit zunächst steilen, typisch wolligen Trieben. Mäßig verzweigte, im unteren Bereich oft verkahlende Astpartien. Regelmäßiger Schnitt fördert die Verzweigung und mindert vorzeitiges Vergreisen. Im Holz frostempfindlich (besonders nach einem hohen Ertrag) auch auf einem frostharten Stammbildner.
Standort	Nährstoffreiche Böden in geschützten Lagen, andernfalls leidet die Fruchtqualität.
Anfälligkeit	Stark für Feuerbrand, Rindenbrand, Apfelmosaik, Triebsucht, Blutlaus und für Mehltau (auf trockenen Böden und bei anhaltender Trockenheit). Ebereschenmotte kann auftreten. Gering für Schorf.
Anbauwert	Alternanz und Druckempfindlichkeit grenzen den Anbauwert im Erwerbsanbau ein. Wichtige Sorte im Garten und Streuobstanbau, da die Früchte gut lagerfähig sind. Bei Diabetikern und Bäckern noch immer eine begehrte Sorte.

Opal®

Herbstsorte

Anfälligkeit	Bisher schorffest, gering anfällig für Mehltau und Obstbaumkrebs. In feuchten Lagen kann die Fruchtberostung hoch sein. Wie auch bei anderen gelbschaligen Sorten können Regenflecken auftreten.
Anbauwert	Empfehlenswerte Sorte für Erwerbsanlagen und Freizeitgärten.
Entstehung	Neue Sorte. Entstanden aus einer Kreuzung von 'Golden Delicious' x 'Topaz' am Institut für Experimentelle Botanik in Prag. EU-Sortenschutz.
Blüte	Mittelfrüh, guter Pollenspender.
Frucht	Von Jungbäumen groß, sonst mittelgroß, leicht walzenförmig mit weiter Kelchgrube und geschlossenem Kelch. Stielgrube strahlig berostet mit dünnem Stiel. Schale goldgelb, sonnenseits streifig gerötet. Das Fruchtfleisch ist gelb, saftig, abknackend mit sehr gutem Geschmack. Mittlerer Vitamingehalt und gutes Zucker-/Säureverhältnis.
Reife	Baumreife gegen Ende September, etwa 146 Tage Fruchtwachstumszeit. Kühl lagerfähig bis Februar/März, im Kühllager vier Wochen länger.
Ertrag	Früh einsetzend und hoch bis sehr hoch.
Baum	Mittelstarker, gut verzweigter bis dichter Wuchs mit fast waagerechten Ästen.
Standort	In trockenen, warmen Lagen wird beste Qualität erzielt.

Orleans Renette

Spätsorte

Bemerkung	Nach J.G.C. Oberdieck ist die 'Golden Reinette' der Engländer und Amerikaner identisch mit der 'Reinette von Orléans'.
Doppelnamen	In der pomologischen Literatur sind mehr als 100 verschiedene Benennungen für diese Sorte aufgeführt, darunter: 'Court-Pendu-Blanc', 'Wyker Pipping', 'Princesse noble de Chartreux', 'Kirke's Golden Reinette', 'Triumph-Reinette' und viele andere.
Entstehung	Ungewiss. Sehr alte Sorte. Literaturangaben finden sich für 'Golden Reinette' (Rea, 1676), 'Worlidge' (1678, Ray 1686) und 'Reinette von Orléans' (Knoop 1758, Manger 1780, Christ 1794, Diel 1789). Nach der „2. Versammlung deutscher Pomologen" 1857 in Gotha und der allgemeinen Empfehlung zum Anbau, verbreitete sich die Sorte schnell in Deutschland.
Blüte	Mittelfrüh, nicht empfindlich. Guter Pollenspender. Energisches Ausdünnen nach der Blüte steuert den Erhalt der Fruchtbarkeit.
Frucht	Mittelgroß, seltener groß. Je nach Herkunft mit unterschiedlicher Form, meist hochkugelig. Flache und breite Kelcheinsenkung mit offenem Kelch und feinen Falten. Kurzer, dicker Stiel in weiter Stielgrube. Schale derb, etwas rau mit typisch eckigen Rostpunkten, um den Kelch feiner. Vollreif goldgelb mit sonnenseits braunroten Streifen, bei Jungbäumen auch flächig rot. Fruchtfleisch mittelfest, ausreichend saftig. Süßaromatisch mit edlem, weinigem Zuckergeschmack. Kleines Kernhaus.
Reife	Je nach Lage ab Mitte bis Ende September, windfest. Zu früh geerntete Früchte welken am Lager stärker. Etwa sechs Monate im kühlen Naturlager haltbar.
Verwertung	Vorwiegend für den Frischverzehr, aber auch Wirtschafts- und Mostsorte.
Ertrag	Regelmäßig, aber eher durchschnittlich. Frühe Erschöpfung kann eintreten.
Baum	Mittelgroße, breit pyramidale Krone mit gut verzweigten Trieben. Bei Vollertrag schwacher Wuchs. Ein fachgerechter Auslichtungs- und Überwachungsschnitt lockert die etwas dichte Krone auf und mindert ein vorzeitiges Vergreisen infolge der hohen Fruchtbarkeit.
Standort	Nährstoffreiche, warme Böden in geschützter Lage. Abweichungen mit weniger Wärme mindern die Fruchtqualität. In kalten, schweren Böden werden viele Früchte rissig und wertlos.
Anfälligkeit	Mittel für Schorf und Mehltau. Krebs in schweren oder nassen Böden. Früchte faulen gelegentlich schon am Baum.
Anbauwert	Liebhabersorte, mit hohen Pflege- und Standortansprüchen. Für alle Baumformen geeignet, auch Spaliere und Topfbäume.

Otava

Herbstsorte

Anbauwert	Interessante Liebhabersorte. Für den Anbau im Garten. Bei starkem Behang unbedingt ausdünnen, um die Fruchtgröße und günstige Inhaltswerte zu sichern.
Entstehung	'Shampiom' x 'Jolana'. Institute of Experimental Botany, Prag. Sortenschutz in Europa.
Blüte	Mittel.
Frucht	Mittelgroß. Gelbgrüner Grund mit sonnenseits leicht oranger Deckfarbe. Fruchtfleisch saftig, cremefarben, feinzellig. Süßsäuerlich, fruchtig, mit leichter, nicht immer spürbarer Anis-Note. Hoher Vitamin-C-Gehalt.
Reife	Anfang Oktober. In kühlen Räumen bis März haltbar.
Verwertung	Tafelfrucht. Auch Verarbeitung zu Saft, Most und Edelbrand.
Ertrag	Mittelhoch, aber unregelmäßig und schwankend.
Baum	Schwacher Wuchs, jedoch gut verzweigt. Allerdings dünne Triebe. Auf leichten, armen Böden, etwas stärkere Unterlagen als M9 verwenden.
Anfälligkeit	Mittel anfällig für Schorf und Mehltau. Auf Regenfleckenkrankheit (v. a. im Streuobstanbau) achten.

Pfirsichroter Sommerapfel — Frühsorte

Doppelnamen	'Pfirsichroter Sommer-Rosenapfel', 'Sommerrosenapfel', 'Roter Sommerkalvill'
Entstehung	Sehr alte Sorte, die nach dem Pomologen Dietrich (1813) aus Frankreich stammen soll, nach anderen Quellen aber aus Thüringen. Wurde 1874 vom Deutschen Pomologenverein zum Anbau empfohlen.
Blüte	Früh, nicht empfindlich. Nach starkem Fruchtansatz bewirkt das Ausdünnen gleichmäßigere Früchte.
Frucht	Klein bis mittelgroß, um 120 g schwer. Ungleichmäßige Form, von flachrund bis hoch gebaut mit kalvillartigen Rippen. Kelcheinsenkung flach. Langer, wolliger Stiel in flacher Stielgrube. Schale sehr fein, glatt, dünn. Hellgelb mit rosenroter Deckfarbe oder Streifen. Bläulich bereift mit deutlichem Duft. Druckempfindlich. Fruchtfleisch weiß, unter der Schale rötlich, etwas locker, saftig. Angenehmer, stark weinsäuerlicher Geschmack mit feiner Würze.
Reife	Je nach Lage ab Anfang August, folgernd. Nicht windfest. Mehrmaliges, druckfreies Durchpflücken ist meist erforderlich. Nach der Baumreife nur wenige Tage haltbar.
Verwertung	Vorwiegend für den Frischverzehr, eingeschränkt als Wirtschaftssorte brauchbar. Schaufrucht bei Ausstellungen.
Ertrag	Früh einsetzend, mittelhoch und regelmäßig.
Baum	Mittelgroße, wirre und flache Krone mit überhängenden Trieben und dichter Belaubung. Im Vollertragsalter schwacher Wuchs. Ein Sommerschnitt ist zur besseren Fruchtausfärbung immer anzuraten. Im Holz frostfest.
Standort	Auf nährstoffreichen, leichteren Böden bis in raue Höhenlagen anbaufähig. Auf schweren oder nassen Böden krebsanfällig.
Anfälligkeit	Besonders in Höhenlagen sehr robust, in Warmlagen Neigung zu Fruchtrissen bei Hitze.
Anbauwert	Frühe Liebhabersorte mit schmückenden Früchten, besonders für höhere Lagen geeignet.

Pia

Frühsorte

Entstehung	'Idared' x 'Helios', Institut für Obstzüchtung Dresden-Pillnitz. Sortenschutz seit 1995.
Blüte	Mittel bis spät, wenig witterungsempfindlich. Aufgrund des ausgeglichenen Behanges braucht nur nach Bedarf ausgedünnt zu werden.
Frucht	Groß, mitunter sehr groß, gleichmäßig flach- oder hochrund. Kleiner, geschlossener Kelch in schüsselförmiger und faltiger Einsenkung. Mittellanger, harter Stiel in weiter und tiefer Stielgrube. Schale glatt, trocken. Bei Reife gelbgrün mit kurz gestreifter, selten flächiger Deckfarbe. Fruchtfleisch etwas grobzellig, saftig mit gutem Aroma.
Reife	Je nach Lage ab Ende August mit recht gleichmäßiger Reife. Trotzdem ist mindestens einmal durchzupflücken. Bei etwa gleicher Reifezeit wesentlich länger haltbar als 'James Grieve'.
Ertrag	Etwas später einsetzend, mittelhoch bis hoch und regelmäßig.
Baum	Breites, lockeres, nach außen hängendes Wuchsbild mit mäßig verzweigten Ästen und Neigung zum Verkahlen. Von Jugend an starker, im Vollertragsalter noch schwacher Wuchs. Der Schnitt zielt auf bessere Verzweigung und mehr aufrechten Wuchs. Nicht empfindlich für Holzfrost.
Standort	Breit anbaufähig bis in (geschützte) mittlere Höhenlagen. Nährstoffreiche, ausreichend feuchte Böden sind besonders in höheren Lagen vorteilhaft.
Anfälligkeit	Feuerbrand wurde bisher nicht beobachtet. Gering anfällig für Schorf, mäßig für Mehltau.
Anbauwert	Die Erträge sind vergleichsweise geringer als bei 'James Grieve', doch überwiegen die Vorteile, besonders hinsichtlich der Pflanzengesundheit. Für den Garten gut geeignet.

Piflora

Herbstsorte

Entstehung	'Idared' x 'Golden Delicious', Institut für Obstzüchtung Dresden-Pillnitz. Seit 1996 im Handel. Es besteht Sortenschutz seit 1999.
Frucht	Groß, gleichmäßig flach- oder hochrund. Kleiner Kelch in flacher, strahliger Einsenkung. Langer Stiel in strahlig berosteter, enger Stielgrube. Schale dick, leicht rau, trocken. Gelb mit roter Deckfarbe und feinen Schalenpunkten. Fruchtfleisch fest. Kräftig säuerlich-süß, ausgewogen aromatisch.
Reife	Je nach Lage ab Mitte September. Im kühlen Naturlager etwa 4 Monate haltbar.
Verwertung	Tafelsorte, auch zur Verwertung.
Ertrag	Früh einsetzend, regelmäßig und hoch.
Baum	Aufrechtes, lockeres Wuchsbild mit waagerechten bis schräg aufrechten Gerüstästen und mittlerer Verzweigung und lang überhängendes Fruchtholz. Im Vollertragsalter mittelstarker Wuchs. Nicht frostfest im Holz.
Standort	Für alle Apfellagen geeignet.
Anfällig	Mittel anfällig für Schorf und Mehltau. Blüte mittelspät bis spät, lange andauernd, kaum empfindlich. Guter Pollenspender.
Anbauwert	Herbstapfel, der starker Sortenkonkurrenz unterworfen ist. Wird erwerbsmäßig verstärkt in Ostdeutschland angebaut. Aber auch für Garten und Streuobst geeignet.

Pilot

Spätsorte

Entstehung	1962, aus 'Clivia' x 'Undine' im Institut für Obstforschung Dresden-Pillnitz. Seit 1988 im Handel. Sortenschutz seit 1988.
Blüte	Früh bis mittelfrüh, lange anhaltend. Etwas empfindlich. Guter Pollenspender. Bei starkem Fruchtansatz werden durch energisches Ausdünnen einheitlichere Fruchtgrößen erzielt.
Frucht	Mittelgroß, um 120 g schwer. Regelmäßige, flach- oder hochkugelige Form. Flache gerippte Kelcheinsenkung mit geschlossenem, spitzem Kelch. Langer Stiel in weiter und tiefer Stielgrube. Schale hart, trocken, etwas berostet. Gelbgrün, sonnenseits verwaschen rot marmoriert. Sehr druckfest. Fruchtfleisch uneinheitlich fest bis hart, trocken, kräftig süßsäuerlich mit aromatischem Duft.
Reife	Ab Anfang Oktober, sturmfest. Maschinelle oder Schüttelernte ist ohne Verluste möglich. Genussreife erst ab Februar. Im kühlen Naturlager ohne Verluste etwa sieben Monate haltbar, im Kühlraum noch bis Juni/Juli.
Verwertung	Frischverzehr nach längerer Lagerzeit, auch als Wirtschafts- und Mostsorte gut brauchbar. Guter Backapfel.
Ertrag	Früh einsetzend, hoch und regelmäßig.
Baum	Mittelgroßes, aufrechtes und lockeres Wuchsbild mit nahezu waagerechten Ästen und abwärts gerichteten Zweigen. Im Vollertragsalter schwaches Wachstum. Der Überwachungsschnitt zielt auf Erhalt des Triebwachstums ohne vorzeitiges Vergreisen. Etwas empfindlich für Holzfrost.
Standort	Anspruchslos bis in geschützte Höhenlagen anbaufähig.
Anfälligkeit	Für Feuerbrand, mittelstark für Schorf, Mehltau und Blutläuse. Neigung zu Gummiholzkrankheit.
Anbauwert	Für Liebhaber fester Sorten mit sehr langer Lagerfähigkeit empfehlenswert. Geeignet für alle Anbauformen, auch Spalier und Topfbäume. Hervorragend auch im Streuobstanbau für Schüttelernte. Spöttisch als „Pillnitzer Stein" bezeichnet.

Pingo

Spätsorte

Baum	Hohes, aufrechtes Wuchsbild ohne dominierende Mitte. Mit schräg aufrechten Gerüstästen, bei mittlerer Verzweigung. Von Jugend an starker Wuchs. Nahezu frostfest im Holz.
Standort	Alle apfelfähigen Lagen.
Anfälligkeit	Wenig empfindlich für Schorf und Mehltau.
Anbauwert	Spätwintersorte als Ersatz für 'Idared', weil weniger mehltauanfällig. Im Anbau sind nur schwachwachsende Unterlagen geeignet.
Entstehung	'Idared' x 'Bancroft', Institut für Obstzüchtung Dresden-Pillnitz. Im Handel seit 1996, Sortenschutz seit 1999.
Blüte	Früh bis mittelfrüh, lange anhaltend, unempfindlich. Eine Ausdünnung nach der Blüte ist empfehlenswert.
Frucht	Groß. Ungleichhälftig flach- oder hochrund mit flachen Wulsten über der Frucht. Tiefe, faltige Kelcheinsenkung mit kleinem, geschlossenem Kelch. Kurzer Stiel in tiefer und weiter Stielgrube. Schale glatt, geschmeidig mit feinen, hellen Schalenpunkten. Gelb, sonnenseits flächig dunkelkarminrot. Fruchtfleisch weißlich bis cremefarben, fest, saftig mit süßsäuerlichem, fruchtigem Aroma.
Reife	Ab Mitte Oktober, windfest bis zur Baumreife, dann schnell fallend. Im kühlen Naturlager etwa 6 Monate haltbar.
Verwertung	Vorwiegend für den Frischverzehr, eingeschränkt als Wirtschaftssorte brauchbar.
Ertrag	Früh einsetzend, regelmäßig und hoch.

Pink Lady®

Spätsorte

Bemerkung	'Pink Lady' ist der Markenname, der Sortenname lautet 'Cripps Pink'. 'Pink Lady' ist die erfolgreichste, bekannteste und am meisten angebaute „Clubsorte" im Erwerbsanbau (durch die späte Reife kein Anbau in Mittel- und Nordeuropa). Als 'Pink Lady' wird nur die 1. Qualität vermarktet, sonst ist die Sorte 'Cripps Pink' im Handel.
Entstehung	1973, 'Lady Williams' x 'Golden Delicious', Züchter J.E.L. Cripps in South Pearth (West-Australien). 1985 für australische Anbauer freigegeben, seit 1997 Sortenschutz in der EU.
Blüte	Früh, lange anhaltend. Empfindlich bei nasskalter Witterung und Spätfrösten.
Frucht	Aufgrund der Markenstrategie im Handel einheitlich groß, im Anbau meist mittelgroß, hoch gebaut. Sehr tiefe, gerippte Kelcheinsenkung. Kurzer Stiel. Schale dünn, hart, druckempfindlich, hell- bis pinkrot marmoriert auf gelber Grundfarbe mit auffälligen Schalenpunkten. Fruchtfleisch fast weiß, fest, knackig. Sehr saftig mit wenig Aroma. Der Geschmack wird unterschiedlich bewertet. Aber die Liebhaber schätzen das Gesamtpaket der Frucht.
Reife	Folgernd ab Ende Oktober, reift für „Clubqualität" mit definierter Ausfärbung in Mitteleuropa nicht ausreichend aus. Kein vorzeitiger Fruchtfall. Kurzer Stiel, deshalb schwer pflückbar. Die Fruchtwachstumszeit beträgt 190–205 Tage. Erst die späte Ernte ergibt etwas Aroma und die Fruchtfarbe. Im kühlen Naturlager etwa 5 Monate haltbar, ohne zu welken. Unter modernen, kontrollierten Lagerbedingungen bis Juni – fast ohne Verluste.
Ertrag	Früh einsetzend, hoch und regelmäßig.
Baum	Breites, aufrechtes und gut verzweigtes Wuchsbild mit starkem Mitteltrieb. Von Jugend an starkes bis sehr starkes Wachstum. Für alle Formen des Erwerbsanbaues geeignet. Wie bei 'Elstar' sehr später Laubfall, meist erst beim ersten Frost, deshalb durch späten Triebabschluss frostgefährdet im Holz. Die Schäden können durch frühen Winterschnitt noch zunehmen. Ein später Schnitt im Frühjahr bis zur Blüte ist also ratsamer. Das Holz ist frostempfindlich.
Standort	Nur wärmste Gebiete in Weinbaulagen mit einem warmen, durchlässigen, nährstoffreichen Boden und mit einem langen, warmen Herbst sind einigermaßen geeignet.
Anfälligkeit	Stark anfällig für Feuerbrand, Schorf und Krebs. Mäßig Mehltau.
Anbauwert	Wegen der späten Reife, der hohen Anfälligkeit und intensiver Pflege keine Sorte für den Garten. Außerhalb von Weinbaulagen sollte auf den Anbau verzichtet werden. Für Erwerbsanbauer recht arbeitsaufwändig (Pflanzenschutz, Schnitt, Ertragsregulierung), um die Qualitätsnormen einhalten zu können. Nur Vertragsanbau mit Vermarktung über lizenzierte Erzeugerorganisationen. Anbau hauptsächlich in Italien, Frankreich, Spanien, sowie Asien. In Deutschland sind nur Importfrüchte im Handel.

Pinova

Spätsorte

Entstehung	1965 aus 'Clivia' x 'Golden Delicious' im Institut für Obstzüchtung Dresden-Pillnitz. Seit 1986 im Handel, EU-Sortenschutz seit 1998. In Frankreich 'Corail'. Besser sind rot färbende Mutanten wie 'Evelina®'/ 'RoHo 3615(S)' oder 'Dalinip', 'Dalirei' (Frankreich).
Blüte	Mittelfrüh, nicht empfindlich. Guter Pollenspender. Wegen des normalerweise starken Fruchtansatzes ist ein Ausdünnen immer anzuraten. Dadurch lässt sich die Fruchtbarkeit steuern und eine Erschöpfung des Baumes vermeiden.
Frucht	Je nach Pflegezustand unterschiedliche Größen, meist mittelgroß, um 120 g schwer. Regelmäßige, hoch gebaute Form. Flache Kelcheinsenkung, geschlossener. Typisch langer Stiel in enger Stielgrube. Schale hart, glatt, trocken, druckfest. Gelb mit sonnenseits zinnoberroter, geflammter Deckfarbe mit feinen Schalenpunkten. Späte Ausfärbung. Fruchtfleisch sehr fest, schnell bräunend und mäßig saftig. Süßsäuerlich, mit gutem Aroma bei ausreichend großen, gut ausgereiften Früchten.
Reife	Je nach Lage ab Anfang Oktober, windfest bis zur Reife. Späte Ernte fördert noch die Fruchtqualität. Im kühlen Naturlager etwa etwa 5 Monate haltbar. Unter modernen Lagerbedingungen bis Juni.
Verwertung	Frischverzehr, aber auch als Wirtschafts- und Mostsorte gut brauchbar.
Ertrag	Sehr früh einsetzend, hoch bis sehr hoch und regelmäßig. Neigung zu Kleinfrüchtigkeit bei überreichem Behang. Danach treten bisweilen Frostschäden im Holz auf. Keine Alternanz.
Baum	Aufrechtes, pyramidales, etwas sparriges Wuchsbild (ähnlich 'Golden Delicious') mit guter Verzweigung. Im Vollertragsalter schwacher Wuchs. Etwas weich im Holz, deshalb auch nicht überall ganz frostfest. Der Überwachungsschnitt zielt auf laufende Trieberneuerung und soll einer frühzeitigen Vergreisung vorbeugen.
Standort	Beste Fruchtqualität und Färbung ist nur in warmen oder geschützten Lagen auf nährstoffreichen, ausreichend feuchten Böden erzielbar.
Anfälligkeit	Mittelstark für Schorf, stärker für Mehltau. Gebietsweise ist bei Temperaturschwankungen, auch wegen der sortentypischen Nachblüher, auf Feuerbrand zu achten. Nach längerer Lagerzeit kann Lentizellenfäule auftreten.
Anbauwert	Eine eingeführte Sorte für den Erwerbsanbau auch außerhalb Europas. Als süßsäuerlicher Apfel auch Ersatz für 'Jonagold', da fester. Anbau im Garten nur bei fachgerechter Pflege mit intensivem Schnitt und konsequenter Fruchtausdünnung. Mit Fruchtschorf ist zu rechnen. Weniger für den Streuobstanbau geeignet (zu kleine Früchte).

Pirol®

Herbstsorte

Entstehung	'Golden Delicious' x 'Alkmene' im Institut für Obstzüchtung Dresden-Pillnitz. Seit 1996 im Handel, EU-Sortenschutz seit 1998.
Synonym	'Pirol' ist der Markenname, 'Pirella' der eingetragene Sortenname.
Blüte	Mittelspät, lange anhaltend, gering empfindlich. Guter Pollenspender. Wegen des hohen Fruchtansatzes wird ein Ausdünnen stets erforderlich sein. Befruchter: 'Idared', 'James Grieve', 'Reglindis', 'Remo', 'Retina'.
Frucht	Groß, mitunter auch sehr groß. Ungleichhälftige, hoch gebaute Form. Schale glatt, etwas fettig. Leuchtend rot geflammt und gestreift auf gelber Grundfarbe. Fruchtfleisch weniger fest, saftreich, süß mit schwacher Säure, angenehmes Aroma.
Reife	Folgernd ab Mitte September, färbt spät aus. windfest. Vom Baum essbar. Etwa zwei Monate lagerfähig, danach weich werdend. Im Kühlraum bis Ende Dezember haltbar.
Verwertung	Für Frischverzehr, auch Wirtschafts- und Mostsorte.
Ertrag	Früh einsetzend, etwas unregelmäßig und meist hoch, ohne ausgeprägte Alternanz.
Baum	Breit spindelförmiges Wuchsbild mit schrägen, gut verzweigten Leitästen. Mittelstarker Wuchs. Überbaute Kronen sind zu vermeiden, damit keine schlecht gefärbten Schattenfrüchte entstehen und der untere Kronenbereich nicht vergreist. Blütenknospen bilden sich auch an einjährigen Langtrieben. Nicht frostfest im weichen Holz.
Standort	Nährstoffreiche Böden bis in geschützte, mittlere Höhenlagen.
Anfälligkeit	Wenig für Feuerbrand und Mehltau, etwas mehr für Schorf.
Anbauwert	Ertragsmäßig und wegen der guten Fruchtqualität eine Alternative im Herbstsortiment. Auch für den Garten als Formobst geeignet.

Piros

Frühsorte

Entstehung	1963, aus 'Helios' x 'Apollo' im Institut für Obstzüchtung Dresden-Pillnitz. Seit 1985 im Handel, Sortenschutz seit 1985.
Blüte	Mittelfrüh, zusammen mit 'James Grieve', lange anhaltend. Neigt zu Nachblühern und ist frostempfindlich. Guter Pollenspender. Ausdünnen nach der Blüte ist zu empfehlen.
Frucht	Meist mittelgroß, um 130 g schwer, gleichmäßige hochrunde Form. Weite, faltige Kelcheinsenkung mit geschlossenem Kelch. Unterschiedlich langer Stiel in enger, meist unberosteter Stielgrube. Schale fest, glatt, geschmeidig, stark bereift. Bei Reife hellgelb, Deckfarbe (bis 60 %) zinnoberrot verwaschen geflammt mit feinen Schalenpunkten. Fruchtfleisch weich bis mittelfest, feinzellig, saftig, süß mit feinfruchtigem Aroma und ausreichender Säure.
Reife	Ab Anfang August. Gleichmäßige Reife. Ohne stärkerem Vorerntefruchtfall. Vom Baum essbar. Im kühlen Naturlager etwa drei Wochen haltbar.
Verwertung	Für den Frischverzehr, auch Wirtschafts- und Mostsorte.
Ertrag	Früh einsetzend, zunächst mäßig, später hoch und regelmäßig.
Baum	Sehr lockeres, gut durchlichtetes und gering verzweigtes Wuchsbild ohne dominierende Mitte. Sortentypisch große, eingerollte Blätter. In den ersten Jahren zielt der Aufbauschnitt auf eine bessere Verzweigung. Mittelstarker, im Vollertragsalter schwacher Wuchs. Im Holz nicht ganz frostfest.
Standort	Nährstoffreiche, am besten leichtere Böden in geschützter Lage. Bis in mittlere Höhen anbaufähig.
Anfälligkeit	Wegen der Nachblüher ist auf Feuerbrand zu achten. Gering bis mittel anfällig für Schorf, Mehltau, Rindenbrand, verstärkt für Obstbaumkrebs (v. a. in feuchteren Lagen). In den Früchten keine Stippe oder Glasigkeit.
Anbauwert	Farblich eine attraktive, große Frühsommersorte. Reift kurz nach 'Klarapfel', vor 'Jakob Fischer' und 'Delbarestivale'. Geschmacklich nicht ganz befriedigend. Als Alternative zum 'Klarapfel' auch auch für den Garten oder Streuobst empfehlenswert.

Pohorka

Spätsorte

Entstehung	Im früheren Jugoslawien. Gezüchtet 1962 aus einer Kreuzung von 'Cox Orange' x 'Ontario' am Institut für Frucht-Züchtung in Cacak/Serbien.
Blüte	Spät, trotzdem etwas empfindlich. Guter Pollenspender.
Frucht	Groß, ungleichmäßige, flachrunde Form. Weite Kelcheinsenkung mit schwachen Falten und meist offenem Kelch. Unterschiedlich langer Stiel in enger Stielgrube. Schale dick, glatt, geschmeidig mit hellen Schalenpunkten. Goldgelb, sonnenseits verwaschen rötlich geflammt und gestreift. Fruchtfleisch etwas grobzellig, sehr saftig. Säuerlich-fruchtiger Geschmack.
Reife	Ab Ende September, nicht windfest. Mehrmaliges Durchpflücken ist ratsam. Etwa sechs Monate im kühlen Naturlager haltbar, im Kühlraum bis Mai oder Juni, nicht unter 4 °C. Auf Fleischbräune ist zu achten.
Verwertung	Für den Frischverzehr, auch gute Wirtschafts- und Mostsorte.
Ertrag	Nicht höher als bei 'Cox Orange'. Jährlicher Wechsel zwischen höheren und geringen Erträgen, jedoch ohne ausgeprägte Alternanz.
Baum	Breitrundes, wenig verzweigtes Wuchsbild mit anfangs steilen Ästen, später mehr breit wachsend. Von Jugend an mittelstarker, im Vollertragsalter schwacher Wuchs. Der Überwachungsschnitt zielt auf besser verzweigte Krone mit Trieberneuerung. Im Holz nicht ganz frostfest.
Standort	Nährstoffreiche Böden in geschützter, besser warmer Lage, ist Anbauvoraussetzung. Abweichungen wirken sich auf die Fruchtqualität aus.
Anfälligkeit	Stark für Feuerbrand, mäßig für Schorf und Mehltau. In den Früchten tritt oft Stippe und Glasigkeit bei wechselhafter Sommerwitterung auf.
Anbauwert	Keine wesentliche Bereicherung des späten Apfelsortiments.

Pommerscher Krummstiel — Spätsorte

Doppelnamen	'Granat', 'Gestreifter Römer', 'Krummstengel', 'Römerapfel'
Entstehung	Unbekannt. Wahrscheinlich in Mecklenburg-Vorpommern. Erste Erwähnung 1809 im Sortenverzeichnis der „Academischen Obstbauschule" Greifswald als 'Krummstiel'. Ferdinand Jühlke führte die Sorte im Bericht über die erste Neu-Vorpommersche Fruchtausstellung 1845 in Eldena unter dem Namen 'Rheinischer Krummstiel'. Eine Beschreibung erfolgte von Ed. Lucas 1856 in der „Monatsschrift für Pomologie und praktischen Obstbau". Hier wird auch die Benennung 'Pommer'scher Krummstiel' als Sortenname von Jühlke vorgeschlagen.
Frucht	Groß. Unregelmäßige, meist schiefe Form mit einer typisch starken Rippe über der ganzen Frucht bis hin zum Stiel. Weite, stark gerippte Kelcheinsenkung. Der Stiel ist stets durch einen Fleischwulst gekrümmt. Schale dich, glatt, geschmeidig. Grüngelb, sonnenseits flächig gerötet oder stark rot gestreift mit feinen Schalenpunkten. Bei Vollreife, vor allem am Lager stark fettig. Deutlicher Duft. Druckfest. Fruchtfleisch gelblich weiß, feinzellig, saftig mit leichter Würze. Grüne Gefäßbündel grenzen das Kerngehäuse deutlich ab.
Blüte	Kurz anhaltend, unempfindlich bei nasser und kalter Witterung.
Reife	Ab Anfang Oktober. Wind- und sturmfest, sodass eine späte Ernte möglich ist. Im kühlen Naturlager etwa fünf Monate ohne Welke haltbar.
Verwertung	Vor allem sehr gute Wirtschaftsfrucht. Beim Frischverzehr stört die Fettschicht etwas.
Ertrag	Spät einsetzend, etwa nach 8–10 Standjahren. Ausgeprägte Alternanz, insgesamt aber hoch. Selbst alte Bäume bringen bei starkem Behang noch gleichmäßig große Früchte ohne viel Ausfall.
Baum	Sehr starke, schirmförmige Krone, bei älteren Bäumen hängend mit kurzem Fruchtholz schon an den zweijährigen, starken Sommertrieben. Typisch sind die kräftigen, dunkelgrünen, wenig gezahnten Blätter. Von Jugend an starkwachsend, im Vollertragsalter deutlich schwächer. Der Baum kann sehr alt werden und ist frostfest.
Standort	Völlig anspruchslos an den Boden, selbst in trockenen, rauen Höhenlagen.
Anfälligkeit	Die harten Blätter sind schorffest. An geeigneten Standorten auch sonst sehr widerstandsfähig gegenüber Schadeinflüssen.
Anbauwert	In seiner Heimat heute immer noch eine bevorzugte Sorte. Gut Geeignet für Streuobstflächen auch in anderen Klimagebieten.

Porzenapfel

Spätsorte

Bemerkung	Porz oder Pörzchen ist das Trinkgefäß aus Steingut für den Trierer Viez (Apfelwein). Der Begriff „Viez" beschränkt sich auf das Gebiet Mosel/Saar/Nahe und das östliche Luxemburg.
Entstehung	Unbekannt. Vermutlich im Rahmen einer preußischen Verwaltungsanordnung über Mostobst um 1850 stärker regional gefördert.
Blüte	Spät. Guter Pollenspender. Nicht witterungsempfindlich.
Frucht	Mittelgroß, selten groß, um 130 g schwer, gleichmäßig flachkugelig. Weite und flache Kelcheinsenkung, fast ohne Strahlen. Kurzer Stiel. Schale dünn, glatt, nur leicht bewachst. Bei Reife grüngelb. Deckfarbe verwaschen rötlich, dunkler gestreift oder geflammt fast ohne Schalenpunkte. Druckfest. Fruchtfleisch fast weiß, feinzellig, fest, saftig. Harmonisches Zucker-/Säureverhältnis ohne hervortretendes Aroma. Zuckergehalt bei 59° Oechsle.
Reife	Schüttelreife ab Ende September. Im kühlen Naturlager bis zu fünf Monaten haltbar.
Verwertung	Typische Mostsorte, aber auch für sonstige Verwertungen, außer Frischverzehr.
Ertrag	Spät einsetzend, dann mittelhohe bis hohe Erträge mit ausgeprägter Alternanz.
Baum	Stark ausgebreitete, gleichmäßig flachrunde Krone. Gut verzweigte, flach stehende Leitäste mit etwas dünnen, außen überhängenden Seitentrieben. Gelegentliche Auslichtung der dichten Krone kann die Fruchtqualität sehr fördern. Besonders nach starkem Behang nicht ganz frostfest im Holz.
Standort	Ohne besondere Ansprüche bis in freie, mittlere Höhenlagen.
Anfälligkeit	Keine besonderen Krankheiten oder Schädlinge bekannt.
Anbauwert	Regional begrenzte Mostsorte für Streuobstflächen.

Primiera

Spätsorte

Baum	Mittelstarker, sehr gut verzweigter Wuchs mit waagerechten, ertragsfördernden Astabgängen. Später Austrieb, günstig in Spätfrostlagen.
Standort	Vorzugsweise für wärmere Lagen mit langer Wachstumszeit und nährstoffreichen Böden.
Anfälligkeit	Schorfresistent (*Vf*) und sehr wenig Mehltau.
Anbauwert	Sehr ertragreiche und gesunde Sorte für Liebhaber mehr süßer Sorten. Auch für Mostobst gut geeignet. Ist im (ökologischen) Erwerbsanbau jedoch wenig verbreitet.
Entstehung	'Golden Delicious' x Nummernsorte, in der Universität Purdue, Rutgers und Illinois. Schwesterklon der bereits eingeführten Sorte 'GoldRush'. EU-Sortenschutz.
Blüte	Späte Vollblüte, länger anhaltend, witterungsempfindlich. Guter Pollenspender. Ein Ausdünnen bald nach der Blüte ist zu empfehlen.
Frucht	Mittelgroß, ca. 137 g schwer, kugelförmig. Kelchgrube schüsselförmig und tiefe, leicht berostete Stielgrube. Die glatte Schale ist bei Vollreife gelb, sonnenseits leicht rot überhaucht mit auffälligen Schalenpunkten. Gelbes, saftiges Fruchtfleisch mit eher süßem Geschmack und mittlerem Gehalt an Vitamin C.
Reife	Abhängig von der Jahreswitterung etwa Mitte Oktober. Fruchtwachstum etwa 167 Tage, deshalb ist in kalten Jahren eine weniger gute Fruchtausreife zu erwarten.
Ertrag	Früh einsetzend. Bei guter Ertragsregulierung (Ausdünnen) hoch bis sehr hoch und regelmäßig.

Prinz Albrecht von Preußen

Herbstsorte

Synonym	'Albrechtapfel'
Entstehung	Die Sorte wurde vom königlichen Hofgärtner C. Braun im Schlossgarten zu Kamenz bei Glatz (Schlesien) 1865 aus einem Kern der Sorte 'Kaiser Alexander' gezogen und nach dem damaligen Besitzer der Herrschaft Kamenz, dem Prinzen Albrecht von Preußen, benannt.
Blüte	Mittelfrüh, nicht empfindlich. Guter Pollenspender. Fruchtausdünnung nach starkem Fruchtansatz fördert gleichmäßigere Fruchtgrößen und Erträge. Selbstbefruchtung soll vorkommen.
Frucht	Mittelgroß, seltener groß, um 130 g schwer. Regelmäßige, flachrunde bis platte Form. Tiefe, leicht faltige Kelcheinsenkung, meist mit offenem Kelch. Kurzer Stiel in tiefer, stark berosteter Stielgrube. Schale derb, glatt, leicht fettig mit feinen Schalenpunkten. Bei Reife hellgelb, sonnenseits flächig trübrot oder dicht gestreift. Leichter Duft. Etwas druckempfindlich. Fruchtfleisch grünlichweiß, mittelfest, feinzellig. Saftreich. Angenehm süßsäuerlich, geringes Aroma.
Reife	Ab Mitte September, folgernd. Windfest, außer auf trockenen Böden. Mehrmaliges Durchpflücken kann nötig sein. Im kühlen Naturlager etwa drei bis vier Monate haltbar. Wird bei Überlagerung mehlig und welkend.
Verwertung	Für den Frischverzehr, auch gute Wirtschafts- und Mostsorte.
Ertrag	Auf schwachwachsenden Unterlagen bereits ab dem zweiten Standjahr, dann hoch und regelmäßig. Sonst nicht ganz regelmäßig, jedoch ohne ausgeprägte Alternanz.
Baum	Breitkugeliges, dichtes, ungleichmäßiges Kronengerüst mit verzweigten, verkahlenden Trieben. Für Hochstämme ist ein Stammbildner zu empfehlen. Von Jugend an mittelstarker, im Vollertragsalter schwacher Wuchs, deshalb ist gelegentlich zu verjüngen. Der Aufbauschnitt zielt auf bessere Belichtung im Kroneninneren, später ist die Trieberneuerung vorrangig. Ein Sommerschnitt kann zur besseren Fruchtausfärbung nötig werden. Im Holz frostfest.
Standort	Auf nährstoffreichen, genügend feuchten, auch kalkhaltigen Böden bis in raue Lagen anbaufähig. Auf trockenen Böden tritt vorzeitiger Fruchtfall und Kleinfrüchtigkeit auf.
Anfälligkeit	Nur in Tallagen gering für Schorf und Mehltau. Fruchtfäule kann schon am Baum auftreten.
Anbauwert	Eine gute, robuste Sorte mit schön gefärbten Früchten, auch für höhere, frostgefährdete Lagen und für Streuobst.

Prinzessin Luise   Spätsorte

Doppelnamen	'Cistecke Lahudkové', 'Woolverton', 'Princess Louise'
Entstehung	L. Woolverton aus Grimsby/Ontario (Kanada) berichtet, dass es ein Zufallssämling war, der zwischen alten 'Fameuse'-Bäumen wuchs. Früchte wurden erstmals ausgestellt bei der „Ontario Fruit Growers Association" 1879 unter dem Namen 'Woolverton'. Die Sorte kam Ende des 19. Jh. nach Böhmen, später auch nach Sachsen.
Blüte	Früh bis mittelfrüh, lange anhaltend. Die Blüten erscheinen endständig an Fruchtruten, wie auch am Kurzholz der zweijährigen Langtriebe.
Frucht	Mittelgroß, kugelig bis flachkugelig. Halboffener Kelch, mittellanger Stiel in weiter Stielgrube. Glatte, dünne Schale mit gelblichgrüner Grundfarbe und bräunlichroter Deckfarbe. Das Fruchtfleisch ist fast weiß, mittelfest, feinzellig und sehr saftig mit süßsäuerlichem, feinem Aroma. Etwas druckempfindlich.
Reife	Baumreife Anfang bis Mitte Oktober, Genussreife bis Januar.
Verwertung	Sehr gut für den Frischverzehr und als Wirtschaftsfrucht, auch zum Backen.
Ertrag	Auf M 9 früh einsetzend, hoch und regelmäßig, auch auf stärker wachsenden Unterlagen.
Baum	Wuchs mittelstark, gut verzweigt mit dünnen Trieben, die später etwas hängen. Die Krone ist halb- bis flachkugelig. Fruchtäste sollten später erneuert werden. Für Spaliere und Obsthecke geeignet. Keine Frostschäden an Holz und Blüte.
Standort	Auf leichteren, nährstoffreichen Böden ist beste Fruchtqualität zu erwarten. Windgeschützt bis in mittlere Höhenlagen anbaufähig.
Anfälligkeit	Nur gering anfällig für Schorf, wenig Befall durch Apfelwickler. Obstbaumkrebs an älteren Bäumen.
Anbauwert	Liebhabersorte. Für Hausgärten und den Streuobstbau geeignet.

Priscilla

Spätsorte

Synonym	'Co-op 4'
Entstehung	USA. Gezüchtet 1961 im „Co-operativen Züchtungsprogramm" an den Purdue-, Rodgers- und Illinois-Universitäten. Komplexe Elternverteilung mit 'Malus floribunda 821'. Erste Früchte 1966, eingeführt 1972. Die Sorte wurde benannt nach der Ehefrau von F.D. Hovde, Präsident der Purdue Universität.
Blüte	Mittelspät, guter Pollenspender. Bald nach der Blüte sollte ausgedünnt werden, um ein vorzeitiges Vergreisen des Baumes zu vermeiden.
Frucht	Mittelgroß, seltener groß, um 140 g schwer. Ungleichhälftig hoch gebaut mit flachen Kanten über der Frucht. Kelcheinsenkung mitteltief mit Höckern umgeben. Langer Stiel in enger Stielgrube. Schale hart, leicht fettend. Hellgelb, sonnenseits flächig rot oder mit kurzen Streifen und hellen Schalenpunkten. Druckfest. Fruchtfleisch fast weiß, feinzellig, saftreich. Vorherrschend süß mit wenig Säure und Aroma.
Reife	Ab Mitte Oktober, windfest bis zur Baumreife. Gut pflückbar. Etwa 4 Monate lagerfähig.
Verwertung	Vorwiegend für den Frischverzehr.
Ertrag	Früh einsetzend, hoch und regelmäßig.
Baum	Aufrechtes, dicht verzweigtes Wuchsbild mit schräg aufwärts gerichteten Leitästen.
Standort	Anspruchsvoll an Boden und Klima. Nicht für höhere Lagen geeignet.
Anfälligkeit	Die ursprüngliche Schorfresistenz ist durchbrochen. Mittelstark für Blatt-, Fruchtschorf und Mehltau.
Anbauwert	Für Liebhaber vorwiegend süßer Sorten. Jedoch starke Konkurrenz durch geschmackvollere Sorten dieser Reifezeit.

Purpurroter Herbst-Cousinot

Herbstsorte

Fruchtfleisch gelblich-weiß, unter der Schale gerötet, von alten Bäumen auch deutlich rot marmoriert. Fruchtfleisch fest, später mürbe, feinzellig, genügend saftig. Angenehm süßsäuerlich. Gering gewürzt.

Reife Oktober bis Januar.

Verwertung Tafelapfel, häusliche Verarbeitung und Kelterapfel.

Ertrag Früh einsetzend. Wechsel von hohen bis niedrigen Erträgen (Alternanz). Bei vollem Behang meist kleinfrüchtig.

Baum Anfangs mit langen, dünnen Trieben. Mit einsetzendem Ertrag schwächer wachsend. Bildet kugelförmige, etwas überhängende Kronen. Wurde früher als Stamm- und Gerüstbildner verwendet.

Standort Stellt nur geringe Ansprüche an den Boden und Pflege. Halb- und Hochstamm im Streuobstanbau.

Anfälligkeit Widerstandsfähige Sorte, besonders für leichte Böden und höhere Lagen geeignet.

Anbauwert Liebhabersorte für die Eigenversorgung. Beliebt als Weihnachtsapfel. Noch im Handel erhältlich.

Bemerkung Der für diese Sorte häufig verwendete Name 'Purpurroter Cousinot' ist irreführend, da es sich um eine eigenständige Herbstsorte handelt. Der Original 'Purpurrote Cousinot' (*siehe bei 'Purpurroter Winter-Cousinot'*) ist eine spätreifende Wintersorte.

Doppelnamen 'Purpurroter Cousinot' (fälschlich), 'Weihnachtsapfel'

Entstehung Unbekannt. Vermutlich in der 2. Hälfte des 19. Jh. in Nord-Deutschland entstanden. Nach den strengen Frostwintern 1928/29, 1939/40 und 1941/42 wurde diese robuste Sorte zuerst in Nord-Deutschland, später auch im Süden verbreitet.

Blüte Mittelspät. Lange anhaltend, robust gegen Witterungseinflüsse.

Frucht Klein bis mittelgroß, um 90 g. Ungleichmäßige, kugelige bis hochkugelige Form.
Schale etwas zäh, glatt, matt glänzend. Grundfarbe gelb, Deckfarbe halb bis ganz gerötet und schwach gestreift. Schalenpunkte deutlich sichtbar. Die Schale ist oft mit einer schwachen, goldbraunen, figurenartigen Berostung bedeckt.
Stiel mittellang bis dünn. Tiefe, enge Kelcheinsenkung.

Purpurroter Winter-Cousinot — Spätsorte

Bemerkung	Nicht verwechseln mit 'Purpurroter Herbst-Cousinot'
Doppelnamen	'Cousinot rouge d'hiver', 'Reinette rouge', 'Cervené trvdé', 'Cluster Apple', 'Bamberger', 'Blutapfel' (fälschlich), 'Büschelrenette', 'Carmosinroter Kastanienapfel', 'Eisenapfel', 'Gemeine Renette', 'Großer roter Pilgrim', 'Jagdapfel', 'Rhoner'
Entstehung	Ungewiss. Eine sehr alte, vermutlich deutsche Sorte. Erstmals beschrieben und abgebildet 1766 von J.C. Zinck, Consistorialrat aus Meiningen in Knoops „Pomologia Teil II" unter dem Namen 'Köberling'. Später auch beschrieben von Sickler (1800) als 'Großer roter Pilgrim' und Diel (1809) als 'Carmosinroter Kastanienapfel'. Die Sorte war in der ersten Hälfte des 19. Jh. überwiegend in Nord- und Ost-Deutschland sowie in Böhmen verbreitet, nach der allgemeinen Anbauempfehlung 1874 in ganz Deutschland.
Blüte	Spät. Lange anhaltend, robust gegen Witterungseinflüsse.
Frucht	Mittelgroß, hoch gebaut, kegel- bis eiförmig. Querschnitt rund, Hälften gleich.
	Schale etwas zäh, glatt, matt glänzend. Grundfarbe gelblich-grün. Deckfarbe fast ringsum purpurrot verwaschen und schwachgestreift. Schalenpunkte weitläufig verteilt. Die Schale kann mit etwas goldbrauner, figurenartiger Berostung bedeckt sein. Stiel kurz bis mittellang. Einsenkung tief und eng, schwach strahlig berostet. Kelch halboffen bis geschlossen. Kelcheinsenkung wenig tief und eng, mit schwachen Falten. Fruchtfleisch gelblich-weiß, unter der Schale mehr oder weniger gerötet. Fruchtfleisch fest, markig, feinzellig, saftig. Angenehm weinsäuerlich-süß. Kaum gewürzt.
Reife	Ab Dezember/Januar bis zum Sommer.
Verwertung	Häusliche Verarbeitung, Wirtschafts- und Kelterapfel.
Ertrag	Früh einsetzend, kaum Missernten. Früchte sitzen sehr windfest am Baum. Bei reichem Behang meist kleinfrüchtig. Die Früchte sind gut lagerfähig und welken nicht.
Baum	Wächst anfangs mit kräftigen Trieben, mit einsetzendem Ertrag schwächer wachsend. Bildet eine aufrechte, schmal wachsende, mittelgroße Krone.
Standort	Stellt nur geringe Ansprüche an den Standort und die Pflege.
Anfälligkeit	Widerstandsfähige Sorte, vereinzelt kann Schorf auftreten.
Anbauwert	Liebhabersorte für die Eigenversorgung. Beliebt als Weihnachtsapfel. Geeignet für höhere, auch raue und windige Lagen. Als Hochstamm im Streuobstanbau und als Wegbegleitpflanzung.

Reanda

Spätsorte

Entstehung	Aus einer Kreuzung 'Clivia' x F3-Nachkomme von *Malus floribunda* im Institut für Obstzüchtung Dresden-Pillnitz. Seit 1993 im Handel, Sortenschutz seit 1994.
Blüte	Mittelfrüh, kurz anhaltend, gering empfindlich. Guter Pollenspender. Sorgfältige Fruchtausdünnung beugt einer Erschöpfung des Baumes vor. Wegen Stippeneigung sind aber übergroße Früchte zu meiden.
Frucht	Mittelgroß, seltener groß. Ungleichmäßig rund mit flachen Kanten. Übergroße Früchte neigen zu Stippe. Tiefe, gerippte Kelcheinsenkung. Mittellanger Stiel in enger Stielgrube. Schale fest, leicht bereift mit einzelnen, hellen Schalenpunkten. Bei Reife goldgelb mit kräftiger, flächigroter oder stark gestreifter Deckfarbe. Druckempfindlich. Fruchtfleisch cremefarben, mittelfest, feinzellig, saftig. Angenehm säuerlich. Saftausbeute 73 %. Wenig Vitamin C.
Reife	Ab Ende September, gleichmäßig reifend. Nicht zu früh pflücken. Im kühlen Naturlager etwa 3–4 Monate haltbar. Kontrolle auf Stippe am Lager ist notwendig.
Verwertung	Weniger für den Frischverzehr, als Wirtschafts- und Mostsorte brauchbar.
Ertrag	Früh einsetzend, regelmäßig und hoch.
Baum	Lockeres, außen überhängendes Wuchsbild mit nahezu waagerechten, zum Verkahlen neigenden, dünnen Ästen. Der Aufbau- und Überwachungsschnitt zielt auf bessere Verzweigung der unteren Astregionen und verhindert vorzeitiges Vergreisen. Im Vollertragsalter schwacher Wuchs. Nicht frostfest im Holz.
Standort	Alle apfelfähigen Lagen.
Anfälligkeit	Widerstandsfähig gegen Feuerbrand und Schorf. Mehltauanfällig, besonders auf trockenen Böden. Gelegentlich Stippeneigung.
Anbauwert	Wegen des schwachen Wuchses ist die Unterlage Typ 9 nur auf besten Böden zu empfehlen, sonst ist M26 geeigneter. Vermehrungsrechte besitzen die Mitglieder der ARTEVOS-Group, die Unterlizenzen auch an weitere Baumschulen vergibt.

Rebella

Herbstsorte

Entstehung	'Golden Delicious' x 'Remo', Institut für Obstzüchtung Dresden-Pillnitz. Sortenschutz und Freigabe für den Handel seit 1997.
Blüte	Mittelfrüh, kurz anhaltend. Nicht empfindlich. Guter Pollenspender. Ein Ausdünnen ist entbehrlich, ausgenommen bei erkennbar starkem Fruchtansatz nach dem Junifall.
Frucht	Mittelgroß, seltener groß, länglich rund mit flachen Kanten. Kleiner, geschlossener Kelch in tiefer, wulstiger Einsenkung. Kurzer Stiel in enger Stielgrube. Schale dick, glatt, leicht fettig, ohne Rost. Bei Reife goldgelb mit kurz gestreifter, leuchtendroter Deckfarbe. Etwas druckempfindlich. Fruchtfleisch gelblich, grobzellig, etwas weich, saftreich. Säuerlich süß mit fruchtigem Aroma. Ausgewogenes Zucker-/Säureverhältnis. Sehr hohe Saftausbeute um 80 %.
Reife	Je nach Lage ab Mitte September, wenig Fruchtfall. Einmaliges Durchpflücken reicht aus. Nach wenigen Tagen essbar. Im kühlen Naturlager etwa 6 Wochen haltbar, danach weich werdend. Im Kühlraum bis Dezember lagerfähig. Der Geschmack lässt mit der Lagerdauer rasch nach.
Ertrag	Früh einsetzend, hoch und regelmäßig.
Baum	Lockeres, mehr schmales Wuchsbild mit betonter Mitte und flachen, gut verzweigten Gerüstästen. Nach außen etwas überhängend. Derbes, gesundes Laub. Wenig Schnittarbeit. Im Holz frosthart.
Standort	Bis in mittlere Höhenlagen anbaufähig. Nährstoffreiche Böden und ausreichende Wasserversorgung fördern die innere und äußere Fruchtqualität.
Anfälligkeit	Nach Züchterangaben ist die Sorte resistent gegen Feuerbrand, Schorf (*Vf*), Mehltau, Bakterienbrand, Spinnmilbe, Holzfrost. Gegendweise trat etwas Mehltau- und Schorfbefall auf. Mittlere Anfälligkeit für Kernhausfäule.
Anbauwert	Eine der empfehlenswertesten Herbstsorten für alle Bereiche des Obstanbaus, auch für die Mostbereitung. Wegen des geringen Arbeitsaufwands (Schnitt, Pflanzenschutz, Ertragsregulierung) besonders gut für den Garten geeignet. Lizenznehmer ist die ARTEVOS-Group, die Unterlizenzen auch an weitere Baumschulen vergibt.

Recolor

Herbstsorte

Anbauwert	'Recolor' ist eine mehrfachresistente, rote Herbstapfelsorte. Empfohlen für intensiven und biologischen Erwerbsanbau, Streuobst und Freizeitgärten. Sie ist bisher allerdings noch wenig verbreitet.
Entstehung	'Regine' ['Clivia' x schorfresistenter Zuchtstamm/*Vf*] x 'Reglindis' ['James Grieve' x schorfresistenter Zuchtstamm von 'Antonovka'/*VA*] im Institut für Obstforschung Dresden-Pillnitz. Züchterin Frau Pof. Christa Fischer. Sortenschutz.
Blüte	Früh, reich und regelmäßig, guter Pollenspender.
Frucht	Mittelgroß, länglich-rund. Schale glatt, grünlichgelbe Grundfarbe mit roter Deckfarbe, bis 70 % bedeckt, ausgeglichener, Geschmack.
Reife	Baumreife Mitte September, Genussreife ab Ernte bis November, im Kühlraum vier Wochen länger.
Ertrag	Setzt früh ein, regelmäßig, mittel bis hoch.
Baum	Mittelstarker Wuchs. Bildet eine lockere, gut verzweigte Krone. Unterlage M9.
Standort	Für alle Apfellagen, bis in mittlere Höhenlagen geeignet.
Anfälligkeit	Resistent gegen Schorf (*Vf*, *VA*), unempfindlich für Spinnmilbe, Bakterienbrand, mäßig anfällig für Mehltau.

Red Delicious

Spätsorte

Bemerkung	Die Sorte ist nicht mit 'Golden Delicious' verwandt.
Doppelnamen	'Hawkeye' (erster Name), 'Delicious', 'Stark Delicious', 'Edelstein', 'Prevoshodnoie krasnoje'
Entstehung	USA. Enstanden auf der Farm von Jesse Hiatt in Peru/Madison County (Iowa). Vermutlich ein Sämling von 'Gelber Bellefleur' der von Hiatt 'Hawkeye' genannt wurde. 1893 sandte er einige Früchte zu einer Fruchtschau nach Louisiana (Missouri) und erhielt einen 1. Preis. Die Baumschule Stark Bros. brachte die Sorte 1894 in den Handel. Im 20. Jh. war der 'Red Delicious' der am weitesten verbreitete Apfel der Welt.
Mutanten	Es gibt mehr als 100 Typen und Mutanten, am bekanntesten sind: 'Idoho', 'Imperial', 'Richared', 'Shotwell Topred', 'Starking', 'Starking Starkrimson', 'Starking Wellspur'
Blüte	Mittelspät, etwas witterungsempfindlich. Guter Pollenspender. Eine Fruchtausdünnung bei starkem Fruchtansatz mindert die Alternanzneigung.
Frucht	Mittelgroß bis groß, unregelmäßig hoch gebaute Form mit flachen Kanten über der Frucht. Tiefe Kelcheinsenkung mit auffälligen Höckern und geschlossenem Kelch. Kurzer Stiel in weiter und tiefer Stielgrube. Schale fest, hellgelb, sonnenseits verwaschen flächig rot oder stark gestreift. Fruchtfleisch fest, mäßig saftig. Süß, parfümiert mit wenig Aroma.
Reife	Ab Anfang Oktober, windfest bis zur Reife, dann schnell fallend. Im kühlen Naturlager etwa sechs Monate haltbar, im Kühlraum bis April bei 3 °C.
Verwertung	Vorwiegend für den Frischverzehr. Im Dezember oft als Weihnachts- und Nikolausapfel vermarktet. Aber auch als Wirtschaftssorte brauchbar.
Ertrag	Je nach Standort unterdurchschnittlich bis hoch mit geringer Alternanzneigung.
Baum	Mittelgroße bis große, hoch gebaute Krone mit gut verzweigten Ästen. Reichlich Quirle und Fruchtspieße. Im Vollertragsalter noch mittelstarker Wuchs. Gelegentliche Kronenauslichtung und ein Sommerschnitt für bessere Fruchtfärbung sind anzuraten.
Standort	Bis in mittlere, aber windgeschützte Höhenlagen. Leichtere, aber nährstoffreiche und genügend feuchte Böden sind vorteilhaft.
Anfälligkeit	Mittelstark für Feuerbrand. In Tallagen für Schorf, Mehltau, Rote Spinne. In schweren, nassen Böden stark Krebs.
Anbauwert	Der Bedarf wird meist durch Importe gedeckt. Für hiesige Verhältnisse keine besonders empfehlenswerte Sorte.

Reglindis

Herbstsorte

Entstehung	Kreuzung aus 'James Grieve' x F2-Nachkomme von 'Antonowka' im Institut für Obstzüchtung Dresden-Pillnitz. Seit 1990 im Handel, Sortenschutz seit 1990.
Blüte	Früh bis mittelfrüh, gering witterungsempfindlich. Guter Pollenspender.
Frucht	Mittelgroß, um 150 g schwer, länglich rund mit flachen Kanten. Weite Kelcheinsenkung. Kurzer Stiel in weiter, berosteter Stielgrube. Schale mittelfest, glatt, geschmeidig, bei Vollreife fettend. Gelb mit großflächig gestreifter, roter Deckfarbe. Sehr druckempfindlich. Fruchtfleisch gelblichweiß mit grünen Leitbündeln. Mittelfest, saftreich. Säuerlich süß mit angenehmem Aroma. Saftausbeute um 74 %.
Reife	Folgernd ab Anfang September, löst sich schwer vom Fruchtholz. Vom Baum essbar. Mehrmaliges Durchpflücken ist wegen der unterschiedlichen Reife anzuraten. Im kühlen Naturlager etwa vier Wochen haltbar, im Kühlraum bis Ende Oktober, ohne Stippe oder Glasigkeit.
Verwertung	Für den Frischverzehr, mehr noch Wirtschafts- und Mostsorte.
Ertrag	Früh einsetzend und etwas unregelmäßig. Etwa 80 % im Vergleich zu 'Golden Delicious'.
Baum	Lockeres, breites, dicht verzweigtes Wuchsbild mit schräg stehenden, gut verzweigten Gerüstästen. Mittelstarkes bis starkes Wachstum. Blüten entstehen am ein- und mehrjährigen Fruchtholz. Im Holz nicht ganz frostfest. Ein Sommerschnitt ist zur besseren Fruchtausfärbung anzuraten, denn ungefärbte Schattenfrüchte schmecken fade.
Standort	Ohne besondere Ansprüche bis in mittlere Höhenlagen.
Anfälligkeit	Widerstandsfähig gegen Schorf ('Antonowka'), Triebsucht, Mosaikvirus, Spinnmilbe. Gering Feuerbrand, mittelstark Mehltau.
Anbauwert	Empfehlenswerte Herbstsorte für den Garten und im Streuobstanbau. Auch für höhere Lagen geeignet. Lizenznehmer ist die ARTEVOS-Group, die Unterlizenzen auch an weitere Baumschulen vergibt.

Reichtragender vom Zenngrund

Herbstsorte

Doppelname	'Schöner vom Zenngrund', 'Zenngründer', 'Gestreifter Rosenapfel', 'Schafsnase', 'Rheinische Schafsnase' (fälschlich)
Entstehung	Deutschland. Gefunden um 1900 von Georg Ries aus Trautskirchen (Mittelfranken) in Tal des Flüsschens Zenn. Verbreitet durch die Kreisbaumschule Triesdorf. Sie diente in den 20er und 30er Jahren des vorigen Jahrhunderts zum Umveredeln von minderwertigen Apfelbäumen und war um 1930 im Edelreiserdepot des Mittelfränkischen Kreisverbandes für Obst- und Gartenbau in Triesdorf vorhanden.
Blüte	Früh. Ausreichend robust gegen Witterungseinflüsse.
Frucht	Mittelgroß bis groß. Kegelförmig, schwach abgeplattet, oft fast spitz zulaufend. Schale fein, am Baum beduftet, geschmeidig. Grundfarbe grünlich-gelb. Deckfarbe rot verwaschen, mit kurzen dunkleren Streifen, vor allem auf der Schattenseite deutlich sichtbar. Stiel kurz, holzig, oft nur ein Fleischbutz. Sitzt in einer engen, trichterförmigen Stieleinsenkung. Fruchtfleisch gelblich-weiß, feinzellig, fest. Abknackend, später mürbe, saftreich, aromatisch. Schwach parfümiert.
Reife	September bis Oktober.
Verwertung	Für Frischverzehr und als Wirtschaftssorte, besonders gut zum Keltern.
Ertrag	Früh einsetzend, hoch bis sehr hoch. Bei überreichem Behang sollte ausgedünnt werden, da die Früchte sonst zu klein bleiben.
Baum	Zunächst stark wachsend, bildet einen geraden, gesunden Stamm. Im Alter mittelgroße, etwas überhängende Krone.
Standort	Als Halb- oder Hochstamm im Streuobstbereich bis in mittlere Lagen.
Anfälligkeit	Die Frucht ist widerstandsfähig gegen Schorf. Bei ungeeigneten Witterungs- und Bodenverhältnissen wird das Fruchtfleisch um das Kernhaus oft glasig. Sehr robust gegen Blattschorf und Obstbaumkrebs. Bei feuchter Witterung während der Blüte kann Monilia-Spitzendürre auftreten.
Anbauwert	Regionalsorte im westlichen Mittelfranken/Bayern. Als früher Essapfel direkt vom Baum sehr beliebt.

Rekarda

Spätsorte

Anfälligkeit	Bisher schorfresistent, mäßig anfällig für Mehltau, unempfindlich für Spinnmilben und Bakterienbrand. Ein Mindestmaß an Pflanzenschutz ist jedoch zu empfehlen.
Anbauwert	'Rekarda' ist eine schorfresistente, farbige Winterapfelsorte, sehr ertragreich für intensive Streuobstkultur, sowie im Freizeitgarten für Liebhaber von säurebetonten Äpfeln.
Entstehung	'Golden Delicious' x 'Remo', Schwesterklon von 'Rebella'. Institut für Obstforschung Dresden-Pillnitz. Züchterin Frau Pof. C. Fischer. Sortenschutz.
Blüte	Mittelspät, reich und regelmäßig. Guter Pollenspender. Eine Ausdünnung sofort nach der Blüte ist ratsam.
Frucht	Mittelgroß bis groß, hochgebaut. Geschlossener Kelch, tiefe Stielgrube mit langem Stiel. Schale dick, kaum berostet. Hellgelbe Grundfarbe mit hellrot leuchtender, Maserung. Das Fruchtfleisch ist feinzellig, etwas weich, auffällig sauer. Hoher Vitamingehalt.
Reife	Baumreife Mitte Oktober. Kühl lagerfähig bis Ende Dezember, im Kühllager bis März.
Ertrag	Früh einsetzend, sehr hoch, ohne Alternanz.
Baum	Mittelstarker Wuchs, sehr gut verzweigt. Harmonischer Baumaufbau. Geeignete Unterlagen sind M9 und M26.
Standort	Geringe Ansprüche an den Standort.

Remo

Herbstsorte

Entstehung	'James Grieve' x F3-Nachkommen von *Malus floribunda*, im Institut für Obstforschung Dresden-Pillnitz. Im Handel und Sortenschutz seit 1990.
Blüte	Früh bis mittelfrüh, nicht empfindlich. Guter Pollenspender. Wegen des starken Fruchtansatzes empfiehlt sich stets eine Ausdünnung nach der Blüte, damit sich der Baum nicht frühzeitig erschöpft.
Frucht	Mittelgroß, um 150 g schwer. Regelmäßig runde und hoch gebaute Form. Weite Kelcheinsenkung mit geschlossenem Kelch. Mittellanger Stiel in weiter, wenig berosteter Stielgrube. Schale derb, violett bereift mit deutlichen Schalenpunkten und netzartiger Berostung. Bei Reife gelblich grün mit karminroter Deckfarbe. Fruchtfleisch cremefarben, mittelfest, feinzellig sehr saftreich. Säurebetonter Geschmack. Saftausbeute um 75 %.
Reife	Mitte September, vom Baum essbar. Wegen besserer Aromabildung so spät wie möglich ernten. Einmaliges Durchpflücken reicht meist aus. Im kühlen Naturlager etwa vier Wochen haltbar, dann weich werdend. Auf Stippe ist zu achten.
Verwertung	Vorwiegend Wirtschafts- und Mostsorte. Von guten Standorten und bei warmer Witterung auch mit Tafelqualität.
Ertrag	Sehr früh einsetzend, regelmäßig, bei fehlender Ausdünnung überreich.
Baum	Breit pyramidale, aufrechtes, mittelstark verzweigtes Wuchsbild. Im Alter waagerechte Gerüstäste mit dünnen Trieben. Schwaches Wachstum infolge hoher Fruchtbarkeit. Im Holz frostfest. Aufmerksamer Schnitt zielt auf den Erhalt des Triebwachstums und verhütet vorzeitige Vergreisung.
Standort	Keine Ansprüche an Boden und Klima. Bis in (windgeschützte) Höhenlagen anbauwürdig.
Anfälligkeit	Die Schorfresistenz ist durchbrochen. Kaum Mehltau. Gering anfällig für Feuerbrand, Bakterienbrand und Spinnmilben. Gelegentlich wurde Apfelmosaik und Triebsucht beobachtet.
Anbauwert	Als Tafelsorte nur für warme Lagen, sonst für Liebhaber säurebetonter Sorten. Vermehrungsrechte besitzen die Mitglieder der ARTEVOS-Group, die Unterlizenzen auch an weitere Baumschulen vergibt..

Resi

Herbstsorte

Entstehung	'Clivia' x schorfresistenter Zuchtstamm/*Vf*, im Institut für Obstzüchtung Dresden-Pillnitz. Seit 1996 im Handel. EU-Sortenschutz seit 1999.
Blüte	Mittelfrüh bis mittelspät, etwas witterungsempfindlich. Guter Pollenspender. Die Fruchtausdünnung ist erforderlich und zielt auf einzeln hängende Früchte, damit sich der Baum nicht frühzeitig erschöpft.
Frucht	Klein. Regelmäßige, flach- bis hochrunde Form. Flache, faltige Kelcheinsenkung mit geschlossenem Kelch. Dünner Stiel in weiter Stielgrube. Schale dick, glatt, geschmeidig leicht bereift mit deutlichen Schalenpunkten. Bei Reife gelb mit leuchtend roter, fast ganzflächiger Deckfarbe. Fruchtfleisch gelblich, feinzellig mittelfest, saftig. Großes Kernhaus. Süß mit geringer Säure und fruchtigem Aroma. Saftausbeute um 69 %.
Reife	Ab Mitte September, gleichmäßig reifend. Mitunter drücken sich die Früchte vorher gegenseitig ab. Mehrmaliges Durchpflücken ist deshalb ratsam. Im kühlen Naturlager etwa vier Monate haltbar, im Kühlraum bis Februar/März, nicht weniger als bei 3 °C. Anfällig für Lagerfäule.
Verwertung	Überwiegend für den Frischverzehr, auch als Wirtschaftssorte brauchbar.
Ertrag	Früh einsetzend, hoch und regelmäßig.
Baum	Lockeres, breites Wuchsbild mit waagerechten Gerüstästen und hängenden Seitentrieben. Im Vollertragsalter schwaches Wachstum. Ein aufmerksamer Schnitt beugt vorzeitiger Vergreisung vor und zielt auf laufende Erneuerung der Fruchtäste. Nahezu frostfest im Holz.
Standort	Bevorzugt auf nährstoffreichen Böden in wärmeren Lagen, windgeschützt auch bis in mittlere Höhen.
Anfälligkeit	Widerstandsfähig gegen Feuerbrand, (noch) gegen Schorf, Bakterienbrand und Spinnmilben. Mäßig empfindlich für Mehltau.
Anbauwert	Die Sorte wird auch als „Familienapfel" bezeichnet und verdient weitere Verbreitung. Die Pflegemaßnahmen müssen neben einem intensiven Schnitt auch Mehltaubekämpfungen mit einbeziehen. Durch schwachen Wuchs kein landschaftsprägender Streuobstbaum. Lizenznehmer ist die ARTEVOS-Group, die Unterlizenzen auch an weitere Baumschulen vergibt.

Resista

Spätsorte

Ertrag	Früh einsetzend, hoch, mit Alternanzneigung.
Baum	Hoch pyramidales Wuchsbild mit aufrechten, gut verzweigten etwas verkahlenden Leitästen.
Standort	Bevorzugt für wärmere Lagen und ausreichend feuchte, nährstoffreiche Böden.
Anfälligkeit	Die Schorfresistenz ist durchbrochen. Starke Mehltauneigung.

Lizenznehmer sind die Mitglieder der ARTEVOS-Group.

Entstehung	1978. Kreuzung von 'Prima' x 'NJ56' an der Rutgers-Universität in New Jersey/USA. 1979 wurden Samen an das Forschungsinstitut für Obstbau in Holovousy/Tschechien gesandt. Nach der Aussaat 1985 wurden Sämlinge selektiert, einer davon 1991 als 'Resista' benannt. Sortenschutz seit 1995.
Blüte	Früh bis mittelfrüh, gering empfindlich. Guter Pollenspender. Eine Ausdünnung bei starkem Fruchtansatz ist anzuraten.
Frucht	Mittelgroß bis groß. Meist hoch gebaute Form mit flachen Kanten über die Frucht. Kelcheinsenkung schüsselförmig, faltig mit kleinem Kelch. Mittellanger Stiel in tiefer, berosteter Stielgrube. Schale derb, glatt, leicht fettig, besonders im Lager. Gelb, sonnenseits nur leicht rosa überhaucht. Fruchtfleisch cremefarben, fest, saftreich. Angenehmes Aroma mit ausreichender Säure.
Reife	Ab Anfang Oktober, windfest. Im kühlen Naturlager etwa 4 Monate haltbar, im Kühllager bis März/April.
Verwertung	Vorwiegend für den Frischverzehr, eingeschränkt als Wirtschaftssorte brauchbar.

Rewena

Spätsorte

Entstehung	Kreuzung von 'Apollo' ('Cox Orange' x 'Geheimrat Dr. Oldenburg') und einem F3-Nachkommen von *Malus floribunda*. Institut für Obstzüchtung Dresden-Pillnitz. Im Handel seit 1991, Sortenschutz seit 1994.
Blüte	Zierend rötlich. Mittelspät, mittellang anhaltend. Nicht empfindlich. Guter Pollenspender. Ausdünnen nach dem Junifall ist nötig, damit sich der Baum nicht frühzeitig erschöpft.
Frucht	Mittelgroß, seltener groß, um 160 g schwer. Ungleichmäßig hoch gebaute Form, mitunter leicht gerippt. Kleiner Kelch. Auffällig langer Stiel. Schale derb, glatt, bei Reife und am Lager zunehmend fettig. Gelbgrün, sonnenseits flächig braunrot und schwach gestreift mit feinen Schalenpunkten und netzartigem Rost. Druckfest. Fruchtfleisch hellgrünlich, mittelfest, saftig. Angenehmer Geschmack mit herber Säure. Saftausbeute um 70 %.
Reife	Ab Ende September, windfest. Die Früchte hängen einzeln, sind deswegen gut zu ernten. Bei zu später Ernte kann Schalenbräune auftreten. Im kühlen Naturlager etwa fünf Monate haltbar, im Kühlraum bis März/April bei 3 °C. Neigt zu Schalen- und Fleischbräune am Lager.
Verwertung	Weniger als Tafelapfel, vor allem als Wirtschafts- und Mostsorte gut brauchbar. Hervorragend geeignet für industrielle Saftherstellung. Von Diabetikern als geeignet und gut beurteilt.
Ertrag	Früh einsetzend, hoch und regelmäßig.
Baum	Mittelgroßes, hoch pyramidales und lockeres Wuchsbild mit schrägen Gerüstästen und überwiegend dünnen, nach außen überhängenden und verkahlenden Trieben. Im Vollertragsalter schwaches Wachstum. Der Schnitt zielt auf Erhalt des Triebwachstums und der Fruchtasterneuerung. Im Holz frosthart, außer in Extremlagen.
Standort	Bevorzugt sind nährstoffreiche Böden in geschützter Lage, sonst windgeschützt bis in mittlere Höhenlagen.
Anfälligkeit	Widerstandsfähig gegen Feuer- und Bakterienbrand, Triebsucht. Sehr gering für Mehltau. Die Schorfresistenz ist durchbrochen. Empfindlich für Regenfleckenkrankheit.
Anbauwert	Gute Sorte für den ökologischen Anbau mit Verarbeitung zu Saft und Most.

Lizenznehmer ist die ARTEVOS-Group, die Unterlizenzen auch an weitere Baumschulen vergibt.

Rheingold

Frühsorte

Doppelname	'Jofi' (Josef Fischer)
Entstehung	Eine der Auslesen von 'James Grieve' durch Josef Fischer in Mühlheim-Kärlich bei Koblenz.
Blüte	Früh, etwas empfindlich. Guter Pollenspender. Ausdünnen nach dem Junifall ist stets anzuraten, damit sich der Baum nicht frühzeitig erschöpft.
Frucht	Klein bis mittelgroß, um 110 g schwer. Unterschiedliche Form von flach- bis hochrund. Flache Kelcheinsenkung mit kleinem, geschlossenem Kelch. Unterschiedlich langer Stiel in weiter Stielgrube. Schale glatt, leicht fettig. Bei Reife hellgelb, sonnenseits stark gestreift oder flächig rot. Fruchtfleisch locker, saftig, süßsäuerlich mit leichtem Aroma.
Reife	Ab Ende Juli, etwa acht Tage vor 'James Grieve'. Nicht windfest, mehrmaliges Durchpflücken ist erforderlich. Nur wenige Tage haltbar.
Verwertung	Überwiegend für den Frischverzehr, auch als Backapfel brauchbar.
Ertrag	Mittelhoch bis hoch und regelmäßig.
Baum	Kleine, kugelige Krone mit gut verzweigten Ästen. Ein aufmerksamer Schnitt sofort nach der Ernte zielt auf laufende Fruchtasterneuerung und vermeidet vorzeitiges Vergreisen des Baumes.
Standort	Nur für wärmere Lagen und nährstoffreiche, ausreichend feuchte Böden.
Anfälligkeit	Stark für Feuerbrand und Mehltau, wenig für Schorf. Stippe auf trockenen Standorten und bei wechselhafter Sommerwitterung. Krebs auf schweren, nassen Böden.
Anbauwert	'Rheingold' wird zugunsten anderer Frühsorten heute weniger empfohlen.

Rheinischer Bohnapfel — Spätsorte

Bemerkung	Bis Ende des 19. Jh. kannte man einen 'Kleinen' und einen 'Großen Rheinischen Bohnapfel'. Im Sortenwerk „Deutschlands Obstsorten" (1905–1935) erklärte man beide für identisch und führte fortan nur noch einen 'Rheinischen Bohnapfel'. Der 'Bohnapfel' zählte – neben 'Jakob Lebel' und 'Ontario' – zu den drei „Reichsobstsorten".
Doppelnamen	'Jockerle' (Schwarzwald), 'Anhalter', 'Gros Bohn'
Entstehung	Ungewiss, wahrscheinlich im 18. Jh. im vulkanischen Teil der Rheinprovinz. War eine Hauptsorte des „Neuwieder Beckens". Beschrieben von A.F.A. Diel in Sicklers „Der teutsche Obstgärtner" 1797 unter dem Namen 'Der große (kleine) Bohnapfel'. Auf der ersten Versammlung deutscher Pomologen in Naumburg 1853 wurde die Sorte zum allgemeinen Anbau empfohlen. Verbreitet ist sie bis heute in Deutschland und einigen Nachbarländern.
Blüte	Mittelfrüh, lange anhaltend und nicht witterungsempfindlich. Schlechter Pollenspender (triploid).
Frucht	Klein bis mittelgroß, um 110 g schwer. Kugel- bis eiförmig oder auch fassförmig hoch gebaut.
	Schale zäh, glatt und trocken. Grundfarbe gleblichgrün, Deckfarbe braunrot punktiert und marmoriert, dunkler kurz gestreift mit hellen Schalenpunkten und einzelnen Rostfiguren. Druckfest. Stielgrube meist eng, oft strahlig hellbraun berostet. Stiel mittellang, dick, holzig, am Ende mit Kopf. Fruchtfleisch gelblich-weiß, grobfaserig, sehr fest, ab dem Frühjahr etwas mürber. Leicht herber Geschmack mit schwachem Gewürz.
Reife	Ab Mitte Oktober. So spät wie möglich ernten. Früchte hängen sehr fest und sturmsicher am Baum. Zwischen Ernte und Pressen etwa 1 Woche nachreifen lassen. Im Naturkeller bis Mai/Juni haltbar.
Verwertung	Vorzügliche Wirtschaftssorte, auch zur häuslichen Verwertung geeignet. Liefert einen sehr guten und haltbaren Apfelwein. Das Fruchtfleisch bleibt beim Backen weiß. Frischverzehr bis Februar/März möglich.
Ertrag	Spät einsetzend. Jährlicher Wechsel zwischen hohen und geringen Erträgen (ausgeprägte Alternanz). Die Sorte gilt aber trotzdem als sehr guter Träger.
Baum	Wuchs anfangs mittelstark, später auch stark. Bildet im Alter eine große, pyramidale Krone mit etwas hängenden Ästen. Im Holz gut frosthart.
Standort	Anspruchslos an Boden und Klima. Staunässe aber vermeiden. Anbau bis in raue Lagen, auch auf sandigen Böden möglich. In Höhenlagen reifen die Früchte aber nicht genügend aus.
Anfälligkeit	Sehr robust und widerstandsfähig. Nur gering anfällig für Schorf und Mehltau, mittel anfällig für Feuerbrand.
Anbauwert	Gebietsweise eine typische und bedeutende Sorte für den Streuobstanbau. Wurde früher gerne als Straßenbaum gepflanzt. Für raue Lagen, lange haltbare Früchte.

Rheinischer Krummstiel   Spätsorte

Entstehung	Ungewiss. Die Sorte wurde 1828 erstmals beschrieben. Ein Anbau ist seit Ende des 18. Jahrhunderts im Kölner Becken bekannt.
Blüte	Mittelspät, nicht empfindlich. Guter Pollenspender.
Frucht	Mittelgroß, um 140 g schwer. Ungleichmäßige Form, oft flachrund, auch hoch gebaut mit flachen Wülsten. Flache, gerippte Kelcheinsenkung mit kleinem, geschlossenem Kelch. Kurzer, durch einen Fleischwulst seitlich gedrückter Stiel in enger Stielgrube. Schale derb, glatt, leicht bereift. Bei Reife gelbgrün, sonnenseits stärker braunrot gestreift mit feinen Schalenpunkten. Druckfest. Fruchtfleisch grünlichgelb, feinzellig, fest, saftreich. Feinsäuerlich mit etwas Würze, wenig Aroma (bildet sich erst während der Lagerzeit). Hohe Saftausbeute.
Reife	Je nach Lage ab Ende September. Windfest bis zur Baumreife, dann schnell fallend. Bei ausreichender Luftfeuchte über sechs Monate kühl haltbar.
Verwertung	Weniger für den Frischverzehr, als gute Wirtschafts- und für Mostsorte.
Ertrag	Spät einsetzend, meist ab dem zehnten Standjahr. Jährlich wechselnd zwischen hohen und geringen Erträgen (mäßige Alternanz), insgesamt aber hoch.
Baum	Große, gewölbte, sparrige Krone mit langen, überhängenden Ästen. Im Alter schlecht verzweigt, aber mit viel Quirlholz an den Ästen. Gefährdet durch Astbruch. Im Vollertragsalter immer noch starkes Wachstum. Kann sehr alt werden.
Standort	Gute Fruchtqualität in wärmeren Lagen, gedeiht aber auch noch auf nährstoffreichen, eher leichten Böden in geschützten Höhenlagen.
Anfälligkeit	Krebsanfällig auf nassen, schweren Böden, sonst robust.
Anbauwert	Früher auch als Tafelsorte bekannt, heute fast ausschließlich als Wirtschafts- und Keltersorte im Streuobstanbau verbreitet.

Rheinischer Winterrambur — Spätsorte

Doppelnamen	'Rambour d'Hiver', 'Teuringer Rambur', 'Menznauer Jägerapfel' (Schweiz)
Entstehung	Ungewiss. Es ist eine sehr alte Sorte, seit 1700 bekannt. Herkunft vermutlich Holland oder Belgien, auch Deutschland und die Schweiz werden genannt.
Blüte	Spät, nicht empfindlich. Schlechter Pollenspender (triploid). Befruchter 'Goldparmäne', 'Ontario'.
Frucht	Groß, bis 300 g schwer. Je nach Herkunft sehr unterschiedliche und ungleichmäßige Form. Meist flachrund mit starken, breiten Rippen über der Frucht. Schüsselförmige Kelcheinsenkung, kurzer, dicker Stiel in weiter und tiefer Stielgrube. Schale hart, glatt, fettig mit hellen Schalenpunkten. Gelbgrün mit sonnenseits flächiger Deckfarbe, sonst stark gestreift. Stark duftend. Fruchtfleisch grünlich, grobzellig, etwas mürbe. Saftig mit vorherrschender Säure. Geringes Aroma, aber reich an Vitamin C.
Reife	Ab Ende September bis Mitte Oktober. Bis zur Baumreife windfest, dann starker Fruchtfall. Im kühlen Naturlager etwa sechs bis sieben Monate haltbar. Auf Fleischbräune ist zu achten.
Verwertung	Weniger für den Frischverzehr, sehr gute Wirtschafts- und Mostsorte.
Ertrag	Erst spät einsetzend, dann jährlich wechselnd zwischen sehr hohen Erträgen und völligem Ausfall (ausgeprägte Alternanz).
Baum	Mächtige, weit ausladende, flach verzweigende Krone auf oft schiefem Stamm. Tief herabhängende Äste zur Erntezeit. Von Jugend an sehr starkes, im Vollertragsalter noch mittelstarkes Wachstum. Im Holz nicht ganz frosthart. Kann sehr alt werden.
Standort	Bevorzugt werden geschützte, wärmere Lagen. Auf nährstoffreichen Böden auch bis in windgeschützte Höhenlagen anbaufähig.
Anfälligkeit	Anfällig für Viröse Triebsucht. In geschlossenen Tallagen auch Schorf und Mehltau. Kaum Apfelwickler. Empfindlich für Kupfer- und Schwefelmittel.
Anbauwert	Typische Sorte für den Anbau in Streuobstwiesen bis in höhere Lagen. Es existiert auch eine rote Auslese (Sichtung Triesdorf).

Rheinische Schafsnase — Spätsorte

Bemerkung	Die Bezeichnung „Schafsnase" gibt es bei sehr vielen Sorten.
Doppelnamen	'Berliner', 'Deutsche Schafsnase', 'Schafsnase', 'Spitzapfel', 'Leichter Matapfel' und andere
Entstehung	Unbekannt. Beschrieben von Dr. Theodor Engelbrecht 1889 in „Deutschlands Apfelsorten" unter den Schlotteräpfeln. Gebietssorte, verbreitet am Main (Unterfranken), Hessen und am Rhein.
Blüte	Sehr spät, nicht empfindlich. Guter Pollenspender.
Frucht	Meist groß, um 150 g schwer. Ungleichmäßige Form, kegelförmig mit flachen Kanten. Schüsselförmige, gerippte Kelcheinsenkung mit geschlossenem Kelch, kurzer Stiel in weiter, wenig berosteter Stielgrube. Schale hart, glatt, geschmeidig. Goldgelb, sonnenseits stark gestreift oder marmoriert mit feinen Schalenpunkten. Duftend, nicht druckfest. Fruchtfleisch gelblichweiß, mäßig fest, grobzellig. Saftig mit hervortretender Säure, kaum Aroma.
Reife	Ab Ende September. Windfest bis zur Baumreife, dann starker Fruchtfall.
Verwertung	Ausschließlich Wirtschafts- und Mostsorte. Wurde früher auch gerne zum Dörren gebraucht. Fruchtfleisch bleibt weiß bei der Verarbeitung.
Ertrag	Jährlicher Wechsel zwischen hohen und sehr geringen Erträgen (ausgeprägte Alternanz). Insgesamt mittelhoch.
Baum	Große, sparrige, wenig verzweigte Krone mit typischen Verdickungen an älteren Ästen. Im Vollertragsalter noch mittelstarker Wuchs. Im Holz nicht ganz frostfest.
Standort	Für wärmere Lagen, auf nährstoffreichen Böden auch bis in windgeschützte, mittlere Höhenlagen anbaufähig.
Anfälligkeit	Stark für Feuerbrand, auch für Schorf und Mehltau. Auf schweren, nassen Böden stark krebsanfällig.
Anbauwert	Die frühere Bedeutung dieser Streuobstsorte ist heute u. a. wegen ihrer Anfälligkeiten nicht mehr gegeben.

Ribston Pepping

Herbstsorte

Doppelnamen	'Formosa Pippin', 'Glory of York', 'Travers Pippin', 'Ribstone Pippin', 'Englische Granatrenette', 'Granatrenette', 'Travers Goldrenette'
Entstehung	Emgland. Um das Jahr 1709 erhielt Sir Henry Goodricke 3 Apfelkerne aus Rouen (Normandie), die er im Park von Ribston Hall/Yorkshire aussäen ließ. Ein Sämling überlebte und ist heute der Urbaum der Sorte, der bis 1840 überlebte. Die Sorte blieb bis zum Ende des 18. Jh. weitgehend unbekannt. Erst mit den Beschreibungen von W. Forsyth (1802) in England, W. Corbbelt (1803) in den USA und A.F.A. Diel (1813) in Deutschland fand die hervorragende Tafelfrucht eine weite Verbreitung.
Blüte	Mittelfrüh. Lange andauernd, wenig empfindlich. Schlechter Pollenspender (triploid). Sehr starker Junifruchtfall, deshalb ist ein Ausdünnen nur selten erforderlich. Durch Frühentwicklung der Blütenknospen kann es im Winter zu gelegentlichen Erfrierungen kommen.
Frucht	Klein oder mittelgroß, um 110 g schwer, nur von jüngeren Bäumen größer. Regelmäßige, flach- bis hochkugelige Form. Weite Kelcheinsenkung mit kleinem Kelch. Meist kurzer Stiel in tiefer Stielgrube. Schale glatt, mitunter auch samtig rau mit Kelchberostung. Goldgelb, sonnenseits rötlich geflammt oder kurz gestreift. Druckfest. Fruchtfleisch gelblichweiß. Fest, am Lager mürbe, etwas grobzellig, weniger saftig. Renettenartig gewürzt, Geschmack an Cox erinnernd. Kleines Kernhaus.
Reife	Ab Mitte September. Spät ernten, um Welke am Lager zu vermeiden. Bei Reife nicht windfest, deshalb ist ein mehrmaliges Durchpflücken ratsam. Im kühlen Naturlager bis zu fünf Monaten haltbar.
Verwertung	Für den Frischverzehr, auch gute Wirtschafts- und Mostsorte.
Ertrag	Je nach Unterlage spät einsetzend und unterdurchschnittlich. Jährlicher Wechsel zwischen hohen und sehr geringen Erträgen. In Küstennähe sind höhere Erträge möglich.
Baum	Von Jugend an große, breite Krone mit überhängenden Zweigen. Leitäste schräg aufrecht, später geneigt. Meist schräger Stamm. Auch im Vollertragsalter noch starker Wuchs. Deshalb ist möglichst nach der Blüte zu schneiden. Nicht überall frosthart im Holz. Kann alt werden.
Standort	Hohe Ansprüche an mildes Klima, Luftfeuchte und einen nährstoffreichen Boden. In trockenen Böden kann Spitzendürre auftreten.
Anfälligkeit	Mittelstark für Feuerbrand und Schorf. Stark für Mehltau. Befall durch Blutlaus und Apfelwickler ist möglich. Auf schweren oder nassen Böden Krebs. Empfindlich für Kupfermittel. Blattschäden bei Strahlungshitze.
Anbauwert	Problemsorte für unerfahrene Anbauer, dennoch als historische Sorte in geeigneten Gebieten und bei geeigneten Pflegemaßnahmen erhaltenswert.

Riesenboiken

Spätsorte

Bemerkung	Die Sorte ist nicht identisch mit dem 'Boikenapfel'.
Doppelname	'Doppelter Boiken'
Entstehung	Unbekannt. An der Niederelbe bildete sich im 19. Jh. die Sortengruppe der „Boikenäpfel". Darunter befanden sich auch der 'Doppelte' oder 'Riesenboiken'. Dieser wurde 1911 in der „Deutschen Obstbau-Zeitung" erstmals beschrieben. Die Sorte verbreitete sich schnell in Deutschland, da sie meist schöne große Früchte bringt und nicht so anfällig gegen Schorf ist, wie der 'Echte Boikenapfel'.
Blüte	Mittelfrüh, kurz anhaltend und nicht empfindlich. Schlechter Pollenspender (triploid).
Frucht	Groß bis sehr groß, um 280 g schwer. Unterschiedliche und ungleichmäßige Form mit starken Wülsten über die ganze Frucht. Flache, wulstige Kelcheinsenkung mit geschlossenem Kelch. Kurzer, kräftiger Stiel in enger, strahlig berosteter Stielgrube. Schale hart, glatt, fettig. Bei Reife grüngelb, sonnenseits etwas gerötet. Dunkle Schalenpunkte. Fruchtfleisch fast weiß, mürbe. Säuerlich-süß mit angenehmem Geschmack. Kleines Kernhaus.
Reife	Ab Ende September. Wegen des kurzen Stieles drücken sich die Früchte oft vorzeitig ab. Im kühlen Naturlager etwa fünf Monate haltbar. Auf Stippe am Lager ist zu achten.
Verwertung	Überwiegend gute Wirtschafts- und Mostsorte. Eingeschränkt für den Frischverzehr.
Ertrag	Spät einsetzend, dann jährlicher Wechsel zwischen mittelhohen und sehr geringen Erträgen (Alternanz). Insgesamt gering.
Baum	Mächtige, breit ausladende und dichte Krone mit gut verzweigten Trieben. Auch im Vollertragsalter noch kräftiger Wuchs. Gelegentlich wird ein Auslichtungs- oder Verjüngungsschnitt nötig sein. Im Holz frostfest.
Standort	Geringe Ansprüche an Boden und Klima. Bis in höhere, windige Lagen anbaufähig.
Anfälligkeit	Besonders in höheren Lagen ohne Schorfbefall. Sonst gering Schorf und Mehltau. In nassen und schweren Böden krebsanfällig.
Anbauwert	Besonders in höheren oder rauen Lagen als Streuobstsorte noch immer sehr geschätzt.

Rome Beauty — Spätsorte

Bemerkung	Die Sorte ist nicht identisch mit 'Hoary Morning' (in Deutschland: 'Morgenduftapfel').
Doppelnamen	'Gillets Seedling' (erster Name), 'Belle de Rome', 'Roman Beauty', 'Rome', 'Morgenduft' (Deutschland und Tirol)
Entstehung	USA. Entstanden als Schössling aus der Sämlingsunterlage eines veredelten Apfels auf der Farm von Joel Gillett in Rome Township, Lawrence County/Ohio. Eingeführt in den Handel wurde die Sorte 1848 durch die Ohio Fruit Convention. Zu Beginn des 20. Jh. wurde die Sorte auch in Europa und Australien angebaut. Der Anbau ist jetzt aber rückläufig.
Mutanten	'Double Red' (1920), 'Gallia Beauty' (1865), 'Nured' (1941), 'Red Rome' (um 1950), 'Ruby' (1912) u.v.a.
Blüte	Mittelspät, nicht witterungsempfindlich. Wegen des hohen Fruchtansatzes soll bald nach der Blüte energisch ausgedünnt werden, um die Fruchtqualität zu verbessern.
Frucht	Mittelgroß bis groß, kugelförmig mit gleichen Hälften. Tiefe. Gerippte Kelcheinsenkung mit geschlossenem Kelch. Langer Stiel in enger und tiefer Stielgrube. Schale fest, zur Reife grüngelb mit schönen roten Streifen und hellen Schalenpunkten. Fruchtfleisch grobzellig, zunächst fest und saftig, auf dem Lager dann mürbe, leicht zäh und ohne Aroma. Fader bis süßlicher Geschmack. Niedriger Gehalt an Vitamin C.
Reife	Je nach Lage ab Mitte Oktober, nicht windfest und mit folgernder Reife. Im kühlen Naturlager etwa 5 Monate haltbar, danach nur noch fade und mürbe.
Verwertung	Tafel- und Wirtschaftssorte mit unterdurchschnittlicher Qualität.
Ertrag	Früh einsetzend, dann hoch bis sehr hoch und regelmäßig.
Baum	Zunächst hohe Krone mit aufstrebenden Leitästen, im Vollertragsalter hängende Fruchtäste und schwacher Wuchs. Ohne regelmäßigen Schnitt erschöpft sich der Baum sehr früh. Im Holz nicht frosthart.
Standort	Anspruchsvoll an klimatische Verhältnisse. Gedeiht am besten im Weinbauklima, auch auf leichteren Böden.
Anfälligkeit	Stark für Schorf und sehr stark anfällig für Mehltau. Feuerbrand ist nicht auszuschließen.
Anbauwert	Wegen des hohen Ertrages und der schönen Früchte noch immer eine verbreitete Importsorte trotz des mäßigen Geschmacks. Im Garten zu hoher Pflegeaufwand bei unbefriedigender Fruchtqualität.

Rote Sternrenette

Herbstsorte

Doppelnamen	'Calville étoilée' (Original), 'Pomme de Coer' ('Herzapfel') in Belgien, 'Meusers Rote Herbstrenette', 'Herbstrenette' und andere
Entstehung	Ungewiss, jedoch seit mindestens 200 Jahren bekannt. Als Herkunft wird sowohl Deutschland (Niederrhein) als auch Belgien und Frankreich angenommen. 1830 erstmalig beschrieben.
Blüte	Spät und lange anhaltend, gering empfindlich. Guter Pollenspender (diploid). Geringer Fruchtansatz hat oft seine Ursache in ungenügender Befruchtung. Bei starkem Fruchtansatz ist ein energisches Ausdünnen ratsam.
Frucht	Mittelgroß, um 120 g schwer. Fast gleichmäßig kugelrunde Form. Flache, weite Kelcheinsenkung mit offenem Kelch. Kurzer oder mittellanger Stiel in trichterförmiger, berosteter Stielgrube. Schale hart, glatt, leicht fettig. Bei Reife gelbgrün mit flächig roter Deckfarbe und typischen Roststernen. Feiner Duft. Fruchtfleisch unter der Schale oft rötlich, mittelfest, feinzellig, kaum saftig. Süß-säuerlich, leicht aromatisch. Geringer Gehalt an Vitamin C.
Reife	Je nach Lage ab Mitte September, nicht windfest. Mehrmaliges Durchpflücken ist ratsam. Etwa drei Monate im kühlen Naturlager haltbar, wird dann schnell mehlig. Bei trockener Lagerung schrumpfend.
Verwertung	Vorwiegend für den Frischverzehr, eingeschränkt als Wirtschafts- und Mostsorte brauchbar. Schnittflächen und Apfelmus werden schnell braun. Gilt wegen den an kleine Sterne erinnernden, deutlich von der Schale abhebenden Schalenpunkten, als Weihnachtsapfel.
Ertrag	Spät einsetzend. Jährlicher Wechsel zwischen mittelhohen und sehr geringen Erträgen (Alternanz), gesamt gering.
Baum	Breit pyramidale, innen lockere Krone mit kräftigen, aufrechten wenig verzweigten Leitästen. Außen ist die Krone dichter mit hängendem Seitenholz. Anfangs schwächerer, dann zunehmend stärkerer Wuchs. Der Schnitt zielt auf bessere Verzweigung der oft kahlen Äste. Durch einen Sommerschnitt kann die Alternanz gemindert und die kahlen Äste besser verzweigt werden. Im Holz frostfest.
Standort	Auf guten Böden bis in raue, windige Höhenlagen. Auch kalkhaltige und magere Böden, aber möglichst mit hoher Luftfeuchte sind geeignet. Keine Trockenlagen.
Anfälligkeit	Mittel für Feuerbrand. Wenig Schorf und Mehltau. Krebsfrei. Empfindlich für Kupfermittel.
Anbauwert	Die einstige Bedeutung ist heute nicht mehr gegeben. In rauen Lagen für extensiven Anbau noch empfehlenswert. Auch auf schwachwachsenden Unterlagen werden die Bäume im Garten meist zu groß.

Rotfleischige Sorten – ein neuer Trend

'Baya Franconia' – schön rot-weiß durchgefärbt

Vitalstar mit komplett rotem Fruchtfleisch   Besondere Produkte durch rote Sorten

Bedeutung	Rotfleischige Sorten heben sich visuell von den vielen Neuheiten auf dem Obstmarkt ab. Der rote Farbstoff erhöht den Gesundheitswert des Apfels und seiner Verarbeitungsprodukte.
Entstehung	Weltweit gibt es diverse Sorten verschiedener Züchter sowie Marken und Serien, die mehrere rotfleischige Sorten einbeziehen, die inzwischen auch in Baumschulen erhältlich sind. Vielfach war die rotfleischige russische Sorte 'Roter Mond' Ausgang für Auslesen oder gezielter Kreuzungspartner. Mit diesen Nachkommen wurde weiter gezüchtet. Aufgrund des z. T. stark säurebetonten Geschmacks wurden v. a. süße Tafelsorten eingekreuzt.
Blüte	Intensiv rot bis rosa. Mittlere Blütezeit. Hoher Zierwert.
Frucht	Je nach Sorte mit ganz oder teilweise intensivem roten bis rosafarbenem Fruchtfleisch. Meist sehr säurebetont, erfrischend und spritzig. Die starken Säuregehalte überlagern die hohen Zuckerwerte. Dennoch gibt es auch mildere Sorten wie 'Baya Franconia', Früchte der Serien 'Kissabel®', 'Redloves®' und 'Red Moon®', wobei einige innen nur teilweise rot oder rosa bzw. orangerot durchfärbt sind. Die Schalenfarbe der meist mittelgroßen Früchte ist ganz bis überwiegend rot.
Reife	Anfang bis Ende September. Mehrmals durchpflücken. Früchte nicht zu lange hängen lassen, sonst werden sie auf dem Lager schneller weich. Begrenzt haltbar, je nach Sorte 2–4 Monate. Durch die Lagerung baut sich Säure ab, die Früchte schmecken dann milder.
Verwertung	Säurebetonte Sorten bevorzugt für die Verarbeitung zu rotem Mus (Kompott), Saft, Secco, Chips, Kuchen, aber auch für den Frischverzehr. Die Zumischung milder, nicht rotfleischiger Sorten hellt die Farbe der Verarbeitungsprodukte auf. Mildere Sorten als Tafelobst, aber auch zur Verarbeitung geeignet.
Ertrag	Hoch, weitgehend regelmäßig. Eine Ausdünnung ist sinnvoll, um die Fruchtgröße zu verbessern.
Baum	Die meisten Erfahrungen liegen auf schwachwachsenden Unterlagen vor, auf denen sich die Sorten vital und wüchsig bei guter Verzweigung präsentieren. Ein Anbau als Halb- und Hochstamm auf stärkeren Unterlagen ist aber ebenso denkbar.
Anfälligkeit	'Redloves'- und 'Red Moon'-Sorten sind sehr tolerant gegen Schorf, auch alle anderen sind nur wenig anfällig. Gering anfällig für Echten Mehltau.
Anbauwert	Der Zier- und Gesundheitswert mit je nach Sorte erfrischend säurebetontem bzw. ausgewogen, mildem Geschmack sprechen für den Anbau. Außerdem lassen sich exklusive Verarbeitungsprodukte herstellen.

Roter Aloisius® — Spätsorte

Entstehung	('Prima' x 'Lord Lambourne') x 'Bohemia'. UEB-Klon, der jedoch nicht zum Sortenschutz angemeldet wurde. Seit Anfang der 2000er Jahre unter der Bezeichnung 'Titan' im Sortiment einiger Baumschulen. Die bayerischen Gartenbaumschulen (www.gartenbaum-schulen.com) führen den Apfel als „Bayernapfel" exklusiv unter diesem Markennamen.
Blüte	Mittel – mittelspät (zeitgleich wie 'Elstar').
Frucht	Mittelgroß bis groß. Gelbgrüne Grundfarbe mit mehr als 75 % mittelrote bis rote-orange Deckfarbe, flächig bis leicht marmoriert. Schale glatt, wenig glänzend, nur leicht berostet. Lentizellen deutlich sichtbar. Stiel mittellang. Stielgrube leicht berostet. Kelchgrube weit, flach bis mäßig tief, leicht gerippt. Fruchtfleisch mit mittlerer Festigkeit und Saftigkeit. Cremefarben, süß mit feiner Säure und ausgeprägter Würze. Ein insgesamt wohlschmeckender Apfel mit 'Cox'-ähnlichem Aroma (könnte auch als milder 'Boskoop' beschrieben werden).
Reife	Pflückreif Mitte bis Ende September. In kühlen Räumen bis Weihnachten lagerfähig. Danach lässt die Festigkeit nach, die Frucht schrumpft aber nicht.
Verwertung	Überwiegend Tafelapfel, auch Saft- und Mostapfel.
Ertrag	Früh einsetzend, hoch und regelmäßig.
Baum	Mittelstarker Wuchs auf Unterlage M9 mit guter Verzweigung. Fruchtäste bei Spindelerziehung mittellang, z. T. hängend mit Tendenz zur Verkahlung. Auf stark wachsenden Unterlagen wüchsig mit hochgebauter Kronenform.
Anfälligkeit	Robust gegen Schorf. Gering anfällig für Krebs und Mehltau. Nicht auffällig für Fruchtfäulen und Stippe.
Anbauwert	Robuste, attraktive, geschmackvolle Herbst- und Frühwintersorte. Trotz vieler Sorten in diesem Reifesegment ist der 'Rote Aloisius' eine wertvolle Bereicherung für den Freizeitgartenbau. Allerdings ist die Verbreitung bisher gering. Geeignet als Halb- und Hochstamm auch für den Streuobstanbau.

Roter Astrachan

Frühsorte

Doppelnamen	'Pomme d'Astracan Rouge', 'Roter Astrakanischer Sommerapfel', 'Red Astrakan', 'Jakobiapfel' und viele weitere
Entstehung	Unbekannt. Soll aus Russland stammen. 1780 erstmals erwähnt. Soll über Schweden und Norwegen 1816 nach England gekommen sein. Von dort aus begann die Verbreitung in Deutschland. Wurde 1890 vom Deutschen Pomologenverein zum Anbau von Formobst und Topfbäumen, 1893 zum Massenanbau empfohlen.
Blüte	Früh, wenig empfindlich.
Frucht	Mittelgroß, um 110 g schwer, selten größer. Unterschiedlich in der Form, meist ungleichhälftig plattrund. Weite, stark gerippte Kelcheinsenkung. Stielgrube eng und berostet mit kurzem Stiel. Schale dünn, zart, leicht bläulich beduftet. Blassgelblich, sonnenseits verwaschen karminrot mit deutlichen, gelblichen Schalenpunkten. Schwacher Duft. Nicht druckfest. Fruchtfleisch weiß, unter der Schale und um das Kernhaus leicht gerötet. Feinzellig, etwas mürbe, saftreich. Angenehm rosenartig gewürzt. Vorherrschende Säure mit geringem Zuckergehalt.
Reife	Ab Ende Juli, nicht windfest. Muss noch vor der Baumreife abgenommen werden.
Verwertung	Weniger für den Frischverzehr, dafür gute Wirtschafts- und Mostsorte.
Ertrag	Früh einsetzend, normalerweise mittelhoch. Leichte Alternanzneigung.
Baum	Hochkugelige Krone mit gut verzweigten Ästen. Von Jugend an starker, dann nachlassender Wuchs, im Vollertragsalter höchstens mittelstark. Im Holz frostfest.
Standort	Obwohl anbaufähig auf trockenen Böden bis in raue, windige Höhenlagen, steigt die Fruchtqualität bei besseren Anbaubedingungen.
Anfälligkeit	In geschlossenen, warmen Tallagen für Schorf, Mehltau und Obstmade (Apfelwickler), weniger anfällig in Hochlagen.
Anbauwert	Eine Frühsorte für alle Baumformen, vor allem in höheren Lagen auch für Spaliere und Topfkultur. In günstigen Anbaugebieten ist die Sorte ersetzbar.

Roter Augustiner — Spätsorte

Reife	Je nach Lage ab Mitte Oktober. Wind- und sturmfest. Im kühlen Naturlager etwa 4 Monate haltbar.
Verwertung	Sehr guter, vielseitig verwertbarer Wirtschaftsapfel und für Most. Als Tafelfrucht weniger brauchbar.
Baum	Geschlossene, hochrunde und gut verzweigte Krone mit derben, wenig gezähnten Blättern. In der Jugend kräftiger Wuchs, mit dem Vollertrag nur mittelstark. Die dichte Verzweigung erfordert jährlichen Auslichtungsschnitt. Gilt als gut erziehbar für Formobst.
Standort	Anspruchslos an Boden und Klima.
Doppelnamen	'Kapuzinerapfel', 'Rosenwasserapfel', 'Roter Herbst-Taffetapfel', 'Sammetapfel', 'Seidenrock', 'Weinapfel', 'Wollenschläger', 'Zimmetapfel'
Entstehung	Unbekannt. A.F.A. Diel erhielt die Sorte aus dem ehemaligen churfürstlichen Garten in Oberlahnstein und leitete die Herkunft aus einem Augustinerkloster ab. Er beschrieb die Sorte 1809. Verbreitung hauptsächlich im südwestlichen Deutschland und angrenzenden Ländern.
Frucht	Form und Größe sind unterschiedlich, je nach Alter und Pflege des Baumes, meist aber eher groß. Abgestumpft rundlich bis flachrund. Flache, wenig gerippte Kelcheinsenkung mit spitzem, meist geschlossenem Kelch. Mittellanger Stiel in tiefer, weiter und berosteter Stielgrube. Schale glatt, bläulich bereift. Grundfarbe hellgelb mit karmesinroter, fast flächiger Deckfarbe. Zahlreiche, feine Schalenpunkte und deutlicher Duft. Fruchtfleisch gelblichweiß, oft mit roter Ader um das Kernhaus. Feinzellig, fest und saftig mit leichter Würze. Vorherrschend kräftig weinsäuerlich mit wenig Süße.

Roter Bellefleur — Spätsorte

Doppelnamen	'Holländischer Bellefleur', 'Siebenschläfer' (wegen der späten Blüte), 'Malmedyer' (Belgien) und einige andere
Entstehung	Soll aus Holland stammen und dort schon im 18. Jh. verbreitet gewesen sein. Wurde 1874 vom Landwirtschaftlichen Verein Rheinpreußen zum Massenanbau empfohlen.
Blüte	Extrem spät (Siebenschläfer, um 27. 6.), deshalb nicht frostgefährdet. Allerdings kann es Befruchtungsprobleme geben, wenn spätblühende Sorten zu weit entfernt stehen. Guter Pollenspender.
Frucht	Normalerweise groß, um 160 g schwer. Ungleichhälftige, flachrunde bis hochrunde Form mit flachen Kanten über die Frucht. Weite, oft wulstige und gerippte Kelcheinsenkung mit offenem Kelch. Kurzer, dicker Stiel in tiefer, berosteter Stielgrube. Schale glatt und geschmeidig. Bei Reife zitronengelb in der Grundfarbe, sonnenseits kann die rote Deckfarbe flächig sein. Schwacher Geruch. Druckfest. Fruchtfleisch gelblichweiß, fest, feinzellig, saftreich. Renettenartig gewürzt mit vorherrschend süßem Weingeschmack.
Reife	Ab Mitte September, wind- und sturmfest. Wegen des kurzen Stieles können sich traubig hängende Früchte schon vor der Baumreife gegenseitig abdrücken. Im kühlen Naturlager bis zu sechs (auch sieben) Monate haltbar.
Verwertung	Für den Frischverzehr und alle Verwertungsarten.
Ertrag	Spät einsetzend. Normalerweise regelmäßig mit geringer Alternanzneigung.
Baum	Hochrunde, gleichmäßig geformte Krone mit schräg aufwärts gerichteten, gut verzweigten Leitästen und gesundem Laub. Oft schiefer Stamm. Die dünnen, überhängenden Seitenzweige neigen etwas zum Verkahlen im unteren Bereich. Von Jugend an starkes Wachstum, bei Vollertragsbeginn deutlich schwächer.
Standort	Breit anbaufähig bis in Höhenlagen, auch auf geringeren Böden. Dort bleiben die Früchte etwas kleiner.
Anfälligkeit	Keine Krankheiten und Schädlinge bekannt. In windgeschützten Warmlagen soll Schorf und Mehltau auftreten.
Anbauwert	Eine robuste Sorte, vorwiegend für Streuobstflächen, aber auch für den Garten.

Roter Eiserapfel

Spätsorte

Doppelnamen	'Bamberger', 'Braunsilienapfel', 'Eiserapfel', 'Herzapfel', 'Paradiesapfel', 'Roter drei Jahre Dauernder Streifling' (wegen der langen Haltbarkeit)
Entstehung	Unbekannt. Die Sorte soll schon im 16. Jh. um Bamberg und Nürnberg angebaut worden sein. Die erste Beschreibung stammt 1797 von J.L. Christ als 'Roter Winterkalvillsüßapfel'. Die Sorte wurde bei der 2. Versammlung deutscher Pomologen 1857 unter dem Namen 'Roter Eiserapfel' zum allgemeinen Anbau empfohlen.
Blüte	Spät, lange anhaltend. Nicht empfindlich. Guter Pollenspender.
Frucht	Normalerweise groß, um 160 g schwer. Ungleichmäßige, oft hoch gebaut oder herzförmig (Herzapfel) mit breiten Kanten über der Frucht. Flache, weite Kelcheinsenkung mit kleinem, geschlossenem Kelch. Dicker und sehr kurzer Stiel in enger Stielgrube. Schale dick, hart, glatt. Fast ganzflächig rot, bläulich bereift mit deutlichen Schalenpunkten. Kräftiger Duft. Sehr druckfest.
Fruchtfleisch sehr fest, saftig, säuerlich-süß mit geringem Aroma und wenig Säure. Kleines Kerngehäuse.
Reife	Je nach Lage Anfang – Ende Oktober, wind- und sturmfest. Unter kühlen Lagerbedingungen bis Juni haltbar.
Verwertung	Gute Wirtschafts- und Mostsorte, jedoch kein Tafelapfel. Wurde früher gerne zum Dörren verwendet.
Ertrag	Sehr spät einsetzend, auf zusagendem Standort hoch und (fast) regelmäßig. Auf trockenen Böden besteht mehr Alternanzneigung.
Baum	Sehr breite, flache und gut verzweigte Krone. Auch im Vollertragsalter noch kräftiger Wuchs. Regelmäßiger Schnitt ist erforderlich.
Standort	Keine Ansprüche an Boden und Klima. Bis in raue Höhenlagen anbaufähig. Nicht für warme Tallagen geeignet. Je schwerer der Boden, desto besser gedeiht der Baum.
Anfälligkeit	Gering für Feuerbrand und Krebs, sonst sehr robust. Empfindlich für Kupfermittel.
Anbauwert	Früher wegen der langen Haltbarkeit auch Tafelapfel, heute mehr als Streuobstsorte, besonders in Extremlagen geschätzt. Je nach Verbreitungsgebiet kommen verschiedene Spielarten vor.

Roter Hauptmann   Spätsorte

Doppelnamen	'Hauptmannsapfel', 'Roter Weihnachtsapfel'
Entstehung	Ungewiss, eine alte deutsche Sorte.
Blüte	Mittelfrüh, nicht empfindlich. Schlechter Pollenspender (triploid). Energisches Ausdünnen nach der Blüte kann die Alternanz etwas mindern.
Frucht	Groß, um 170 g schwer. Regelmäßige, flachrunde Form. Kelcheinsenkung schüsselförmig mit schwachen Falten und kleinem, geschlossenem Kelch. Kurzer Stiel in enger Stielgrube. Schale fest, blau bereift mit hellen Schalenpunkten. Bei Reife hellgelb mit flächig roter Deckfarbe. Druckempfindlich. Fruchtfleisch weiß, mittelfest, saftreich. Süßsäuerlich mit wenig parfümiertem Aroma. Kleines Kerngehäuse.
Reife	Je nach Lage folgernd ab Mitte September, nicht windfest. Mehrmaliges und schonendes Durchpflücken ist ratsam. Im kühlen Naturlager etwa drei Monate haltbar, wird danach schnell mürbe. Auf Lagerstippe ist zu achten.
Verwertung	Für den Frischverzehr, eingeschränkt als Wirtschaftssorte brauchbar.
Ertrag	Wechsel zwischen hohen Erträgen und völligem Ausfall (ausgeprägte Alternanz), insgesamt etwas unterdurchschnittlich. Sommerschnitt und Blattdüngung sofort nach der Ernte wirken ebenfalls alternanzmindernd.
Baum	Mächtige, breit ausladende Krone mit kräftigen Jahrestrieben und schrägen Gerüstästen. Auch im Vollertragsalter noch starker Wuchs, deshalb ist möglichst erst nach der Blüte zu schneiden. Frosthart im Holz.
Standort	Keine Ansprüche an Boden und Klima, bis in Höhenlagen anbaufähig.
Anfälligkeit	Gering für Feuerbrand, Schorf und Mehltau. Keine Triebsucht.
Anbauwert	Für Streuobstanbau in höheren Lagen. Im Garten ist eine sorgfältige Ertragsregulierung erforderlich.

Roter Herbstkalvill

Herbstsorte

Doppelnamen	'Brauroter Himbeerapfel', 'Contoirapfel', 'Edelkönig', 'Erdbeer- und Himbeerapfel', 'Innerrötling', 'Zehn-Gebot-Apfel', 'Roode Kantapfel', 'Calville rouge', 'Rois très noble', 'Red Autumn Calville'
Entstehung	Ungewiss. 1670 war die Sorte noch selten. Nur der Mönch Claude Saint-Etienne war einer der wenigen, die von ihr berichteten. 1784 schreibt Bretonière: „Die schönsten und und besten dieser Äpfel gibt es in der Auvergne, wo sie am häufigsten vorkommen." In Deutschland führt Elsholz 1672 die Sorte erstmals in seinem „Vom Garten.Bau" auf. Eine Beschreibung stammt von Pastor Henne 1773. Im 19. Jh. war die Sorte unter mehreren Namen weit verbreitet.
Blüte	Mittelspät, lange anhaltend. Nicht empfindlich.
Frucht	Mittelgroß, mitunter auch groß, um 150 g schwer. Ungleichmäßige, hoch gebaute Form mit fünf Kanten über die Frucht. Flache, gerippte Kelcheinsenkung mit halb offenem Kelch. Mittellanger Stiel in tiefer und enger, berosteter Stielgrube. Schale dünn, glatt, mit zunehmender Reife fettig, sehr fettig auf dem Lager. Grundfarbe gelbgrün, überdeckt mit dunkelblutroter Deckfarbe, sonnenseits schwarzrot. Druckempfindlich. Fruchtfleisch bei älteren Bäumen unter der Schale rot gefärbt, locker bei Vollreife. Süß-säuerlich mit parfümiertem Himbeer-Aroma. Großes, weit offenes Kernhaus mit lockeren, „rasselnden" Samen.
Reife	Ab Mitte September, vom Baum essbar. Starker Vorerntefruchtfall, deshalb ist mehrmaliges Durchpflücken nötig. Im kühlen Naturlager etwa drei Monate haltbar, wird dann sehr fettig.
Verwertung	Für den Frischverzehr, auch Wirtschaftssorte. Früher gerne als Dörrobst gebraucht.
Ertrag	Spät einsetzend, sehr unregelmäßig und meist gering.
Baum	Breite, große, wenig verzweigte Krone mit flachen, verkahlenden Ästen. Der Schnitt zielt auf bessere Verzweigung und kleinere Krone. Im Vollertrag noch mittelstarker Wuchs.
Standort	Ohne Qualitätsverlust auf tiefgründigen Böden bis in raue, windige Lagen anbaufähig.
Anfälligkeit	Mittelstark für Feuerbrand, Frucht- und Blattschorf, auch Mehltau und Fruchtfäule in wärmeren Lagen. In Höhenlagen fast krankheitsfrei. Auf armen Böden ist Krebsbefall möglich. Stark anfällig für Blutlaus und Apfelwickler.
Anbauwert	Ausgesprochene Liebhabersorte. Ersetzbar durch moderne Herbstsorten. Als Schaufrucht geschätzt.

Roter Jungfernapfel
Spätsorte

Doppelnamen	'Rotes Hähnchen', 'Böhmischer Jungfernapfel', 'Jungfernapfel', 'Chrriskofer'
Entstehung	Ungewiss. Die Sorte war Ende des 18. Jh. in Schlesien, Sachsen, Niederösterreich und vor allem in Böhmen weit verbreitet. Die erste Beschreibung stammt von Rößler 1798. Heute hat die Sorte nur noch in Niederösterreich eine gewisse Bedeutung.
Blüte	Spät, lange anhaltend und nicht empfindlich.
Frucht	Klein, höchstens mittelgroß, kugelig. Meist mit flachen Falten über der halben Frucht. Halb offener Kelch in weiter, schüsselförmiger und etwas faltiger Kelcheinsenkung. Kurzer Stiel in enger Stielgrube. Schale dünn, fest, leicht wachsig. Flächige, karmesinrote Deckfarbe mit wenigen hellen Schalenpunkten und einzelnen Rostfiguren. Druckfest. Fruchtfleisch fast weiß, locker, oft mit rötlichen Adern. Mäßig saftig mit deutlicher Säure ohne hervortretendes Aroma.
Reife	Anfang Oktober, windfest bis zur Reife, dann schnell fallend. Im kühlen Naturlager etwa drei Monate haltbar.
Verwertung	Vorwiegend eine gute Wirtschaftssorte, auch für Most brauchbar.
Ertrag	Jährlicher Wechsel zwischen hohen und sehr geringen Erträgen (Alternanz).
Baum	Kleine bis mittelgroße, gut verzweigte Krone. Im Alter mehr breit als hoch.
Standort	Kaum Ansprüche an Boden und Klima. Der Baum gedeiht auch noch in windigen, rauen Höhenlagen, doch bleiben die Früchte dort kleiner.
Anfälligkeit	Schorf allenfalls in warmen Tallagen, sonst sind keine besonderen Krankheiten und Schädlinge bekannt.
Anbauwert	Vereinzelt noch als Hochstamm in Streuobstbeständen zu finden.

Roter Rosmarinapfel

Spätsorte

Bemerkung	Es gab drei Sorten von Rosmarinäpfeln in Südtirol: einen 'Weißen', einen 'Halbweißen' und einen 'Roten Rosmarinapfel'.
Doppelnamen	'Mela di romarino rossa' (Italien), 'Red Romarin', 'Roter Italienischer Rosmarinapfel'.
Entstehung	Ungewiss. Stammt wahrscheinlich wie der 'Weiße Rosmarinapfel' aus Südtirol und wurde schon zu Beginn des 19. Jh. um Bozen, Lana und Meran häufig angebaut. War dort eine begehrte Tafelfrucht und wurde bis an den Zarenhof nach St. Petersburg (Russland) exportiert. Stand aber immer hinter dem 'Weißen Rosmarinapfel' zurück.
Blüte	Mittelfrüh, um Mitte Mai. Große Blüten, lichtrosa bis fast weiß.
Frucht	Mittelgroß bis groß. Nach dem Kelch hin nimmt die Frucht stärker ab und erhält eine etwas konische Form mit abgestumpfter Spitze. Schale fein, sehr glänzend, etwas geschmeidig. Grundfarbe grünlich-gelb, Deckfarbe karmesinrot verwaschen, mit undeutlichen, kurzen Streifen. Stiel holzig, dünn, meist 15-20 mm lang, in sehr tiefer, enger Einsenkung, mit feinem zimtfarbigen Rost. Kelch geschlossen, lange gespitzte aufrecht stehende Blättchen, steht in weiter Senkung mit feinen Falten, die auf der Kelchwölbung oft deutlich hervortreten. Fruchtfleisch fein, weiß, bei Vollreife zart, sehr saftreich. Süßer, merklich zimtartig gewürzter Geschmack. Schmeckt am besten in Südtirol.
Reife	Dezember bis März.
Verwertung	Überwiegend Wirtschaftsapfel zum Keltern, auch für die häusliche Verarbeitung und als Tafelfrucht.
Ertrag	Früh und sehr hoch. Bei starkem Behang bleiben die Früchte allerdingsoft zu klein. Daher sollte rechtzeitig ausgedünnt werden.
Baum	Kräftiger, aufrechter Wuchs. Große Bäume.
Standort	Ist weniger wählerisch hinsichtlich Boden und Lage als der 'Weiße Rosmarinapfel', bevorzugt aber geschützte Standorte mit tiefgründigen, lockeren Böden.
Anfälligkeit	Bei feuchter Witterung im Sommer und Herbst stark anfällig für Schorf und Mehltau.
Anbauwert	Die Sorte kommt heute nur noch vereinzelt in Liebhaber-Sammlungen vor.

Roter Stettiner

Spätsorte

Doppelnamen	'Annaberger', 'Bamberger', 'Berliner Glasapfel', 'Bietigheimer', 'Eiserapfel', 'Hardi', 'Rostocker', 'Roter Herrenapfel', 'Roter Zwiebelapfel', 'Rubiner', 'Starrost', 'Weinapfel', 'Malerapfel' und andere
Entstehung	Unbekannt. Eine sehr alte Sorte, die schon von Johann Bauhin 1598 als 'Weinapfel zu Boll' beschrieben wurde. Danach ist die Sorte in fast jedem besseren pomologischen Werk aufgeführt. Diel bezeichnete ihn 1799 als den bekanntesten Apfel in Deutschland. 1766 erhielt die Sorte den heute noch gültigen Namen. Ab Mitte des 19. Jh. ging die Bedeutung der Sorte stark zurück. Sie ist heute nur noch vereinzelt auf Streuobstwiesen anzutreffen
Blüte	Mittelfrüh, unempfindlich. Möglicherweise schlechter Pollenspender (triploid).
Frucht	Mittelgroß, abgestumpft rundlich, auch flachrund, oft mit ungleichen Hälften. Weite, strahlige Kelcheinsenkung mit halb offenem Kelch. Tiefe, berostete Stielgrube mit kurzem Stiel. Schale glatt, etwas fettend, matt glänzend mit feinen, hellen Schalenpunkten. Goldgelb, sonnenseits dunkel-, schattenseits heller blutrot. Schwacher Duft.
	Fruchtfleisch gelblichweiß, feinzellig, fest, am Lager etwas lockerer. Saftig, weinsäuerlich und wenig gewürzt, mit einem typischen Nebengeschmack. Hoher Zuckergehalt.
Reife	Ab Mitte Oktober, windfest. Im kühlen, feuchten Naturlager etwa 7–8 Monate haltbar. Nicht welkend.
Verwertung	Weniger für den Frischverzehr, aber brauchbarer Wirtschafts- und guter Mostapfel. Wurde früher auch gerne zum Dörren genommen.
Ertrag	Sehr spät einsetzend, dann Wechsel von sehr hohen und sehr geringen Ernten (ausgeprägte Alternanz).
Baum	Hohe und breit ausladende Krone mit wenig verzweigten, im Alter waagerechten Ästen und überhängenden, dünnen Zweigen. Meist schiefer Stamm. Von Jugend an starker bis sehr starker, im Vollertragsalter immer noch mittelstarker Wuchs. Kann sehr alt werden und ist im Holz frostfest.
Standort	Die Fruchtqualität ist abhängig von nährstoffreichen, tiefgründigen Böden. Die Höhenlage ist zweitrangig. In trockenen, leichten Böden tritt Gipfeldürre auf und die Bäume sterben vorzeitig ab.
Anbauwert	Besonders in Hochlagen noch immer eine anbauwürdige Sorte für Obstwiesen, die allerdings auf armen Böden versagt.

Roter Trierer Weinapfel

Spätsorte

Doppelnamen	'Christapfel', 'Holzapfel', 'Roter Holzapfel', 'Roter Weinapfel', 'Trankapfel' viele weitere
Entstehung	Ungewiss. Die Sorte soll im Raum Trier entstanden sein. Sie war bereits in der ersten Hälfte des 19. Jh. in Südwest-Deutschland, Luxemburg und Frankreich bekannt. 1862 machte der Trierer Gartenbauverein in Bingen am Rhein auf die Vorzüge der Sorte zur Mostbereitung aufmerksam. 1868 führte die französische Firma Simon-Louis Frères in Metz den 'Roten Holzapfel' in ihrem Katalog. 1872 wurde die Sorte von Ed. Lucas als 'Roter Trierer Weinapfel' beschrieben. Der robuste Baum mit den guten Fruchtqualitäten für den Apfelwein verbreitete sich schnell. Die Sorte eignet sich sehr gut zur Pflanzung an Straßen und Wegen (Lichtraumprofil).
Blüte	Mittelfrüh, lange anhaltend, wenig empfindlich.
Frucht	Klein, seltener mittelgroß, um 90 g schwer. Regelmäßige, hochkugelige Form mit flacher Kelcheinsenkung und offenem Kelch. Kurzer Stiel in weiter Stielgrube. Schale fest, glatt, geschmeidig. Bei Reife grünlichgelb, sonnenseits flächig rot oder stark gestreift mit feinen Schalenpunkten.
	Fruchtfleisch fast weiß mit deutlichen, grünen Leitbündeln. Sehr fest, saftreich. Herber Geschmack, bei spätest möglicher Ernte würziger. Saftausbeute um 70 %.
Reife	Je nach Lage ab Ende September, sturmfest bis zur Reife. So spät wie möglich ernten und bis zum Keltern im schattigen Freiland lagern.
Verwertung	Begehrter Mostapfel.
Ertrag	Auf guten Standorten jährlicher Wechsel zwischen mittelhohen und hohen Erträgen, ohne ausgeprägte Alternanz. Insgesamt hoch.
Baum	Mittelgroße bis große, höhere, meist überhängende, gut verzweigte Krone mit fast waagerechten Ästen im Alter. Im Vollertragsalter sehr schwacher Wuchs. Der Schnitt zielt auf den Erhalt der Triebkraft. Im Holz frostfest.
Standort	Beste Fruchtqualität ist im Weinbauklima zu erwarten, doch auch bis in Höhenlagen anbauwürdig.
Anfälligkeit	Mäßig für Feuerbrand, stark für Schorf. Mehltau kommt in geschlossenen Lagen häufiger vor.
Anbauwert	Der 'Weiße Trierer Weinapfel' hat dieselben Eigenschaften. Beide zählen im Streuobstbau zu den begehrtesten Keltersorten.

Roter Winterkalvill — Spätsorte

Bemerkung	Gemäß dem Pomologen Oberdieck (1868) soll es mehrere Sorten geben, die unter der Bezeichnung 'Roter Winterkalvill' geführt werden.
Doppelnamen	'Calville Rouge d'Hiver', 'Red Winter-Calville'
Entstehung	Unbekannt. Möglicherweise handelt es sich um eine alte englische Sorte. Andere Quellen deuten nach Frankreich. Oberdieck verweist auf französische Literatur (Merlet 1675).
Blüte	Spät, nicht empfindlich. Schlechter Pollenspender (triploid).
Frucht	Mittelgroß, von Jungbäumen groß, um 160 g schwer. Ungleichmäßige, hoch gebaute Form mit fünf breiten Rippen über die ganze Frucht. Tiefe, gerippte Kelcheinsenkung mit kleinem, meist geschlossenem Kelch. Mittellanger Stiel in weiter Stielgrube. Schale glatt, geschmeidig. Grünlichgelb mit leuchtend roter Deckfarbe und feinen Schalenpunkten, schattenseits undeutlich gestreift. Duftend. Fruchtfleisch gelblichweiß mit deutlichen Leitbündeln, bei älteren Bäumen unter der Schale gerötet. Locker, nicht saftig. Angenehme Würze, süß mit feiner Säure. Schnittflächen werden schnell braun.
Reife	Ab Anfang Oktober, windfest bis zur Baumreife. Im kühlen Naturlager etwa vier Monate haltbar, ohne Welke.
Verwertung	Überwiegend für den Frischverzehr. Wegen der schnellen Bräunung eingeschränkt als Wirtschaftssorte. Wurde früher gerne zum Dörren genommen.
Ertrag	Auf schwachwachsender Unterlage fast regelmäßig, aber nicht hoch. Auf Hochstamm alternierend.
Baum	Breitkugelige, gipfelbetonte Krone mit kräftigen, aufrechten, gut verzweigten Gerüstästen. Im Vollertragsalter immer noch mittelstarker Wuchs.
Standort	Feuchte, nährstoffreiche Böden in geschützter Lage. Keine Höhenlagen.
Anfälligkeit	Mittelstark für Feuerbrand und Schorf, mehr für Mehltau. Auf schweren Böden stark krebsanfällig.
Anbauwert	In zusagenden Gebieten geeignet für alle Baumformen, vorwiegend für den Streuobstanbau.

Rote Walze

Spätsorte

Ertrag	Jährlicher Wechsel zwischen mittelhohen bis hohen Ernten und völligem Ertragsausfall (ausgeprägte Alternanz).
Baum	Breit ausladende Krone mit starken Ästen und guter Verzweigung. Von Jugend an bis ins Alter mit starkem Wachstum.
Standort	Völlig anspruchslos an Boden und Klima bis in raue Höhenlagen.
Anfälligkeit	Vor allem in höheren Lagen ohne Schorf und Mehltau. Bisher ist noch kein Feuerbrand aufgetreten.
Anbauwert	In den Streuobstbereichen der Rhön noch immer verbreitet. Es gibt dort auch wieder Nachzuchten.

Doppelnamen	'Faßlapfel', 'Küchlapfel', 'Schepperer', 'Strudelapfel', 'Rouleau'
Entstehung	Ungewiss. Diel beschrieb die Sorte 1801 mit der Bemerkung: „Ich erhielt diese Sorte durch Hauptmann Brion mit der Bemerkung eines guten Kochapfels, den der Bischof von Verdun (Frankreich) aus Holland erhalten hat." Im 19. Jh. fand die Sorte in Sachsen, in der Rhön und vor allem in der Lausitz weite Verbreitung.
Frucht	Groß bis sehr groß, walzenförmig mit ungleichen Hälften. Flache Kelcheinsenkung mit Falten und flachen Rippen über die Frucht. Stielgrube weit, mitteltief und wenig berostet. Schale fein, etwas fettig. Bei Reife hellgelb, sonnenseits mit stark geröteter, oft auch gestreifter Deckfarbe mit feinen Schalenpunkten. Fruchtfleisch grobzellig, saftig und ohne Würze. vorherrschend weinsäuerlich ohne hervortretende Süße. Weites Kerngehäuse mit „schlotternden" Kernen.
Reife	Schüttelreife ab Mitte Oktober. Windfest.
Verwertung	Gute Wirtschafts- und Mostsorte.

Rubinella® Spätsorte

Entstehung	'Rubinette®' x 'Pomona'. Züchter: Dr. Michael Neumüller, Bayerisches Obstzentrum/Halbergmoos. Anmeldung zum Sortenschutz als 'Bay 4029'.
Blüte	Mittelspät. Diploid.
Frucht	Mittelgroß. Mittel bis hoch gebaut. Fruchtschale mit ca. 70 % roter, leicht geflammter Deckfarbe mit hellen Lentizellen. Fruchtfleisch gelblichweiß, sehr fest, süß-säuerlich mit ausgewogener Säure. Hervorragendes Aroma.
Reife	Mitte Oktober. Im Kühllager bis Juni haltbar.
Verwertung	Frischverzehr.
Ertrag	Früh einsetzend, hoch und regelmäßig. Fruchtausdünnung ist erforderlich.
Baum	Mittelstarker Wuchs. Gute Verzweigung.
Anfälligkeit	Mittlere Schorfanfälligkeit.
Anbauwert	Interessante, sehr wohlschmeckende Lagersorte für den Erwerbsanbau aber auch im Hausgarten.

Rubinette

Herbstsorte

Entstehung	1966, aus freier Abblüte von 'Golden Delicious'. Vatersorte ist vermutlich 'Cox Orange'. Gefunden in der Baumschule Hauenstein in Rafz, nahe Schaffhausen/Schweiz. Seit 1983 im Handel. Sortenschutz unter der Sortenbezeichnung 'Rafzubin' seit 1985.
Mutanten	'Rafzubex(S)'; (Markenbezeichnung: 'Rubinette Rosso®') vom Obstanbauer Hubschneider (Weinstadt) entdeckt. Noch intensiver färbt die Mutante 'Rubinette Rossina®'/'Frubaur(S)', vom Anbauer Saur in Möckmühl entdeckt. Die Mutanten unterscheiden sich vom Standard durch eine mehr rote Deckfarbe. Weitere Mutanten sind 'Early Rubinette' und 'Red Rubinette'.
Blüte	Mittelspät, wenig empfindlich. Guter Pollenspender. Bei reichem Fruchtansatz ist eine Fruchtausdünnung bald nach der Blüte zur Förderung der Fruchtgröße erforderlich.
Frucht	Klein bis mittelgroß, mit dem Baumalter nimmt auch die Fruchtgröße zu. Regelmäßig flachrunde Form. Schüsselförmige, strahlige Kelcheinsenkung mit geschlossenem Kelch. Typisch langer Stiel in weiter, berosteter Stielgrube. Schale fest, mitunter etwas rau und berostet. Goldgelb, rötlich gestreift mit deutlichen Schalenpunkten. Fruchtfleisch gelblich, fest, saftig. Hochedles Aroma mit ausgewogenem Zucker-/Säureverhältnis bei gut gefärbten Früchten. Geschmacklich einer der besten Äpfel.
Reife	Folgernd ab Mitte September. Windfest bis kurz vor der Baumreife, dann schnell fallend. Deshalb ist mehrmaliges Durchflücken nötig. Vom Baum essbar. Etwa vier Monate im kühlen Naturlager haltbar.
Verwertung	Sehr wertvolle Sorte, primär als Tafelware, aber auch für die Verarbeitung. Aufgrund der Aromafülle und Süße hervorragende Edelbrände. Mit etwa 16 % Zuckergehalt nicht für Diabetiker geeignet.
Ertrag	Mittel bis hoch, weitgehend regelmäßig. Mit dem Baumalter zunehmend.
Baum	Mittelgroßes, sparriges Wuchsbild mit schräg aufrechten Leitästen und etwas dünnen, gut verzweigten Trieben. Im Vollertrag schwächerer Wuchs. Sommerschnitt zielt auf größere und gut gefärbte Früchte.
Standort	Auf nährstoffreichen Böden bis in mittlere, windgeschützte Höhenlagen. Abweichungen wirken sich auf die Fruchtqualität aus.
Anfälligkeit	Mittelstark für Feuerbrand, stärker für Schorf und Viröse Triebsucht, gering für Mehltau. Auf schweren, nassen Böden stark krebsanfällig. Gebietsweise wurde auch stärkerer Befall durch den Apfelbaum-Glasflügler, bei trockener Sommerhitze auch Spinnmilben beobachtet. Ohne ausreichenden Pflanzenschutz kann die Fruchtfäule schon stark am Baum auftreten.
Anbauwert	Derzeit eine der wertvollsten Sorten, vor allem im Erwerbsanbau, aber nicht für den Hausgarten oder im Streuobstanbau. Geschmacklich höher als 'Cox' einzustufen und stets Spitzenreiter bei Geschmacksproben. Bei unterlassenen Pflanzenschutzmaßnahmen vor, während und nach der Blüte kann im Garten der Ernteverlust über 80 % betragen.

Rubinola

Herbstsorte

Entstehung	Tschechien. Kreuzung von 'Prima' x 'Rubin', am Institut für Experimentelle Botanik, Prag. EU-Sortenschutz seit 1995.
Blüte	Blütenbesatz hoch und regelmäßig. Mittelfrüh, mittellange anhaltend. Wenig empfindlich. Ein Ausdünnen nach dem Junifall ist nur selten nötig.
Frucht	Mittelgroß, seltener groß, breitrund mit flachen Kanten. Flache und faltige Kelcheinsenkung mit geschlossenem Kelch. Dünner, langer Stiel in weiter, berosteter Stielgrube. Schale glatt, geschmeidig, auf dem Lager fettig. Bei Reife hellgelb mit gemaserter, leuchtend roter Deckfarbe und feinen Schalenpunkten. Fruchtfleisch gelblich, feinzellig, etwas weich, weniger saftig. Süß-säuerlich mit sehr gutem Geschmack, der an 'Goldparmäne' erinnert.
Reife	Folgernd ab Ende August bis Anfang September mit gleichmäßiger Reife. Vom Baum essbar. Zweimaliges Durchpflücken ist zu empfehlen. Gut pflückbar, weil die Früchte meist einzeln hängen. Im kühlen bis zu 3 Monate haltbar, danach weich werdend und fettend.
Ertrag	Eher unterdurchschnittlich, aber regelmäßig.
Baum	Problematischer, starker Wuchs. Aufrechtes, breit pyramidales, wenig verzweigtes Wuchsbild. Langes, stark verkahlendes Fruchtholz. Die Triebe sind meist erst am Ende verzweigt. Bildet auf stark wachsenden Unterlagen landschaftsprägende Bäume. Bis zum Vollertragsalter ist ein zurückhaltender Schnitt geboten, um das ohnehin starke Triebwachstum nicht zu sehr anzuregen. Nicht frostfest im Holz.
Standort	Warme bis geschützte Lage und nährstoffreiche Böden sind für die Fruchtqualität vorteilhaft.
Anfälligkeit	Mäßig Feuerbrand. Die Schorfresistenz (Vf) ist seit 2001 durchbrochen. Gering anfällig für Mehltau.
Anbauwert	Trotz sparrigem Wuchs und schwieriger Erziehung ist die geschmacklich gute Herbstsorte neben dem Erwerbsanbau auch für den Garten geeignet. Auf starken Unterlagen wie Sämling, A2 oder M25 wachsen im Streuobstbau sehr schöne Kronen.

Ruhm von Kirchwerder

Frühsorte

Ertrag	Abhängig vom Standort früh einsetzend, niedrig bis mittelhoch und regelmäßig.
Baum	Große, hochkugelförmige bis breitrunde Krone mit gut verzweigten Ästen. Gut mit Fruchtholz besetzt. Von Jugend an starker, im Vollertragsalter noch mittelstarker Wuchs.
Standort	Am besten wächst die Sorte im Küstenklima mit humosen, tiefgründigen Böden. Nicht gut für trockene Standorte oder Höhenlagen geeignet.
Anbauwert	Weniger eine Gartensorte als für den extensiven Anbau in Streuobstflächen.
Doppelname	'Johannsens Roter Herbstapfel'
Entstehung	Unbekannt, vor 1900. Wird noch heute in Norddeutschland angebaut. Einige alte Bäume sollen auch noch auf Rügen vorhanden sein.
Frucht	Mittelgroß, seltener groß, um 120 g schwer, abgestumpfte Kugelform. Tiefe Kelcheinsenkung mit engem Kelch, tiefe und enge Stielgrube mit kurzem Stiel. Schale zart, geschmeidig, druckempfindlich. Hellgelb, sonnenseits mehr als die Hälfte schöne, flächig rote Färbung, sonst gestreift oder geflammt mit hellen Schalenpunkten. Fruchtfleisch fast weiß, oft mit roten Adern, saftreich. Süßsäuerlich mit wenig Aroma.
Reife	Ab Mitte August, windfest bis kurz vor der Baumreife. Deshalb sollte frühzeitig und in mehreren Durchgängen geerntet werden. Oft drücken sich die Früchte bei starkem Behang auch vorzeitig ab. Etwa drei Wochen kühl haltbar, dann rasch mehlig werdend.
Verwertung	Überwiegend für den Frischverzehr, auch als Wirtschaftssorte und für Most gut brauchbar.

Safran-Pepping

Spätsorte

Doppelnamen	'Safranapfel', 'Safran Antonowka', 'Pomme Safranée'
Entstehung	Russland. 1907 aus einer Kreuzung von ('Litauer Pepping' x 'Kitajka') x 'Orleansrenette'. Züchter war I.W. Mitschurin. Erste Früchte 1915. Da der Baum sehr frosthart ist und die Früchte wenig krankheitsanfällig sind, kam die Sorte in den 1940er Jahren auch nach Deutschland.
Blüte	Sehr spät, nicht witterungsempfindlich.
Frucht	Mittelgroß, unterschiedliche Form. Meist hoch gebaut rundlich mit flachen Kanten. Kelcheinsenkung mitteltief, gerippt mit geschlossenem Kelch. Dünner Stiel in tiefer und enger, fast unberosteter Stielgrube. Schale glatt, bei Reife leicht fettig. Hellgelb mit sonnenseits flächig scharlachroter Deckfarbe. Angenehmer Duft. Fruchtfleisch gelblich weiß, feinzellig. Zunächst fest, am Lager etwas weicher. Saftig, leicht säuerlich mit leichter Würze.
Reife	Je nach Standort ab Mitte Oktober. Genussreife im kühlen Naturlager ab November. Bis April (Mai) ohne Geschmacksverluste lagerfähig.
Ertrag	Je nach Standort jährlicher Wechsel zwischen mittelhohen bis hohen und niedrigeren Erträgen.
Baum	Sehr breite, flache Krone mit lang gestreckten, nach allen Seiten hin hängenden Ästen, im Alter etwas aufgerichtet. Später Austrieb der Blatt- und Blütenknospen. Im Holz außergewöhnlich frostfest.
Standort	Außerordentlich anspruchslos an Boden und Klima bis in hohe, kalte Lagen. Die Sorte gedieh noch in Sibirien am Standort 58° nördlicher Breite.
Anfälligkeit	Keine Krankheiten oder Schädlinge bekannt.
Anbauwert	Besonders für Extremlagen eine empfehlenswerte Sorte für Liebhaber. Heute noch im Vogtland vorkommend.

Salemer Klosterapfel

Herbstsorte

Baum	Mächtige, breitrunde Krone mit starken, gut verzweigten Ästen. Seitenzweige gut mit Fruchtholz besetzt. Bis zum Ertragsbeginn sehr starker, im Vollertragsalter immer noch mittlerer bis starker Wuchs. Kann sehr alt werden.
Standort	Anspruchslos an Boden und Klima, bis in mittlere Höhenlagen.
Anbauwert	Regionalsorte für Liebhaber. In badischen Streuobstflächen noch gelegentlich vorhanden.
Entstehung	Ungewiss, soll vor 1820 in der Bodenseeregion (Kloster Salem) entstanden sein.
Blüte	Spät, nicht empfindlich. Wahrscheinlich schlechter Pollenspender (triploid).
Frucht	Groß, selten sehr groß, um 220 g. Sehr unterschiedliche Form, von hoch gebaut bis flachrund, mit flachen Wulsten über der Frucht. Weite, gerippte Kelcheinsenkung. Kurzer Stiel in tiefer Stielgrube. Schale dick, geschmeidig, sonnenseits braunrot geflammt mit Rostfiguren und dunklen Schalenpunkten. Fruchtfleisch fast weiß, grobzellig, saftig, süß mit niedrigem Säuregehalt.
Reife	Ab Anfang September, nicht windfest. Im kühlen Naturlager bis zu 5 Monaten haltbar ohne Welke, danach schnell mürbe werdend.
Verwertung	Für den Frischverzehr und guter Wirtschaftsapfel. Weniger geeignet für Most.
Ertrag	Bei Hochstämmen meist erst nach 10–12 Jahren einsetzend, dann wechselnd zwischen mittelhohen und geringen Erträgen. Insgesamt gering.

Santana

Herbstsorte

Bemerkung	Diese Sorte soll bei Allergikern wenig oder keine Reaktion auslösen.
Entstehung	'Elstar' x 'Priscilla', Versuchsstation Wageningen/Niederlande. EU-Sortenschutz seit 1998. Keine Clubsorte.
Blüte	Verhältnismäßig spät. Empfindlich für Blütenfrost. Guter Pollenspender.
Frucht	Mittelgroß, selten groß um 140 g schwer. Flach- bis hochrund. Schüsselförmige Kelcheinsenkung mit geschlossenem Kelch. Mittellanger Stiel in weiter Stielgrube. Schale dünn, glatt, auf dem Lager zunehmend fettig. Goldgelb mit verwaschener, flächiger oder streifiger Rötung und feinen Schalenpunkten. Fruchtfleisch feinzellig, fest, saftreich. Aromatisch mit etwas hervortretender Säure.
Reife	Ab Mitte September, kein vorzeitiger Fruchtfall. Im kühlen Naturlager knapp 3 Monate haltbar. Auf Fleischbräune ist zu achten.
Verwertung	Für den Frischverzehr und alle Verwertungsarten.
Ertrag	Früh einsetzend und mittelhoch. Nur bei jüngeren Bäumen ohne Blütenfrost regelmäßig. Sonst ist Alternanz möglich, jedoch nicht so stark ausgeprägt wie beispielsweise bei 'Elstar'.
Baum	Breitrundes, aufrechtes Wuchsbild, dicht verzweigt. Dichtes Blattwerk, das lange anhaftet. Von Jugend an starkes bis sehr starkes, im Vollertragsalter mittelstarkes Wachstum. Das Laub haftet lange am Baum.
Standort	Wegen später Holzausreife keine Höhenlagen.
Anfälligkeit	Die Schorfresistenz ist durchbrochen. Stark für Mehltau an Blatt und Früchten. Feuerbrand ist möglich, auch Regenfleckenkrankheit. Krebsanfällig auf schweren Böden.
Anbauwert	Ein gewisser Pflegeaufwand ist erforderlich, jedoch geringer als für 'Elstar'. Bei Geschmacksproben wurde die Sorte stets gut bewertet.

Saturn

Herbstsorte

Entstehung	Nummernsorte x 'Stark Spur Delicious', an der Versuchsstation East Malling (England). Eingeführt 1997.
Blüte	Spät, wenig empfindlich, mittellang anhaltend. Eine energische Ausdünnung nach der Blüte ist erforderlich, um die Alternanz zu mindern und die Fruchtgröße zu steigern.
Frucht	Mittelgroß, meist hoch gebaut mit flachen Kanten um die Frucht. Mittellanger Stiel in weiter und tiefer Stielgrube. Schale derb und hart, etwas störend beim Verzehr. Bei Reife etwas fettig. Grüngelb mit überwiegend flächig roter Deckfarbe und sehr feinen Schalenpunkten. Fruchtfleisch gelblich weiß, feinzellig, mittelfest, saftig. Süß, säurearm mit leicht parfümiertem Geschmack. Wenig Vitamin C. Saftausbeute um 63 %.
Reife	Mitte September. Mehrmaliges Durchpflücken ist zu empfehlen. Im kühlen Naturlager etwa zwei Monate haltbar, im Kühlraum bis Dezember. Auf Fleischbräune ist zu achten.
Ertrag	Jährlicher Wechsel zwischen sehr hohen und geringen Erträgen (Alternanzneigung), insgesamt aber hoch.
Baum	Schmal pyramidales, gleichmäßiges Wuchsbild mit gut garnierten Ästen. Große, dunkelgrüne und derbe Blätter. Im Vollertragsalter schwacher Wuchs. Der Schnitt zielt auf den Erhalt der Wuchskraft, um vorzeitiges Vergreisen zu verhüten. Nach starken Ertragsjahren ist der Baum erschöpft und soll deshalb erst im Spätwinter oder nach der Blüte geschnitten werden.
Standort	Warme, windgeschützte Lagen mit nährstoffreichen Böden. Auf kargen Böden bleiben die Früchte klein und geschmacklos.
Anfälligkeit	Die Schorfresistenz (*Vf*) ist inzwischen durchbrochen. Wenig Mehltau, bei Befall entstehen Rostfiguren (wie bei 'Jonathan') auf der Fruchtschale.
Anbauwert	Die Sorte befriedigt geschmacklich nicht, ist aber wegen des geringen Zuckergehaltes für Diabetiker geeignet.

Schmalzprinz

Spätsorte

Standort	Geschützte Lage mit hoher Luftfeuchtigkeit und humosen Böden. In schweren oder nassen Böden stark krebsanfällig, Spitzendürre kann auftreten.
Anfälligkeit	Am zusagenden Standort widerstandsfähig gegen Krankheiten und Schädlinge.
Anbauwert	Nur im Seeklima anbauwürdig.
Entstehung	Ungewiss. Alte Gebietssorte aus dem Alten Land um Hamburg.
Frucht	Groß bis sehr groß, um 200 g schwer. Unterschiedliche, hoch gebaute Form mit flachen Kanten. Weite Kelcheinsenkung, mit Höckern umgeben. Starker Stiel in tiefer Stielgrube. Schale derb, glatt, auf dem Lager zunehmend fettig. Bei Vollreife gelblichgrün, sonnenseits mit leichter Rötung und auffallend hellen Schalenpunkten. Fruchtfleisch weiß, etwas mürbe, saftreich. Hervortretende Säure ohne großes Aroma.
Reife	Ab Mitte September, nicht windfest. Im kühlen Naturlager bis zu sechs Monaten haltbar ohne Welke.
Verwertung	Gute Wirtschafts- und Mostsorte.
Ertrag	Jährlich wechselnd zwischen hohen und sehr geringen Erträgen (Alternanz). Insgesamt etwas mehr als mittelhoch.
Baum	Hochgewölbte, sparrige Krone mit schräg aufrechten Leitästen. Seitenäste mit kurzem Fruchtholz besetzt. Nicht überall frostfest im Holz.

Schöner von Bath

Frühsorte

Doppelnamen	'Beauty of Bath' (erster Name), 'Schönheit von Bath'
Entstehung	In England, in den 1850er Jahren in Bailbrook, nahe Bath/Summerset. Eingeführt um 1864 vom Baumschüler George Cooling aus Bath. Soll ein Sämling von 'Juneating' sein. Seit Anfang des 20 Jahrhunderts in Deutschland im Anbau.
Blüte	Früh, frostempfindlich. Guter Pollenspender. Fruchtausdünnung ist bald nach der Blüte ratsam.
Frucht	Mittelgroß, selten groß, um 110 g schwer. Flachkugelig. Sehr flache Kelcheinsenkung mit fast aufsitzendem Kelch. Unterschiedlich langer, durch einen Fleischwulst schiefer Stiel in enger Stielgrube. Schale fest, glatt, bei Reife orangegelb, sonnenseits flächig rot oder rot gestreift mit typisch hellen Schalenpunkten. Starker Duft. Fruchtfleisch fast weiß, feinzellig, fest, saftig. Guter Geschmack nur bei gefärbten Früchten, Schattenfrüchte bleiben etwas fade.
Reife	Folgernde Reife von Ende Juli bis Mitte August. Mehrmaliges Durchpflücken ist anzuraten, sonst bleiben die Früchte klein und fade. Vom Baum essbar. Genussreife etwa vier Wochen, ohne mehlig zu werden.
Verwertung	Für Frischverzehr, auch Wirtschaftssorte zum Backen.
Ertrag	Jährlich wechselnd zwischen mittelhohen bis hohen und sehr geringen Erträgen (Alternanz). Insgesamt kaum mittelhoch. Ausdünnen bei starkem Fruchtansatz wirkt alternanzmindernd, zusammen mit einem Sommerschnitt und Blattdüngung sofort nach der Ernte.
Baum	Große, breitrunde, etwas überhängende Krone mit sparrigen Ästen. Bei Vollertrag mittelstarker Wuchs. Regelmäßiges Auslichten zielt auf besser belichtete Kronen mit gut gefärbten Früchten.
Standort	Nur warme Standorte, am besten mit hoher Luftfeuchte, und nährstoffreiche Böden sind geeignet, andernfalls leidet die Fruchtqualität.
Anfälligkeit	Wenig für Schorf und Krebs, mehr für Feuerbrand und Mehltau. Stark für Obstmade. Empfindlich für Kupfermittel.
Anbauwert	Geschmacklich gute Frühsorte, doch grenzen die Ansprüche an Lage und Pflege sowie die Alternanzneigung eine Anbauempfehlung etwas ein.

Schöner von Boskoop

Spätsorte

Bemerkung	'Reinette van Montfoort' (Originalname in Holland)
Doppelnamen	'Belle de Boskoop' (Frankreich), 'Boskoopské' (Tschechien), 'Gulden Reinette', 'Goldrenette', 'Lederapfel' (Deutschland) und weitere
Entstehung	Unbekannt. Wahrscheinlich stammt die Sorte aus der Provinz Utrecht/Niederlande. 1856 fand der Baumschuler Ottolander in Boskoop auf dem Ast eines Baumes der Sorte 'Reinette von Montfoort' einige Früchte, die schöner gefärbt waren als die übrigen Äpfel. Vermutlich handelt es sich um eine Knospenmutation. Ottolander glaubte eine neue Sorte gefunden zu haben, veredelte sie und brachte sie als neue Sorte unter dem Namen 'Schone van Boskoop' in den Handel. Nach einigen Jahren wandelte sich die Abweichung wieder zurück in die alte Sorte. Nachdem unter dem neuen Namen aber bessere Geschäfte zu machen waren, blieb dieser für die alte Sorte erhalten. In Deutschland wurde die Sorte 1863 erstmals der Öffentlichkeit vorgestellt. Sie war bis in die 1970er Jahre eine der Hauptsorten im Anbau.
Mutanten	'Roter Boskoop' (1923 als Knospenmutation von Otto Baumann gefunden), 'Bakley', 'Bielaar', 'Celica', 'Herr', 'Achberg', 'Bremer', 'Wilhelmi' u. a.
Blüte	Früh, lange anhaltend. Empfindlich für Spätfröste, weniger bei nasser Witterung. Die Blüten sind an ein- und mehrjährigen Trieben. Schlechter Pollenspender (triploid). Bei starkem Fruchtansatz kann die Alternanz durch Fruchtausdünnung verringert werden.
Frucht	Groß bis sehr groß, um 200 g schwer. Die Form ist oft ungleichhälftig und wechselnd von flach bis hochrund mit flachen, breiten Kanten. Faltige, tiefe und enge Kelcheinsenkung. Kurzer Stiel in enger, berosteter Stielgrube. Schale trocken, oft rau, grünlichgelb. Deckfarbe unterschiedlich orange, sonnenseits rot marmoriert. Rostfiguren über die ganze Frucht. Fruchtfleisch hellgelblich, mittelfest, grobzellig, saftig. Kräftig weinsäuerlich mit ausreichender Süße und deutlichem Aroma.
Reife	Je nach Lage ab Ende September mehrmals durchpflücken. Eine zu späte Ernte verringert die Lagerfähigkeit, fördert jedoch die Zucker- und Aromabildung. Bei zu früher Ernte bleiben die Früchte eher sauer und ohne Aroma. Nicht windfest. Im kühlen Naturlager bis Anfang Februar haltbar, bis März in perforierten Folienbeuteln. Im Kühlraum bis April, nicht unter 4 °C (Fleischbräune). Nicht geeignet für CO_2-Lagerung.
Verwertung	Für den Frischverzehr und alle Verwertungsarten. Obwohl säuerlich im Geschmack, ist die Sorte wegen des hohen Zuckergehaltes für Diabetiker nicht geeignet.
Ertrag	Auf Hochstamm sehr spät einsetzend. Jährlich wechselnd zwischen hohen Erträgen und Ernteausfall, ausgeprägte Alternanz (weniger auf schwachwachsender Unterlage). Sorgfältige Ausdünnung nach dem Junifall und Blattdüngung sofort nach der Ernte zielen auf regelmäßigere Erträge. Insgesamt liegen sie aber meist unter dem Durchschnitt.

Boskoop-Mutante 'Spurkoop'

Baum Breite, flachkugelige Krone mit schräg aufrechten, später waagerechten, gleichmäßig verzweigten Leitästen. Von Jugend an starker bis sehr starker Wuchs, der sich durch späten Schnitt (nach der Blüte) etwas bremsen lässt. Die Triebkraft hält bis ins Alter an. Gelegentlich kommen Frostschäden an Spross und Wurzel vor.

Standort Bis in mittlere Höhenlagen, auf nährstoffreichen Böden. Trockene und leichte Böden sind ungeeignet. Spätfrostlagen sind zu meiden. 'Roter Boskoop' ist etwas weniger anspruchsvoll als die Stammform. Am besten ist Küstenklima.

Anfälligkeit Gering für Feuerbrand, stark für Schorf, Blutläuse, Stippe, Kragenfäule, Krebs, Triebsucht, Apfelmosaik. Bei wechselhafter Witterung Glasigkeit der Früchte und in nassen Jahren Kernhausfäule. Empfindlich für Kupfer- und Schwefelmittel.

Anbauwert Trotz Krankheitsanfälligkeit, starkem Wuchs, nur mittlerer Lagerfähigkeit, im Lager weicher und mürber, beim Aufschneiden stark verbräunender Äpfel, immer noch eine der begehrtesten Sorten.
Rote Typen wurden im Anbau bisher allgemein bevorzugt. Im Garten kommen nur schwachwachsende Unterlagen in Betracht.

Entstehung Gefunden von J. Teller in Le Quesnoy (Normandie). Sortenschutz seit 1995.

Frucht Noch etwas größer mit weniger Fruchtfestigkeit und Geschmack als die Stammform. Stark berostet.

Reife Etwas spätere Reife aber höhere Windfestigkeit als die Stammsorte.

Baum Schwacher, schmaler Wuchs (Spurtyp) mit kurzem, unverzweigtem Seitenholz, später breiter werdend.

Anbauwert Wird unterschiedlich beurteilt. Kann jedoch gegenüber robusten, geschmackvollen Säulenäpfeln wie 'Jucunda', 'Rondo', 'Starcats' nicht mithalten.

Schöner von Herrnhut

Herbstsorte

Doppelnamen	'Herrnhuter Taubenapfel' (erster Name), 'Herrnhutské'
Entstehung	Deutschland. A. Heintze aus Herrnhut bei Zittau/Sachsen kaufte in den 1880er Jahren in der Baumschule von Max Jubisch einen größeren Posten Obstbäume. Als Zugabe erhielt er einige Sämlinge, die in der Baumschule gezogen wurden. Einer davon zeigte sich später als wertvolle Sorte, die von Heintze anfänglich 'Herrnhuter Taubenapfel' genannt wurde. Als 'Schöner von Herrnhut' kam die Sorte um 1900 in den Handel.
Blüte	Mittelspät, nicht empfindlich. Geeignet als Pollenspender. Bei niederen Baumformen lohnt sich ein Ausdünnen bei starkem Fruchtansatz.
Frucht	Mittelgroß, um 100 g schwer, bei reichem Behang auch kleiner. Verhältnismäßig leicht. Ungleichmäßige, hoch gebaute Form mit flachen Kanten. Flache, faltige Kelcheinsenkung. Meist kurzer Stiel in enger, strahlig berosteter Stielgrube. Schale zäh, glatt, fettig. Bei Reife gelb, vom Stiel her rot geflammt oder flächig rot mit hellen Schalenpunkten. Fruchtfleisch mittelfest, saftig, säuerlichsüß, etwas parfümierter Geschmack, ähnlich 'Rote Sternrenette'.
Reife	Ab Anfang September. Windfest bis zur Baumreife. Zur Aromabildung so spät wie möglich ernten. Etwa zehn Wochen lagerfähig, aus Hochlagen auch länger ohne zu welken.
Verwertung	Für den Frischverzehr, auch als Wirtschaftssorte brauchbar.
Ertrag	Mittelfrüh einsetzend, dann jährlich wechselnd zwischen hohen und geringen Erträgen. Auf M9 regelmäßig und etwas mehr als mittelhoch.
Baum	Aufstrebend hochkugelige Krone mit steilen, kurz verzweigten Ästen. Mittelstarkes Wachstum. Die Triebkraft lässt infolge der hohen Fruchtbarkeit bald nach. Deshalb ist ein regelmäßiger Überwachungsschnitt erforderlich. Im Holz sehr frosthart.
Standort	Bei nicht zu trockenem, auch schwerem Boden bis in raue, windige Höhenlagen anbaufähig. Hat deshalb Bedeutung für den Obstanbau in Bergländern. Auf trockenen Böden bleiben die Früchte zahlreich, aber zu klein.
Anfälligkeit	Je nach Lage unterschiedlich für Schorf und Mehltau. Nur auf schweren Böden Krebs und Spitzendürre.
Anbauwert	Liebhabersorte. Für raue Lagen empfehlenswert, wo andere Sorten in Grenzlagen nicht mehr gedeihen. Auf klimatisch wärmeren Standorten verzichtbar.

Schöner von Nordhausen

Spätsorte

Doppelnamen	'Belle de Nordhausen', 'Hindenburg'
Entstehung	Mitte des 20. Jh. pflanzte Karl Kaiser, Baumschulbesitzer in Nordhausen (bei Göttingen), eine Reihe von Obstbäumen auf sein Grundstück. Darunter waren auch einige Sämlingsbäume. Einer zeigte sich als wertvolle Sorte, die anlässlich einer Obstausstellung 1891 eine preußische Staatsmedaille bekam und als 'Schöner von Nordhausen' benannt wurde. Wegen den sehr guten Fruchtqualitäten verbreitete sich die Sorte sehr schnell.
Blüte	Mittelfrüh, lange anhaltend. Nicht empfindlich. Guter Pollenspender.
Frucht	Mittelgroß, um 110 g schwer, bei älteren Bäumen auch klein. Unregelmäßige Fruchtform mit schwachen Kanten bis zur Fruchtmitte. Flache Kelcheinsenkung mit fünf Kanten. Kurzer Stiel in tiefer Stielgrube. Schale fest, glatt, etwas fettig, besonders am Lager. Weißgelb, sonnenseits verwaschen rot überhaucht. Geringer Duft. Fruchtfleisch mattweiß, mittelfest, feinzellig, saftig, süßsäuerlich mit schwachem Aroma. Kleines Kerngehäuse.
Reife	Je nach Lage ab Mitte September. Auf schlechten Böden oder bei anhaltender Trockenheit Vorerntefruchtfall. Außerdem drücken sich die Früchte wegen des kurzen Stieles oft vorzeitig ab. Im kühlen Naturlager etwa sechs Monate haltbar ohne zu welken, im Kühlraum bis Ende April bei 3 °C. Bei Früchten aus warmen Lagen ist auf Druckstellen, Stippe und Fruchtfäule zu achten.
Verwertung	Für den Frischverzehr, aber auch als Wirtschafts- und Mostsorte brauchbar.
Ertrag	Mittelfrüh einsetzend. Auf schwachwachsenden Unterlagen und bei guter Baumpflege recht hoch und regelmäßig, sonst geringe Alternanzneigung.
Baum	Zunächst kugelige, später breite, mittelgroße Krone mit zunächst schräg aufwärts gerichteten, dann nahezu waagerechten Leitästen. Stark glänzende, im Alter hängende Triebe. Anfangs kräftiges, später mittelstarkes Wachstum. Sorgfältiger Überwachungsschnitt beugt einer frühzeitigen Vergreisung vor. Gelegentlich ist auch eine Verjüngung nötig. Im Holz frostfest.
Standort	Ohne Ansprüche an Boden und Klima bis in raue Lagen anbaufähig. Warme Standorte oder gar Weinbauklima sind nachteilig. Am besten sind leichtere Böden in offenen Lagen.
Anfälligkeit	Stark für Feuerbrand, Mehltau und Triebsucht. In warmen Lagen auch Schorf und Stippe. Kein Blutlausbefall. Empfindlich für Kupfermittel.
Anbauwert	Liebhabersorte für höhere oder raue Lagen, vor allem für Streuobstanbau.

Schöner von Pontoise

Herbstsorte

Doppelname	'Belle de Pontoise'
Entstehung	Frankreich. Gezüchtet 1869 aus einem Samen des 'Kaiser Alexander' durch M. Remy, Gärtnereibesitzer in Pontoise bei Paris. Die Sorte wurde 1879 in den Handel gegeben. Erste Beschreibung 1881 in der „Revue horticole" (franz. Gartenbauzeitschrift). Die Sorte verbreitete sich danach auch in Deutschland
Blüte	Früh, nicht empfindlich gegen Witterungseinflüsse.
Frucht	Groß, flach gebaut, mittelbauchig, einige kaum auffallende breite Rippen ziehen sich über die Frucht. Schale hellgrün, später gelb, glatt und trocken. Freihängende Früchte sind auf der Sonnenseite mit einem trüben Rot angelaufen, in dem kurze dunklere Streifen sichtbar sind. Die Schalenpunkte treten deutlich hervor, Die Frucht ist am Baum leicht beduftet und welkt nicht. Stiel 20–30 mm lang und dünn. Die Stieleinsenkung ist typisch tief , sehr weit und mit einem strahlenförmig auslaufenden Rost belegt. Kelch halboffen bis offen, Kelchblättchen meist breit, am Grunde getrennt, oft auch verstümmelt. Einsenkung schmal und tief. Querschnitt nicht ganz rund.
	Fruchtfleisch weiß bis gelblich-weiß, mit grünen Gefäßbündeln, saftig, mürbe, von angenehmen weinsäuerlichen Geschmack, ohne besonderem Gewürz, kaum merklicher Geruch.
Reife	November bis Februar/März.
Verwertung	Wirtschaftsfrucht zum Keltern, in der häuslichen Verarbeitung zum Kochen, Backen und für Kompott. Auch als Tafelapfel geeignet.
Ertrag	Setzt im 6–8 Standjahr ein. Ab dann reiche und regelmäßige Ernten.
Baum	Anfangs kräftiges Wachstum. Durch die großen Früchte bildet sich später eine breite, oft hängende Krone.
Standort	Für alle Baumformen geeignet, besonders für den Hochstamm im Streuobstbau. An Straßen wegen der oft hängenden Äste nicht zu empfehlen (Lichtraumprofil). An dem Boden und die Lage stellt die Sorte keine großen Anforderungen.
Anfälligkeit	Für Monilia-Fruchtfäule, oft schon am Baum. Fruchtschorf (Fusicladium) tritt öfter auf. Die Früchte sind windfest, der Baum bleibt meist frei von Obstbaumkrebs.
Anbauwert	In Deutschland ist der Anbau stark zurückgegangen. Die Sorte ist nicht mehr im Handel erhältlich.

Schöner von Wiltshire

Spätsorte

Doppelnamen	'Beauty of Wilits', 'Wachsrenette', 'Weiße Wachsrenette', 'Wiltshire'
Entstehung	Erzogen um 1750 vom Baumschüler William Dredge aus Wishford/Wiltshire (England). Eine erste Beschreibung erfolgte von Forsyth 1802 als 'Dredge's Beauty of Wilts'. Die Sorte kam 1880 nach Deutschland und wurde 1883 von Lauche als 'Schöner von Wiltshire' beschrieben und benannt. Die frostharte Sorte verbreitete sich schnell, v. a. in Süddeutschland.
Blüte	Mittelfrüh, nicht empfindlich. Guter Pollenspender. Ein Ausdünnen nach der Blüte kann die etwas schwankenden Erträge ausgleichen.
Frucht	Meist mittelgroß, um 130 g. Unterschiedliche und ungleichmäßige, meist hoch kugelige Form. Flache, strahlige Kelcheinsenkung mit halb offenem Kelch. Mittellanger Stiel in weiter, leicht berosteter Stielgrube. Schale fest, glatt, etwas fettig. Hellgelb, sonnenseits leicht gestreift oder verwaschen gerötet mit unauffälligen Schalenpunkten. Duftend. Fruchtfleisch fest, grobzellig, saftig, süßaromatisch bis weinsäuerlich.
Reife	Ab Ende September, windfest. Durchpflücken ist selten erforderlich. Im kühlen Naturlager etwa fünf Monate haltbar, ohne zu welken.
Verwertung	Für den Frischverzehr, auch Wirtschafts- und gute Mostsorte. Als Brennobst und Backapfel begehrt.
Ertrag	Spät einsetzend, unregelmäßig hoch, mit gewisser Alternanz.
Baum	Große, hoch pyramidale Krone mit hängenden, von unten her verkahlenden Fruchtästen. Bei reichem Behang auch aufschlitzend. Der Schnitt zielt auf bessere Verzweigung und stabileres Astgerüst. Von Jugend an starker, im Vollertragsalter noch mittelstarker Wuchs. Im Holz frostfest. Kann sehr alt werden.
Standort	Ohne Ansprüche an Boden und Klima, bis in raue Höhenlagen. Tafelqualität wird nur in klimatisch günstigen Lagen erzielt.
Anfälligkeit	Gering für Feuerbrand. Nur in geschlossenen Tallagen etwas Schorf und Mehltau, sonst widerstandsfähig.
Anbauwert	Feiner Apfel, der besonders für Höhenlagen und regenreiche Gebiete empfehlenswert ist.

Schwarzschillener Kohlapfel Spätsorte

Doppelnamen	'Kleiner Winterkriws', 'Kohlapfel', 'Zigeunerapfel'
Entstehung	Über den Ursprung der Sorte ist nichts bekannt. Diel erhielt sie im Jahr 1800 aus Trier. Vermutlich ist die Sorte dort auch entstanden. Heute ist sie von besseren Sorten verdrängt.
Blüte	Spät, nicht empfindlich. Schlechter Pollenspender (triploid).
Frucht	Je nach Standort und Baumalter unterschiedliche Größe, meist mittelgroß, gleichmäßig flachrunde Form. Flache, etwas strahlige Kelcheinsenkung, meist kurzer und dicker Stiel. Schale glatt, geschmeidig, etwas bereift. Bei Reife hellgelb, Deckfarbe dunkelrot mit sehr feinen Schalenpunkten, schattenseits gestreift. Schwacher Geruch. Fruchtfleisch fast weiß, feinzellig, saftig. Schwach weiniger Geschmack mit geringer Würze und vorherrschender Säure.
Reife	Um Ende Oktober. Bei starkem Behang drücken sich die Früchte schon kurz vor der Baumreife ab. Im kühlen Naturlager bis zu sechs Monate haltbar ohne Welke.
Verwertung	Nach gewisser Lagerzeit für den Frischverzehr, sonst gute Wirtschafts- und Mostsorte.
Ertrag	Ausgeprägte Alternanz, insgesamt mittelhoch.
Baum	Breite, flachrunde Krone, im unteren Bereich waagerechte Äste. Außen meist überhängend mit auffallend gesundem Laub. Starker Wuchs, bei Vollertrag immer noch mittelstark.
Standort	Ohne Ansprüche an Boden und Klima bis in höhere, windgeschützte Lagen.
Anfälligkeit	Keine besonderen Krankheiten und Schädlinge bekannt. Soll schorffest sein.
Anbauwert	Vor allem in höheren Lagen als Mostsorte. Heute kaum noch bekannt.

Schweizer Orangenapfel

Spätsorte

Entstehung	Schweiz. 1935, aus einer Kreuzung von 'Ontario' x 'Cox Orange' in der Eidgenössischen Forschungsanstalt Wädenswil/Kanton Zürich (Schweiz). Seit 1954 im Handel.
Blüte	Mittelfrüh, etwas witterungsempfindlich. Guter Pollenspender. Bei starkem Fruchtansatz kann eine Ausdünnung die Alternanzneigung mindern.
Frucht	Meist groß, um 130 g schwer. Ungleichmäßige, breitkugelige Form. Mitteltiefe, gerippte Kelcheinsenkung. Kurzer Stiel in weiter und tiefer Stielgrube. Schale fest, glatt, leicht bereift. Grünlichgelb, sonnenseits rötlich marmoriert. Etwas druckempfindlich. Fruchtfleisch mittelfest, saftig. Das Aroma bildet sich auf zusagenden Standorten besser aus. Kleine Früchte schmecken fad.
Reife	Ab Mitte Oktober, bis zur Reife windfest, dann schnell fallend. Im Sinne einer guten Aromabildung möglichst spät ernten. Mehrmaliges Durchpflücken ist meist erforderlich. Im kühlen Naturlager etwa vier Monate haltbar, mitunter auch länger mit Welkeneigung. Im Kühllager bis April bei 3 °C.
Verwertung	Für den Frischverzehr, auch als Wirtschafts- und Mostsorte brauchbar. Sehr gut zum Backen geeignet.
Ertrag	Ab 4. Standjahr höchstens mittelhoch, auf jüngeren Bäumen und auf schwach wachsenden Unterlagen regelmäßig, sonst alternierend.
Standort	Qualitätsfrüchte sind nur auf nährstoffreichen Böden in wärmeren Lagen erzielbar. Kein Anbau in Wind- oder Höhenlagen.
Baum	Hochrunde, mittelgroße Krone mit schrägen, mäßig verzweigten Gerüstästen. Im Vollertragsalter schwacher Wuchs. Ein Sommerschnitt fördert die Kronenbelichtung und damit die Fruchtqualität. Der Winterschnitt zielt auf bessere Fruchtasterneuerung. Nicht frostfest.
Anfälligkeit	Stark für Feuerbrand, wenig für Schorf und Mehltau. Mitunter Stippe schon am Baum.
Anbauwert	Weniger eine Gartensorte, nur für erfahrene Anbauer. Der hohe Pflegeaufwand (Schnitt, Pflanzenschutz, Feuerbrandüberwachung) grenzt die Anbauempfehlung ein.

Seestermüher Zitronenapfel

Herbstsorte

Entstehung	Zufallssämling. Gefunden in Schleswig-Holstein.
Blüte	Mittelfrüh.
Frucht	Groß. Grüngelb bis zitronengelb. Fruchtfleisch hellgelb, fest, mit hohem Zucker- und Säuregehalt.
Reife	Mitte – Ende September.
Verwertung	Hauptsächlich Most- und Wirtschaftsapfel. Für Liebhaber leicht säuerlicher Früchte auch als Tafelapfel geeignet.
Ertrag	Hoch und regelmäßig.
Baum	Schwacher Wuchs mit runder, aufrechter Krone.
Anfälligkeit	Mäßig bezüglich Schorf und Mehltau.
Anbauwert	Wichtige Saft- und Mostsorte für den intensiven Anbau, aber auch in Streuobstanlagen.

Shampion

Spätsorte

Entstehung	1960, aus 'Golden Delicious' x 'Cox Orange' in Penecin/Böhmen. Züchter Otto Louda. Seit 1976 im Handel. Andere Angabe: 'Golden Delicious' x 'Lord Lambourne'.
Blüte	Mittelfrüh, frostempfindlich. Guter Pollenspender. Ausdünnung des starken Fruchtansatzes ist erforderlich, um frühzeitiger Erschöpfung vorzubeugen.
Frucht	Mittelgroß bis groß, um 180 g. Ungleichmäßige, leicht hoch gebaute Form. Weite, tiefe Kelcheinsenkung mit geschlossenem Kelch. Dünner Stiel in enger und tiefer, strahlig berosteter Stielgrube. Schale dick, glatt, trocken, leicht fettend. Bei Reife goldgelb, Deckfarbe orangerot kurz gestreift mit dunklen Schalenpunkten. Fruchtfleisch cremefarben, etwas mürbe, mäßig saftig, harmonische Säure, dezenter Geschmack. Geringer Gehalt an Vitamin C.
Reife	Ab Ende September. Löst sich schwer vom Fruchtholz, deshalb wind- und sturmfest. Nicht vorzeitig ernten, sonst entstehen Geschmacksverluste. Die Früchte hängen einzeln, leicht zu pflücken. Vom Baum essbar. Im kühlen Naturlager etwa drei Monate haltbar, danach weich werdend. Selten mit Lagerkrankheiten.
Verwertung	Für den Frischverzehr, auch als Wirtschaftssorte brauchbar.
Ertrag	Früh einsetzend, hoch und regelmäßig, mitunter höher als 'Golden Delicious'.
Baum	Aufstrebendes, lockeres und breites Wuchsbild mit schrägen, mäßig verzweigten Gerüstästen. Um unteren Bereich vergreisend. Mittelstarker Wuchs, im Vollertragsalter schwach. Ein Sommerschnitt kann entfallen, bei starkem Winterschnitt erhöht sich die Stippeneigung. Im Holz nicht frostfest.
Standort	Auf nährstoffreichen Böden bis in mittlere Höhenlagen.
Anfälligkeit	Stark für Feuerbrand und Schorf, wenig für Mehltau, Viröse Gummiholzkrankheit wurde beobachtet.
Anbauwert	Im Anbau weniger schwierig als die Vergleichssorte 'Jonagold'. Die Sorte ist vor allem in Ostdeutschland verbreitet.

Signe Tillisch

Herbstsorte

Entstehung	Dänemark. 1866 erzogen von Hardesvogt Tillisch in Bjerre/Jütland (Dänemark). Benannt nach seiner Tochter Signe. 1884 erwarb die Baumschule Mathiesen die Vermehrungs- und Verbreitungsrechte. Beschreibung von E. Lucas 1912. Verbreitung vor allem in Skandinavien, Deutschland und Frankreich.
Blüte	Mittelfrüh, nicht empfindlich. Bei starkem Fruchtansatz ist Ausdünnen ratsam, damit die Früchte einzeln hängen und die Alternanz gemindert wird.
Frucht	Meist groß, um 180 g schwer. Unterschiedliche Größe und Form mit deutlichen Kanten über der Frucht. Weite und tiefe Kelcheinsenkung. Unterschiedlich langer Stiel in tiefer und weiter Stielgrube. Schale dünn, glatt, fettend mit deutlichen Schalenpunkten. Bei Reife grünlichgelb, sonnenseits leicht rötlich. Sehr druckempfindlich, duftend. Fruchtfleisch grünlichweiß, locker, feinzellig, saftig, süß mit milder Säure. Aromatisch nur auf zusagenden Standorten.
Reife	Ab Ende September, nicht windfest. Druckfrei ernten. Vom Baum essbar. Auf schweren Böden starker Vorerntefruchtfall, deshalb mehrmals durchpflücken. Etwa zehn Wochen ohne Welke haltbar, dann Aromaverlust und weich werdend.
Verwertung	Für den Frischverzehr, auch gute Wirtschaftssorte, eingeschränkt für Most.
Ertrag	Spät einsetzend. Nach höheren Ertragsjahren meist alternierend. Insgesamt unterdurchschnittliche Erträge.
Baum	Hohe, weite, aber lichte Krone mit schrägen, mäßig verzweigten Trieben. Dicht mit Kurztrieben besetzt. Im Vollertrag noch mittelstarker Wuchs. Der Schnitt zielt auf bessere Verzweigung. Für Spaliere und Obsthecken nicht gut geeignet. Nach starken Ertragsjahren im Holz frostgefährdet.
Standort	Keinesfalls trockene Standorte und schwere Böden. Küstenlagen mit leichten, humosen Böden sind am besten für die Fruchtqualität.
Anfälligkeit	Mittelstark für Feuerbrand und Triebsucht. Viröse Flachästigkeit wurde beobachtet. Stark anfällig für Schorf und Mehltau, besonders auf schweren Böden auch Krebs. Empfindlich für Schwefelmittel.
Anbauwert	Typische Liebhabersorte. In Küstenlagen und bei guter Pflege (Schnitt, Pflanzenschutz, Feuerbrandüberwachung) noch immer anbauwürdig.

Sirius

Spätsorte

Anbauwert	Schorfresistente Sorte mit sehr guten Geschmackseigenschaften. Geeignet für den Erwerbsanbau und den Hausgarten.
Entstehung	'Golden Delicious' x 'Topaz'. Institute of Experimental Botany, Prag.
Blüte	Mittelspät. Triploid.
Frucht	Mittelgroß bis groß. Flach gebaut, mittelbauchig. Stielgrube häufig strahlenförmig berostet. Fruchtschale grünlichgelb bis gelb, glattschalig. Fruchtfleisch gelb, sehr saftig und knackig. Sehr guter, aromatischer, fruchtiger Geschmack mit ausgewogenem Zucker-/Säure-Verhältnis.
Reife	Anfang Oktober. In kühlen Räumen bis März haltbar.
Verwertung	Frischverzehr, auch für Saft und Brennerei.
Ertrag	Früh einsetzend, hoch und regelmäßig. Wenig Handausdünnung notwendig.
Baum	Mittelstarker bis starker Wuchs mit sehr guter Verzweigung.
Anfälligkeit	Schorfresistent (*vf*). Wenig mehltauanfällig. Anfällig für Regenfleckenkrankheit.

Sir Prize

Herbstsorte

Entstehung	USA. Gezüchtet ab 1955 im co-operativen Züchtungsprogramm der Purdue-, Rutgers- und Illinois-Universitäten. Complexe Elternteilverbindung mit *Malus floribunda 821*. Selektion 1961, im Handel seit 1975.
Blüte	Mittelspät, schlechter Pollenspender (triploid). Ein Ausdünnen ist selten erforderlich, weil die Früchte meist einzeln hängen.
Frucht	Meist groß, hoch gebaut bis walzenförmig mit deutlichen, vom Kelch ausgehenden Rippen. Tiefe, stark gerippte Kelcheinsenkung mit kleinem Kelch. Kurzer Stiel in enger Stielgrube. Schale glatt, dünn. Bei Reife und am Lager stark fettend. Vollreif goldgelb, auch sonnenseits kaum gerötet. Sehr druckempfindlich. Fruchtfleisch weich, saftig mit fein-säuerlichem Zuckergeschmack.
Reife	Ab Ende September, nicht windfest. Mehrmaliges Durchpflücken ist anzuraten. Die Einlagerung soll wegen der hohen Druckempfindlichkeit sehr vorsichtig sein. Im kühlen Naturlager höchstens vier Monate haltbar, danach bald mürbe werdend. Mehrfache Kontrolle auf Fleischbräune ist anzuraten.
Verwertung	Vorzugsweise Tafelsorte. Für die Wirtschaft brauchbar, auch zum Backen.
Ertrag	Vergleichsweise spät einsetzend, mittelhoch und nur gering alternierend.
Baum	Stark aufrechtes, breites und sparriges Wuchsbild mit überhängenden, dünnen Seitenzweigen. Von Jugend an starker Wuchs, im Vollertragsalter immer noch kräftig. Im Holz nicht ganz frostfest.
Standort	Beste Fruchtqualität ist nur in wärmeren Lagen zu erwarten. Die Bodenqualität ist weniger wichtig, nur Höhenlagen sind zu meiden.
Anfälligkeit	Gering für Schorf, mehr für Mehltau. Spinnmilben und Grüne Apfellaus können häufiger auftreten.
Anbauwert	War eine der ersten schorffesten Sorten im Handel. Konnte sich gegenüber 'Topaz', 'Rubinola', 'Florina' und anderen schorftoleranten Sorten nicht besonders durchsetzen. Wegen der sensiblen Fruchtbeschaffenheit nur für den Hausgarten zu empfehlen.

Solaris

Herbstsorte

Anfälligkeit	Die Schorfresistenz ist durchbrochen. Ansonsten gesundes Laub, wenig anfällig für Mehltau. Auf Regenflecken, v. a. im Streuobstanbau, achten.
Anbauwert	Aufgrund der sehr guten Lagerfähigkeit, aber auch wegen des Geschmacks, eine sehr empfehlenswerte Sorte für den Hausgarten in gut ausreifenden Lagen. Wegen des sparrigen Wuchses weniger für den Streuobstanbau geeignet.
Entstehung	'Topaz' x 'UEB-Klon'. Institute of Experimental Botany, Prag. Sortenschutz in Europa.
Blüte	Mittelfrüh.
Frucht	Mittelgroß. Gelbe Schale mit sonnenseits orangefarbenen Bäckchen. Fruchtfleisch gelb, fest und saftig. Süß mit spürbarer Säure. Insgesamt sehr guter Geschmack. Hoher Gehalt an Vitamin C.
Reife	Anfang/Mitte Oktober. In kühlen Räumen bis April/Mai sehr gut lagerfähig, ohne zu welken.
Verwertung	Als Tafelfrucht für den Frischverzehr, auch für die Verarbeitung zu Saft, Most und Edelbrand.
Ertrag	Früh einsetzend. Weitgehend hoch und regelmäßig.
Baum	Schwacher Wuchs, außerdem schlecht verzweigt. Insgesamt sehr sparrig mit langen verkahlenden Fruchtästen. Daher intensiver Schnitt erforderlich. Auf leichten, ärmeren Böden etwas stärkere Unterlagen als M9 verwenden.

Sommer-Gewürzapfel

Frühsorte

Doppelnamen	'Sommer-Postoph', 'Augustapfel', 'Englischer Kantapfel', 'Frühapfel', 'Palästiner', 'Weiße Sommer-Schafsnase', 'Foxley Russian Apple' und weitere
Entstehung	Ungewiss, vermutlich in den Niederlanden. Erste Erwähnung 1745 von van Linden in „Almanach der Hoveniers" als 'Witte Kruid Appel'. Erste Beschreibungen von J.H. Knoop (1758), D. du Monceau (1768), F.Z. Salzmann (1774). Die Sorte war im 19. Jh. weit verbreitet (u. a. Niederlande, Frankreich, Schweiz, England, Russland). Heute ist sie durch andere Sorten verdrängt.
Frucht	Mittelgroß, sehr unterschiedliche Form. Meist auffällig hoch gebaut, walzenförmig mit ungleichen Hälften und breiten Rippen über der Frucht. Flache, gerippte Kelcheinsenkung mit geschlossenem Kelch. Dicht behaarter Stiel in beuliger und enger Stielgrube. Schale glatt, leicht fettend. Bei Reife hellgelb, sonnenseits schwach gerötet. Starker, angenehmer Duft. Fruchtfleisch locker, bald nach der Baumreife mehlig. Genügend saftig mit vorherrschend weinartiger Säure und leichter Würze. Geringer Zuckergehalt.
Reife	Ab Anfang August, nicht windfest. Man erntet möglichst einige Tage vor der Baumreife.
Verwertung	Gute Sorte für den Frischverzehr und auch als Wirtschaftsapfel brauchbar.
Ertrag	Früh einsetzend, dann regelmäßig hoch bis sehr hoch.
Baum	Flachkugelige, eher kleine Krone mit guter Verzweigung. Von Jugend an mittelstarker, im Vollertragsalter schwacher Wuchs. Gelegentliche Verjüngung ist ratsam, damit der Baum nicht vorzeitig vergreist.
Standort	Anspruchslos an Boden und Klima bis in höhere Lagen.
Anfälligkeit	Außer Mehltaubefall sind keine hervortretenden Schadeinflüsse bekannt.
Anbauwert	Eine empfehlenswerte Frühsorte, die man früher gerne für Spalierformen und als Topfbäume verwendete. Sie soll sich auch als Spalier an Nordwänden eignen.

Sommer-Parmäne

Herbstsorte

Doppelnamen	'Drue Summer Pearmain', 'Englische Birnrenette', 'Gestreifte Sommerparmäne', 'Kaiserlicher Tafelapfel', 'Pearmain d'Automne', 'Roter Wiener Sommerapfel', 'Schleswiger Erdbeerapfel'
Entstehung	Einer der ältesten Dessertäpfel, der seit Ende des 16. Jh. in England vorkommt. Erste Erwähnung 1597 durch J. Gerade als 'The Summer Pearemaine'. Danach erscheint die Sorte in fast allen pomologischen Werken mit den unterschiedlichsten Namen. Sie wurde in der „7. Versammlung deutscher Pomologen" 1874 in Trier zum allgemeinen Anbau empfohlen und wurde dadurch stärker verbreitet. Heute findet man die Sorte nur noch vereinzelt auf Streuobstwiesen.
Blüte	Früh, nicht witterungsempfindlich. Schlechter Pollenspender (triploid). Bei starkem Fruchtansatz nach der Blüte ist rechtzeitig auszudünnen.
Frucht	Mittelgroß, auch groß, hoch gebaut. Schüsselförmige, flache und breite Kelcheinsenkung mit offenem Kelch. Meist sehr kurzer Stiel in flacher Stielgrube. Schale glatt, geschmeidig. Nicht druckfest. Bei Reife zitronengelb, sonnenseits schön karminrot gestreift. Fruchtfleisch gelblichweiß, zart, locker, mit weinsäuerlichem, rosenartigem Zuckergeschmack.
Reife	Je nach Standort ab Mitte September, nicht windfest. Wegen des kurzen Stieles drücken sich die Früchte oft vorzeitig ab. Kühl haltbar bis Ende Oktober.
Verwertung	Vorwiegend für den Frischverzehr, aber auch gute Wirtschaftssorte.
Ertrag	Auf schwach wachsenden Unterlagen früh einsetzend und regelmäßig, aber Alternanz auf Hochstämmen.
Baum	Mittelgroße Krone mit schräg aufrechten, sehr dicht verzweigten Leitästen und leicht wolligen, dünnen Trieben. Der Schnitt zielt auf lichtere Kronen und Erhaltung des Triebwachstums, um eine vorzeitige Vergreisung zu vermeiden. Geeignet für alle Baumformen, auch Spaliere und Topfbäume.
Standort	In nährstoffreichen, ausreichend feuchten Böden bis in raue Höhenlagen anbaufähig. Weniger für trockene, schwere Böden geeignet.
Anfälligkeit	Nur in warmen, geschlossenen Tallagen krankheitsanfällig, in Höhenlagen robust.
Anbauwert	Eine vielseitig verwertbare Sorte, die zugunsten der modernen Neuheiten in Vergessenheit geriet. Besonders in Höhenlagen auch im Garten anbauwürdig.

Sonnenglanz®

Spätsorte

Anbauwert	Eine optisch und auch geschmacklich interessante Sorte für den Erwerbsanbau und Hausgarten. Soll von zahlreichen Apfelallergikern gut vertragen werden.
Entstehung	'Pinova' x 'Topaz'. Züchter: Dr. Michael Neumüller, Bayerisches Obstzentrum/Halbergmoos. Sortenschutzanmeldung als 'Bay 4210'.
Blüte	Mittelspät.
Frucht	Mittelgroß. Flach bis mittelhoch gebaut. Stiel- bis mittelbauchig. Kelchgrube mittelbreit und -tief, ohne Berostung. Frucht insgesamt sehr glatt. Fruchtschale flächig zitronengelb. Fruchtfleisch weißlichgelb, sehr fest, saftig-spritzig. Hervorragender Geschmack.
Reife	Ende September. Im Kühllager bis April haltbar.
Verwertung	Für Frischverzehr, auch für Brennerei.
Ertrag	Früh einsetzend, hoch und regelmäßig. Ausdünnung erforderlich.
Baum	Mittelstarker Wuchs.
Anfällig	Gering für Schorf.

Sonnenwirtsapfel

Spätsorte

Standort	Anspruchslos bis in höhere Lagen.
Anfälligkeit	Nur gering für Schorf und Mehltau in Warmlagen.
Anbauwert	Im Vergleich mit anderen Mostsorten belegt die Sorte keinen der vorderen Plätze hinsichtlich Ertrag (Alternanz) und Inhaltsstoffen.
Entstehung	Auf dem Grundstück des Sonnenwirts in Backnang/Württemberg gefunden. 1932 beschrieben.
Blüte	Mittelfrüh, nicht empfindlich.
Frucht	Mittelgroß, mitunter groß, um 200 g schwer. Hoch gebaut konische, kantige Form. Sehr tiefe, oft von Höckern umgebene Kelcheinsenkung. Sehr kurzer Stiel in weiter und tiefer Stielgrube. Schale glatt, trocken. Grüngelb mit hellen Schalenpunkten, sonnenseits verwaschen oder streifig braunrot. Fruchtfleisch fest, grobzellig, mäßig saftig. Hervortretende Säure, ohne besonderes Aroma.
Reife	Ab Mitte September, nicht windfest. Etwa 5 Monate verwertbar.
Verwertung	Vor allem guter Wirtschafts- und Mostapfel.
Ertrag	Selbst auf schwachwachsenden Unterlagen bleibt der Ertrag gering.
Baum	Starker, gerader Stamm und breit pyramidale, oft mächtige Krone mit auffallend kräftigem, dunkelgrünen Laub. Wurde früher als Stammbildner gebraucht.

Spätblühender Taffetapfel

Spätsorte

Doppelnamen	'Taffetapfel', 'Ebners Taffetapfel'
Entstehung	Um 1850, als unveredelter Sämlingsbaum in der Baumschule zu Hohenheim bei Stuttgart entdeckt. Erste Beschreibung und Abbildung durch E. Lucas 1861 als 'Ebners Taffetapfel', 1872 umbenannt in 'Spätblühender Taffetapfel'. Heute noch im Streuobstanbau, vor allem in höheren Lagen in Süd-Deutschland anzutreffen.
Blüte	Sehr spät, dadurch können Befruchtungs- und Ertragsprobleme auftreten. Befruchter sollten in der Nähe sein oder einveredelt werden, etwa 'Linsenhofener', 'Rheinische Schafsnase', 'Winter Banana'.
Frucht	Klein bis mittelgroß. Ungleichmäßige, flachrunde Form mit flachen Kanten. Weite, gerippte Kelcheinsenkung mit geschlossenem Kelch. Mittellanger Stiel in tiefer Stielgrube mit typischer Berostung. Schale glatt, leicht fettig. Hellgelb mit feinen Schalenpunkten. Sonnenseits nur leicht gerötet. Fruchtfleisch mittelfest, saftig, herbsäuerlich ohne hervortretendes Aroma.
Reife	Ab Ende September. Fruchtfall schon vor der Baumreife. Etwa vier Monate lagerfähig.
Verwertung	Weniger für den Frischverzehr. Gut geeignet als Wirtschafts- und Mostsorte.
Ertrag	Erst spät einsetzend, bei guter Befruchtung hoch und regelmäßig. Durch starken Vorerntefruchtfall entstehen selten große Erntemengen.
Baum	Regelmäßige, hochrunde, gut verzweigte und schöne Krone. Im Vollertrag schwacher Wuchs infolge hoher Fruchtbarkeit. Der Baum kann sehr alt werden und ist frosthart im Holz.
Standort	Anspruchslos an den Standort bis in raue, windige Höhenlagen.
Anfälligkeit	Gering für Schorf und Mehltau, in Höhenlagen praktisch frei.
Anbauwert	In Extremlagen als Wirtschafts- und Mostsorte empfehlenswert.

Spartan

Entstehung	Kanada. Gezüchtet 1926 von R.C. Palmer. Kreuzung aus 'McIntosh' x 'Yellow Newton Pippin' in der Canadian Department Agricultural Research Station Summerland/Britisch-Kolumbia. Seit 1936 im Handel.
Blüte	Mittelspät, witterungsempfindlich. Guter Pollenspender. Wegen des starken Fruchtansatzes nach der Blüte sollte ein sorgfältiges Ausdünnen die Regel sein.
Frucht	Mittelgroß, um 100 g schwer. Ungleichmäßige Form, fast ebenso breit wie hoch mit flachen Kanten. Weite, gerippte Kelcheinsenkung mit geschlossenem Kelch. Kurzer Stiel in tiefer und enger Stielgrube. Schale hart, glatt, leicht wachsig. Fast ohne sichtbare Grundfarbe, Deckfarbe flächig braunrot mit deutlichen Schalenpunkten. Druckfest. Fruchtfleisch fast weiß, etwas locker, wenig saftig. Parfümiert süß, ohne viel Säure und Aroma. Geringer Gehalt an Vitamin C.
Reife	Ab Ende September, nicht windfest. Mehrmaliges Durchpflücken ist erforderlich, um Vorerntefruchtfall zu vermeiden. Im kühlen Naturlager etwa fünf Monate haltbar, im Kühllager bis April bei 2–3 °C. Auf Lagerschorf und Fruchtfäulen ist zu achten.
Verwertung	Für den Frischverzehr, eingeschränkt als Wirtschaftssorte brauchbar.
Ertrag	Starker Schnitt verzögert den Ertragsbeginn. Normalerweise und auf schwach wachsenden Unterlagen früh einsetzend, hoch und regelmäßig. Neigung zu Kleinfrüchtigkeit.
Baum	Kugeliges, mittelgroßes, genügend verzweigtes Wuchsbild mit schräg aufrechten Leitästen. Im Vollertrag mittelstarker bis schwacher Wuchs. Regelmäßiger Schnitt zielt auf Fruchtasterneuerung. Zu scharfer Erziehungsschnitt verzögert den Ertragsbeginn und wirkt sich auf die Frosthärte aus.
Standort	Nährstoffreiche, ausreichend feuchte Böden bis in geschützte, mittlere Höhenlagen.
Anfälligkeit	Mittelstark für Feuerbrand. In geschlossenen Warmlagen stärker für Schorf und Mehltau, auf schweren, nassen Böden krebsanfällig.
Anbauwert	Attraktive Früchte, aber mit Geschmacksdefizit. Keine Streuobstsorte. Die Sorte hat heute nur noch geringe Bedeutung.

Stark Earliest

Frühsorte

Doppelnamen	'Starks Allerfrühester', 'Scarlet Pimpernell'
Entstehung	Entdeckt 1938 von Douglas Bonner in Orofino/Idaho (USA). Eingeführt in den Hansel 1944 durch die Baumschule Stark Bros. in Louisiana/Missouri.
Blüte	Sehr früh, wenig empfindlich. Guter Pollenspender. Ohne Ausdünnung nach der Blüte bleiben die Früchte sehr klein und der Baum erschöpft sich früh.
Frucht	Klein, höchstens mittelgroß. Etwas unregelmäßige, hochrunde Form. Fast aufsitzender, halb offener Kelch. Langer Stiel in enger, leicht berosteter Stielgrube. Schale dünn, glatt, leicht fettig. Hellgelb, sonnenseits flächig rot oder stark gestreift, duftend. Helle Schalenpunkte. Fruchtfleisch mittelfest, saftig. Angenehm säuerlich, ohne viel Geschmack.
Reife	Ab Ende Juli, noch vor 'Klarapfel'. Nicht windfest, deshalb ist mehrmaliges Durchpflücken erforderlich. Es ist vor der Vollreife zu ernten, sonst wird die Frucht schnell mehlig. Nur wenige Tage haltbar.
Verwertung	Für den Frischverzehr, eingeschränkt als Wirtschaftssorte brauchbar, aber zum Backen geeignet.
Ertrag	Früh einsetzend, nur mittelhoch, aber regelmäßig.
Baum	Mittelgroßes, gut verzweigtes Wuchsbild mit später überhängenden, dünnen Trieben. Im Vollertragsalter eher schwacher Wuchs wegen hoher Fruchtbarkeit. Ein Sommerschnitt zielt auf besser ausgefärbte und größere Früchte. Schattenfrüchte schmecken sehr fade.
Standort	Nährstoffreiche Böden in offenen, aber wärmeren Lagen bis in mittlere Höhen. Geschlossene, windgeschützte Lagen sind wegen der starken Schorfanfälligkeit zu meiden.
Anfälligkeit	Gering für Feuerbrand. Anfällig für Schorf, Mehltau und Krebs.
Anbauwert	Derzeit die früheste Sorte, auf die jedoch verzichtet werden kann zugunsten im Anschluss reifender Sorten. Der hohe Pflegeaufwand (Schnitt, Pflanzenschutz, sorgfältige Ausdünnung) grenzen die Anbauempfehlung ein. Höchstens noch eine Liebhabersorte. Es existiert eine rote Auslese (Sichtung Weinsberg).

Starking

Spätsorte

Doppelnamen	'Double Red Relicious', 'Double Red Starking'
Entstehung	Entdeckt 1921 von L. Mood in Monroeville/New Jersey (USA) als Knospenmutation der Sorte 'Red Delicious'. In den Handel kam die Sorte durch die Baumschule Stark Bros. in Louisiana/Missouri (USA) unter dem Namen 'Starking'. In der zweiten Hälfte des 20. Jh. verbreitete sich die Sorte weltweit.
Mutanten	'Hardi Spur', 'Wellspur', 'Hi Early', 'Morspur'
Blüte	Mittelfrüh, witterungsempfindlich. Guter Pollenspender. Ohne Ausdünnung nach der Blüte bleiben die Früchte klein und fade.
Frucht	Mittelgroß, seltener groß, um 170 g schwer. Ungleichmäßige, hoch gebaute Form mit typischen Kanten um die Frucht. Tiefe, von starken Kanten umgebene Kelcheinsenkung mit halb offenem Kelch. Langer Stiel in tiefer und weiter Stielgrube. Schale dick, hart, glatt, leicht bläulich bereift mit hellen Schalenpunkten. Zur Reife ganzflächig braunrot. Druckfest. Fruchtfleisch gelblichgrün, an der Schale rötlich. Fest bis unangenehm hart, mäßig saftig. Süßlich, wenig Säure, ohne Aroma.
Reife	Ab Anfang Oktober, windfest bis zur Reife. Nicht überreif ernten, sonst entstehen Lagerverluste. Im kühlen Naturlager etwa sechs Monate haltbar ohne Welke, im Kühllager bis April bei 3 °C. Gegen Lagerende mehlig werdend, es entwickelt sich Gärgeschmack.
Verwertung	Für Frischverzehr.
Ertrag	Auf schwach wachsenden Unterlagen mittelhoch und regelmäßig, sonst alternierend.
Baum	Steiles, hohes und kompaktes Wuchsbild. Fruchtäste neigen sich nach außen. Im Vollertragsalter schwaches bis mittelstarkes Wachstum. Der Schnitt zielt auf bessere Verzweigung nach außen. Im Holz frostfest.
Standort	Nur auf nährstoffreichen Böden in Weinbaulage befriedigend. Abweichungen gehen auf Kosten der Fruchtqualität.
Anfälligkeit	Mittelstark für Feuerbrand, stark für Schorf. Bakterienbrand und Krebs auf schweren Böden. Gering Mehltau.
Anbauwert	Für Liebhaber säurearmer Äpfel. Geeignet für alle Baumformen, einschließlich Spaliere und Topfbäume.

Sternapfel

Spätsorte

Doppelnamen	'Api Etoilée', 'Fünfeckigapfel' (1682), 'Pomme Etoilée', 'Pfaffenkäpple', 'Sternapi'
Entstehung	Unbekannt. André Leroy (1873) vermutet die Herkunft des 'Sternapfels' aus Italien. Johann Bauhin erhielt wahrscheinlich vor 1600 Reiser seines 'Pomme Pentagone' von der Herzogin von Württemberg, zusammen mit anderen hübschen exotischen Pflanzen, mit dem Auftrag die Reiser in ihrem Garten in Montbéliard (Frankreich) zu veredeln. Im 17. und 18. Jh. ist die Sorte in vielen pomologischen Werken als Schaufrucht zu Dekorationszwecken aufgeführt.
Frucht	Klein, selten mittelgroß. Flach, sehr unterschiedlich in der Form, oft sternförmig gebuchtet mit 5 Kanten. Faltige Kelcheinsenkung, Kelch fast aufsitzend, offen. Kräftiger Stiel in enger Stielgrube. Schale sehr zart, dünn, glatt, leicht wachsig. Hellgelb, sonnenseits flächig rotbraun bis orange. Druckempfindlich. Angenehmer Duft. Fruchtfleisch weiß, feinzellig. Sehr saftig, fest bis hart und brüchig. Süß mit angenehmer Säure.
Reife	Ende Oktober, wind- und sturmfest. Die Früchte können bis zum Frost am Baum bleiben. Die Genussreife setzt spät ein. Etwa 5 Monate im kühlen Naturlager ohne Welke haltbar, dann mehlig werdend.
Ertrag	Sehr spät einsetzend, auf Hochstamm erst nach etwa 12 Jahren. Ausgeprägte Alternanz, in Ertragsjahren sehr hoch.
Baum	Sehr große, breitrunde Krone mit gut verzweigten Ästen und viel Fruchtholz. Im Holz frostfest. Gelegentlich wird eine Auslichtung nötig sein.
Standort	Keine besonderen Ansprüche an Boden und Klima bis in windgeschützte, mittlere Höhenlagen. Allerdings gibt es auf kargen oder zu schweren Böden nur noch kleinere, geschmacklose Früchte.
Anfälligkeit	Keine Krankheiten und Schädlinge bekannt, lediglich von einer gewissen Krebsanfälligkeit wird berichtet.
Anbauwert	Eine uralte Liebhabersorte mit Sammlerwert, die heute besonders zur Advents- und Weihnachtszeit eine gewisse Bedeutung erfährt.

Stina Lohmann

Spätsorte

Entstehung	Um 1800. Stina (Christine) Lohmann aus Kellinghusen/Holstein kaufte 1841 ein Grundstück auf dem ein damals 40–50 jähriger Apfelbaum stand. Mit den Früchten dieses Baumes versorgte sie die Kranken im Ort. Als sie 1860 verstarb, nannte man ihren Apfel allgemein 'Stina Lohmann'. Erst nach 1900 wurde die Sorte weiter vermehrt und dadurch in der weiteren Umgebung bekannt, als eine haltbare, wohlschmeckende und anspruchslose Apfelsorte.
Blüte	Mittelspät, etwas witterungsempfindlich.
Frucht	Meist groß, um 170 g schwer. Flach und breitrund mit flachen Wulsten um die halbe Frucht. Flache, gerippte Kelcheinsenkung mit geschlossenem Kelch. Unterschiedlich langer Stiel in tiefer und enger, strahlig berosteter Stielgrube. Schale dick, leicht fettend. Bei Reife hellgelb, sonnenseits gerötet und kurz gestreift. Leichter Duft. Fruchtfleisch grobzellig, mittelfest, saftreich mit vorherrschender Säure.
Reife	Je nach Standort ab Mitte Oktober, nicht windfest. Etwa 4 Monate im kühlen Naturlager ohne Welke haltbar.
Ertrag	Jährlich wechselnd zwischen hohen Erträgen und komplettem Ausfall (ausgeprägte Alternanz). Insgesamt gering.
Baum	Breite, große und lockere Krone mit mäßig verzweigten Ästen, aber gut mit quirlständigem Fruchtholz besetzt. Im Vollertragsalter immer noch mittelstarkes Wachstum. Im Holz nicht frostfest.
Standort	Leichtere, nährstoffreiche Böden mit ausreichender Feuchtigkeit. Am günstigsten ist Küstenklima mit hoher Luftfeuchtigkeit. Schwere und trockene Böden sind ungeeignet.
Anfälligkeit	Keine Krankheiten und Schädlinge bekannt. Krebsfest.
Anbauwert	Liebhabersorte nur für das Küstenklima.

Summerred   Frühsorte

Entstehung	1961, aus einem Sämling der Sorte 'Summerland' in der Versuchsstation Summerland in Britisch-Kolumbien/Kanada. Ab 1964 über die Niederlande auch in Deutschland verbreitet.
Blüte	Sehr früh bis mittelfrüh, etwas empfindlich. Kein Pollenspender (triploid). Ausdünnen nach dem Junifall kann die Alternanz mindern und beugt der Erschöpfung des Baumes vor.
Frucht	Mittelgroß, hoch gebaut, mitunter fassförmig. Flache, offene, etwas berostete Kelcheinsenkung mit geschlossenem Kelch. Mittellanger Stiel in enger, berosteter Stielgrube. Schale fest, glatt, leicht bereift mit auffallenden, typischen Schalenpunkten. Grüngelb, sonnenseits flächig bräunlichrot. Früchte von schwachwachsenden Unterlagen sind stärker gefärbt. Fruchtfleisch grünlich, fest, feinzellig, sehr saftig. Angenehme Säure und leichtes Aroma.
Reife	Folgernd ab Mitte August, vom Baum essbar. Windfest bis zur Reife, dann schnell fallend. Mehrmaliges Durchpflücken ist deshalb ratsam. Höchstens 3–4 Wochen kühl haltbar, wird danach schnell mehlig.
Verwertung	Vorwiegend für den Frischverzehr, aber auch als Wirtschafts- und (eingeschränkt) Mostsorte brauchbar.
Ertrag	Normalerweise jährlicher Wechsel zwischen sehr hohen und geringeren Erträgen, ist aber durch einen Sommerschnitt und eine Blattdüngung sofort nach der Ernte gut regulierbar.
Baum	Pyramidales, aufrechtes, gut verzweigtes Wuchsbild mit kräftiger Mitte und hängenden Fruchtästen. Im Vollertragsalter schwacher Wuchs. Auf schwach wachsenden Unterlagen schnell vergreisend, deshalb ist regelmäßiger Überwachungs- auch Sommerschnitt nötig. Nahezu frostfest im Holz.
Standort	Bevorzugt sind nährstoffreiche Böden, möglichst in warmer Lage. Abweichungen gehen auf Kosten der Fruchtqualität. Ärmere Böden sind entsprechend mit Nährstoffen und Wasser zu versorgen.
Anfälligkeit	Mittelstark für Feuerbrand, Mehltau und Triebsucht. Stärker für Schorf und Krebs.
Anbauwert	In guten Lagen dem etwa gleichzeitig reifenden 'James Grieve' vorzuziehen. Störend ist der hohe Pflegeaufwand. Geeignet für alle Baumformen, auch als Spalier und Topfbaum.

Suntan

Herbstsorte

Doppelname	'Malling Suntan'	**Verwertung**	Für den Frischverzehr, auch Wirtschafts- und Mostsorte. Belegt immer Spitzenplätze bei Fruchtverkostungen.
Entstehung	England. Kreuzung von 'Cox Orange' x 'Court Pendu Plat' ('Königlicher Kurzstiel') 1955 durch Dr. Alston an der East Malling Research Station in Maidstone/Kent. Im Handel seit 1980.	**Ertrag**	Verhältnismäßig spät einsetzend, dann mittelhoch und regelmäßig.
		Baum	Aufrechtes, breitrundes und ausladendes Wuchsbild mit kräftigen, mäßig verzweigten Jahrestrieben. Von Jugend an starker, im Vollertragsalter immer noch mittelstarker Wuchs. Der Schnitt zielt auf laufende Fruchtasterneuerung. Im Holz nicht frosthart.
Blüte	Spät, nicht empfindlich. Schlechter Pollenspender. Ausdünnen ist bei starkem Fruchtansatz erforderlich, damit sich der Baum nicht vorzeitig erschöpft.	**Standort**	Nährstoffreicher, ausreichend feuchter Boden, möglichst im Weinbauklima. Abweichungen gehen auf Kosten der Fruchtqualität.
Frucht	Mittelgroß, seltener groß. Unregelmäßige, flachrunde Form. Flache, weite und berostete Kelcheinsenkung mit weit offenem Kelch. Kurzer, kräftiger Stiel in weiter Stielgrube. Schale derb, trocken mit hellen Schalenpunkten und auffälliger Berostung. Grünlichgelb, sonnenseits verwaschen rot gestreift. Fruchtfleisch Grünlichweiß, fest, saftig mit vorzüglichem Aroma. Hoher Gehalt an Vitamin C.	**Anfälligkeit**	Mittelstark für Feuerbrand. Stark für Schorf, weniger für Mehltau. In ungünstigen Lagen auch krebsanfällig.
		Anbauwert	Eingeschränkt als Gartensorte. Wegen des hohen Pflegeaufwandes nur für erfahrene Anbauer im Erwerbsbereich. Insgesamt nur selten vertreten.
Reife	Ab Mitte September, nicht windfest. Die kurz gestielten Früchte drücken sich oft schon vor der Reife ab. Im kühlen Naturlager etwa sechs Monate haltbar, im Kühlraum bis April bei 3 °C. Danach trotz Welke noch schmackhaft. Auf Lagerfäulen ist zu achten.		

Sweet Delicious

Spätsorte

Entstehung	1911. Gezüchtet von R. Wellington aus einer Kreuzung von 'Deacon Jones' x 'Golden Delicious' in der New York State Agricultural Experiment Station in Geneva. Eingeführt 1922.
Blüte	Spät, lange anhaltend, etwas frostempfindlich. Guter Pollenspender. Bessere Fruchtqualität ist durch Ausdünnen nach der Blüte zu erzielen.
Frucht	Mittelgroß bis groß. Form ähnlich 'Golden Delicious', mit fünf flachen Kanten über der Frucht. Sehr tiefe, gerippte Kelcheinsenkung. Langer Stiel in weiter, strahlig berosteter Stielgrube. Schale derb, glatt, trocken mit deutlichen Schalenpunkten. Bei Reife goldgelb und je nach Lichtverhältnissen flächig rot oder stark gestreift. Fruchtfleisch fest, grobzellig, weniger saftig. Vorwiegend süß, säurearm.
Reife	Ab Anfang Oktober, bis zur Baumreife windfest. Einmaliges Durchpflücken kann nötig sein. Im kühlen Naturlager etwa fünf Monate haltbar. Die Aufbewahrung in perforierten Folienbeuteln ist möglich.
Verwertung	Vorwiegend für den Frischverzehr, eingeschränkt als Wirtschaftssorte brauchbar.
Ertrag	Sehr früh einsetzend, hoch und regelmäßig.
Baum	Gipfelbetontes, breit pyramidales Wuchsbild. Weniger gut verzweigte, schräg aufwärts gerichtete Leittriebe. Seitenholz mit auffallend hellen Lentizellen und sattgrün glänzenden Blättern. Der Schnitt zielt auf bessere Seitenverzweigung. In der Jugendphase mittelstarker Wuchs mit aufstrebender Mittelachse.
Standort	Bevorzugt sind geschützte Lagen und nährstoffreiche Böden bis in mittlere Höhen. Auf trockenen oder armen Böden leidet die Fruchtqualität.
Anfälligkeit	Wenig für Feuerbrand. Stark Schorf, gering Mehltau, mäßig Krebs und Kragenfäule. Ein Problem ist die Viröse Triebsucht auf stärker wachsenden Unterlagen.
Anbauwert	Für Liebhaber säurearmer Äpfel. Bei Geschmacksproben meist als zu süß beurteilt. Außer der auffälligen Fruchtfarbe keine Bereicherung des Sortiments.

Teser (TSR29)

Spätsorte

Ertrag	Früh einsetzend, hoch und regelmäßig.
Baum	Großes, hoch pyramidales und ausladendes Wuchsbild mit mäßiger Verzweigung. Von Jugend an starker Wuchs, im Vollertragsalter immer noch mittelstark.
Standort	Anbauvoraussetzung sind warme Lagen bis in windgeschützte, mittlere Höhen und nährstoffreiche, ausreichend feuchte Böden.
Anfälligkeit	Noch schorffest, wenig Mehltau.
Anbauwert	Eine etwas unterschätzte Sorte, die auf schwachwachsenden Unterlagen für den Gartenbereich empfehlenswert ist. Die Sorte hat sich auch als Hochstamm in gut ausreifenden Streuobstlagen bewährt.
Entstehung	USA. Mehrfachkreuzung aus 'Antonowka', 'Golden Delicious', 'Gravensteiner'. 1944 beschrieben. Es besteht kein Sortenschutz mehr. Von dieser Sorte gibt es auch eine rote Mutante.
Blüte	Mittelfrüh, guter Pollenspender. Mit dem Durchpflücken bald nach der Blüte erzielt man einheitliche Fruchtgrößen.
Frucht	Mittelgroß, meist unterschiedliche Fruchtgrößen. Ungleichmäßige, oft kantige Form. Sehr weite, schüsselförmige Kelcheinsenkung, meist offener Kelch. Unterschiedlich langer Stiel in enger, strahlig berosteter Stielgrube. Schale derb, leicht fettend. Goldgelb, sonnenseits leuchtendrot gestreift oder geflammt. Fruchtfleisch mittelfein, etwas mürbe. Saftig, süßlich mit gutem 'Jonagold'-ähnlichem Aroma.
Reife	Folgernd Ende September, nicht windfest. Mehrmaliges Durchpflücken ist anzuraten. Im kühlen Naturlager etwa 3 Monate haltbar.
Verwertung	Überwiegend für den Frischverzehr, auch als Wirtschaftssorte brauchbar.

Topaz

Spätsorte

Roter Topaz

Entstehung	Tschechien. Kreuzung von 'Rubin' x 'Vanda', am Institut für Experimentelle Botanik in Prag. Im Handel seit 1994, EU-Sortenschutz seit 1998.
Mutante	'Roter Topaz' seit 2002, mit flächig roter Deckfarbe, jedoch etwas schwächerem Geschmack.
Blüte	Früher Blütenansatz, auch am einjährigen Holz. Bei dem (normal) hohen Fruchtansatz ist ein Ausdünnen nach der Blüte anzuraten.
Frucht	Mittelgroß. Unterschiedliche, meist abgestumpft runde Form. Kurzer, kräftiger Stiel in weiter Stielgrube. Schale dick, glatt, leicht wachsig. Gelborange, sonnenseits leuchtend rotgestreift oder marmoriert. Bei zu später Ernte und nach Auslagerung Neigung zu fetter Schale. Fruchtfleisch anfangs fest, gelblich, feinzellig. Sehr saftig mit gutem Aroma und angenehmer Säure. Geschmacklich immer sehr gut bewertet.
Reife	Ab Ende September, windfest bis zur Reife, kaum vorzeitiger Fruchtfall. Mehrfaches Durchpflücken ist trotzdem anzuraten. Im kühlen Naturlager etwa 5 Monate ohne Lagerverluste haltbar. Deutlich besser im Vergleich zu 'Boskoop', da weniger welkend. Gegen Lagerende weicher und fettig werdend.
Verwertung	Sehr gut für den Frischverzehr, aber auch Wirtschaftssorte (hervorragender sortenreiner Saft, Most und Edelbrand), sehr guter Back- und Bratapfel.
Ertrag	Früh einsetzend (ab 3. Standjahr), hoch bis sehr hoch und regelmäßig. Auf stark wachsenden Unterlagen mit Rundkronenerziehung mit gewisser Alternanz.
Baum	Anfangs mittelstarker, später schwächerer Wuchs. Aufrechtes mehr breites Wuchsbild mit weniger guter Verzweigung. Kurze Internodien. Die Triebenden sind büschelartig verzweigt. Im Holz nicht frostfest.
Standort	Alle apfelfähigen Lagen. Schwere oder nasse Böden sind weniger geeignet.
Anfälligkeit	Gegendweise ist Feuerbrand aufgetreten. Die Schorfresistenz ist seit 2001 durchbrochen. Mehltau und stärkerer Befall durch Mehlige Apfelblattlaus ist möglich. Gegendweise trat bestandsgefährdend Kragenfäule auf, besonders auf feuchten Standorten. Daher sind Zwischenveredlungen auf der Unterlage M9 sinnvoll.
Anbauwert	Hat sich im konventionellen und ökologischen Erwerbsanbau durchgesetzt, v. a. Direktvermarktung. Dabei sollte Pflanzware auf M9 hoch veredelt sein oder mit Zwischenveredelung (etwa 'Golden Delicious') vorbeugend gegen die Kragenfäule. Aufgrund guter Ertrags-, Geschmacks- und Lagereigenschaften sowie breiter Verwertung auch für den Anbau im Garten und für Streuobst empfehlenswert. Gilt als Ersatz für den im Wuchs und Ertrag heiklen 'Boskoop' und als Alternative zu 'Elstar'.

Tramin

Frühsorte

Anbauwert	Geschmackvolle, zugleich problemlose Sommer- und Herbstsorte, die zweifellos dieses Reifesegment sowohl im Erwerbsanbau (v. a. Direktabsatz) als auch im Hausgarten bereichert.
Entstehung	'Topaz' x 'Delbarestivale'. Gezüchtet von der südtiroler Baumschule Kaneppele. Sortenschutz in Europa. Lizenznehmer für Deutschland ist die ARTEVOS-Gruppe.
Blüte	Früh bis mittel.
Frucht	Mittelgroß. Flach gebaut, mittelbauchig. Deckfarbe hellrot, mit leichter Streifung. Fruchtfleisch gelbgrün, feinzellig, saftig und knackend. Für eine Frühsorte ein edler, aromatischer, sehr guter Geschmack. Süß mit feiner Säure.
Reife	Anfang bis Mitte August. Für eine Frühsorte relativ gut haltbar bis Dezember.
Verwertung	Tafelfrucht.
Ertrag	Regelmäßig und hoch.
Baum	Schwacher bis mittelstarker Wuchs mit guter Verzweigung. Einfache Spindelerziehung.
Anfälligkeit	Tolerant gegen Schorf, wenig Mehltau.

Triumph von Luxemburg

Spätsorte

Frucht	Mittelgroße, meist flachrunde Form mit ungleichen Hälften. Deutliche Rippen laufen vom Kelch aus flach über die Frucht. Weite, gerippte Kelcheinsenkung mit zumeist halb offenem Kelch. Kurzer Stiel in tiefer Stielgrube. Schale glatt, bei Reife gelb mit länger grün bleibenden Stellen. Sonnenseite leicht bräunlich-rot. Fruchtfleisch feinzellig, saftig mit etwas Würze. Ausgewogenes Zucker-/Säureverhältnis.
Reife	Ab Mitte Oktober. Im kühlen Naturlager etwa 6–7 Monate haltbar.
Verwertung	Auch für den Frischverzehr. Vorwiegend aber eine gute Wirtschafts- und Mostsorte.
Ertrag	Spät einsetzend, dann alle 2 Jahre sehr hoch.
Baum	Sehr große und hohe Krone mit langen, herabhängenden Seitenzweigen. Starker Wuchs, auch noch im Vollertragsalter.
Standort	Völlig anspruchslos an Boden und Klima bis in Gebirgslagen. Wegen der späten Blüte auch in nebligen Wiesen und Tälern anbaufähig.
Anfälligkeit	Nur in geschützten Warmlagen anfällig für Schorf und Mehltau.
Anbauwert	Seltene, dennoch empfehlenswerte Sorte für den Extensivbereich in Hoch- und Extremlagen.

Bemerkung	Die Sorte soll mit der wallonischen Sorte 'Quastress double' identsich sein. Im 20 Jh. verkauften die Baumschulen Fey und May die Sorte unter dem falschen Namen 'Luxemburger Renette' in Deutschland.
Doppelnamen	'Wildling von Junglister' (erste Benennung), 'Triomphe de Luxemburg', 'Sauvageon de Junglister', 'Junglister Rosenapfel', 'Doppelte Luxemburger Renette', 'Luxemburger Triumph'
Entstehung	Zufallssämling, der in der Mitte des 19. Jh. im Garten eines Gastwirtes in Junglister/Luxemburg stand. Der Baumschüler Feith verschaffte sich Reiser und brachte die Sorte unter dem Namen 'Wildling von Junglister' in den 1860er Jahren in den Handel. Einige Jahre später erkannte Feith den großen Wert dieser Sorte. Da ihm der alte Name nicht sehr verkaufsfördernd erschien, taufte er die Sorte um und nannte sie 'Triomphe de Luxemburg'.
Blüte	Sehr spät. Nicht empfindlich bei Frost und nasskalter Witterung.

Ulmer Polizeiapfel

Herbstsorte

Standort	Geringe Ansprüche an Boden und Klima bis in höhere Lagen.
Anfälligkeit	Kaum anfällig für Krankheiten und Schädlinge, aber empfindlich für Kupfer- und Schwefelmittel.
Anbauwert	Als ursprüngliche Lokalsorte des Ortenaukreises ist die Sorte auch in anderen Obstbaugebieten, darunter in der Pfalz, beliebt geworden.
Entstehung	Unbekannt, vermutlich Moldawien. Otto Sutterer brachte Edelreiser aus dem Ursprungsland 1918 nach Ulm, wo die Sorte weiter vermehrt und schließlich nach dem Polizisten Sutterer benannt wurde.
Blüte	Je nach Standort mittelfrüh bis spät, lange anhaltend. Groß, weiß, duftend und frosthart.
Frucht	Klein bis mittelgroß mit dünnen, langen Stielen. Grundfarbe goldgelb mit sonnenseits verwaschen rot gestreifter Deckfarbe. Das Fruchtfleisch ist weiß bis cremefarben mit rötlichen Adern. Der Geschmack ist mild säuerlich, mäßig süß.
Reife	Baumreife, je nach Standort, Ende September. Genussreife ab Januar bis April.
Verwertung	Überwiegend Wirtschaftssorte, für die Saftindustrie und Most.
Baum	Mittelstarker Wuchs mit großer, kugeliger Krone. Große Frosthärte im Holz.

Undine

Spätsorte

Entstehung — Gezogen in den 1930er Jahren im ehemaligen Kaiser-Wilhelm-Institut in Müncheberg aus einem Samen der Sorte 'Jonathan'. Die Vatersorte ist unbekannt. Seit 1961 im Anbau und Handel.

Blüte — Lange anhaltend an ein- und zweijährigen Langtrieben. Frostempfindlich. Guter Pollenspender. Energisches Ausdünnen bald nach der Blüte und Blattdüngung sofort nach der Ernte wirkt etwas alternanzmindernd.

Frucht — Mittelgroß bis groß, um 180 g schwer. Unterschiedliche Form, oft hoch gebaut. Tiefe und weite Kelcheinsenkung, von Höckern umgeben.
Schale dünn, glatt und trocken. Druckfest. Grünlichgelbe Grundfarbe, sonnenseits bräunlichrot mit Netzberostungen. Typisch ein rot geflammter Strich oder Streifen.
Fruchtfleisch grünlichweiß, fest, saftig. Süß-säuerlich mit feinem Aroma.

Reife — Ab Mitte Oktober, windfest. Meist einzeln hängende Früchte, deshalb gut pflückbar. Im kühlen Naturlager bis zu fünf Monaten haltbar, vorher aber schon welkend. Lagerung in Folienbeuteln ist möglich. Auf Stippe und Fruchtfäule ist zu achten.

Verwertung — Vorwiegend für den Frischverzehr, aber auch als Wirtschaftssorte brauchbar.

Ertrag — Auf schwachwachsender Unterlage früh einsetzend, zunächst regelmäßig, später alternierend. Gesamt mittelhoch.

Baum — Breit pyramidales Wuchsbild mit schräg aufrechten, gut verzweigten Leitästen. Dünne Seitentriebe, nach außen überhängend.
Ein aufmerksamer Schnitt zielt auf ein lichteres Wuchsbild mit stärkeren Leitästen und Erneuerung des Fruchtholzes. Der Wuchs ist von Jugend an stark, bei Vollertrag noch mittelstark. Im Holz nicht ganz frostfest.

Standort — Verlangt wird ein nährstoffreicher, doch kein schwerer Boden, bis in mittlere, windgeschützte Höhenlage. Die Fruchtqualität wird entscheidend vom Standort und der Ernährung beeinflusst.

Anfälligkeit — Der Feuerbrandstatus ist nicht bekannt, doch infolge der Abstammung von 'Jonathan' (stark anfällig) ist eine gewisse Anfälligkeit möglich. Sehr stark für Mehltau, gering für Schorf.

Anbauwert — Der hohe Pflegeaufwand, starke Sortenkonkurrenz und Mehltaubefall grenzen die Anbauempfehlung ein.

Unseldapfel

Herbstsorte

Ertrag	Früh einsetzend, regelmäßige und hohe Erträge.
Baum	Starker Wuchs, kräftiges und stabiles Kronengerüst.
Anfälligkeit	Sehr robuste Sorte. Stellt an Klima und Boden keine hohen Ansprüche. Die Früchte sind gegen Krankheiten und Schädlinge tolerant, können aber glasig werden.
Anbauwert	Als Halb- oder Hochstamm im Streuobstbereich. Regionalsorte im süddeutschen Raum, die heute nur noch in Altanlagen zu finden ist.
Doppelnamen	'Klenzapfel', 'Ulmer Reinette', 'Unseld's Apfel'
Entstehung	Unbekannt. Erste Erwähnung bei einer Obstausstellung 1876 in Kassel als 'Ulmer Reinette'. Erst im 20. Jh. weitere Verbreitung in Süddeutschland. Um 1950 ist der 'Unseldapfel' auf die Verwendung als Stamm- und Gerüstbildner in Bayern geprüft worden.
Blüte	Mittelfrüh. Widerstandsfähig gegen Witterungseinflüsse.
Frucht	Mittelgroß bis groß. Kegelförmig abgestumpft, gleichmäßig geformt, Querschnitt rund. Schale glatt, etwas geschmeidig und derb. Grundfarbe grünlich-gelb, Deckfarbe an der Sonne fleischrot geflammt. Schale vom Baum beduftet. Vereinzelt bilden sich Warzen auf der Schale. Stiel kurz bis mittellang, holzig. Kelch groß, weit offen. Kelchblättchen oft typisch sternförmig zurückgeschlagen. Fruchtfleisch grünlich-weiß, sehr fest, genügend saftig. Gering aromatisch, schwach säuerlich.
Reife	Dezember bis März/April.
Verwertung	Wirtschaftsapfel zum Keltern und für die häusliche Verarbeitung.

Vesna

Herbstsorte

Baum	Breit aufrechtes, mittelstark verzweigtes Wuchsbild mit dünnem Fruchtholz und überhängenden Zweigen.
Standort	Nährstoffreiche Böden bis in windgeschützte, mittlere Höhenlagen.
Anfälligkeit	Noch schorfresistent. Mittlere Anfälligkeit für Mehltau, Rost- und Spinnmilben.
Anbauwert	Neuheit, die aufgrund starker Konkurrenz durch andere, vergleichbare Sorten nur in geringem Umfang angebaut wird.
Entstehung	Aus einer Kreuzung 'Shampion' x Vf-Resistenzträgersorte im Institut für Experimentelle Botanik, Prag. Sortenschutz.
Blüte	Mittelfrüh, gering empfindlich bei Nässe.
Frucht	Mittelgroß. Oft hoch gebaut mit breiten und flachen Kanten über die Frucht. Meist enge und faltige Kelcheinsenkung mit geschlossenem Kelch. Dünner, langer Stiel in tiefer, strahlig berosteter Stielgrube. Schale glatt, fest, gering fettend. Gelbgrün mit blassrot geflammter Deckfarbe und feinen Schalenpunkten. Fruchtfleisch feinzellig, mittelfest, auf dem Lager weich werdend. Saftig mit guter Säure und mittlerem Aroma.
Reife	Ab Mitte September, gut pflückbar. Im kühlen Naturlager etwa 3 Monate haltbar, im Kühlraum bis Dezember.
Verwertung	Vorwiegend für den Frischverzehr, als Wirtschaftssorte noch brauchbar.
Ertrag	Früh einsetzend, dann hoch und regelmäßig.

Virginischer Rosenapfel

Frühsorte

Doppelnamen	'Liefländer Liebling', 'Virginischer Glasapfel', 'Rose de Virginie', 'Rosenäpple' und andere
Entstehung	Der Ursprung ist unbekannt. Nach der starken Verbreitung in den russischen Ostseeprovinzen im 19. Jh., dürfte die Sorte aus Russland stammen. A.D.A. Diel erhielt sie 1800 aus Harlem/Niederlande und beschrieb sie unter dem Namen 'Virginischer Sommer-Rosenapfel'. Nach der Empfehlung zum allgemeinen Anbau durch die deutschen Pomologen 1857 verbreitete sich die Sorte in Mittel- und Nordeuropa.
Blüte	Früh, aber nicht empfindlich. Guter Pollenspender. Bei starkem Fruchtansatz nach der Blüte ist ein Ausdünnen zur Alternanzminderung ratsam.
Frucht	Mittelgroß bis groß. Ungleichmäßige, hochrunde, auch konische Form mit flachen Kanten. Flache, gerippte Kelcheinsenkung mit halb offenem Kelch. Mittellanger Stiel in weiter Stielgrube. Schale fest, glatt, fettend. Goldgelb, sonnenseits braunrot kurz gestreift. Deutlicher Duft. Fruchtfleisch etwas locker mit deutlichen Leitbündeln. Saftig, süßsäuerlich mit leichtem Zimtaroma. Geringe Säure.
Reife	Ab Ende Juli, vom Baum essbar. Nicht windfest, mehrmaliges Durchpflücken ist ratsam. Etwa drei Wochen haltbar, wird dann schnell mehlig.
Verwertung	Für den Frischverzehr, auch als Wirtschaftssorte brauchbar. Frühapfel zum Backen.
Ertrag	Früh einsetzend, aber jährlicher Wechsel zwischen hohen und geringeren Ernten.
Baum	Hohe schmale Krone mit weniger verzweigten Trieben, daran kurzes Fruchtholz und aufgefaltete Blätter. Im Vollertragsalter schwaches Wachstum. Der Schnitt nach der Ernte zielt auf Höhenbegrenzung, bessere Verzweigung und Erhalt der Triebkraft. Im Holz frostfest.
Standort	Auf tiefgründigen Böden bis in mittlere, windgeschützt auch für raue Höhenlagen geeignet.
Anfälligkeit	Für Mehltau, nur in geschlossenen Lagen stärker Schorf. Bei wechselhafter Witterung auch Stippe und Glasigkeit der Früchte. Auf schweren, nassen Böden Spitzendürre.
Anbauwert	Die früher weite Verbreitung ist heute nicht mehr gegeben.

Vista Bella — Frühsorte

Entstehung	Gezüchtet 1956 an der Rudgers University in New Brunswick/New Jersey (USA). Kreuzung 'Sämling 77349' x 'Julyred'. Im Handel seit 1974. Diese Liebhabersorte fand nach dem Versuchsanbau kaum noch Bedeutung.
Blüte	Mittelfrüh, guter Pollenspender. Durch Ausdünnung sind größere Früchte zu erzielen und die Alternanz zu mindern.
Frucht	Klein bis mittelgroß, um 100 g schwer. Unterschiedliche und ungleichmäßige Form, meist flachkugelig mit flachen Kanten. Weite Kelcheinsenkung mit typisch aufrechten Kelchblättern und offenem Kelch. Mittellanger Stiel in tiefer und weiter Stielgrube. Schale derb, glatt, hellblau wachsig. Gelblichgrün, sonnenseits unterschiedlich rote Deckfarbe. Druckfest. Fruchtfleisch fast weiß, bei älteren Bäumen unter der Schale rötlich, etwas locker. Süß mit etwas parfümiertem Geschmack.
Reife	Ab Ende Juli, etwa mit 'Klarapfel'. Nicht windfest, mehrmaliges Durchpflücken ist erforderlich. Wird nach der Baumreife rasch mehlig. Nicht lagerfähig.
Verwertung	Frühsorte für den Sofortverzehr.
Ertrag	Früh einsetzend, mäßig hoch. Nach starkem Behang alternierend.
Baum	Große, hochrunde, dichte Krone mit typisch dicken Trieben und großen, dunkelgrünen Blättern. Von Jugend an starkes, im Vollertragsalter immer noch kräftiger Wuchs. Der Sommerschnitt zielt auf lichtere Krone zur besseren Fruchtausfärbung. Schattenfrüchte schmecken fade.
Standort	Geschützte, wärmere Lagen sind bevorzugt. Nicht für höhere Lagen und arme Böden.
Anfälligkeit	Mittelstark für Feuerbrand. Stark für Schorf, weniger für Mehltau.
Anbauwert	Für Liebhaber süßlicher Sorten. Eingeschränkt empfehlenswert zugunsten moderner Frühsorten.

Wachsrenette von Benediktbeuren — Spätsorte

Baum	Große, hochrunde Krone, nur im Alter überhängend. Von Jugend an starker, im Vollertragsalter immer noch kräftiger Wuchs. Kann sehr alt werden.
Standort	Anspruchslos an Boden und Klima bis in Höhenlagen.
Anfälligkeit	Besonders in Höhenlagen schorffest.
Anbauwert	Liebhabersorte, vor allem für raue Lagen.
Entstehung	Ungewiss, Gebietssorte aus dem bayerischen Alpenvorland. Gefunden von Sägewerksbesitzer Reiner aus Benediktbeuren. Beschrieben 1950 von Rudolf Trenkle in seinem „Obstsortenwerk".
Blüte	Spät, nicht empfindlich. Guter Pollenspender.
Frucht	Mittelgroß bis groß. Gleichmäßig hochrund mit weiter, gerippter Kelcheinsenkung und offenem Kelch. Kurzer Stiel in weiter Stielgrube. Schale fest, glatt, wachsig mit dunklen Schalenpunkten. Bei Reife goldgelb, nur sonnenseits etwas gerötet. Fruchtfleisch fast weiß, etwas locker. Saftreich, süß und angenehmes Aroma.
Reife	Ab Anfang Oktober. Wegen des kurzen Stieles drücken sich die Früchte oft vorzeitig ab. Im kühlen Naturlager höchstens drei Monate haltbar.
Verwertung	Überwiegend für den Frischverzehr, auch als Wirtschaftssorte gut brauchbar.
Ertrag	Jährlicher Wechsel zwischen höheren und sehr niedrigen Erträgen (Alternanz).

Wagener Apfel

Spätsorte

Doppelnamen	'Wagener' (Originalname), 'Wagener Price Apple', 'Wagener's Preisapfel', 'Gassers Rosenapfel'
Entstehung	USA. Enstanden bei George Wheeler in Penn Yan/Yates County (New York), der aus Dover/Dutchess County mehrere Apfelsamen mit nach Hause brachte und 1791 in seiner Baumschule aussäte. 1796 kaufte Abraham Wagener, nach dem die Sorte dann benannt wurde, die Baumschule. Die erste Beschreibung mit Abbildung erfolgte 1848 bei der New York State Agricultural Society und wurde mit einem 1. Preis samt Diplom ausgezeichnet. Danach verbreitete sich die Sorte stark in den USA. Bereits 1853 führte auch die Baumschule Haffner & Comp. in Cadolzburg b. Nürnberg die Sorte in ihrem Verkaufsverzeichnis.
Blüte	Mittelfrüh, unempfindlich bei nasskalter Witterung.
Frucht	Groß. Flachrund mit ungleichen Hälften und flachen Rippen über der Frucht. Tiefe, trichterförmige Kelcheinsenkung mit geschlossenem Kelch. Dünner, mittellanger Stiel in tiefer, berosteter Stielgrube. Schale glatt, oft fettend. Bei Reife hellgelb, sonnenseits sehr schön rot geflammt mit feinen Schalenpunkten. Schwacher Duft. Fruchtfleisch feinzellig, zart und saftig mit feinem Aroma und edler Süße.
Reife	Je nach Lage ab Mitte Oktober, windfest bis zur Reife. Im kühlen Naturlager etwa 5 Monate ohne Welke haltbar.
Verwertung	Tafelsorte, aber auch sehr gut für die Wirtschaft brauchbar.
Ertrag	Früh einsetzend, dann mittelhoch bis hoch und fast regelmäßig.
Baum	Pyramidale, große und gut verzweigte Krone. Geeignet für alle Baumformen, auch für Spaliere. Von Jugend an kräftiger Wuchs, im Vollertragsalter deutlich schwächer.
Standort	Geringe Ansprüche an Boden und Klima, jedoch ist ein warmer, nährstoffreicher Boden in mittlerer Höhenlage sehr günstig.
Anfälligkeit	Keine besonderen Schadeinflüsse bekannt.
Anbauwert	Eine schöne und vielseitig verwertbare Sorte, die sich für den Garten und den Streuobstanbau eignet.

Wealthy

Herbstsorte

Doppelname	'Dorpater Rosenapfel'
Entstehung	USA. Gezogen von Peter Gideon in Excelsior/ Minnesota aus einem Samen der Sorte 'Cherry Crab', die er um 1860 von Albert Emerson aus Bangor/ Maine erhalten hatte. Der Sämling war sehr frosthart und wiederstandsfähig. So wurde 'Wealthy' eine der Hauptsorten in kalten Gebieten der USA. Die Sorte wird auch in Russland sehr geschätzt und ist von St. Petersburg bis zum nördlichen Kaukasus verbreitet. Im Baltikum und Skandinavien ist sie eine der Hauptsorten. Vom Baltikum aus kam 'Wealthy' zu Beginn des 20. Jh. nach Deutschland und überstand den strengen Winter 1939/40 sehr gut.
Blüte	Spät, nicht empfindlich. Starker Fruchtansatz, deshalb ist Ausdünnung stets ratsam, um Kleinfrüchtigkeit und eine frühe Vergreisung des Baumes zu vermeiden.
Frucht	Meist mittelgroß, seltener groß, um 140 g schwer. Unterschiedliche Form, meist flachrund. Mittellanger, dünner Stiel in enger Stielgrube. Schale hart, glatt, druckempfindlich. Grüngelb, Deckfarbe intensiv gestreift bis flächig rot. Duftend. Fruchtfleisch unter der Schale mitunter leicht rötlich. Feinzellig, fest, saftig, süßaromatisch.
Reife	Ab Mitte September, windfest bis zur Baumreife. Einmaliges durchpflücken kann nötig sein. Im kühlen Naturlager bis zu drei Monate haltbar, im Kühlraum bis Februar, bei 2–3 °C.
Verwertung	Für den Frischverzehr, auch als Wirtschaftssorte gut brauchbar.
Ertrag	Früh einsetzend, regelmäßig und hoch.
Baum	Breite, aber kleinere Krone mit kurz verzweigten Trieben. Von Jugend an mittelstarkes, im Vollertragsalter schwaches Wachstum durch hohe Fruchtbarkeit. Der Schnitt zielt auf Erhalt der Wuchskraft. Im Holz extrem frosthart.
Standort	Auf nährstoffreichen, ausreichend feuchten Böden bis in raue Höhenlagen anbaufähig, wo andere Sorten versagen. Der Anbau ist aber auch in milden Lagen möglich. Arme Böden müssen verbessert werden.
Anfälligkeit	Besonders in Höhenlagen kaum Krankheiten und Schädlinge.
Anbauwert	Bei uns Liebhabersorte, im englischsprachigen Raum, besonders in Irland, aber noch weit verbreitet. Empfehlenswert für alle Baumformen, auch Spaliere und Topfbäume. Sehr gut für Streuobstflächen.

Weißer Klarapfel

Frühsorte

Doppelnamen	Zahlreiche Namen belegen die einstige Verbreitung: 'Durchsichtiger Sommerapfel', 'Weißer Transparent' (Deutschland), 'Pomme de Reval' (Frankreich), 'Naliwnoje beloje' (Russland), 'White Transparent' (England und USA) und viele weitere.
Entstehung	Vermutlich im Baltikum entstanden und dort ab Mitte des 19. Jh. weit verbreitet. 1852 von der Baumschule Wagner in Riga/Lettland nach Frankreich geliefert und dort verbreitet. Ab den 1890er Jahren auch in Deutschland stark vermehrt.
Blüte	Früh, kurz anhaltend, wenig empfindlich. Guter Pollenspender (diploid). Ausdünnen nach starkem Fruchtansatz reguliert die Fruchtgröße, mindert Alternanz.
Frucht	Mittelgroß, bei starkem Behang kleiner. Verhältnismäßig leicht. Ungleichmäßig hochrund, mitunter Kanten über der Frucht. Flache Kelcheinsenkung. Langer, dünner Stiel in enger Stielgrube. Schale weich, leicht wachsig mit hellen Schalenpunkten. Einfarbig gelblich, ohne Rötung. Sehr druckempfindlich. Duftend. Fruchtfleisch fast weiß mit grünen Leitbündeln. Bei Reife locker, saftig, feinsäuerlich, nur sehr leichtes Aroma.
Reife	Je nach Standort folgernd ab Mitte Juli, sobald sich die Schale gelblich färbt. Schonend ernten. Fruchtfall schon vor der Baumreife. Durchpflücken ist immer nötig, denn bei zu früher Ernte sind die Früchte fad, zu spät geerntet mehlig und geplatzt. Nur wenige, etwa 3–5 Tage haltbar.
Verwertung	Eine der frühesten Sorten für den Frischverzehr, aber auch Wirtschaftssorte. Sehr gut für Apfelmus.
Ertrag	Früh einsetzend. Auf schwachwachsenden Unterlagen und jüngeren Bäumen regelmäßig und durchschnittlich, andernfalls alternierend.
Baum	Zunächst aufrechte, kompakte, gut verzweigte Krone mit zunächst steil aufrechten Leitästen. Im Alter mehr locker mit wenigen, unten verkahlenden Trieben. Bei Vollertrag schwacher Wuchs. Der Schnitt zielt vor allem auf bessere Verzweigung, auf die Erhaltung der Triebkraft und die Fruchtasterneuerung. Die Jahrestriebe schließen sehr früh ab, deshalb ist die Sorte als Zwischenveredelung mit 'Elstar' gut geeignet. Im Holz frosthart.
Standort	Auf nährstoffreichen Böden bis in Höhenlagen, beste Fruchtqualität aber in wärmeren Gebieten. Auf trockenen Böden bleiben die Früchte zu klein, mehr mehltauanfällig, der Baum erschöpft sich frühzeitig.
Anfälligkeit	Stark für Feuerbrand, Mehltau, Krebs, Kragenfäule, Blutlaus. Weniger für Schorf. Fruchtfäulen schon am Baum. Empfindlich für Kupfer- und Schwefelmittel.
Anbauwert	In günstigen Apfellagen heute durch andere, weniger problematische Sorten ersetzbar, etwa die größeren, besser gefärbten und haltbareren 'Piros', 'Pia' oder 'Discovery' sowie die später reifenden 'Jakob Fischer' oder 'Reglindis'.

Weißer Matapfel

Spätsorte

Ertrag	Mittelspät einsetzend, dann (trotz Alternanz) insgesamt hoch.
Baum	Umfangreiche, formschöne Krone. Die unteren Äste reichen fast bis zum Boden. Starker Wuchs. Im Holz vollkommen frosthart.
Standort	Breit anbaufähig und sehr anspruchslos an Boden und Klima bis in höhere Lagen.
Anfälligkeit	Sehr widerstandsfähig gegen Schorf, Mehltau und Krebs.
Anbauwert	Wertvolle Sorte für den Streuobstanbau.

Doppelname	'Spätblühender Matapfel', 'Tiefbutzen', 'Weißer Würzapfel', 'Würzapfel' und andere
Entstehung	Nicht gesichert. 1797 von Sickler beschrieben. War in Süddeutschland im 18. Jh. verbreitet. Weitere Quellen deuten nach Hessen, Franken und ins Rheinland.
Blüte	Spät, nicht empfindlich. Guter Pollenspender.
Frucht	Mittelgroß, ungleichhälftig, oft stumpf kegelförmig mit breiten Kanten über der Frucht. Kurzer dicker Stiel in tiefer, berosteter Stielgrube. Kelchgrube schüsselförmig und gerippt. Geschlossener Kelch. Fruchtschale glatt, bei Reife trüb gelb und beduftet, mit sonnenseits verwaschen rötlicher Deckfarbe und weißen Schalenpunkten. Fruchtfleisch ist gelblichweiß, später weiß, etwas grobzellig, aber saftig mit süßsäuerlichem Weingeschmack und angenehmem Duft.
Reife	Je nach Standort Mitte bis Ende Oktober, im kühlen Naturlager bis 7 Monate haltbar.
Verwertung	Bedingt für den Frischverzehr.

Weißer Rosmarinapfel

Herbstsorte

Bemerkung	Vom Rosmarinapfel gab es 3 Sorten, einen weißen, einen halbweißen und einen roten Rosmarinapfel.
Doppelnamen	'Rosmarino bianco', 'Mela di Rosmario', 'White Romarin', 'Rosmarinapfel', 'Weißer Italienischer Rosmarin', 'Weißer Schlotterapfel'
Entstehung	Die Sorte dürfte aus Südtirol stammen. Die erste Beschreibung erfolgte durch Zink (1766) als 'Weißer Schlotterapfel' und später durch Christ. Der 'Weiße Schlotterapfel' war im 19. Jh. eine weltbekannte Exportfrucht. In Deutschland erreichte die Sorte nur in wärmsten Weinbaulagen eine gewisse Verbreitung.
Blüte	Mittelfrüh, etwas witterungsempfindlich. Guter Pollenspender.
Frucht	Mittelgroß, mitunter auch groß, lang, hoch gebaut mit flachen Rippen über der Frucht. Langer, dünner Stiel in tiefer Stielgrube. Schale zart, leicht blau bereift. Bei Vollreife hellgelb, fast weißlich mit feinen Schalenpunkten. Sonnenseits leicht gerötet. Fruchtfleisch weiß, nicht fest, zart. Saftig mit edler Würze und vorherrschender Säure mit hohem Zuckergehalt.
Reife	Ab Mitte September. Die Früchte hängen einzeln, drücken sich deshalb nicht ab. Windfest. Im kühlen Naturlager etwa 4 Monate haltbar.
Verwertung	Edler Tafelapfel, aber auch gute Wirtschaftssorte und für Saft.
Ertrag	Spät einsetzend und abhängig von der Lage und dem Pflegezustand. Auf Hochstämmen mittelhoch mit nur geringer Alternanzneigung, auf schwachwachsenden Unterlagen hoch und regelmäßig.
Baum	Hoch gebaute, dicht verzweigte und beblätterte Krone. Mittelstarker, aufrechter Wuchs. Ein aufmerksamer Schnitt zielt vor allem auf bessere Belichtung im Inneren der Krone. Gelegentlich wird auch eine Auslichtung nötig sein.
Standort	Gemäß der Herkunft nur für nährstoffreiche, ausreichend feuchte Böden in geschützter Lage. Höhenlagen sind zu meiden.
Anfälligkeit	Bei Befallsdruck in geschlossener Tallage anfällig für Schorf und Mehltau.
Anbauwert	Auf zusagendem Standort eine gute Gartensorte und für alle Baumformen geeignet, auch Spalier und Topfbäume. Die Sorte war früher so begehrt, dass man sie bisweilen in Gewächshäusern anbaute.

Weißer Winterkalvill — Spätsorte

Doppelnamen	'Calville blanc á Côte', 'Calville blanc', 'Calville blanche d'hiver', 'Eggeling', 'Kittenapfel', 'Sternrenette'
Entstehung	Nach André Leroy stammt die Sorte aus der Gegend von Boll/Landkreis Göppingen. Eine erste Beschreibung stammt von J. Bauhin (1598) als 'Weißer Züricher Apfel' und 'Großer Züricher'. Le Lectier (1628) nennt die Frucht erstmals 'Calville blanc'. Die Sorte fand schnell große Verbreitung. In Südtirol galt sie im 19. Jh. als der Exportartikel Nummer 1, der in den Delikatessläden der europäischen Großstädte zu höchsten Preisen verkauft wurde. In Deutschland wurde der Anbau nur als Spalier an Südwänden empfohlen.
Blüte	Früh, witterungsempfindlich. Bei starkem Fruchtansatz wird ein energisches Ausdünnen angeraten, um einer frühzeitigen Erschöpfung des Baumes vorzubeugen. Selbstbefruchtung soll vorkommen.
Frucht	Mittelgroß, an Spalieren auch groß. Unterschiedliche, stielbauchige Form mit typisch starken Rippen bis zum Stiel. Weite und tiefe Kelcheinsenkung mit halb offenem Kelch. Stiel kurz und dick in tiefer, strahlig berosteter Stielgrube. Schale weich, glatt und geschmeidig mit dunklen Schalenpunkten. Sehr druckempfindlich. Am Lager fettend. Weißgelblich, sonnenseits intensiver gelb und verwaschen rötlich. Duftend. Fruchtfleisch gelblich, feinzellig, etwas mürbe. Saftreich, feine Säure und leicht aromatisch. Hoher Gehalt an Vitamin C.
Reife	Ab Anfang Oktober, windfest bis zur Baumreife. Späte Ernte fördert die Fruchtqualität. Im kühlen Naturlager etwa sechs Monate haltbar, im Kühllager bis April, nicht unter 4 °C.
Verwertung	Für Frischverzehr und als Wirtschaftssorte.
Ertrag	Auf schwach wachsenden Unterlagen früh einsetzend, hoch und regelmäßig. Sonst unterschiedliche Erträge. Der Anteil an einwandfreien Früchten ist von Rundkronen verhältnismäßig klein.
Baum	Mittelgroße, weniger verzweigte Krone mit großen, weichen Blättern. Im Vollertragsalter schwacher Wuchs. Der Schnitt zielt auf laufende Trieberneuerung und Erhalt der Wuchskraft, sonst bleiben die Früchte zu klein. Wurde früher fast ausschließlich als Spalier- oder Topfbaum im Windschutz vor Mauern gepflanzt. Im Holz nicht ganz frostfest.
Standort	Ungewöhnlich hohe Ansprüche. Benötigt nährstoffreiche, schwere Böden im Weinbauklima. Abweichungen gehen auf Kosten der Fruchtqualität und bedeuten einen stärkeren Befall mit Schadfaktoren.
Anfälligkeit	Mittel für Feuerbrand. Besonders in geschlossenen, warmen Lagen sehr stark Blatt- und Fruchtschorf, Mehltau, Krebs und Blutläuse.
Anbauwert	Sensible Sorte für erfahrene Anbauer und Liebhaber. Schnitt, Pflanzenschutz und Feuerbrandüberwachung sind zwingend, v. a. im ökologischen Anbau.

Weißer Wintertaffetapfel   Spätsorte

Doppelnamen	'Der Wachsapfel', 'Oberländer Taffetapfel', 'Röstels gelber Weinling', 'Weinapfel', 'Weißer Taffetapfel', 'Silberrenette', 'Taffetas blanc', 'Taffetiner'
Entstehung	Unbekannt. Sehr alte Sorte, die 1784 im Verkaufskatalog der Baumschule der Königlichen Plantage zu Herrenhausen bei Hannover aufgeführt ist. Als 'Taffetapfel' ist die Sorte 1785 auch im „Verzeichnis der verschiedenen Obstbäume" von Johannes Held, Lustgärtner aus Wien, enthalten. Eine erste Beschreibung erfolgte durch J.L. Christ 1797. Die Sorte war im 19. Jh. in Mitteleuropa stark verbreitet, im 20. Jh. ging der Anbau zurück. Der 'Wintertaffet' wird heute wieder vermehrt in Streuobstanlagen gepflanzt.
Blüte	Spätblüher. Guter Pollenspender.
Frucht	Klein bis mittelgroß. Unsymmetrisch, flachkugelig, gegen Kelch und Stiel gerundet. Ohne Rippen, aber wulstig. Druckempfindlich. Das Fruchtfleisch ist reinweiß, feinzellig, knackend, fest, saftig, mit weniger starkem, aber lieblichem Gewürz und frischer, angenehm wirkender Säure.
Reife	Baumreife ist Ende Oktober, Genussreife ab Dezember bis Februar/März.
Verwertung	Als Dessertapfel geschätzt, aber auch für Kompott, zum Dörren und für Most geeignet.
Ertrag	Spät einsetzend, oft alternierend.
Baum	Langsam wachsend. Bildet eine große, gewölbte und geschlossene Krone mit etwas hängenden Trieben.
Standort	Breit anbaufähig bis in höhere Lagen. Auf wärmeren Standorten werden bessere Fruchtqualitäten erzielt.
Anfälligkeit	Etwas schorfempfindlich, sonst robust.
Anbauwert	Besonders in mittleren und höheren Lagen in Deutschland, Schweiz, Österreich und Frankreich in Streuobstanlagen verbreitet. Früher als Straßenbaum verwendet.

Wellant®   Spätsorte

Bemerkung	'Wellant' ist der Markenname, 'Fresco' der eingetragene Sortenname.
Entstehung	1987 aus 'Elise' und einer Zuchtnummer in der Plant Research International (PRI) in Wageningen/Niederlande. EU-Sortenschutz seit 2008.
Blüte	Mittelspät und frostempfindlich, besonders in spätfrostgefährdeten Lagen (u. a. Flussniederungen). Als Pollenspender werden 'Braeburn', 'Cox Orange', 'Elstar', 'Gala', 'Golden Delicious', sowie Zierapfelsorten (u. a. 'Golden Gem') angegeben. Eine Blütenausdünnung kann in der Regel entfallen, jedoch mindert sie eine mögliche Alternanzneigung.
Frucht	Meist groß, hoch gebaut mit enger Stielgrube und weiter, berosteter Kelchgrube. Gut belichtete Früchte sind fast ganzflächig rot gefärbt und geflammt, mit deutlichen Lentizellen und kaum fettiger Schale. Der Geschmack ist bei der Pflückreife noch nicht ausgeprägt, eher säuerlich und mit zäher Schale. Während der Lagerzeit bauen sich Stärke und Säure ab und es bildet sich ein ausgezeichnetes, süßfruchtiges Aroma. Je nach Jahreswitterung kann die Süße etwa 70° Oechsle betragen.
Reife	Die Baumreife ist je nach Jahreswitterung gegen Ende September.
Verwertung	Überwiegend Tafelsorte.
Baum	Wuchs mittelstark bis stark mit bevorzugter Mittelachse, sodass eine schwachwachsende Unterlage (M 9) zu empfehlen ist. Die langen Seitentriebe neigen zur Verkahlung und bedürfen eines aufmerksamen Schnittes. Ein zusätzlicher Sommerschnitt ist im Hinblick auf mehr erwünschte Kurztriebe ratsam.
Standort	Der Standort wirkt sich deutlich auf die äußere und innere Fruchtqualität aus. Außerhalb von warmen Lagen mit nährstoffreichen Böden ist ein Anbau nur mit hohem Pflegeaufwand (Düngung, Bewässerung) ratsam.
Anfälligkeit	Eine Anfälligkeit gegen den Feuerbrand wurde mehrfach festgestellt, deshalb achtet man auf das Erscheinen des Überträgers (Sommerapfelblattsauger) und leitet eine frühzeitige Bekämpfung ab Anfang April ein. Krebs kann in schweren, nassen Böden auftreten, jedoch weniger als bei der Elternsorte 'Elise'. Schorf spielt eine eher untergeordnete Rolle, Mehltau schon eher.
Anbauwert	Der Anbauwert ist abhängig von fachlich einwandfreier Pflege (u. a. Sommer- und Überwachungsschnitt, Pflanzenschutz) und gilt hauptsächlich für erfahrene Anbauer im Erwerbsbereich.
	Die Sorte kam schnell in den Anbau, v. a. im Direktabsatz, da sie geschmacklich sehr überzeugt. Sie gilt als Alternative zu 'Elstar' und 'Rubinette'. 'Wellant' kommt als als „halboffene" Clubsorte in den Handel (Mindestabnahmemengen pro Betrieb, Lizenzgebühren für Jungbäume).

Welschisner

Spätsorte

Flache, weite Kelcheinsenkung mit geschlossenem Kelch. Sehr kurzer Stiel in enger, berosteter Stielgrube. Schale hart, glatt, geschmeidig mit hellen Schalenpunkten. Gelbgrün, sonnenseits verwaschene Deckfarbe.
Fruchtfleisch fest, gering saftig. Hervortretende Säure, wenig Aroma.

Reife Ab Anfang Oktober, windfest bis zur Baumreife. Wegen des kurzen Stieles drücken sich die Früchte oft vorzeitig ab. Im kühlen Naturlager etwa sieben Monate ohne Welke haltbar.

Verwertung Frischverzehr erst nach längerer Lagerzeit, mehr Wirtschafts- und Mostsorte.

Ertrag Jährlich wechselnd zwischen sehr hohen und geringen Erträgen (Alternanz). Insgesamt mittelhoch.

Baum Große, hohe und breite Krone mit überhängenden, meist kahlen Ästen. Im Vollertragsalter noch immer starker Wuchs. Der späte Schnitt (erst zur Blütezeit) zielt auf bessere Verzweigung. Im Holz frostfest.

Standort Ohne Ansprüche an Boden und Klima bis in raue Höhenlagen.

Anfälligkeit In geschlossenen Tallagen für Schorf und Mehltau, sonst widerstandsfähig. Auf sehr schweren Böden krebsanfällig.

Anbauwert Nur für Höhenlagen empfehlenswert, sonst ist die Sorte verzichtbar.

Bemerkung Die Bezeichnung „Isner" oder „Eisner" bezieht sich nicht auf die Stadt Isny im Allgäu, sondern auf das mittelhochdeutsche Wort „Isen" für Eisen.

Doppelnamen 'Braunauer Winterweinling', 'Großer Böhmischer Brünnerling', 'Großer Brünner', 'Großer Isnyer Jahrapfel', 'Steiner', 'Welscher Eiserapfel'

Entstehung Unbekannt. Der 'Welschisner' gehört zur Gruppe der Brünnerlinge. Die erste Aufzeichnung eines Brünnerlings stammt von 1682 durch Wolf Heimhard von Lohberg/Anstetten (Nieder-Österreich) in seiner „Georgica Curiosa" unter dem Namen 'Priner-Apfel'. Die nächste Erwähnung folgte dann durch W. Walker in „Die Obstsorten der Obstbaumschule zu Hoffenheim" 1830 als 'Eisnerapfel', die erste Beschreibung kam von E. Lucas 1854 als 'Welsch-Isner'.
Im 20. Jh. verlor die Sorte an Bedeutung. Sie ist heute noch im Handel und vor allem in den Alpenländern verbreitet.

Blüte Spät, nicht empfindlich. Schlechter Pollenspender.

Frucht Meist groß, um 170 g schwer. Sehr unterschiedliche und ungleichmäßige Form. Meist flachrund mit unregelmäßigen Kanten über der Frucht.

Wettringer Taubenapfel — Spätsorte

Bemerkung	Die Sorte ist nicht identisch mit dem 'Taubenapfel von St. Louis'. Der 'Wettringer Taubenapfel' reift deutlich später.
Entstehung	Ungewiss, vermutlich Ende des 19. Jh. in Wettringen bei Rothenburg ob der Tauber. Die Sorte wurde 1830 durch die Kreisbaumschule Triesdorf in den Handel gebracht. Beschreibung 1950 von Rudolf Trenkle in seinem „Obst-Sortenwerk".
Blüte	Mittelfrüh, guter Pollenspender.
Frucht	Klein bis mittelgroß, mit ungleichen Hälften und sehr unterschiedlicher Form. Oft abgestumpft rundlich. Weite und tiefe, gerippte Kelcheinsenkung mit offenem Kelch. Meist langer Stiel in weiter Stielgrube. Schale Glatt, geschmeidig und leicht bereift. Bei Reife hellgelb, sonnenseits flächig karmesinrot mit blutroten Streifen. Fruchtfleisch fast weiß, feinzellig, etwas locker, saftig. Schwache Würze. Vorherrschend weinsäuerlich mit ausreichender Süße.
Reife	Ab Mitte Oktober, wind- und sturmfest. Etwa 2 Monate im kühlen Naturlager haltbar.
Verwertung	Für den Frischverzehr und als guter Wirtschafts- und Mostapfel brauchbar.
Ertrag	Als Hochstamm spät einsetzend und im Wechsel zwischen hohen und sehr geringen Erträgen.
Baum	Gerader, kräftiger Stamm und hoch gebaute, große Krone mit schräg aufrechten, gut verzweigten Ästen. Von Jugend an sehr starker, im Vollertragsalter immer noch mittelstarker Wuchs. Wurde früher gelegentlich als Stammbildner verwendet. Der Schnitt kann sich auf gelegentliche Auslichtung beschränken. Im Holz frostfest. Kann sehr alt werden.
Standort	Ohne Ansprüche an Boden und Klima bis in Höhenlagen.
Anfälligkeit	In geschlossenen Tallagen kann Schorf und Mehltau auftreten, in höheren Lagen weniger.
Anbauwert	Wegen des starken Wuchses keine Gartensorte, aber eine immer noch beliebte Streuobstsorte.

Winesap

Spätsorte

Doppelnamen	'American Winesop', 'Hollands Red Winter', 'Royal Red of Kentucky', 'Texas Red', 'Winter Wine-Sop'
Entstehung	Vor 1800 in New Jersey/USA. Erstmals erwähnt von J. Mease 1804. W. Moores beschrieb die Sorte 1817 als beliebteste Ciderfrucht von West Jersey. Der 'Winesap' entwickelte sich zu einer der bekanntesten Sorten in Nord-Amerika. Sie wird heute auch noch in der Türkei, Italien und Frankreich angebaut.
Blüte	Mittelfrüh, wenig empfindlich. Schlechter Pollenspender (triploid).
Frucht	Meist groß. Ungleichmäßige, flachrunde Form mit flachen Kanten über der Frucht. Schüsselförmige Kelcheinsenkung mit geschlossenem Kelch. Sehr kurzer Stiel in weiter und tiefer Stielgrube. Schale derb, glatt, geschmeidig, unauffällige Schalenpunkte. Fruchtfleisch mittelfest, grobzellig, saftig, säuerlich mit leichtem Aroma.
Reife	Ab Anfang Oktober, nicht windfest wegen der kurzen Fruchtstiele. Im kühlen Naturlager etwa sechs Monate haltbar.
Verwertung	Für den Frischverzehr, auch gute Wirtschaftssorte.
Ertrag	Jährlicher Wechsel zwischen hohen und geringen Erträgen (Alternanz).
Baum	Große, breit ausladende Krone, mit kräftigen, verkahlenden Ästen. Von Jugend an starker, im Vollertragsalter noch immer kräftiger Wuchs. Der Schnitt zielt auf bessere Verzweigung. Im Holz nicht ganz frostfest.
Standort	Beste Fruchtqualität in geschützter Lage, auf leichteren, nährstoffreichen Böden. Nicht für Höhenlagen geeignet.
Anfälligkeit	Mittelstark für Feuerbrand. Auf zusagenden Standorten widerstandsfähig.
Anbauwert	In den meisten Gebieten bei uns verzichtbar. Es existiert auch eine rote Auslese (Sichtung Triesdorf).

Winter Banana — Spätsorte

Doppelname	'Flory of Winter-Banana', 'Winter-Bananenapfel'
Entstehung	USA, auf der Farm von D. Flory in Cass County/Indiana. Eingeführt in den Handel durch die Baumschule Greening Brothers in Monroe/Michigan. Um 1895 führte die Baumschule Späth in Berlin die Sorte unter dem Namen 'Flory of Winter-Banana' in Deutschland ein.
Blüte	Spät, nicht empfindlich. Guter Pollenspender.
Frucht	Meist groß, um 170 g schwer. Ungleichmäßige, breitkugelige Form mit flachen Kanten und einem deutlichen Grat. Weite, strahlige Kelcheinsenkung mit typisch kleinem, geschlossenem Kelch. Kurzer Stiel in weiter, unberosteter Stielgrube. Schale dünn, glatt, trocken. Gelbgrün, sonnenseits verwaschen bräunlich-orange mit dunklen Schalenpunkten. Nicht druckfest. Fruchtfleisch mittelfest, saftig, mildsäuerlich mit schwacher Süße und leichtem Aroma.
Reife	Ab Anfang Oktober, windfest. Schonend ernten. Bei guter Lagerung sechs Monate haltbar ohne zu welken. Für die Aufbewahrung in perforierten Folienbeuteln geeignet.
Verwertung	Von warmen Standorten besseres Aroma für den Frischverzehr, sonst mehr Wirtschafts- und Mostsorte.
Ertrag	Nur auf schwach wachsenden Unterlagen regelmäßig und mittelhoch, sonst spät einsetzend und alternierend.
Baum	Breitkugelige, große, gut verzweigte Krone mit schrägen Ästen. Im Alter hängende Fruchtäste mit dichter Belaubung. Gelegentliche Auslichtungsschnitte sind erforderlich. Im Vollertragsalter noch mittelstarker Wuchs. Im Holz nicht ganz frostfest.
Standort	Auf nährstoffreichen, leichteren Böden bis in windgeschützte Höhenlagen anbaufähig.
Anfälligkeit	Mittelstark für Feuerbrand. Nur in geschlossenen Tallagen für Schorf und Mehltau, sonst widerstandsfähig.
Anbauwert	Tafelsorte nur in wärmeren Lagen, sonst als Streuobstsorte.

Winter-Zitronenapfel

Spätsorte

Bemerkung	Die Sorte ist nicht identisch mit dem 'Winter-Zitronenapfel' in der Schweiz.
Doppelnamen	'Königsrenette', 'Silberpepping', 'Zitronenapfel', 'Limoen Appel', 'Reinette du Roi'
Entstehung	Ungewiss, wurde bereits 1758 beschrieben von Knoop. Vermutlich deutscher oder französischer Herkunft. Früher weit verbreitet, heute teilweise noch im Rheinland und in Hessen anzutreffen.
Blüte	Spät, lange anhaltend, nicht empfindlich. Schlechter Pollenspender (triploid).
Frucht	Groß, um 190 g schwer. Je nach Herkunft unterschiedliche, oft flachrunde, auch hoch gebaute Form. Flache, leicht gerippte Kelcheinsenkung mit kleinem, geschlossenem Kelch. Kurzer Stiel in tiefer, strahlig berosteter Stielgrube. Schale dünn, glatt, leicht fettig, druckempfindlich. Zitronengelb, sonnenseits rötlich überhaucht mit feinen Schalenpunkten. Fruchtfleisch etwas mürbe, grobzellig. Saftig mit vorherrschender Säure, ohne Aroma. Oft glasig und stippig.
Reife	Ab Anfang Oktober, genussreif ab Dezember. Windfest bis zur Baumreife. Wegen der fettigen Schale etwa sechs bis sieben Monate im kühlen Naturlager haltbar.
Verwertung	Überwiegend Wirtschafts- und Mostsorte. War früher der übliche Küchenapfel.
Ertrag	Jährlicher Wechsel zwischen sehr hohen Erträgen und völligem Ausfall (ausgeprägte Alternanz).
Baum	Hohe und weit ausladende, gut verzweigte Krone mit überhängenden Fruchtästen. Auch im Alter noch kräftiges Wachstum. Im Holz frostfest.
Standort	Ohne Ansprüche an Boden und Klima bis in windige, raue Höhenlagen.
Anfälligkeit	Nur in geschlossenen Tallagen für Schorf und Mehltau, sonst widerstandsfähig. Empfindlich für Schwefelmittel.
Anbauwert	Typische Sorte für den Anbau in Streuobstwiesen.

Zabergäurenette

Spätsorte

Bemerkung	Die Sorte ist nicht identisch mit der 'Grauen Französischen Renette' oder 'Graue Kanadarenette' bzw. 'Reinette gris du Canada'.
Doppelnamen	'Graue Renette vom Zabergau', 'Hausener Graue Renette', 'Zabergäu'
Entstehung	1885, Zufallssämling in Hausen an der Zaber, Kreis Heilbronn. 1926 als 'Graue Renette vom Zabergau' öffentlich vorgestellt.
Blüte	Mittelfrüh, nicht empfindlich. Schlechter Pollenspender (triploid). Ausdünnen nach dem Junifall kann die Alternanz mindern.
Frucht	Meist groß bis sehr groß, um 220 g schwer. Sehr unterschiedlich und ungleichmäßig in der Form. Oft hochrund mit schüsselförmiger Kelcheinsenkung, tiefer Stielgrube Unterschiedlich langer Stiel in weiter und tiefer Stielgrube. Schale dick, trocken, meist voll berostet. Gelbgrün, sonnenseits trüborange mit fein verwaschenen Streifen. Druckfest. Fruchtfleisch gelblichweiß, feinzellig, etwas mürbe, wenig saftig, süß-säuerlich mit feiner Würze.
Reife	Ab Ende September, etwas früher als 'Boskoop'. Windfest bis zur Baumreife, dann starker Fruchtfall. Mehrmaliges Durchpflücken ist ratsam. Wegen der rauen Schale soll das Lager feucht sein. Nur etwa 4 Monate haltbar, wird bald mürbe und trocken. Auf Stippe, besonders von jungen, scharf geschnittenen Bäumen, ist zu achten.
Verwertung	Für Frischverzehr, auch Wirtschafts- und Mostsorte. Schnittflächen bräunen schnell. Als Brennfrucht begehrt.
Ertrag	Auf schwachwachsenden Unterlagen mittelhoch, selten hoch und regelmäßig, da alternierend.
Baum	Große, flache und breite Krone mit aufwärts gerichteten, mäßig verzweigten Ästen. Von Jugend an sehr starkes Wachstum, im Vollertragsalter immer noch kräftig. Der Schnitt zielt auf bessere Verzweigung, der Sommerschnitt auf regelmäßigeren Ertrag. Im Holz nicht ganz frostfest, besonders nach hohen Erträgen.
Standort	Am besten sind tiefgründige, nährstoffreiche Böden in warmen, auch windigen Lagen. Abweichungen wirken sich auf die Fruchtqualität aus.
Anfälligkeit	Gering für Feuerbrand, weniger für Schorf und Mehltau. Anfällig für Rote Spinne, auf schweren, nassen Böden Krebs. Sehr empfindlich für Kupfermittel.
Anbauwert	Im Vergleich zu 'Boskoop' ist die Sorte milder im Geschmack und der Baum sicherer im Ertrag. Nur für bevorzugte Lagen im Garten und extensiven Anbau empfehlenswert.

Zuccalmaglios Renette   Spätsorte

Doppelnamen	'Reinette de Zuccalmaglio', 'Zuccalmaglio'
Entstehung	1878, aus 'Ananasrenette' x 'Purpurroter Agatapfel'. Züchter Diedrich Uhlhorn jr. in Grevenbroich/Rheinland. Benannt nach dem Schwiegervater des Züchters Justizrat Vinzenz von Zuccalmaglio. Die erste Beschreibung stammt von Th. Engelbrecht 1889. Die Sorte war (und ist immer noch) ein hochgeschätzter Tafelapfel.
Blüte	Mittelfrüh, lange anhaltend, nicht empfindlich. Guter Pollenspender. Ausdünnen nach der Blüte fördert die Fruchtgröße und mindert die Alternanzneigung.
Frucht	Klein bis mittelgroß, um 120 g schwer. Meist etwas ungleichmäßige, hoch gebaute Form. Schüsselförmige, strahlige Kelcheinsenkung mit halb offenem Kelch. Kurzer Stiel in tiefer und enger, berosteter Stielgrube. Schale fest, glatt, trocken mit dunklen Schalenpunkten. Gelbgrün, sonnenseits verwaschen rötlich. Kräftiger Duft. Fruchtfleisch gelblich weiß, zur Schale hin dunkler. Mäßig fest, feinzellig, mittel saftig. Mild säuerlich süß mit feinem Aroma.
Reife	Ab Anfang Oktober, windfest bis zur Vollreife. Höherer Zuckergehalt und noch besseres Aroma bei spätest möglicher Ernte, mitunter kurz vor dem Frost. Mehrmaliges Durchpflücken ist deshalb anzuraten. Im kühlen Naturlager etwa fünf Monate haltbar, danach welkend.
Verwertung	Für den Frischverzehr, auch sehr gute Wirtschafts- und Mostsorte, industriell für Saft.
Ertrag	Früh einsetzend, etwa nach dem 3. Standjahr. Auf schwach wachsenden Unterlagen jährlicher Wechsel zwischen mittelhohen und geringeren Erträgen, sonst ausgeprägte Alternanz. Insgesamt höchstens mittelhoch. Durch Blattdüngung sofort nach der Ernte lässt sich die Alternanz (neben Sommerschnitt und Ausdünnung) mindern.
Baum	Hochkugelige, geschlossene, ungleichmäßige Krone mit schräg aufrechten Leitästen und leicht hängendem Seitenholz. Im Vollertragsalter schwacher Wuchs. Durch Sommer- und Überwachungsschnitt lassen sich regelmäßigere und höhere Erträge erzielen. Wiederholte Verjüngung ist vorteilhaft. Im Holz frostfest.
Standort	Keine trockenen Böden. Sonst bis in mittlere, geschützte Höhenlagen anbaufähig.
Anfälligkeit	Gering für Feuerbrand und Schorf, stärker für Mehltau, in sehr schweren und armen Böden krebsanfällig. Kein Blutlausbefall.
Anbauwert	Für Liebhaber noch immer eine Spitzensorte. Bei richtiger Pflege (Schnitt, Pflanzenschutz) geeignet für alle Baumformen, auch Spaliere und Topfbäume.

Zwiebelborsdorfer

Spätsorte

Doppelnamen	'Borsdorf Ognon', 'Oignon de Borsdorf', 'Zwiebel-Marschanzker', 'Bauernrenette', 'Frankfurter Borsdorfer', 'Käseapfel', 'Scheibenapfel', 'Zipollenapfel', 'Zwiebelapfel'
Entstehung	Ungewiss, vermutlich Deutschland oder Niederlande. Aufgezeichnet erstmals 1653 von N. de Bonnefond als 'Reinette platte', beschrieben und abgebildet 1758 von H. Knoop als 'Kantjes-Appel', 1788 beschrieben von C.C.L. Hirschfeld als 'Der Zwiebelapfel' oder 'Zipollenapfel'. Die Sorte war im 19. Jh. in Mitteleuropa verbreitet, allerdings kein Anbau in größeren Menge. Heute gibt es nur noch einige wenige Einzelbäume.
Frucht	Klein, höchstens mittelgroß und flach- oder plattrund. Oft mit ungleichen Hälften. Weite Kelcheinsenkung mit geschlossenem Kelch. Strahlig berostete Stielgrube mit sehr kurzem Stiel. Schale glatt, matt glänzend, manchmal mit Warzen. Nicht druckfest. Bei Reife hellgelb, sonnenseits flächigrot oder geflammt. Fruchtfleisch hell gelblichweiß, feinzellig, fest, wenig Saft und Würze. Vorherrschend weinsäuerlich bei unterschiedlicher Süße.
Reife	Ab Ende Oktober. Dicht hängende Früchte drücken sich oft schon vor der Baumreife ab. Etwa 5–6 Monate im kühlen Naturlager haltbar.
Verwertung	Vorwiegend als Wirtschafts- und Mostsorte. 1886 vom Deutschen Pomologenverein zum Dörren empfohlen.
Ertrag	Mittelfrüh einsetzend mit ausgeprägter Alternanz.
Baum	Mittelgroße, flache Krone. Im Alter fast waagerecht abstehende, dünn verzweigte Äste. Mittelstarker, im Alter schwacher Wuchs. Geringer Pflegeaufwand. Im Holz frostfest.
Standort	Ohne Ansprüche an Boden und Klima bis in höhere, auch raue Lagen. Wurde in Sachsen für kalte Lagen und feuchte Böden empfohlen.
Anfälligkeit	In wärmeren Lagen stark für Regenflecken, Blatt- und Fruchtschorf, mittel für Mehltau. In höheren Lagen wenig anfällig.
Anbauwert	Keine Gartensorte. Für Obstwiesen in höheren Lagen noch empfehlenswert.

Übersicht der Krankheiten, Risikofaktoren und Standorteigenschaften

Sorte	Empfindlich gegen Feuerbrand	Empfindlich gegen Schorf	Empfindlich gegen Mehltau	Empfindlich gegen weitere Schädlinge und Krankheiten	Sonstiges	Standort
Adersleber Kalvill	sehr stark	gering	mäßig	Spinnmilben, Krebs	Kupfermittel	
Ahra	mittelstark	Resistenz durchbrochen	sehr stark	krebsfest	alterniert	
Ahrina	?	gering – mittel	möglich			
Akane	mittelstark	mittelstark	stark		stark Stippe	
Alantapfel				Krebsneigung		
Alkmene	stark	gering	gering	Spinnmilben, Triebsucht		
Allington Pepping	mittelstark bis stark	stark	mäßig	Fruchtfäule		warme Lage
Altländer Pfannkuchen	?	robust	robust	Holzfrost	Alternanz	Seeklima
Ananasrenette	stark	gering	gering	stark Krebs, Blutläuse		
Angold	?	robust (M. Antonowka)	stark	Spinnmilben		
Antonowka	?	ohne	ohne		Glasigkeit	Höhenlage
Apfel von Croncels	mittelstark	stark	stark	Triebsucht	Kupfer, Schwefel Alternanz	
Apfel von Halder	?	robust	robust	Krebs		mittlere Höhe
Apfel von Lunow	?	gering	robust		Alternanz	Höhenlage
Arlet	gering	stark	mäßig	Obstmade		geschützte Lage
Auralia	stark	mäßig	stark		Stippe, hohe Erträge	
Ausbacher Roter	?	stark	mäßig		Stippe	Höhenlage
Batullenapfel	ohne	sehr gering	sehr gering		Alternanz	Höhenlage
Baumanns Renette	stark	stark	stark	Blutläuse	Kupfer, Schwefel Stippe	
Beerbacher Taffetapfel					Alternanz	Höhenlage

Übersicht der Krankheiten, Risikofaktoren und Standorteigenschaften

Sorte	Empfindlich gegen Feuerbrand	Empfindlich gegen Schorf	Empfindlich gegen Mehltau	Empfindlich gegen weitere Schädlinge und Krankheiten	Sonstiges	Standort
Berkersheimer Roter	ohne	sehr gering	gering		anspruchslos	Höhenlage
Berner Rosenapfel	mittelstark	stark	stark	Krebs, Blutläuse	Schwefelmittel	
Beutelspacher Renette	?	mittelstark	mittelstark	Krebs	Alternanz	Höhenlage
Biesterfelder Renette	stark	wenig	stark		Alternanz	geschützte Lage
Bischofshut	mittelstark	mittelstark	stark	Krebs		
Bismarckapfel	stark	stark	stark		Holzfrost	geschützte Lage
Bittenfelder Sämling	mittelstark	ohne	ohne	krebsfest	Alternanz	
Blauacher Wädenswil	?	gering	mittel			
Börtlinger Weinapfel	?	mittelstark	gering	stark Krebs, Spinnmilben	Alternanz	
Bonza	stark	mittelstark	stark		Kupfer, Schwefel	warme Lage
Braeburn	stark	stark	stark		Stippe, Alternanz	warme Lage
Bramleys Sämling	?	stark	mittelstark	Spinnmilbe	Stippe, Alternanz	warme Lage
Brauner Matapfel	mittelstark	mittelstark	mittelstark	Krebs	gering Alternanz	Höhenlage
Brettacher	stark	möglich	stark		Alternanz	warme Lage
Cadel	mittelstark	stark	stark	Virosen	Stippe	warme Lage
Carola	mittelstark	mittelstark	gering		Stippe, Glasigkeit	
Carpentin	?	ohne	gering	ohne Triebsucht	gering Alternanz	
Cellini	ohne	kaum	kaum		gering Alternanz	Extremlagen
Champagner Renette	stark	stark	kaum	stark Krebs, Blutläuse	Holzfrost	
Charlamowsky	mittelstark	mittelstark	stark	Krebs	keine Alternanz	Extremlagen

Übersicht der Krankheiten, Risikofaktoren und Standorteigenschaften

Sorte	Empfindlich gegen Feuerbrand	Empfindlich gegen Schorf	Empfindlich gegen Mehltau	Empfindlich gegen weitere Schädlinge und Krankheiten	Sonstiges	Standort
Clivia	mittelstark	mittelstark	gering	Lagerkrankheiten	Stippe	
Collina		tolerant	anfällig		Ausdünnen	warme Lage
Cortland	?	mittelstark	mittelstark	Krebs	Glasigkeit	
Coulons Renette	?	gering	mittelstark	Krebs	Stippe, Alternanz	
Cox Orange	stark	stark	stark	Krebs, Virosen	Kupfer, Schwefel	warme Lage
Danziger Kantapfel	stark	stark	stark	stark Krebs	Kupfer, Schwefel	Höhenlage
Deans Küchenapfel		mittel	mittel	Fruchtfäule, Spitzendürre		Höhenlage
Delbard Jubilée	gering	gering	gering			warme Lage
Delbarestivale	sehr stark	mittelstark	wenig	Spinnmilben	Alternanz	warme Lage
Der Leckerbissen					sehr robust	mittlere Höhe
Deutscher Goldpepping					robust	Höhenlage
Discovery	stark	gering	gering	Kragenfäule, stark Krebs	Alternanz	
Ditzels Rosenapfel	?	mittelstark	gering		anspruchslos, Alternanz	
Dülmener Rosenapfel	gering	gering	stark	Virosen, Blutläuse	kaum Alternanz	
Ecolette		tolerant	mittel		Stippe	
Edelborsdorfer	?	gering	gering		Alternanz	Höhenlage
Edelrambur von Winnitza	?	gering	gering		Alternanz	Höhenlage
Elan	mittelstark	stark	mittelstark			geschützte Lage
Elise	?	mittelstark	mittelstark	stark Krebs	Holzfrost, Stippe Glasigkeit	
Ellisons Orange	stark	mittelstark	mittelstark	Krebs	Kupfer, Schwefel	warme Lage

Übersicht der Krankheiten, Risikofaktoren und Standorteigenschaften

Sorte	Empfindlich gegen Feuerbrand	Empfindlich gegen Schorf	Empfindlich gegen Mehltau	Empfindlich gegen weitere Schädlinge und Krankheiten	Sonstiges	Standort
Elstar	stark	stark	stark	Triebsucht	Holzfrost, Alternanz	
Engelsberger	stark	stark	mittelstark		Alternanz	Höhenlage
Enterprise	(noch) ohne	Resistenz durchbrochen	mittelstark		gering Stippe, Alternanz	
Erbachhofer Weinapfel	?				Alternanz	Höhenlage
Ernst Bosch	?	tolerant	gering			
Erwin Baur		robust	robust		Stippe, Glasigkeit nicht frosthart	warme Lage
Falstaff	mittelstark	mittelstark	mittelstark			geschützte Lage
Fameuse	?	robust	robust		Alternanz	Höhenlage
Fießers Erstling	?	kaum	kaum		Alternanz	Höhenlage
Finkenwerder Prinzenapfel	gering	gering	gering	Krebs	Alternanz	Seeklima
Freedom	mittelstark bis stark	gering – mittel (Vf)	ohne			geschützte Lage
Freiherr von Berlepsch	stark	gering	gering	stark Krebs	Kupfer, Schwefel Alternanz	
Fromms Renette	stark	gering	gering			
Fuji	mittelstark	stark	mittelstark		Glasigkeit, Alternanzneigung	warme Lage
Gacksapfel	?			stark Krebs	Alternanz	
Gala	stark	sehr stark	stark	Spinnmilben, Krebs, Triebsucht		
Galloway Pepping		gering – mittel	mittel			mittlere Höhe
Gartenmeister Simon	?	gering	gering		geringe Erträge	
Gascoynes Scharlachroter	?	stark	mittel	Spinnmilben, Virosen	Alternanz	
Geflammter Kardinal	?	gering	gering	Kupfermittel	kaum Alternanz	

359

Übersicht der Krankheiten, Risikofaktoren und Standorteigenschaften

Sorte	Empfindlich gegen Feuerbrand	Empfindlich gegen Schorf	Empfindlich gegen Mehltau	Empfindlich gegen weitere Schädlinge und Krankheiten	Sonstiges	Standort
Geheimrat Breuhahn	stark	gering	gering	Krebs	Stippe, gering Alternanz	warme Lage
Geheimrat Dr. Oldenburg	stark	stark	stark	stark Krebs, Triebsucht	Kupfer, Schwefel	
Geheimrat Wesener	?	mittelstark		Krebs	Alternanz	
Gehrers Rambur	stark	gering	stark	Spinnmilben	kaum Alternanz	Höhenlage
Gelber Bellefleur	mittelstark	stark	stark	Krebs, Blutläuse	Schwefelmittel	
Gelber Edelapfel	stark	mittelstark	gering	Krebs, Blutläuse		Höhenlage
Gelber Richard	mittelstark	mittelstark	mittelstark	Krebs	Alternanz	warme Lage
George Cave	mittelstark	stark	stark		Stippe	warme Lage
Gerlinde	mittelstark	stark – sehr stark	gering	Rindenkrankheiten	Glasigkeit	
Gewürzluiken	stark	wenig	wenig	Krebs		geschützte Lage
Glockenapfel	gering	mäßig	gering	Krebs	Kupfer, Schwefel Alternanz	
Gloria Mundi	?				Stippe, Alternanz	Höhenlage
Gloster	stark	stark	mäßig	Krebs, Triebsucht	Glasigkeit, Stippe	
Golden Delicious	mittelstark	stark	gering	Virosen	Kupfer, Schwefel	warme Lage
Goldparmäne	stark	stark	stark	Virosen	Holzfrost, Alternanz	
Goldrenette von Blenheim	mittelstark	wenig	stark	stark Krebs	Kupfermittel, stark Stippe	
Goldrenette von Peasgood	?	mäßig	gering	Fruchtfäule	geringe Erträge	Höhenlage
Goldstar		gering – mittel	mittel		Stippe	warme Lage
Goldzeugapfel	mittel	stark	mäßig			mittlere Höhe
Goro	mittelstark	gering	stark			geschützte Lage

Übersicht der Krankheiten, Risikofaktoren und Standorteigenschaften

Sorte	Empfindlich gegen Feuerbrand	Empfindlich gegen Schorf	Empfindlich gegen Mehltau	Empfindlich gegen weitere Schädlinge und Krankheiten	Sonstiges	Standort
Grahams Jubiläumsapfel	stark	gering	ohne	Krebs	Kupfer, Schwefel Stippe	
Granny Smith	mittelstark	mäßig	stark	Krebs, Spinnmilben	Stippe	
Graue Französische Renette	gering	mäßig		Krebs	Kupfer, Schwefel Alternanz	
Gravensteiner	mittelstark	stark	stark	Krebs	Kupfer, Schwefel Alternanz	
Greensleeves	stark	stark	gering	Krebs		
Großherzog Friedrich v. Baden	?	gering	stark		Glasigkeit, Stippe Fruchtfall	
Grünapfel						Extremlagen
Grüner Fürstenapfel	?	robust	robust		Alternanz	Extremlagen
Grüner Stettiner	?	robust	robust		keine Alternanz	Höhenlage
Harberts Renette	ohne	gering	stark	Lagerfäule	Stippe	Alternanz
Hausmütterchen		gering			robust	
Hauxapfel	stark	robust	robust	gering Krebs	keine Alternanz	Höhenlage
Helios	stark	gering	mittelstark		Alternanz, im Holz frosthart	Höhenlage
Heuchelheimer Schneeapfel	?	wenig	wenig		Alternanz	Höhenlage
Hibernal	?	robust	robust		Alternanz	Extremlagen
Hilde	gering	gering	stark	Krebs möglich		warme Lage
Himbacher Grüner	?			Spinnmilben	Alternanz	Höhenlage
Himbeerapfel von Holowaus	?	robust	robust	Krebs	Glasigkeit, Stippe Alternanz	
Idared	stark	stark	stark	Virosen	hohe Erträge	warme Lage
Ingol	mittelstark	stark	mittelstark	Krebs	Stippe, Glasigkeit, Alternanz	

Übersicht der Krankheiten, Risikofaktoren und Standorteigenschaften

Sorte	Empfindlich gegen Feuerbrand	Empfindlich gegen Schorf	Empfindlich gegen Mehltau	Empfindlich gegen weitere Schädlinge und Krankheiten	Sonstiges	Standort
Ingrid Marie	stark	stark	stark	Fruchtfäule, Krebs	Alternanzneigung	
Ivette	stark	stark	stark		hohe Erträge	geschütze Lage
Jakob Fischer	ohne	gering	selten	ohne Triebsucht	keine Alternanz	Höhenlage
Jakob Lebel	stark	mäßig	stark		Stippe, Alternanz	Höhenlage
Jamba	mittelstark	stark	stark		Stippe, keine Alternanz	Seeklima
James Grieve	stark	mäßig	gering	Spinnmilben, Fruchtfäule	Kupfer, Schwefel	
Johannes Böttner	mittelstark	mittelstark	stark	Krebs möglich		geschützte Lage
Jonagold	mittelstark	gering – mittel	stark	Virosen	Glasigkeit	warme Lage
Jonathan	stark	mäßig	sehr stark	stark Krebs, Virosen	Kupfer, Schwefel Holzfrost	
Josef Musch	?	robust	robust		Alternanzneigung	Höhenlage
Juno	mittelstark	mäßig	mäßig	Spinnmilben	Alternanz	
Kaiser Alexander	?	mäßig	stark	Fruchtfäule, Spinnmilben	Alternanzneigung	
Kaiser Wilhelm	mittelstark	mäßig	stark	Fruchtfäule, Lagerfäule	Alternanz	
Kanada Renette	gering	gering	gering	stark Krebs	Kupfer Alternanz	
Kandil Sinap	?	gering – mittel	robust		keine Alternanz	Höhenlage
Kanzi	mittelstark	mittelstark		Krebs	Stippe	warme Lage
Kardinal Bea	mittelstark	gering	robust	Spinnmilben	keine Alternanz	warme Lage
Karmeliter Renette	?	mittelstark	mittelstark	Blutläuse		warme Lage
Karmijn de Sonnaville	stark	gering	stark	Fruchtfäule	Alternanzneigung	warme Lage
Kasseler Renette	?	sehr stark	gering	stark Krebs		Höhenlage

Übersicht der Krankheiten, Risikofaktoren und Standorteigenschaften

Sorte	Empfindlich gegen Feuerbrand	Empfindlich gegen Schorf	Empfindlich gegen Mehltau	Empfindlich gegen weitere Schädlinge und Krankheiten	Sonstiges	Standort
Katja	stark	robust	robust	keine Fruchtfäule	Glasigkeit, keine Alternanz	
Kleiner Herrenapfel					Alternanz	Höhenlage
Königlicher Kurzstiel	?	robust	mittel		Stippe möglich, Alternanz	milde Lage
Korbiniansapfel	?	mittelstark	robust		lang lagerfähig	Höhenlage
Kronprinz Rudolf	?	stark	stark		Alternanz	Extremlage
Landsberger Renette	gering bis stark	stark	mäßig	Triebsucht	Kupfer, Schwefel Alternanz	
Lanes Prinz Albert	gering	gering	mäßig		Rauch, Abgase, keine Alternanz	geschützte Lage
Langtons Sondergleichen	?	robust	stark	Fruchtfäule	Alternanz	Extremlagen
Lausitzer Nelkenapfel	?	mittel	mittel	Spinnmilben	Alternanzneigung	Höhenlage
Leipferdinger Langstiel	?	mittelstark bis stark	robust		Alternanz	Höhenlage
Liberty	?	gering – mittel	sehr stark			
Linda	?	mäßig	gering	Virosen möglich	keine Alternanz	
Linsenhofener Sämling	?	robust	robust			anspruchsvoll
Litauer Pepping	?	gering	gering		keine Alternanz	Extremlage
Lobo	stark	stark	stark	stark Krebs	hohe Erträge	
Lodi	?	mäßig	stark		Alternanz	
Lohrer Rambur	gering	mäßig	stark	Krebs	Alternanz	Höhenlage
Lombarts Kalvill	mittelstark	mäßig	mittelstark	Krebs		
Lord Lambourne	stark	mittelstark	mittelstark			warme Lage
Lotos		mäßig	gering		stark Stippe	

Übersicht der Krankheiten, Risikofaktoren und Standorteigenschaften

Sorte	Empfindlich gegen Feuerbrand	Empfindlich gegen Schorf	Empfindlich gegen Mehltau	Empfindlich gegen weitere Schädlinge und Krankheiten	Sonstiges	Standort
Luna		gering – mittel	wenig	Krebs	robust	
Macoun	?	mäßig	stark	Krebs	Alternanzneigung	
Mairac		mittelstark	gering	Krebs		mittlere Höhe
Malus pumila	ohne	robust	robust			Höhenlage
Mars		tolerant	wenig		Fruchtausdünnung	
Martini				krebsfest		mittlere Höhe
Maunzenapfel	gering	gering – mittel	robust		Alternanz	Extremlage
McIntosh Red	stark	stark	mäßig	Rindenbrand, stark Krebs	Alternanzneigung	
Melrose	mittelstark	mäßig	stark	Triebsucht	Alternanzneigung	warme Lage
Minister von Hammerstein	stark	stark	stark	Blutläuse	stark Stippe	Höhenlage
Muskatrenette	?	gering – mittel	robust		keine Alternanz	Höhenlage
Mutterapfel	?	mäßig	robust			Höhenlage
Nathusius Taubenapfel	?	stark	gering		keine Alternanz	Höhenlage
Newton Wonder	?	gering – mittel	robust		stark Stippe, Alternanz	warme Lage
Oberdiecks Renette	mittelstark bis stark	stark	stark	ohne Krebs		geschützte Lage
Öhringer Blutstreifling	?	stark	stark	Krebs		Höhenlage
Ontario	gering bis stark	gering	stark	Triebsucht, Virosen	Alternanz	
Opal		tolerant	gering			warme Lage
Orleansrenette	?	mittelstark	sehr stark	Krebs	hohe Erträge	warme Lage
Pfirsichroter Sommerapfel	?		stark	Krebs möglich	keine Alternanz	Höhenlage

Übersicht der Krankheiten, Risikofaktoren und Standorteigenschaften

Sorte	Empfindlich gegen Feuerbrand	Empfindlich gegen Schorf	Empfindlich gegen Mehltau	Empfindlich gegen weitere Schädlinge und Krankheiten	Sonstiges	Standort
Pia	?	gering – mittel	mäßig		hohe Erträge	
Piflora	?	mittelstark	mittelstark		hohe Erträge	
Pilot	mittelstark	mittelstark	mittelstark	Gummiholz	Holzfrost, hohe Erträge	
Pingo	?	gering	gering		hohe Erträge	
Pink Lady	mittelstark	stark	mittelstark	Krebs	Holzfrost, Frühfrost	warme Lage
Pinova	mittelstark	mittel	stark		hohe Erträge, Nachblüher	geschützte Lage
Pirol	wenig	mittelstark	gering		hohe Erträge	
Piros	mittelstark	gering	gering	stark Krebs, Rindenbrand	keine Alternanz	
Pohorka	stark	mäßig	mäßig		Stippe, Glasigkeit Fleischbräune	warme Lage
Pommerscher Krummstiel	ohne	robust	robust		Alternanz	Höhenlage
Porzenapfel			stark		Alternanz	geschützte Lage
Primiera		tolerant	gering		Blütenausdünnung	warme Lage
Prinz Albrecht von Preußen	?	gering	mittelstark	Fruchtfäule	Holz frosthart	Höhenlage
Prinzessin Luise	?	gering	gering	Krebs		geschützte Lage
Priscilla	gering	gering – mittel	mittelstark			
Purpurroter Herbst-Cousinot	?	mittelstark	mittelstark		robust, hohe Erträge	Höhenlage
Reanda	ohne	noch resistent (Vf)	stark		Stippeneigung, hohe Erträge	
Rebella	ohne	Resistenz durchbrochen	stark		robust, hohe Erträge	
Recolor		resistent	gering			mittlere Höhenlage
Red Delicious	mittelstark	mittelstark	mittelstark	stark Krebs, Spinnmilben		

Übersicht der Krankheiten, Risikofaktoren und Standorteigenschaften

Sorte	Empfindlich gegen Feuerbrand	Empfindlich gegen Schorf	Empfindlich gegen Mehltau	Empfindlich gegen weitere Schädlinge und Krankheiten	Sonstiges	Standort
Reglindis	gering	resistent (Antonowka)		ohne Virosen	druckempfindlich	
Rekarda		resistent	gering	ohne Spinnmilben, Bakterienbrand		
Remo	gering	Resistenz durchbrochen	kein	Spinnmilben		Höhenlage
Resi	resistent	noch resistent (Vf)	mäßig		hohe Erträge	
Resista	?	noch resistent	gering			warme Lage
Rewena	ohne	Resistenz durchbrochen	kein	Regenflecken, keine Triebsucht		geschützte Lage
Rheinischer Bohnapfel	gering	gering	gering	gering Krebs	Alternanz	Höhenlage
Rheinischer Krummstiel	?		stark		wird sehr alt, Alternanz	warme Lage
Rheinischer Winterrambur	stark	mittelstark	mittelstark		Kupfer, Schwefel Alternanz	warme Lage
Rheinische Schafsnase	stark	stark	stark	Krebs	Alternanz	
Ribston Pepping	mittelstark	mittelstark	stark	Krebs	Kupfermittel, Alternanz	
Riesenboiken	?	kaum	mittelstark	Krebs	Alternanz	Höhenlage
Roter Astrachan	?	mittelstark	mittelstark	Obstmade	Alternanzneigung	Extremlagen
Roter Bellefleur	?	gering	mittelstark			Höhenlage
Roter Eiserapfel	gering	gering	robust		Kupfermittel, hohe Erträge	Extremlagen
Roter Hauptmann	gering	mittelstark	stark		Alternanz	Höhenlage
Roter Herbstkalvill	?	mittelstark	mittelstark	Krebs		Höhenlage
Roter Metternich	mittelstark	mäßig	stark		Kupfermittel, Glasigkeit, Alternanz	
Roter Stettiner	?				lange lagerfähig, Alternanz	Höhenlage
Roter Trierer Weinapfel	mäßig	mittelstark	mäßig			warme Lage

Übersicht der Krankheiten, Risikofaktoren und Standorteigenschaften

Sorte	Empfindlich gegen Feuerbrand	Empfindlich gegen Schorf	Empfindlich gegen Mehltau	Empfindlich gegen weitere Schädlinge und Krankheiten	Sonstiges	Standort
Roter Winterkalvill	mittelstark	mittelstark	mittelstark	stark Krebs	Alternanz	geschützte Lage
Rote Sternrenette	mittelstark	wenig	wenig		Kupfermittel, Alternanz	Extremlagen
Rote Walze	ohne	robust	robust			Höhenlage
Rubinette	mittelstark	stark	gering	Spinnmilben, Krebs, stark Fruchtfäule		
Rubinola	mäßig	Resistenz durchbrochen	gering			warme Lage
Ruhm von Kirchwerder			stark		geringe Erträge	Seeklima
Safran-Pepping	?				Holz frostfest, Alternanz	Extremlagen
Salemer Klosterapfel			mittelstark		Alternanz	geschützte Lage
Santana	möglich	tolerant	stark	Krebs	Alternanzneigung	warme Lage
Saturn	mittelstark	stark	gering		Stippe, Alternanzneigung	warme Lage
Schmalzprinz	?	robust	stark		Alternanz	Seeklima
Schöner von Bath	gering	mäßig	mäßig	Obstmade	Kupfermittel	warme Lage
Schöner von Boskoop	gering	stark	gering	Kragenfäule	Kupfer, Schwefel Alternanz	
Schöner von Herrnhut	?	mittelstark	mittelstark	Krebs	Alternanz	Höhenlage
Schöner von Nordhausen	stark	mäßig	mittelstark	Triebsucht	stark Stippe	Höhenlage
Schöner von Wiltshire	gering	gering	mittelstark		keine Alternanz	Extremlagen
Schwarzschillender Kohlapfel	?	ohne			lang lagerfähig	Höhenlage
Schweizer Orangenapfel	stark	wenig	mittelstark		stark Stippe, Alternanz	warme Lage
Shampion	stark	stark	mittelstark	Virosen	Stippeneigung	
Signe Tillisch	mittelstark	stark	stark		Schwefel, Alternanz	Seeklima

Übersicht der Krankheiten, Risikofaktoren und Standorteigenschaften

Sorte	Empfindlich gegen Feuerbrand	Empfindlich gegen Schorf	Empfindlich gegen Mehltau	Empfindlich gegen weitere Schädlinge und Krankheiten	Sonstiges	Standort
Sir Prize		gering	stark	Spinnmilben	Alternanzneigung	warme Lage
Sommer-Gewürzapfel			stark			Hochlagen
Sommer-Parmäne	?	gering	gering		Alternanzneigung	Höhenlage
Sonnenwirtsapfel	?	gering	mittelstark		keine Alternanz	Höhenlage
Spätblühender Taffetapfel	mittelstark	gering	gering		Fruchtfall	Höhenlage
Spartan	mittelstark	mittelstark	mittelstark	Krebs		mittlere Höhe
Stark Earliest	gering	stark	mittelstark	Krebs		warme Lage
Starking	mittelstark	stark	gering	Bakterienbrand	Alternanz	warme Lage
Sternapfel	?			Krebs	Alternanz	Höhenlage
Stina Lohmann	?	robust	mittelstark	krebsfest	Alternanz	Seeklima
Summerred	mittelstark	stark	stark	stark Krebs, Triebsucht		warme Lage
Suntan	mittelstark	stark	mittelstark	Krebs	Holzfrost	
Sweet Delicious	gering	stark	gering	Krebs, Kragenfäule Triebsucht		
Teser	?	ohne	gering			warme Lage
Topaz	mittelstark	Resistenz durchbrochen	gering	Kragenfäule, Blattläuse	hohe Erträge	
Ulmer Polizeiapfel					robust	
Undine	stark	gering	stark	Virosen	Holzfrost	warme Lage
Triumph von Luxemburg		gering	robust			Höhenlage
Vesna		noch resistent (Vf)	mittel	Spinnmilben		
Virginischer Rosenapfel	?	mittelstark	mittelstark		Stippe, Glasigkeit Alternanz	Höhenlage

Übersicht der Krankheiten, Risikofaktoren und Standorteigenschaften

Sorte	Empfindlich gegen Feuerbrand	Empfindlich gegen Schorf	Empfindlich gegen Mehltau	Empfindlich gegen weitere Schädlinge und Krankheiten	Sonstiges	Standort
Vista Bella	?	stark	mittelstark		Alternanz	warme Lage
Wachsren. v. Benediktbeuren	?	kaum	robust		Alternanz	Höhenlage
Wagener Apfel			mittelstark			mittlere Höhe
Wealthy	?	robust	robust		keine Alternanz	Höhenlage
Weißer Klarapfel	stark	mäßig	stark	Fruchtfäule	Kupfer, Schwefel	Höhenlage
Weißer Rosmarinapfel	?	stark	mittelstark		Alternanz	warme Lage
Weißer Winterkalvill	mittelstark	stark	stark	Blutlaus	Kupfer, Schwefel	warme Lage
Weißer Wintertaffetapfel		gering			robust	
Wellant	mittel	gering – mittel	mittelstark	Krebs auf schweren Böden	Schnitt	warme Lage
Welschisner	?	mittelstark	stark	Krebs	Alternanz	Extremlagen
Wettringer Taubenapfel	?					Höhenlage
Winesap	mittelstark	robust	robust		Alternanz	warme Lage
Winter Banana	mittelstark	mäßig	mittelstark		Alternanz	Höhenlage
Winter-Zitronenapfel	?	gering	gering		Schwefelmittel, Alternanz	Extremlagen
Zabergäurenette	gering	wenig	mittelstark		Kupfermittel, Alternanz	warme Lage
Zuccalmaglios Renette	gering	wenig	stark	Krebs	Alternanz	
Zwiebelborsdorfer	?	mittelstark	mittelstark		lange lagerfähig, Alternanz	Extremlagen

Eignung der Apfelsorten für verschiedene Verwendungen
+− = eingeschränkt geeignet, + = geeignet, ++ = gut geeignet

Apfelsorte	Baumreife	Tafel	Backen	Most	Apfelsorte	Baumreife	Tafel	Backen	Most
Aargauer Jubiläumsapfel	Ende 9		+	+	Beerbacher Taffetapfel	Ende 9		++	++
Adams Parmäne	Ende 9	++	+	+	Berkersheimer Roter	Mitte 10		+	++
Adersleber Kalvill	Mitte 10	+	+	+	Berner Rosenapfel	Mitte 9	+	++	+
Ahra	Mitte 9	+	+−		Beutelspacher Renette	Mitte 9		++	++
Ahrina	Mitte 9	++			Biesterfelder Renette	Mitte 9	+	++	
Akane	Ende 8	+			Birnförmiger Apfel	Mitte 10	+−	++	++
Alantapfel	Mitte 10	++	+	+	Bischofshut	Mitte 9	+−	++	++
Alkmene	Mitte 9	++	+		Bismarckapfel	Anfang 10		+	+
Allington Pepping	Ende 9	+−	++	+	Bittenfelder Sämling	Anfang 10		+	++
Altländer Pfannkuchenapfel	Ende 10	+−	++	++	Blauacher Wädenswil	Ende 9		++	++
Ananasrenette	Anfang 10	+	++	+	Blumberger Langstiel	Ende 9		++	+−
Angold	Anfang 10	++	+	+	Börtlinger Weinapfel	Mitte 10			++
Antonowka	Mitte 9	+−	++	+	Bonza	Ende 9	+		
Apfel von Croncels	Ende 8	+	++	+	Braeburn	Ende 10	++		
Apfel von Halder	Mitte 10	++	++	+	Bramleys Sämling	Mitte 9	+−	++	+
Apfel von Hawthornden	Ende 9		++	+−	Brauner Matapfel	Anfang 10	+−	+	++
Apfel von Lunow	Mitte 10	+−	+	+	Brettacher	Anfang 10	+−		++
Ariwa	Ende 9	++	+		Čadel	Anfang 10	++	+	
Arlet	Ende 9	++	+		Carola	Mitte 9	++	+	
Auralia	Mitte 9	++	+	+	Carpentin	Ende 9		++	++
Ausbacher Roter	Anfang 10		++	++	Cellini	Mitte 9	+−	++	
Batullenapfel	Mitte 10		++	++	Champagner Renette	Ende 10	+	++	+
Baumanns Renette	Mitte 9	+	++	++	Charlamowsky	Mitte 8	+	+	

Eignung der Apfelsorten für verschiedene Verwendungen

+ − = eingeschränkt geeignet, + = geeignet, + + = gut geeignet

Apfelsorte	Baumreife	Tafel	Backen	Most	Apfelsorte	Baumreife	Tafel	Backen	Most
Clivia	Mitte 10	++	+		Elstar	Mitte 9	++	++	
Collina	Anfang 8	++			Engelsberger	Mitte 9			++
Cortland	Mitte 9	++			Enterprise	Ende 9	++	+−	
Coulons Renette	Mitte 10	++	++	+	Erbachhofer Weinapfel	Mitte 9			++
Cox Orange	Mitte 9	++	++		Ernst Bosch	Ende 9	+	+−	+−
Cox Pomona	Mitte 9		++		Erwin Baur	Anfang 10	++	++	+−
Credes Wilhelmsapfel	Ende 9	+	++	++	Fameuse	Anfang 10	+	++	+
Danziger Kantapfel	Ende 9	+	+	+	Fießers Erstling	Anfang 9		+	++
Deans Küchenapfel	Anfang 10		++		Finkenwerder Prinzenapfel	Ende 9	++	+	+
Delbarestivale	Ende 8	++	+		Florianer Rosenapfel	Mitte 10	+	++	+−
Delbard Jubilée	Mitte 10		++	+−	Freedom	Ende 9	++	+−	
Der Leckerbissen	Mitte 10		+	+	Freiherr von Berlepsch	Ende 9	++	++	++
Deutscher Goldpepping	Mitte 10	++	++	+	Fromms Renette	Ende 9	+−	++	+
Discovery	Anfang 8	++	+		Fuji	Mitte 10	++	+−	
Ditzels Rosenapfel	Anfang 9		++	++	Gacksapfel	Ende 9	+−	++	++
Diwa	Mitte 9	++	+		Gala	Mitte 9	++	+−	
Dülmener Rosenapfel	Anfang 9	+	++		Galloway Pepping	Mitte 10	++	++	+
Ecolette	Anfang 10	++	+		Gartenmeister Simon	Anfang 9	+−	++	+
Edelborsdorfer	Ende 9	++	++	+	Gaesdonker Renette	Ende 10	++	++	+
Edelrambur von Winnitza	Anfang 10		++	++	Gascoynes Scharlachroter	Ende 8	++	++	+−
Elan	Mitte 9	++	++		Geflammter Kardinal	Ende 9	+	++	+
Elise	Ende 9	++	++		Geheimrat Breuhahn	Mitte 9	+	+	+
Ellisons Orange	Anfang 9	++	++		Geheimrat Dr. Oldenburg	Anfang 9	+	+	

Eignung der Apfelsorten für verschiedene Verwendungen
+− = eingeschränkt geeignet, + = geeignet, ++ = gut geeignet

Apfelsorte	Baumreife	Tafel	Backen	Most	Apfelsorte	Baumreife	Tafel	Backen	Most
Geheimrat Wesener	Mitte 9	++	++		Graue Herbstrenette	Anfang 10	++	+	+
Gehrers Rambur	Mitte 9		+	++	Gravensteiner	Ende 8	++	++	
Gelber Bellefleur	Ende 9	+	++	++	Greensleeves	Mitte 9	++	+−	
Gelber Edelapfel	Ende 9	+−	++	+	Großherzog Friedrich von Baden	Anfang 9	+−	+	+
Gelber Richard	Anfang 10	++	+		Grünapfel	Ende 10	+−	++	++
George Cave	Mitte 8	++	+−		Grüner Fürstenapfel	Mitte 9	+−	++	++
Gerlinde	Ende 8	++	+−		Grüner Stettiner	Mitte 10	+−	+	+
Gestreifter Backapfel	Anfang 10	+−	++	+	Halberstädter Jungfernapfel	Mitte 9	+−	++	++
Gestreifter Cousinot	Mitte 9	+	++		Harberts Renette	Mitte 9	+	++	+
Gewürzluiken	Ende 9	+−	+	++	Hausmütterchen	Anfang 10		++	++
Glockenapfel	Mitte 10	++	+		Hauxapfel	Mitte 9		+	++
Gloria Mundi	Mitte 10		++		Helios	Anfang 8	++	++	
Gloster	Anfang 10	+	+−		Herma	Mitte 10	++	++	+
Golden Delicious	Anfang 10	++	+		Heuchelheimer Schneeapfel	Mitte 9	+−	++	++
Goldparmäne	Mitte 9	++	++	+	Hibernal	Anfang 9	+−	++	+−
Goldrenette von Blenheim	Anfang 9	+	++	+	Hilde	Anfang 10	+−	+	
Goldrenette von Peasgood	Mitte 9	+−	+		Himbacher Grüner	Anfang 10	+−	+	++
Goldstar	Anfang 10	++	++		Himbeerapfel von Holowaus	Anfang 10	+	+	
Goldzeugapfel	Anfang 10	++	++	+	Honeycrunch	Ende 9	++	+−	
Goro	Anfang 9	++	+		Idared	Mitte 10	+	+−	+−
Grahams Jubiläumsapfel	Mitte 9	+	++	+−	Ingol	Mitte 9	+−	++	++
Granny Smith	Ende 10	++	+−		Ingrid Marie	Anfang 9	++	+	
Graue Französische Renette	Mitte 9	+	++	++	Ivette	Ende 9	++	++	

Eignung der Apfelsorten für verschiedene Verwendungen
+− = eingeschränkt geeignet, + = geeignet, ++ = gut geeignet

Apfelsorte	Baumreife	Tafel	Backen	Most	Apfelsorte	Baumreife	Tafel	Backen	Most
Jakob Fischer	Mitte 8	+	+−		Kronprinz Rudolf	Anfang 10	+	++	
Jakob Lebel	Anfang 9	+	++	++	Kugelapfel	Anfang 10	+−	++	+
Jamba	Mitte 8	+	+−		Landsberger Renette	Mitte 9	+	++	++
James Grieve	Ende 8	+	++		Lanes Prinz Albert	Anfang 10		++	+
Johannes Böttner	Anfang 10	+−	++	++	Langer Grüner Gulderling	Mitte 10	+−	++	+
Jonagold	Anfang 10	++	+		Langtons Sondergleichen	Mitte 10		+	+
Jonathan	Anfang 10	+	+−		Lausitzer Nelkenapfel	Anfang 9		++	+
Josef Musch	Mitte 9	+−	+	+	Leipferdinger Langstiel	Ende 9		++	++
Juno	Mitte 10	+	+	++	Liberty	Ende 9	+	+−	
Kaiser Alexander	Mitte 9	+−	++		Linda	Mitte 9	+	+	+
Kaiser Wilhelm	Mitte 9	+	++	+	Linsenhofener Sämling	Mitte 10		+	++
Kanada Renette	Mitte 10	++	++	+	Litauer Pepping	Ende 9	+−	++	+−
Kandil Sinap	Mitte 10	++	+	+	Lobo	Anfang 9	+		
Kanzi	Mitte 9	++			Lodi	Mitte 7	+		
Kardinal Bea	Anfang 9	+−	++	++	Lohrer Rambur	Mitte 9	+−	++	++
Karmeliter Renette	Mitte 10	++	++	+	Lombarts Kalvill	Ende 9	+	+	+
Karmijn de Sonnaville	Mitte 9	++	+−	++	Lord Lambourne	Ende 9	+	+	+−
Kasseler Renette	Anfang 10	+	++	++	Lotos	Anfang 9	+	+−	
Katja	Mitte 8	++			Luna	Mitte 10	+		+
Kesseltaler Streifling	Mitte 9	+−	++	+	Macoun	Ende 9	+	+	+
Kleiner Herrenapfel	Ende 9	+−	++	+	Mairac	Anfang 10			
Königlicher Kurzstiel	Ende 9	+	++	++	Mars	Anfang 10	++		
Korbiniansapfel	Mitte 10	+	++	+	Martini	Anfang 10	+	+	+

Eignung der Apfelsorten für verschiedene Verwendungen
+− = eingeschränkt geeignet, + = geeignet, ++ = gut geeignet

Apfelsorte	Baumreife	Tafel	Backen	Most	Apfelsorte	Baumreife	Tafel	Backen	Most
Maunzenapfel	Anfang 9		++	++	Pirol	Mitte 9	+	+	+
McIntosh Red	Anfang 9	++		+−	Piros	Anfang 8	+	+	+
Mecklenburger Königsapfel	Anfang 10	+	++	+	Pohorka	Ende 9	+	++	++
Melrose	Mitte 10	+	+−		Pommerscher Krummstiel	Anfang 10	+−	++	+−
Minister von Hammerstein	Anfang 10	+	+	++	Porzenapfel	Mitte 9		+	++
Multhaupts Renette	Anfang 10	++	++		Primiera	Mitte 10	++		+
Muskatrenette	Mitte 9	+	++	++	Prinz Albrecht von Preußen	Mitte 9	+	+	+
Mutterapfel	Mitte 9	+	+		Prinzessin Luise	Anfang 10	++	+	
Nathusius Taubenapfel	Mitte 9	+	++		Priscilla	Ende 9	++		
Newton Wonder	Mitte 10	+	++	+	Purpurroter Herbst-Cousinot	Anfang 9		+	+
Oberdiecks Renette	Mitte 10	+	+	+	Purpurroter Winter-Cousinot	Mitte 10	+	++	++
Oberdiecks Taubenapfel	Mitte 10	++	++	+	Reanda	Ende 9	++		
Öhringer Blutstreifling	Ende 9	+	+		Rebella	Mitte 9	++		
Ontario	Ende 10	+	++	++	Recolor	Mitte 9	+		+
Opal	Ende 9	++			Red Delicious	Anfang 10	+	+	
Orleans Renette	Mitte 9	+	+	+	Reglindis	Anfang 9	+	++	++
Pfirsichroter Sommerapfel	Anfang 8	+	+−		Reichtragender vom Zenngrund	Mitte 9	++	+	+−
Pia	Ende 8	++	+		Rekarda	Mitte 10	+		+
Piflora	Mitte 9	++	+		Remo	Mitte 9	+−	++	++
Pilot	Anfang 10	+−	++	++	Resi	Mitte 9	++	+−	
Pingo	Mitte 10	+	+−		Resista	Anfang 10	+	+−	
Pink Lady	Anfang 11	++			Rewena	Ende 9	+−	++	++
Pinova	Anfang 10	++	+	+−	Rheingold	Ende 7	++	+	

Eignung der Apfelsorten für verschiedene Verwendungen
+− = eingeschränkt geeignet, + = geeignet, ++ = gut geeignet

Apfelsorte	Baumreife	Tafel	Backen	Most	Apfelsorte	Baumreife	Tafel	Backen	Most
Rheinischer Bohnapfel	Mitte 10	+−	++	++	Safran-Pepping	Mitte 10	+	++	
Rheinischer Krummstiel	Ende 9	+−	++	++	Salemer Klosterapfel	Anfang 9	++	++	+−
Rheinischer Winterrambur	Ende 9		++	++	Santana	Mitte 9	++	+	+
Rheinische Schafsnase	Ende 9		++	++	Saturn	Mitte 9	++		
Ribston Pepping	Mitte 9	++	++	+	Schmalzprinz	Mitte 9		++	++
Riesenboiken	Ende 9	+−	++	++	Schöner von Bath	Ende 7	++	+	
Rome Beauty	Mitte 10	+−	+		Schöner von Boskoop	Ende 9	++	++	++
Roter Astrachan	Ende 7	+−	+	+	Schöner von Herrnhut	Anfang 9	+	+	
Roter Augustiner	Mitte 10	+−	++	++	Schöner von Nordhausen	Mitte 9	+	+	+
Roter Bellefleur	Mitte 9	+	+	+	Schöner von Pontoise	Mitte 10	+	++	−
Roter Eiserapfel	Ende 9		++	++	Schöner von Wiltshire	Mitte 9	+	+	++
Roter Hauptmann	Mitte 9	+	+−		Schwarzschillender Kohlapfel	Ende 10	+−	++	++
Roter Herbstkalvill	Mitte 9	+	++		Schweizer Orangenapfel	Mitte 10	++	++	+
Roter Jungfernapfel	Anfang 10		++	+	Shampion	Ende 9	++	+	
Roter Rosmarinapfel	Anfang 10	+	++	+	Signe Tillisch	Mitte 9	+	++	+−
Roter Stettiner	Mitte 10		+	++	Sir Prize	Ende 9	++	+	
Roter Trierer Weinapfel	Ende 9			++	Sommer-Gewürzapfel	Anfang 8	++	+	
Roter Winterkalvill	Anfang 10	+	+−		Sommer-Parmäne	Mitte 9	++	++	
Rote Sternrenette	Mitte 9	+	+−	+−	Sonnenwirtsapfel	Mitte 9		++	++
Rote Walze	Mitte 10		++	++	Spätblühender Taffetapfel	Ende 9	+−	++	++
Rubinette	Mitte 9	++	+	+	Spartan	Ende 9	++	+−	
Rubinola	Ende 8	++		+	Stark Earliest	Ende 7	++	+−	
Ruhm von Kirchwerder	Mitte 8	++	+	+	Starking	Anfang 10	+		

Eignung der Apfelsorten für verschiedene Verwendungen
+− = eingeschränkt geeignet, + = geeignet, ++ = gut geeignet

Apfelsorte	Baumreife	Tafel	Backen	Most	Apfelsorte	Baumreife	Tafel	Backen	Most
Sternapfel	Ende 10			+	Wealthy	Mitte 9	+	++	+−
Stina Lohmann	Mitte 10	+	+		Weißer Klarapfel	Mitte 7	++	++	
Summerred	Mitte 8	++	+	+−	Weißer Matapfel	Mitte 10	+−	++	++
Suntan	Mitte 9	++	+	+	Weißer Rosmarinapfel	Mitte 9	++	++	+
Sweet Delicious	Anfang 10	++	+−		Weißer Winterkalvill	Anfang 10	++	+	
Teser	Ende 9	++	+		Weißer Wintertaffetapfel	Anfang 10	+−	++	++
Topaz	Ende 9	++	+	+−	Wellant	Ende 9	++		
Triumph von Luxemburg	Mitte 10	+	++	++	Welschisner	Anfang 10	+−	++	++
Ulmer Polizeiapfel	Ende 9		+	+	Wettringer Taubenapfel	Mitte 10	+	++	++
Undine	Mitte 10	++	+		Winesap	Anfang 10	+	++	+−
Unseldapfel	Mitte 10	+−	++	+	Winter Banana	Anfang 10	+−	++	++
Vesna	Mitte 9	++	+		Winter-Zitronenapfel	Anfang 10	+−	++	++
Virginischer Rosenapfel	Ende 7	++	++		Zabergäurenette	Anfang 10	++	++	++
Wachsrenette von Benediktbeuren	Anfang 10	+	+		Zuccalmaglios Renette	Anfang 10	++	++	++
Wagener Apfel	Mitte 10	++	++	+−	Zwiebelborsdorfer	Ende 10		++	++

Vitamin-C-Gehalt von Apfelsorten

Sorte	Vitamin C mg/100 g	Sorte	Vitamin C mg/100 g	Sorte	Vitamin C mg/100 g	Sorte	Vitamin C mg/100 g
Berkersheimer Roter	viel	Königlicher Kurzstiel	8	Lanes Prince Albert	13	Karmijn de Sonnaville	18
Rote Sternrenette	2	Lohrer Rambur	8	Winter Banana	13	Alkmene	20
Öhringer Blutstreifling	3	McIntosh Red	8	Winter-Zitronenapfel	13	Arlet	20
Liberty	4	Welschisner	8	Altländer Pfannkuchenapfel	14	Auralia	20
Finkenwerder Prinzen.	5	Rheinische Schafsnase	9	Goldrenette von Blenheim	14	Brettacher	20
Landsberger Renette	5	Jonathan	9	Zabergäurenette	14	Discovery	20
Geheimrat Dr. Oldenburg	5	Prinz Albrecht v. Preußen	9	Zuccalmaglios Renette	14	Ellisons Orange	20
Red Delicious	5	Roter Trierer Weinapfel	9	Geheimrat Breuhahn	15	Goro	20
Schweizer Orangenapfel	5	Adersleber Kalvill	10	Gewürzluiken	15	Graue Franz. Renette	20
Dülmener Rosenapfel	6	Elstar	10	Ingrid Marie	15	Ingol	20
Fießers Erstling	6	Gala	10	Jonagold	15	Juno	20
Grahams Jubiläumsapfel	6	Melrose	10	Kaiser Wilhelm	15	Rubinette	20
Grüner Stettiner	6	Rheinischer Krummstiel	10	Weißer Klarapfel	15	Schöner von Boskoop	21
Minister v. Hammerstein	6	Summerred	10	Schöner von Wiltshire	15	Harberts Renette	21
Schöner v. Nordhausen	6	Berner Rosenapfel	11	Rheinischer Winterrambur	15	Ontario	21
Golden Delicious	7	Cox Orange	11	Baumanns Renette	16	Ananasrenette	22
Jamba	7	Riesenboiken	11	Glockenapfel	16	Gelber Edelapfel	25
James Grieve	7	Champagner Renette	12	Weißer Wintertaffetapfel	16	Apfel von Croncels	27
Signe Tillisch	7	Clivia	12	Gelber Bellefleur	18	Ribston Pepping	30
Gloster	8	Gascoynes Scharlachroter	12	Goldparmäne	18	Freiherr v. Berlepsch	31
Granny Smith	8	Starking	12	Rheinischer Bohnapfel	18	Undine	35
Gravensteiner	8	Topaz	12	Idared	18	Weißer Winterkalvill	39
Jakob Lebel	8	Biesterfelder Renette	13	Kanada Renette	18		

Der Gehalt an Vitamin C wird im Wesentlichen von der Sorte bestimmt. Innerhalb der Sorten wirken aber eine Reihe von Faktoren auf die Bildung ein, u. a. Standort, Jahreswitterung, Sonnenscheindauer, Behangdichte und die Belichtung der Früchte in der Krone. Deshalb können Messungen von Jahr zu Jahr unterschiedliche Ergebnisse bringen. Gleiches gilt auch für andere Messungen, z. B. Zucker oder Säure. Je nach Lagerung (Art, Dauer, Lageratmosphäre) verändern sich die Werte ebenfalls.

Adressen

von staatlichen Institutionen, Vereinen, Verbänden, Initiativen, die sich mit Obstbau und Züchtung befassen.

Kurzform	Adresse
AHNU	Arbeitskreis Heimat, Natur und Umwelt Bad Schönborn e.V., Bahnhofstraße 38 76669 Bad Schönborn, Tel. 07253/5644 www.ahnu-bad-schoenborn.de
Bavendorf	Kompetenzzentrum Obstbau-Bodensee 88213 Ravensburg, Tel. 0751/7903322 www.kob-bavendorf.de
Dresden-Pillnitz	Bundesanstalt für Züchtungsforschung an Kulturpflanzen Pillnitzer Platz 3a, 01326 Dresden Tel. 0351/26162-0
Erfurt	Lehr- und Versuchsanstalt Gartenbau Leipziger Str. 75a, 99085 Erfurt Tel. 0361/3789722, www.lvg-erfurt.de
Geisenheim	Forschungsanstalt Geisenheim Von-Lade-Straße 1, 65366 Geisenheim Tel. 06722/502561, www.fa-gm.de
Jork	Obstbauversuchsanstalt der Landwirtschaftskammer Niedersachsen (OVA Jork) Moorende 53, 21635 Jork Tel. 04162/6975, www.ovb-jork.de
Langförden	Versuchs- und Beratungsstation für Obst- und Gemüsebau, Standort Langförden Spredaer Straße 2, 49377 Vechta Tel. 04447/9623-0
Müncheberg	Lehranstalt für Gartenbau (LFG) Obstversuchsstation in Müncheberg Eberswalder Str. 84 i, 15374 Müncheberg Tel. 033432/89592
Neustadt	Dienstleistungszentrum ländlicher Raum Rheinpfalz Breitenweg 71, 67435 Neustadt/W. Tel. 06321/671-0
Rhöner Apfelbüro	Rhöner Apfelinitiative, Jürgen Krenzer Eisenacher Str. 24, 36115 Ehrenberg-Seiferts Tel. 06683/96340, www.rhoenapfel.de
Rostock	Landesforschungsanstalt für Landwirtschaft und Fischerei Dorfplatz 1, 18276 Gülzow Tel. 03843/789219, www.lfamv.de
Triesdorf	Landwirtschaftliche Lehranstalten Triesdorf Markgrafenstraße 12, 91746 Weidenbach Tel. 09826/18-0, www.triesdorf.de
Veitshöchheim	Bay. Landesanstalt f. Wein- u. Gartenbau (LWG) An der Steige 15, 97209 Veitshöchheim Tel. 0931/9801-300, www.lwg.bayern.de
Weihenstephan	Staatliche Forschungsanstalt für Gartenbau Weihenstephan, Institut für Gartenbau Am Staudengarten 14, 85350 Freising Tel. 08161/71-3347, www.hswt.de/fgw
Weinsberg	Reiserschnittgarten Baden-Württemberg Comburgstr. 31/1, 74177 Bad Friedrichshall Tel. 07136/964375, www.reiserschnittgarten.de
Wurzen	Bundessortenamt Prüfstelle Wurzen Torgauer Straße 100, 04808 Wurzen Tel. 03425/9040-0, www.bundessortenamt.de

Anfragen über alte und neue Apfelsorten:

Gesellschaft für Pomologie und Obstsortenerhaltung Bayern
Hauptstraße 56, 91732 Merkendorf, www.gpo-bayern.de
und beim
Deutschen Pomologenverein
Bundesgeschäftsstelle, Deutschherrenstraße 94, 53177 Bonn,
Tel. 0228/3361193, www.pomologen-verein.de
mit Ansprechpartnern in zahlreichen Bundesländern

Bezugsquellen von Edelreisern für Eigenvermehrung:

- Obstmuttergarten Rheinland ORG GmbH
  Gesellschaft für Anzucht und Vertrieb von Vermehrungsmaterial mbH
  Im Siebenswinkel 20, 53340 Meckenheim
  Tel. 02225/8883955, www.obstreisergarten.de
- Reiserschnittgarten Baden-Württemberg GmbH & Co.KG
  Comburgstraße 31/1, 74177 Bad Friedrichshall-Untergriesheim, Tel. 07136/964375, www.reiserschnittgarten.de
- Landwirtschaftliche Lehranstalten Triesdorf
  Markgrafenstraße 12, 91746 Weidenbach
  Tel. 09826/18-129, www.triesdorf.de
- Obstversuchsanlage Hiltpoltstein
  Möchser Weg 12, 91355 Hiltpoltstein, Fax 09191/861088,
  Mail obst@lra-fo.de, www.lra-fo.de/obst
- Veredelungsunterlagen Lutz
  Am Burgfeld 20, 85077 Manching
  Tel: 08459/995068, www.veredelungsunterlagen.de

Sortenneuheiten

Vermehrungsrechte für bestimmte Sortenneuheiten besitzen die Mitglieder der:
ARTEVOS GMBH
Robert-Bunsen-Str. 7, 79108 Freiburg, Tel: +49 (0)761-1 20 92 80
www.artevos.de
Artevos vergibt Unterlizenzen zur Vermehrung dieser Sorten an bestimmte Baumschulbetriebe, sodass Jungbäume dieser Sorten auch von Privatpersonen bezogen werden können.

Lieferanten alter Sorten

Zuerst fragt man in einer örtlichen Baumschule nach der gewünschten Sorte - Baumärkte sollten als Lieferanten ausscheiden. Die unten genannten Baumschulen sind auf den schonenden Versand von Obstgehölzen eingerichtet und liefern Bestellungen in der Regel zur vereinbarten Zeit aus.

Einige Sorten können allerdings nicht sofort verfügbar sein, weil der Bestand an ungewöhnlichen Sorten in den Baumschulen begrenzt ist. Bei entsprechenden Bestellungen werden dann Edelreiser von vorhandenen Mutterbäumen entnommen, auf die gewünschte Unterlagen veredelt und dann frühestens im folgenden Jahr ausgeliefert. Edelreiser aus den Muttergärten sind in der Regel krankheitsfrei.

Angendohr in 41334 Nettetal
Armhold in 21720 Guderhandvierte
Artländer Pflanzenhof in 40610 Quakenbrück
Bahlmann in 49413 Dinklage
Baumgartner in 84378 Nöham
Baumschule Oberdorla in 99986 Oberdorla
Belser & Scheuermann in 74348 Laufen
Bergt in 31812 Bad Pyrmont
Bötsch in 84347 Pfarrkirchen
Brenninger in 84439 Steinkirchen
Cordes in 22880 Wedel/Holstein
Dietrich in 64546 Mörfelden
Engelhardt in 35398 Gießen
Fleuren in NL-5991 Baarloo
Friedlein in 97877 Wertheim
Ganter in 79369 Wyhl
Giesebrecht in 44532 Lünen
Hahne in 30880 Laatzen
Hammerschmidt in 24966 Winderatt
Heinrich in 65474 Bischofsheim
Heros Baumschulen in 04643 Geithein
Herr in 53340 Meckenheim
Dr. Hoffmann in 27330 Asendorf
Horstmann in 25582 Hohenaspe
Hügele in 79331 Teningen-Heimbach

Jäger in 68526 Ladenburg
Kiefer in 77799 Ortenberg
König in 31033 Brüggen
Krämer in 32758 Detmold
Kühnen in 22880 Wedel
Lehner in CH-Felben-Wellhausen
Leinweber in 36148 Niederkalbach
Ley in 53340 Meckenheim
Marktgemeinschaft Altes Land in 21635 Jork
Müller in 04758 Oschatz
Nicolin in 35510 Butzbach
Plattner in 94501 Aldersbach
Rinn in 35398 Gießen
Ritthaler in 66882 Hütschenhausen
Schachtschneider in 27801 Döttlingen-Aschenstedt
Schmitt in 91099 Poxdorf
Spiess in 37194 Wahlsburg
Ulmer in 73235 Weilheim/Teck
Vivai F.LLI Zanzi in I-44040 Fossanova S. Marco (vivaizanzi.it)
Vogg in 74632 Neuenstein
Wagner in 91099 Poxdorf
Weiglein in 97353 Wiesentheid-Geesdorf
Werner in 91099 Poxdorf
Wetzel in 69121 Heidelberg
Wörlein in 86911 Dießen

Notizen

Aus dem Verlagsprogramm

| Obst | | Gesundheit aus dem Garten | Lebensraum & Ökologie |

Willi Votteler
Altbewährte Apfel- und Birnensorten

Dieses Buch zeigt speziell für den Hausgarten bewährte Apfel- und Birnensorten, die noch in rauen Lagen gedeihen, gut schmecken und nur wenig Pflanzenschutz- und Schnittmaßnahmen benötigen. 33 Apfel-, 15 Birnensorten

21 x 20 cm, broschiert, 56 Seiten, 47 Farbbilder

€ 4,50

Franz Mühl
Alte und neue Birnensorten, Quitten und Nashi

Die Sorten werden übersichtlich nach Frucht, Reife, Baum, Blüte, Ertrag, Widerstandsfähigkeit und Anbaueignung sachlich beurteilt, mit allen Vorteilen und Schwächen. 98 Birnen-, 21 Quitten- und 5 Nashisorten

21 x 20 cm, broschiert, 160 Seiten, 140 Farbbilder,

€ 11,00

Hermine Hofbauer
Verwertung von Obst und Gemüse aus dem Garten

In diesem Buch werden ausführlich alle häuslichen Verwertungsverfahren für alle Gartenprodukte beschrieben. Dazu kommen Hinweise für den richtigen Erntezeitpunkt, die Lagerung und natürlich viele bewährte Rezepte.

21 x 20 cm, broschiert, 168 Seiten, 154 Farbbilder

€ 13,00

Helmut und Margrit Hintermeier
Streuobstwiesen Lebensraum für Tiere

Durch ihren nahezu einmaligen Strukturreichtum und ihre extensive Bewirtschaftung zählen hochstämmige Streuobstwiesen zu den artenreichsten Lebensräumen. Bis zu 3.000 Tierarten konnten beobachtet werden.

21 x 20 cm, broschiert, 216 Seiten, 403 Farbb., 30 Bildtafeln, 13 Zchng.

€ 14,50

Die Garten- und Versandbuchhandlung des Obst- und Gartenbauverlages

- Über 2.000 verschiedene Fachbücher
- Modernes Antiquariat
- Qualitäts-Gartenwerkzeuge, Saatgut
- Fachzeitschrift »Der praktische Gartenratgeber«

Obst- und Gartenbauverlag des Bayerischen Landesverbandes für Gartenbau und Landespflege e. V.
Herzog-Heinrich-Straße 21 · 80336 München
Telefon (0 89) 54 43 05-14/15 · Fax (0 89) 54 43 05 41
E-Mail bestellung@gartenbauvereine.org
Online-Shop www.gartenratgeber.de/shop

U-Bahnstation Goetheplatz, Parkplätze direkt vor dem Haus
Öffnungszeiten: Mo bis Do 8 – 15 Uhr, Fr 8 – 12 Uhr

Der praktische Garten ratgeber

Die Fachzeitschrift für Gartenfreunde und Verbandsorgan der Gartenbauvereine in Bayern

»Der praktische Gartenratgeber« erscheint monatlich und ist mit über 120.000 Lesern eine der meist gelesenen Fachzeitschriften für den Freizeitgartenbau in Deutschland.
Seit 1893 verbindet »Der praktische Gartenratgeber« Kompetenz mit Erfahrung. Seine praxisbezogenen Artikel sind fachlich fundiert, klar gegliedert, übersichtlich gestaltet und verbinden altes Gartenwissen sinnvoll mit neuen Erkenntnissen.

»Der praktische Gartenratgeber« ist unabhängig von wirtschaftlichen Interessen. Er ist nur seinen Lesern und der Natur verpflichtet.

Unsere Themen:

- **Ausführlicher monatlicher Arbeitskalender**
- **Gartengestaltung und Pflanzenverwendung**
- **Biodiversität – Erhaltung der Artenvielfalt**
- **Naturgemäßer Pflanzenschutz**
- **Anbau von Obst und Gemüse**
- **Gesundheit aus dem Garten**
- **Landespflege und Ortsverschönerung**
- **Aktuelles aus Wissenschaft und Forschung für die Praxis**
- **Rezepte – Aus dem Garten in die Küche**
- **Kinder- und Jugendseite**

Auch als Geschenk-Abo!

Einzel-Abo €22,50 inkl. Versand innerhalb D

Einzel-Abo für Mitglieder €20,00 inkl. Versand innerhalb D

Auslandsabonnement zzgl. Versandgebühren auf Anfrage

Unsere Abonnement-Verwaltung hilft Ihnen gerne weiter:

Obst- und Gartenbauverlag
Herzog-Heinrich-Straße 21
80336 München
Telefon (089) 54 43 05–24
Fax (089) 54 43 05 41
E-Mail abo@gartenbauvereine.org

Weitere Infos unter:
www.gartenratgeber.de

Das besondere Angebot: Vereins-Abos
Informationen über attraktive Mitglieder-Abos für Gartenbauvereine finden Sie auf unserer Webseite www.gartenratgeber.de/abo

Viele Vorteile
für Mitglieder in einem bayerischen Gartenbauverein

Willkommen in einer großen Gemeinschaft

Der Bayerische Landesverband für Gartenbau und Landespflege e. V. bündelt die Interessen von über 530.000 Mitgliedern in rund 3.200 Gartenbauvereinen.

Als Dachverband versorgen wir die Gartenbauvereine mit aktuellen Informationen, halten sie über neue Entwicklungen und Trends auf dem Laufenden und stehen ihnen mit einem umfangreichen Beratungs- und Seminarangebot bei ihrer praktischen Arbeit zur Seite.

Sie finden uns unter:
www.gartenbauvereine.org | www.vielfaltsmacher.de

Gartenglück braucht Gartenwissen
- Kurse zu Baumschnitt, Veredelung und vielen anderen praktischen Themen
- Vorträge, Seminare
- Möglichkeit zur Gartenpflegerausbildung

Gartenfreude von Anfang an
- Beratung bei Gartenfragen
- Fachinformationen des Landesverbandes
- Garten- und naturpädagogische Angebote in Kinder- und Jugendgruppen

Gartenerfahrung teilen
- Vereinsausflüge und Lehrfahrten
- Erfahrungsaustausch im Verein
- Zusammenarbeit mit der Kreisfachberatung an den Landratsämtern

Gartenbauvereine helfen Mensch und Natur!

Bayerischer Landesverband für Gartenbau und Landespflege e. V.
Herzog-Heinrich-Straße 21 · 80336 München
Tel. (089) 544305-0 · Fax (089) 54 43 05 34
E-Mail info@gartenbauvereine.org